"十三五"高职院校财经精品系列教材

经济学基础

（第二版）

主　编◎吴　伶
副主编◎刘　恒　周　晓　陈　琸

西南财经大学出版社
Southwestern University of Finance & Economics Press
中国·成都

图书在版编目(CIP)数据

经济学基础/吴伶主编. —2版. —成都:西南财经大学出版社,2018. 6
ISBN 978-7-5504-3612-1

Ⅰ. ①经… Ⅱ. ①吴… Ⅲ. ①经济学—高等职业教育—教材 Ⅳ. ①F0

中国版本图书馆CIP数据核字(2018)第161617号

经济学基础(第二版)

主　编:吴伶

副主编:刘恒　周晓　陈琸

责任编辑:李晓嵩

助理编辑:王琳

责任校对:田园

封面设计:何东琳设计工作室

责任印制:朱曼丽

出版发行	西南财经大学出版社(四川省成都市光华村街55号)
网　　址	http://www.bookcj.com
电子邮件	bookcj@foxmail.com
邮政编码	610074
电　　话	028-87353785　87352368
照　　排	四川胜翔数码印务设计有限公司
印　　刷	郫县犀浦印刷厂
成品尺寸	185mm×260mm
印　　张	18.5
字　　数	446千字
版　　次	2018年8月第2版
印　　次	2018年8月第1次印刷
印　　数	1—2000册
书　　号	ISBN 978-7-5504-3612-1
定　　价	39.80元

《经济学基础》

主　编

吴　伶　四川财经职业学院

副主编

刘　恒　西南财经大学

周　晓　四川国际标榜职业学院

陈　琸　广东技术师范学院天河学院

参　编

杨　晶　四川财经职业学院　经济师　教研室主任

张正芳　四川财经职业学院　副教授

董　文　四川财经职业学院

王　玲　重庆大学城市科技学院

吴　伟　重庆大学城市科技学院

皮天雷　重庆大学

陈　雪　西南石油大学

刘伟娜　中州大学

肖　瑜　成都银行董事会办公室

余珉露　四川音乐学院

主　审

吴开超　西南财经大学　教授

前言

经济学基础课程是财经类高职高专院校的公共必修课，也是教育部规定的经济和管理类各专业的十门核心课程之一。

近年来，由于社会经济现实的需要，我国高职高专院校发展迅速，但有针对性的教材建设却稍显不足。经济学基础是一门纯理论课程，在传统的本科教学中，主要是培养学生的经济学素养，通过学习完整的经济学理论体系，为进一步的学习和理论研究打下基础。这一目标显然不适用于高职高专教育。根据高职高专教育的需要，同时结合学生的特点，经济学基础课程应当更重视实用性、趣味性，尤其在引入理论的过程中要尽量结合实际案例分析，使学生能够切实感受到经济学的魅力，这样才能更好地调动学生的学习热情和积极性。

本书在理论体系和框架结构上仍然以主流经济学体系为参照，包括微观经济学和宏观经济学两个主要部分。全书共十四章，其中：第一章为导论，概括介绍经济学这门学科的研究对象和发展历程；第二章至第九章介绍微观经济学的主要内容，包括供求、价格、市场理论等，研究个体经济行为；第十章至第十四章是宏观经济学部分，介绍均衡国民收入的决定、经济增长问题和经济政策，以及开放经济的基础概念。

本教材主要有以下几个特点：

1. 定位准确。本书主要面向高职高专院校的经济学教学，在理论深度上以必需、够用为原则，着眼于应用型人才的培养，力求培养学生的经济学思维，使学生能够运用基本的原理分析经济现象，理解经济政策，认识经济规律。

2. 立足现实，通俗适用。为了突出高职教学的实用性，引发学生的学习兴趣，本教材在编写过程中紧密结合我国改革开放以来的经济发展历程，由国家经济政策和生活中的经济现象引入，深入浅出地介绍经济学的基本原理，力求通俗易懂，为高职院校财经专业的学生打下良好的经济学基础。

为了适应高职高专学生的知识结构，本书编写过程中尽量减少纯理论过程的推导和数学分析，降低理解难度；大量采用案例分析，从直观的感性认识出发，力图提高学生的学习兴趣并激发他们的探索欲望。

本书由吴伶任主编，刘恒（西南财经大学）、周晓、陈琸任副主编，参编人员来自各大高校和行业一线。各章分工如下：四川财经职业学院教师张正芳、杨晶、董文编写第十四章；重庆大学城市科技学院教师王玲、吴伟，重庆大学经管学院教师皮天雷编写第九章；中州大学教师刘伟娜、西南石油大学教师陈雪、四川音乐学院教师余珉露、成都银行董事会办公室肖瑜编写第五章；其余部分由吴伶、周晓、陈琸编写。全书由西南财经大学的吴开超教授主审。

本书力争实现理论与实践的高度结合，既可用于高职高专财经、管理类专业的经济学教学，也可作为一般经济学爱好者的阅读参考书。

在编写过程中，我们广泛参阅了国内外的相关教材和专著，在此向这些作者致以诚挚的谢意！

由于编者水平所限，书中难免存在疏漏，敬请广大读者批评指正。

编者

2018 年 4 月

目 录

目　录

目 录

第一章
经济学的研究对象和基本问题

经济学理论并没有提供一整套立即可用的完整结论。它不是一种教条，只是一种方法、一种心灵的容器、一种思维的技巧，帮助拥有它的人得出正确结论。

——约翰·梅纳德·凯恩斯

内容提要：

本章首先介绍经济学的研究对象及其理论前提，然后通过对学科发展历程的简单梳理归纳出现代经济学研究的理论框架和基本问题，最后简单普及研究方法的内容，为培养经济学思维方式打下基础。

重点掌握：

1. 经济学的研究对象；
2. 现代经济学的理论框架和基本问题；
3. 经济学的主要研究方法。

第一节　经济学的研究对象

经济这个词来源于希腊语，意思是“管理一个家庭的人”，这就说明家庭管理和经济有着莫大关系。而中国素来有“经世济民”“经邦济世”这一类说法，说明经济学也解决国家经济管理的问题。所以，无论是作为家庭成员，还是作为社会的一员，都需要掌握必备的经济理论。

一、经济学是一门关于选择的学问

（一）生活中的经济问题

我们每个人都会遇到经济问题，而且它们有一个共同点就是都需要做出选择——读书或是工作，投资或者消费……所以，从这个意义上说，经济学就是关于选择的学问。

对于大学生而言，是选择将课余时间和精力用在专业学习、学生组织工作上面，还是兼职打工呢？对于一个可以独立选择的成年人而言，是读书深造有益，还是打工或者创业更合适？对于一个国家而言，需要选择在宏观政策方面是减税还是加税，要不要为低收入人群提供更高的生活补贴？小到个人选择去食堂吃饭还是叫外卖，大到政府决定是开战还是求和，都是无法回避的选择问题。

对于大多数的普通人而言，专业的经济思维训练比“直觉”更能帮助我们做出正确的选择。美国人几乎干什么都会通过经济模型的计算来帮助决策，比如是否要开超市或者快餐店、投入多少资本多少人力，老板肯定会找人去建立模型，然后按照模型去经营，因为他们相信这个是最科学、最优化的。而我们国内许多人开店都是凭自己的经验和感觉，结果常常没开多久就经营困难转让店面了。经济模型还可以进行日常生活中的决策，比如买手机，可以根据当时的利率、不同运营商的通信费价格、手机的价格随时间变动的规律建立一套模型，算出什么时候购买、配置哪个运营商的资费是最优的选择。

（二）经济学思维方式

学习经济学并不意味着成为以此为职业的经济学家，也不一定能获得赚钱的诀窍，而是了解并掌握经济学的思维方式，能够在现代社会中“像经济学家一样思考问题”，尽量做出正确的选择。

当人们去吃自助餐的时候，可能面临更多的选择问题，比如多拿一点海鲜，还是多拿一点蔬菜？要不要多喝一点饮料或者啤酒？感觉吃得差不多了，还要不要再煮一份小菜吃下去？如果我们仔细思考之后慎重地做出选择，就已经属于经济学思维的初级运用了。

1. 权衡取舍是最基本的经济学思维之一

虽然人们常说“天下没有免费的午餐”，但很多人却不以为然，甚至心存侥幸，对一切“免费”的东西趋之若鹜。按照经济学的解释，这句话的含义是无论做什么选择，都是有得有失的，也就是所有的“获得”都有其“代价”，当然这里的“代价”不一定是花钱。人们做出选择的主要依据是将“获得”与“代价”进行比较，权衡之后进行取舍，最终做出有利的决策。在吃自助餐的时候，胃口有限，选择多吃一点牛肉，就必须放弃一些别的食物——这就是“代价”。

任何选择都有代价，而当人们做出选择时，为了获得某种收益而放弃掉的其他可能收益当中最高的那一个，就叫作机会成本。比如选择用一个小时认真学习，就放弃掉了玩游戏、看电视剧、逛街或者睡觉等其他选择，假如所有放弃掉的选择中，收益最高的是玩游戏，那么认真学习的机会成本就是玩游戏所能带来的收益，越是觉得游戏好玩，就越是觉得学习的代价高，越是痛苦。

2. 约束条件下的利益最大化

经济学研究个人、企业或者社会的选择问题，其核心在于通过选择获得利益最大化的结果。一个人花钱买东西，希望通过选择正确的商品获得最大程度的满足；企业决定生产决策时，希望通过选择使有限的成本带来最大的利润。

所有的选择都有着约束条件，比如买东西的时候，能够花的钱总量可能是固定的，商品的价格、消费者的个人偏好在一段时间内也保持不变。离开约束条件讨论选择没有太大的意义。如果你询问“购买什么样的手机最合适”，从小米、VIVO、OPPO 到华为、苹果不同品牌的手机到各品牌的不同系列型号，会有无数答案，并且每一个都听起来很合理。但如果问题是在 1 000~2 000 元支出中，购买哪一款手机最划算，也许就会有更加明确的答案。约束条件通常可以缩小选择范围，使选择更加明确。

经济活动中主要的约束条件有预算约束、偏好约束、技术约束、成本约束和规则制度的约束等。

3. 选择的三种类型：价格、数量和制度

市场主体包括家庭（个人）、企业和政府，经济活动纷繁复杂，但其选择活动的类型归纳起来主要包括三种类型：价格决策、数量决策和制度选择。

价格决策是一种最基本的经济选择活动。在餐厅，消费者要决定以什么价格吃一顿自助餐，企业要决定以什么价格来出售不同种类的食品。政府也要决定公务员的工资水平、国有土地转让价格以及高速收费、税收等公共产品的价格。

与价格决策紧密相连的是数量决策，在一定的价格水平下，消费者决定购买多少数量的产品，企业决定销售数量。政府也要决定公务员的数量和教育、医疗卫生等公共产品的提供数量。

经济活动围绕着资源的配置和使用以及最终产品的分配等问题而展开，不同主体的活动受到一系列规则的约束：法律、道德、习惯和文化传统等，这些规则就是人们通常所说的制度，不同的制度安排可能对经济主体的选择行为产生巨大的影响。以产权制度的改变为例，私有产权和公有产权这两种不同的制度安排，在生产效率、分配模式和消费模式上，产生了截然不同的后果。在现代社会保障制度逐渐建立并完善的过程中，家庭的功能、结构都发生了巨大的变化：由生产、消费、教育、保障集中的集合体，转变为相对独立的消费组织。

二、资源的稀缺性是经济学的出发点

要理解经济问题如何产生、人们如何解决，首先就要从经济学产生的根源谈起。人类社会的基本问题就是生存和发展，在这样的前提下产生了各种需要：一方面，吃饱穿暖的需要、安全和保障的需要、受教育的需要等，人类欲望是无限的；另一方面，人类的各种需要通过资源的耗费来实现，而资源是有限的。因此，我们就需要在资源的各种用途上进行选择，以期获得最大的收益。

为了分析资源稀缺性以及与之相关的生产可能性边界和机会成本，我们假设一个情景，某人只能通过打猎和采集生活，并且为了简化，我们假设打猎只能打到兔子，采集是获得野果。在打猎和采集的过程中，技术水平保持不变（包括熟练度也不变），能够使用的工具不变，自然界的资源总量仍然保持充足。

这个人能够获得的物品数量通过表 1.1 表示出来。组合 A 表示这个人全部的精力都用于打猎，最多能够获得 5 只兔子，没有野果；组合 B 表示这个人少打一只兔子，剩下的时间用于采集，可以获得 100 个野果；以此类推。

表 1.1　　　　获得物品的数量

种类 组合	兔子 数量（只）	野果 数量（个）
A	5	0
B	4	50
C	3	90
D	2	120
E	1	140
F	0	150

（一）资源的稀缺性

1. 经济资源总量有限

所谓资源，就是能够直接或间接地满足人类需要的物品。有的物品需要花费一定代价才能获得，叫作经济资源，比如超市出售的面包、外套等；还有一些物品对人有用但是并不需要花费代价去购买，就叫作非经济资源或者自由取用的资源，比如阳光、空气。经济学中的“资源”专指经济资源。

资源的总量是有限的，这就决定了由它们生产出来的经济物品的总量也是有限的，即无论是大自然中的兔子、野果，人们的劳动力、思想，还是生活中精致的衣服、漂亮的房屋、一流的教育环境，其总量是有限的。

2. 欲望的无限性

渴了要喝水，饿了要吃饭，所有吃、穿、住、行等各种欲望的满足都需要消耗经济资源或者经济物品来获得满足。在我们前文假设的情境中，这个人要获得蛋白质补充能量，就需要耗费时间、精力和工具去抓兔子；想要更多的维生素，同样需要花费时间和精力去采集野果。

3. 人的欲望是无穷的

2012 年，中央电视台《你幸福吗》调查栏目引起了广泛的热议，人们其实一直在思考一个问题：为什么有些人拥有很多的东西却并不感到“幸福”？一个重要的原因，恐怕就在于人的欲望是无穷的，几乎不可能得到真正的满足，也就难以长久地感到幸福。

俗话说“人心不足蛇吞象”，一个欲望得到满足，又会产生新的欲望。美国心理学家亚伯拉罕·马斯洛（Abraham Maslow）就提出了需要层次理论，认为人类的需要可分为 5 个高低不同的层次：

（1）基本的生理需要，即生存需要；

（2）安全需要，即希望未来生活有保障；

（3）社会的需要，即情感方面的需要，如爱与被爱的需要、归属感的需要；

（4）尊重的需要，人都有自尊心，需要受到别人的尊重；

（5）自我实现的需要，即出于对人生的看法，需要实现自己的理想，这是最高层次的需要。

上述 5 种欲望或需要中，第 1 种是最基本的需要，后 4 种统称为心理需要。当低层次的欲望或需要得到满足或部分满足后，紧接着就会或者应该产生较高层次的欲望或需要。一个人在狩猎兔子的时候，起初是为了每天吃一只满足生存需要，然后多抓几只可以圈养起来以备不时之需，再后来有可能把抓到的兔子当作宠物陪伴自己。因此，欲望或需要是无穷无尽的，就像下面这首打油诗里面描述的情景。

不知足

终日奔波只为饥，方才一饱便思衣。衣食两般皆具全，又想娇容美貌妻。
娶得美妻生下子，恨无天地少根基。买到田园多广阔，出入无船少马骑。
槽头栓了船和马，叹无官职被人欺。县丞主簿还嫌小，又要朝中挂紫衣。
做了皇帝求仙术，更想登天把鹤骑。若要世人心里足，除非南柯一梦西！

4. 资源的稀缺性

资源的稀缺性意味着经济资源总是不足的，不能满足所有欲望的需要，这是有限资源与无穷欲望之间的矛盾，也是经济学这门学科之所以存在的根本原因。

资源的稀缺性一方面是绝对的，因为资源稀缺性存在于一切时代和一切社会；另一方面资源稀缺性又是相对的，这是因为资源数量相对于人类欲望的无限性来说，总是不足的。

稀缺性决定了个人和社会都必须做出选择，力争用既定的资源获得最大的满足。

（二）生产可能性边界

根据表 1.1 中某人打猎和采集所能获得的产物组合，我们可以据此得到一个图形。用横轴表示野果的数量，纵轴表示兔子的数量，将表格中的数据对应的点在坐标图中标示出来，然后用一条平滑曲线连接所有的点，可以得到图 1.1 所示情形。

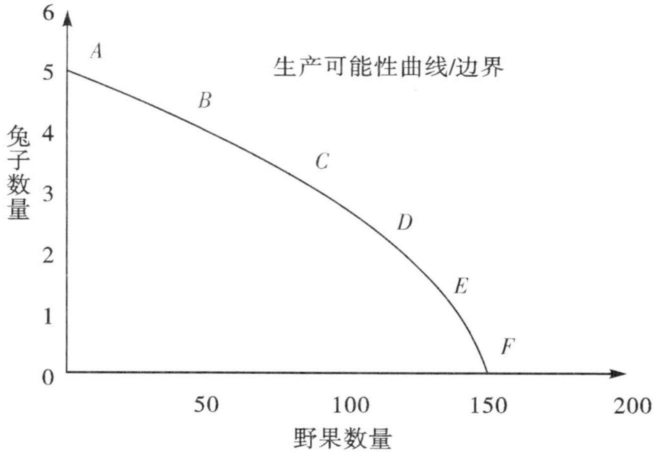

图 1.1　获得物品的数量

生产可能性曲线表示经济社会在既定资源和技术条件下所能生产的各种商品最大数量的组合，反映了资源稀缺性与选择性的经济学特征。它代表着生产中所能得到产品数量的最大组合，因此也被称为生产可能性边界。

对于这个人来说，他在约束条件下，能够获得的最大数量的产品组合分别为 A、B、C、D、E、F 这六种情况，需要在其中做出选择。如果他是一个素食主义者，将会选择 F 这种情况，兔子数量为 0，野果数量最大为 150 个。

（三）机会成本

在资源稀缺的条件下，资源有多种用途，并且用于其中一种用途就不能用于其他。上面例子中的一个人的时间、精力有两种不同的用途：打猎和采集。二者只能选择其一，选择了一种就意味着放弃了其他选择。

这时我们如何衡量他的得失？比如偏好素食的他发现必须获得一些蛋白质来增加能量，选择从组合 F（野果 150 个，兔子 0 只）转变为组合 E（野果 140 个，兔子 1 只），他得到了 1 只兔子，放弃了采集 10 个野果的机会。

我们把这种为了得到某种东西而不得不放弃的其他可能收益，叫作机会成本。只要资源用途不是唯一的，选择一种用途就放弃了其他用途的可能收益，必然产生机会成本，所以可以说机会成本无处不在。俗话说“天下没有白吃的午餐”，我们决策时应该深深记住这句话，凡是获得某种东西就必然付出一些代价。“有得就有失”“鱼与熊掌不可兼得”说的就是这个道理。

当这个人进一步放弃野果换取狩猎兔子的机会时，他会发现机会成本不断上升。从组合 F 到组合 E，1 只兔子的机会成本是 10 个野果；从组合 E 到组合 D，1 只兔子的机会成本是 20 个野果；从组合 D 到组合 C，再到组合 B、组合 A，1 只兔子的机会成本分别变为 30、40、50 个野果。虽然具体数字是虚拟的，但这代表着资源禀赋和技术条件保持不变时，获得某种产品的代价越来越高。

三、经济学的研究对象

经济学是一门研究人类行为以及如何将稀缺资源进行合理配置的社会科学。

经济学不仅仅研究资源的配置和利用问题，而且还研究人类行为，主要是人类如何进行选择，包括个人的选择和群体的选择。

经济学研究人和社会如何进行最终选择，在使用或者不使用货币的情况下，使用可以有其他用途的稀缺的生产性资源，在现在或者将来生产各种商品，并把商品分配给社会的各个成员或集团以供消费之用。它用于分析改善资源配置形式所需的代价和可能得到的收益。

——保罗·萨缪尔森《经济学》

第二节　经济学的产生与发展

经济学作为一门独立的科学，是在资本主义产生和发展的过程中形成的。在此之前，我们对一些经济现象和经济问题形成了某种经济思想，但是并没有形成系统。

我们可以分别从西方和中国的文化中找到一些例子。

一、早期的经济思想

（一）西方早期经济思想

1. 古希腊西方经济思想的源泉

西方经济思想主要起源于古希腊。经济学的英语 Economics 是由希腊文 οἶκος［oikos］而来，意思是家庭管理。在荷马史诗中，就描述了当时的经济活动，比如财富的转移和交换；在赫色阿多的《工作与日历》中，该书强调经济生活的伦理秩序，反对不正当的掠夺手段，同时对资源的稀少问题也表示关注。

作为西方文明的摇篮和发源地，古希腊在经济思想方面有着主要贡献的学者有三位：色诺芬、柏拉图和亚里士多德。

在公元前387—前371年，古希腊哲学家、历史学家和作家色诺芬发表了《经济论》，第一次使用了“经济”这个词，以苏格拉底和一位贵族谈话的形式表达，主要研究奴隶主如何管理自己的田地和房产，使自己的财富尽快增加。

和色诺芬一样，另一位古希腊哲学家、伦理学家和政治家柏拉图也是苏格拉底的学生，他一生著作甚多，与经济相关的有《理想国》，阐述了分工思想、国家的起源与构成、公有财产和货币与利息理论。

柏拉图的学生亚里士多德是古希腊集大成的思想家，对经济现象的研究比前人更加丰富而系统，主要反映在《政治学》和《伦理学》中。亚里士多德提出物品具有两种用途：供直接使用和交换。同时，他还是历史上第一个分析价值形式的人，他说：“5张床=1间屋，无异于：5张床=若干货币”，并且提出交换的基础必须是两者具有同质的东西。马克思说：“亚里士多德在商品的价值表现中发现了等同关系，正是在这里闪耀出他的天才的光辉。”

2. 古罗马关注商品交换

古罗马对经济思想的贡献，主要是罗马法中关于财产、契约和自然法则的思想，在十二铜表法、市民法、万民法等法律中，对于财产权、契约关系以及与此相联系的买卖、借贷、债务等关系都有明确的解释。

3. 西欧中世纪的义利争辩

西欧中世纪的学术思想为教会所垄断，形成所谓经院学派。由于商品经济的发展和城市的兴起，教会不得不回答当时社会上出现的两个重要问题：一是贷款利息是否正当，二是交换价格如何公正确定。贷款收取利息与教义抵触，教会曾一再明令禁止，但无法改变现实中大量流行的贷款取息。在中世纪神学家中较早论述公平价格的是大阿尔伯特，他认为公平价格是和成本相等的价格，市场价格不能长期低于成本。对这两个问题，在中世纪并未形成有说服力的观点，但为以后的经济学家提出了研究的课题。

（二）中国古代经济思想

与西方相比，中国古代的经济思想除了在重视农业生产、社会分工思想等方面有些共同之处外，也有它自己的特点，更为关注宏观经济尤其是国家财政问题，对于商业流通领域的研究并未占据主流。中国古代突出的经济思想主要有义利思想、富国思想、平价思想、奢俭思想等。

所谓义利思想是关于人们追逐经济利益的活动与道德规范之间相互关系的理论。儒家重义轻利，妨碍了人们对求利、求富问题的探讨和论证，也在一定程度上影响了商品经济在中国的发展。

此外，由于对农耕、民生的关注，战国时代，李悝、范蠡都提出了平价思想，即关于稳定物价的思想：谷价大起大落对农民和工商业者都不利，他们提出的“平籴”“平粜”政策，使粮价只在一定范围内涨落，这一原则也被用于国家储备粮食的常平仓制度和救济贫民的义仓制度中。

另外，消费应提倡“节俭”还是“奢侈”，也是中国古代思想家经常论述的一个问题。一般来说，崇尚简朴是占支配地位的经济思想。但在中国漫长的封建社会里，也出现过一些相反的观点。如《管子》一书的《侈靡》篇，就论述过富有者衣食、宫室、墓葬等方面的奢侈开支，可以使女工、瓦工、农夫有工作可做，有利于平民得到就业和生活的门路，也可使商业活跃起来。它从经济活动各方面的相互联系来考察消费问题，提出了消费对生产的反作用的卓越见解，这在当时确是一个颇不寻常的观点。

管仲的富国、富民之策

管仲因为辅佐齐桓公成为春秋霸主而留名史册，与其他政治人物不同的是，他常常能通过各种经济手段实现不战而屈人之兵的目的，达到国家利益的最大化。《管子》一书里介绍了管仲很多神奇的故事，不过今天，我们只是来简单谈谈，管仲打贸易战所用到的两大招式，一是“轻重之术”，二是“平准之策”。

在《管子》这本书里专门有一整篇，叫“轻重篇”，共有十七章，来讲述“轻重之术”。运用轻重之术的三样武器指的是粮食、货币和其他商品，粮食是百姓的命脉所在；货币是贸易的主要手段，也很重要；其他商品是除了粮食、货币之外的一切商品，比如铁器、食盐等等，虽然不像粮食那样重要，但是一旦缺少也会非常不方便。

管仲认为，粮食与其他商品之间价格互相对立，如果粮食的价格上涨，那么其他商品的价格必然下跌；如果粮食的价格下跌，那么其他商品的价格必然上涨，永远不可能处于平衡。同样，货币与其他商品之间也存在价格互相对立的关系。

那么，如果能够影响粮食，就能影响其他商品，如果能够影响货币，也能影响其他商品。反过来，道理是一样的。所以，只要国家正确发号施令，就能操纵各种物资的流通，控制粮食、货币和万物，影响市场的价格，从而获得巨大的利益。这就是“轻重之术”。

此处用一个管仲曾经实践的案例来验证吧。大家都知道，齐国这个地方，也就是今天的山东一带，靠近海滨，历来盛产食盐。有一次，齐桓公就问管仲，说：咱们齐国每年都产这么多食盐，能不能利用你的轻重之术，从食盐上赚到更多的收入呢？

管仲回答说，可以啊。然后，管仲就把方法告诉了齐桓公。

首先，他让齐桓公下令，鼓励百姓砍柴煮盐，同时在齐国境内大肆收购食盐，从十月份一直到次年的正月，一共收集了三万六千钟食盐。然后，又下令，说春耕快到了，要让百姓专心于农事，以后不准修缮坟墓，修理房屋，各地官府不得新建台榭，建筑墙垣，沿海的商人也不得再雇人或者自己砍柴煮盐。

这样，市场上不再有食盐产生，盐价开始上涨。齐国的盐价都上涨了，其他不产盐的周边国家盐价也随之大涨。这时候，管仲让齐桓公派人把囤积的食盐运到这些地区，高价出售，获利十倍不止。

食盐出售以后，一下子获得了大量的黄金货币。于是，管仲又让齐桓公下令，凡是来齐国做生意、献礼、交纳税收等，必须使用黄金做货币。结果，黄金的价格飞涨，而其他商品的价格却不断下跌。最后，管仲让人利用手中高价的黄金，大量收购齐国所需要的各种商品。一下子，各种商品像流水一样，涌入齐国，齐桓公的府库差点都装不下了。

管仲轻重之术的成功实践还包括鲁国买缟、楚国买鹿、衡山之谋等。

平准之策，本质上其实也是轻重之术，只是它的应用领域主要专注于调节国内的经济，比轻重之术的应用范围小得多。主要包括国家掌握铸币权平抑物价、在山林矿产方面建立准许准入制度等。

二、资产阶级经济学

随着资本主义生产方式的产生和发展，在西欧各国逐渐形成了资产阶级经济学，首先是产生于西欧原始资本积累时期的重商主义。

（一）重商主义政治经济学的出现

西欧封建社会末期，随着商品经济的发展，需要更多的货币投入流通，因此经济理论发展的重心也转到货币积累上面，出现了被称为“重商主义”的松散体系。在16—17世纪，伴随着封建制度解体和资本主义生产方式的产生，商业支配产业，流通支配生产，商业资本的力量大大超过了产业资本，这就产生了代表商业资本利益、以流通过程为研究中心的理论体系——重商主义。

1615年，法国重商主义者蒙克莱田发表《献给国王和王后的政治经济学》，第一次使用了“政治经济学”这个词语替代原来的“经济学”，主要是考虑该书讨论的商业、工场手工业、航海业和国王的政策这些问题已经超出了家庭管理的范畴。蒙克莱田认为商业是国家活动的基础，强调政府的主要任务就是使国家获得荣誉和不断致富，因此应该执行有利于本国商人的政策。

重商主义学说都是以流通过程为中心，以商业资本的运动为研究对象，以维护商业资产阶级的利益和增加金银货币为目的。它认为金银货币是社会财富的唯一形态，财富的直接来源除了开采金银矿以外，就是流通领域的低买高卖和对外贸易的少买多卖，主张国家积极干预经济生活，保护本国商业和工业，促进对外贸易的发展。重商主义思想引导英国在工业革命后依靠发达的纺织业以及远洋贸易，成为鼎鼎大名的“日不落帝国”。

（二）古典经济学——第一次革命

直到17世纪中叶以后，首先在英国，然后在法国，工场手工业逐渐发展成为工业生产的主要形式，为了探讨财富生产和分配的规律，论证资本主义生产的优越性，经济学的研究由流通过程进入生产过程，产生了资产阶级古典经济学。这被称为经济学发展历程中的第一次革命，即古典经济学对重商主义学说的革命。

亚当·斯密是英国古典经济学的杰出代表和理论体系的创立者，被称为“现代经济学之父”，他所著的《国民财富的性质和原因的研究》一书（简称《国富论》）于1776年出版，标志着现代经济学的产生。斯密在《国富论》中批判了重商主义只把对外贸易作为财富源泉的错误观点，并把经济研究从流通领域转到生产领域；他克服了重农学派认为只有农业才创造财富的片面观点，指出一切物质生产部门都创造财富。他分析了国民财富增长的条件以及促进或阻碍国民财富增长的原因，分析了自由竞争的市场机制，把它看作是一只“看不见的手”支配着社会经济活动，他反对国家干预经济生活，提出自由放任原则。

许多人知道亚当·斯密是从“看不见的手”这句话开始的。不论是马克思还是西方经济学界都毫不怀疑地认为亚当·斯密是古典经济学最杰出的代表。马克思说：“在亚当·斯密那里，政治经济学已发展成为某种整体，它所包括的范围在一定程度上已经形成。”当代美国最著名的经济学家保罗·萨缪尔森说：“我们可以把亚当·斯密出版《国民财富的性质和原因的研究》（简称《国富论》）的那年看作是现在所学的经济学的诞生之年。”英国英格兰银行在2007年发行了新版的20英镑的纸币，正面印有英国女王像，背面则是经济学家亚当·斯密的头像，这也是英格兰银行发行的英镑纸币第一次印上苏格兰人的头像。

《国富论》出版于1776年，《独立宣言》也发表于这一年，全面地考虑，很难说清楚哪一部文献具有更重要的历史地位。《独立宣言》向社会发出了一个全新的呼吁，呼唤社会致力于生活、自由和快乐的追求，而《国富论》则解释了这样的社会是如何运行的。斯密最伟大的贡献在于他发现了自行调节的自然秩序（也叫自由市场机制）。对此斯密有一段精辟的话语：“每个人并不企图增进公共福利，他所追求的仅仅是他个人的利益，而且，在这样做时正像在许多其他场合一样，他被一只看不见的手引导到去促进一种目标，而这种目标绝不是他所刻意追求的东西。由于追逐他自己的利益，他经常促进了社会利益，其效果要比他真正想促进社会利益时所得到的效果大得多。”——这就是著名的“看不见的手”。

（三）微观经济学与数理分析——边际革命

19世纪70年代至20世纪30年代，西方经济学发展的主要特征是边际效用学派的经济思想占统治地位，以效用价值论为理论基础，标志着现代经济分析的开始，代表人物有英国的杰文斯、奥地利的门格尔和瑞士的瓦尔拉斯。

效用价值论是劳动价值论的对立物，亚里士多德是最早主张这个观点的人。效用价值论认为物品的价值取决于该物品所满足的需要的重要性，这种能够满足某种需要的特性就叫作物品的效用。同时，这种效用决定于满足需要的不同程度。同样是对粮食的需要，救命、解除饥饿感和饲养宠物，显然具有不同的重要性。

在研究内容上，边际主义与传统经济学显然不同：传统经济学主要研究劳动价值论和经济增长等方面的问题；而随着边际学派的兴起，劳动价值论被以边际原理为原则的消费者理论和厂商理论所代替。经济学的核心问题变成了在资源既定的条件下如何实现消费者效用最大化或者厂商总收益最大化的均衡问题，而国民收入的决定、增长与发展等宏观问题就不在讨论之列了。

在研究方法上，经济学开始广泛引进数学，用方程组来表示需求和供给，使用微积分作为分析的有力工具，通过较为严格的数学推理来解决最优化问题。

边际学派的发展只是将研究重点放在了古典经济学比较忽视的微观问题上，理论上主要吸收和发展了前人关于效用论的思想，政策倾向上对古典经济学更多的是继承而不是决裂。

在继承古典经济学理论和吸收边际学派分析方法的基础上，剑桥学派的创始人阿尔弗雷德·马歇尔（1842—1924）完成了经济学理论的第二次整合。他一方面继承了古典经济学关于国民财富的生产和经济增长的理论，另一方面吸收了边际效用学派需求理论等其他学派的内容，完成了《经济学原理》一书。该书成为与亚当·斯密的《国富论》、李嘉图的《政治经济学及赋税原理》等齐名的划时代的著作。马歇尔的理论是古典经济学的供给分析与以效用为中心的需求分析的综合，并在此基础上形成了以供求价格理论为中心的微观经济学研究体系。

（四）宏观经济学——凯恩斯革命

1929—1933年资本主义世界经济遭受了空前的经济危机，以马歇尔新古典主义为代表的传统经济学对此既无法解释，也无法给出有效的政策建议，使得人们对传统理论陷入怀疑，于是凯恩斯经济学应运而生。

1. 凯恩斯革命的产生背景

在凯恩斯开创宏观经济学时代之前，古典经济学派一直在经济学领域中居于统治地位，其基本思想就是资本主义总是处于充分就业状态，并且不会出现生产过剩的危机。古典经济学的代表人物让·巴蒂斯特·萨伊就认为，生产创造了足以购买所生产的每一件东西的收入，即供给创造自己的需求，这就是后来被称为萨伊定律的内容。假如人们生产了价值500元的牛奶，那么他同时也形成了对其他商品的需求，比如劳动、牧草、食品等，所以生产500元牛奶的行为也创造了价值500元的需求。

照此推理，政府在国民经济中应当无所作为，唯一的任务是保护产权，即充当“守夜人”的角色，整个社会应当是一种自由放任的状态。

然而在产业革命时期，技术进步使得大量机器被引入工厂，消除了一些工人的工作机会，并使得生产能力大幅度提高，人们开始怀疑经济能否创造足够的工作岗位和足以购买全部产品的需求。

1776年，英国纺纱工珍尼·哈格里夫斯（James Hargreaves）发明了一种称为珍尼纺纱机的简单人工操作机器。使用这种机器，每个人可以一次纺80锭纱（原来的机器每次只能纺1根线），结果就是数以千计的工人失去了工作，被称为“机器吃人”。虽然后来也有一部分人在新的工厂里找到了工作，但每次新机器的使用使过去需要手工完成的工作自动化时，人们都会失去自己的工作。

产业革命引起的工作减少和生产过剩在1929—1933年大萧条期间显得尤为突出，萨伊定律看来越来越不适用了，于是约翰·梅纳德·凯恩斯通过推翻萨伊定律而对宏观经济思想进行了一场革命。

2. 凯恩斯的主要理论成果

凯恩斯（1883—1946）师出名门，他的父亲是剑桥大学的逻辑学家和经济学家，而他本人的天赋得到了经济学泰斗马歇尔的赏识。同时，凯恩斯一直致力于经济理论和实践的结合，曾策划建立了“国际货币基金组织”和“国际复兴开发银行”，还经营了一家大型保险公司，创办过国家投资公司，做过外汇投机和一些商品投机生意，家产甚丰。他与李嘉图一起被认为是仅有的善于经营并取得成功的两个经济学家。

凯恩斯是一个擅长写作并富有才华的经济学家。他一生著作很多，英国皇家经济学学会将他的主要作品选编成《凯恩斯选集》，有30大卷，而李嘉图的《全集》也不过9卷。凯恩斯1936年发表了《就业、利息与货币通论》（简称《通论》），该书是他最主要的著作，也是代表作。在《通论》中，针对当时困扰人们的经济危机、失业等现象，凯恩斯提出“边际消费倾向递减”“资本边际效率递减”和“流动性陷阱”三个心理规律，提出“有效需求不足”是产生经济危机主要原因的观点，因此其政策主张是政府实行需求管理方案。

凯恩斯提出的国家干预主张标志着现代宏观经济学的产生，甚至有人认为凯恩斯在经济学上的贡献是和哥白尼在天文学上、达尔文在生物学上、爱因斯坦在物理学上一样的“革命”。

凯恩斯革命主要表现在三个方面：

（1）有效需求不足理论

与萨伊提出的供给自动创造需求不同，凯恩斯认为生产依赖于有效需求，即生产取决于人们愿意和能够购买多少。

有效需求包括个人消费和企业投资两个部分，主要取决于三个因素，包括人们的消费倾向（消费在收入中所占的比例）、对资本未来收益的预期和货币的流动性偏好。人们不会把所有的收入都用于支出，即生产牛奶并取得了500元收入之后，他只愿意支出（消费加投资）其中的一部分，比如450元，那么他对社会的需求就不是与供给相等的500元，而是450元。

在需求小于供给的情况下，有一部分资源得不到充分利用。凯恩斯进一步从有效需求不足理论出发，得出消费不足和投资不足的结论，他认为资本主义经济社会无法避免两个问题：一是无法实现充分就业，二是收入分配不均。当然，与二战后一度流行的对社会主义制度的追捧不同，凯恩斯提出了在资本主义制度框架内解决问题的办法——政府干预。

（2）工资刚性

古典经济学认为经济总是处于充分就业的状态下，是因为一旦劳动力市场上供求不平衡，那么工资就会迅速变化——通过工资调整，供求会重新平衡。而凯恩斯认为，工资并不完全是工人和资本家谈判的结果，工会代表工人与资本家谈判，而工会的力量会抵抗工资下降，因此工资不能够灵活变动。当劳动力需求下降时，工资却不能相应降低，结果就是产生了失业。

（3）主张国家干预

正是因为资本主义社会无法解决失业和生产过剩的问题，凯恩斯认为必须依靠政府的力量干预经济，提高社会的消费倾向和加强投资引诱，以扩大社会有效需求。

在刺激消费方面，凯恩斯的政策主张主要包括两方面：

第一，主张扩大消费支出。凯恩斯认为，一个国家如果喜欢挥霍性消费，它的生产发展和文化程度一定很高。为了鼓励人们高消费，凯恩斯抨击了自亚当·斯密以来传统经济学所标榜的“节俭的美德”，认为高消费和高投资并存，是值得鼓励的。

思考一下：

2013年，习近平总书记在新华社一份《网民呼吁遏制餐饮环节“舌尖上的浪费”》的材料上做出批示，要求大力弘扬中华民族勤俭节约的优秀传统，使厉行节约、反对浪费在全社会蔚然成风。倡导节俭，对于经济发展会有不利影响吗？

第二，主张缩小收入分配差距。凯恩斯认为，高收入者边际消费倾向低，而低收入者边际消费倾向高，如果收入大多数集中在少数人手中，那么富人有钱却不愿意消费，同时穷人有消费愿望却没有能力，结果就使得整个社会的消费倾向低。

在刺激投资方面，凯恩斯一方面主张国家采取措施提高资本边际效率（提高资本的预期收益率），以刺激私人投资的积极性；另一方面主张投资社会化，由国家组织直接投资。凯恩斯强调扩大政府职能，加强政府对投资的控制。为了提高投资引诱，政府可以采取措施降低实际工资（名义工资与物价水平之比），或者降低利率，从而使企业成本降低，增加投资积极性。基于这种信念，凯恩斯倡议温和的通货膨胀。

凯恩斯指出，消费倾向在短期内是相对稳定的，因而要扩大有效需求、实现充分就业，就必须从增加投资需求入手，一个直接的做法就是政府直接投资。比如，政府财政支出500亿元投资修建铁路，那么对于铁路工人劳动、钢铁原材料、机器设备等的需求就增加500亿元；而铁路工人的工资总额增加（假定为200亿元）之后，将会增加他们对于家电、旅游服务等产品的需求；这部分需求（假定为160亿元）又增加了家电、旅游服务等行业的工人的收入……如此循环下去，政府投资500亿元，全社会的收入和产出可能会成倍增加——这就是乘数效应。因而，凯恩斯更主张政府投资，以促使国民收入成倍地增加。

凯恩斯经济政策的本质之处是主张要依靠国家来调节经济，积极干预经济生活，加强国家垄断资本主义。他认为只有这样，才能避免资本主义制度的灭亡。但凯恩斯也提出，反萧条的经济政策（增加政府支出等）可能触发通货膨胀，并降低长期的生产增长率——非常不幸，在20世纪60年代末，这种猜想变成了现实，许多国家通货膨胀率上升，同时经济增长放慢，通货膨胀和经济停滞同时并存，即“滞胀”危机。

3. 凯恩斯主义的衰落

以国家干预为代表的凯恩斯主义一度成为主流经济学理论，领导了战后西方各国的宏观经济政策，但是20世纪70年代普遍出现了“滞胀”现象，使得该学派的影响力逐渐衰落下去。到了20世纪80年代，以新古典宏观经济学为代表的新自由主义一度兴盛，与坚持原凯恩斯主义基本信条、反对经济自由主义潮流的新凯恩斯主义经济学形成了两大阵营，另外还有一些人试图把新古典主义的微观分析和凯恩斯主义的宏观理论结合起来，形成了新古典综合派。

凯恩斯主义的理论和政策陷于困境，受到各式新经济自由主义流派的挑战。西方资本主义国家80年代的私有化浪潮、俄罗斯的“休克疗法”以及拉美国家进行的以“华盛顿共识”为基础的经济改革，都是新自由主义经济学的“经典之作”。

狭义新自由主义主要是指以哈耶克为代表的新自由主义；广义新自由主义，除了以哈耶克为代表的伦敦学派和新奥地利学派外，还包括以哈耶克、弗里德曼、斯蒂格勒、科斯等为主要成员的芝加哥学派、以弗里德曼为代表的货币主义、以卢卡斯和巴罗为代表的理性预期学派、以科斯为代表的新制度学派、以布坎南为代表的公共选择学派和以拉弗、费尔德斯坦为代表的供给学派等，其中影响最大的是伦敦学派、货币主义和理性预期学派。

诺贝尔经济学奖获得者小罗伯特·卢卡斯建立了以“理性预期”为基础的新宏观经济学，掀起了另一场革命。如果政府实行扩张的货币政策，比如降低利率以鼓励私人投资和消费，人们会如何应对呢？卢卡斯认为，个人和企业根据理性预期进行决策，即人们用所有可以得到的信息做出经济预测，这些信息包括政府的政策。因此，如果政府降低利率，那么个人和企业可能做出经济衰退或将要衰退的判断，结果就是减少消费减少投资——与政策目标相反。这就是说，存在理性预期的情况下，政策可能是无效的。于是卢卡斯说：“我不想管理美国经济，而且，我也不认为其他任何人应该进行这项工作。”

因此，经济学家对于政府应当行使什么样的经济职能、如何改善市场结果这样的问题，一直存在分歧。用斯蒂格利茨的话来说，“在美国，由个人做出主要决策，反映经济学家的信念，这对于保持经济的效率是必要的；但是经济学家同时也认为：政府进行某些干预也是需要的。找到公共部门与私人部门在经济上的适度平衡是经济分析的中心问题之一。”

三、当代中国经济学的发展

在中国，制度约束和环境与西方资本主义国家有很大不同，理论研究方面相对来说比较落后，但近年来不断总结经济发展的实践经验，也形成了一些具有中国特色的理论，比如新供给主义、新结构主义、新宏观主义等。

1. 新供给主义

滕泰的新供给经济学从供给角度重新定义了经济周期，认为周期性经济衰退的原因是经济供给结构老化，因此，重启经济增长新周期的出路，也在于以“刺激新供给，创造新需求”为特征的经济结构调整措施。

新供给主义经济学认为，技术和产业的演进、供给和需求结构的变化以及供给与需求循环往复的交互作用是形成经济周期波动的主要力量。供给与需求动态均衡的打破属于经济增长过程中的阶段性、局部性问题，技术扩散和产业生命周期密不可分。生产过剩是相对的，阶段性和局部的供需矛盾可以随着资源逐步向新产业领域配置而消解。

2. 新结构主义

2015 年 12 月 26 日经济观察网将林毅夫在“新结构经济学专题研讨会（冬令营）会议”上的要点总结为：用新古典的方法来研究在经济发展过程当中，结构和结构演变的决定因素，才叫新结构经济学，主张从要素禀赋作为切入点来内生化的产业结构，推动结构的变迁。

供给侧结构性改革即为新供给主义加新结构主义。

3. 新宏观主义

新宏观主义认为上述理论都存在着致命的经济哲学缺陷：没有区分微观与宏观的不同性质，导致了它们的视野都局限于微观而无法识大体；没有进行实物循环与货币循环的划分，使经济分析实质停留在实物循环中，这导致了陷入均衡陷阱而不能自拔。

新宏观主义通过对传统经济学进行诸多批判吸收后提出，经济学的所有争论都可以划分为两大阵营：重农主义与重商主义，前者主张经济增长即为实物的增值，也就是实物利润，坚持劳动价值论，它发端于自然经济；后者强调生产的目的就是货币的增值，也就是货币利润，笃信拜金主义，它发端于商品经济初期。在当代经济中，自然经济成分与商品经济成分同在，同时自然经济处于从属地位，这是经济学争论的实践基础。

第三节　经济学的理论体系和基本问题

我们来看下面几个问题：

1. 暑假期间寻求兼职工作的大学生人数增加，类似产品销售、发传单这样的兼职工作工资水平会有变化吗？

2. 当美国政府对中国部分出口产品征收更高的关税时，对中国的老百姓来说产生哪些方面的影响？

3. 市区商品房价格上涨/下降对市场成交量会产生什么影响？

上述问题属于哪一类经济问题呢？人们会怎样分析这些问题？这就需要首先对经济学的理论体系和基本问题有所了解。

经济学理论体系一般包括两大部分：微观经济学和宏观经济学。

一、微观经济学

微观经济学是研究个别经济单位的行为，这些经济单位包括个人（或者家庭）、企业和其他参与经济的实体，核心问题是资源如何实现优化配置。

（一）主要内容

微观经济学一方面主要阐述个体如何做出决策。比如：作为消费者，收入增加时你会增加还是减少对土豆的消费？猪肉价格上升会不会影响你对牛肉的消费？作为要素所有者，最低工资水平的提高会不会影响你的工作时间？作为厂商，你决定这个月生产多少产品，提价还是降价？

微观经济学的另一个方面则涉及经济个体之间的相互作用从而形成更大的经济单位——市场和行业。它告诉我们电信行业为什么是现在这样的格局，其格局对于厂商和消费者的相互作用有何影响。为什么学校小卖部的商品价格总是比市场平均水平更高一些？如果增加三五家出售类似产品的超市，他们的价格会不会发生变化？

微观经济学的主要内容包括：均衡价格理论、消费者行为理论、生产理论、分配理论、一般均衡理论与福利问题、市场失灵与微观经济政策等。微观经济学的中心理论是价格理论，包括价格的决定以及均衡价格的变动。

（二）基本问题

微观经济学集中分析稀缺资源的配置问题，也就是如何使用资源获得最大的效率。

1. 生产什么

微观经济学主要着眼于研究个体，也就是个人或者企业所面临的经济问题。第一个问题就是生产什么、生产多少。一个农民有一块土地，是用来种小麦，还是种玉米？他是在家务农，还是外出打工？一个企业是投资生产手机，还是生产汽车？因为个体拥有的资源数量，包括劳动力、资本、自然资源，都是有限的，必须在不同的生产方向上做出选择，正确的选择能够实现资源的最优配置。

2. 如何生产

微观经济学研究的第二个问题是如何生产。比如一个企业决定生产手机，是多投入劳动力，还是多投入资本去购买先进设备，以实现自动化、智能化生产呢？通常而言，这取决于生产要素的价格，劳动力价格高，就多用机器，比如欧美国家广泛使用洗碗机；反之，在劳动力价格相对低廉的亚洲则更多地投入劳动力，因为机器设备价格昂贵。要素价格在一个充分竞争的市场上，恰好反映了资源的稀缺程度——价格高昂意味着稀缺性强，只有在关键的生产环节才被使用，这也是资源优化配置的要求。

采用机械化生产最直接明显的优势就是将大大提高生产过程中的效率，京东某无人分拣中心 1 小时分拣 9 000 件，与传统模式相比节省 180 个人力。那么其他快递公司，或者在其他地点的分拣中心，如果货运吞吐量不大，一天也差不多 10 000 件的包裹量，应用这样的智能系统，显然大量时间就会处于闲置，增加成本。目前人们在智能机器人取代流水线工人方面已经大量开启了新的论证和实践。

3. 为谁生产

微观经济学研究的第三个问题是产品如何分配，也就是为谁生产。有一个著名的博弈模型叫作“海盗分金”。有 5 个海盗，合伙抢劫到 100 枚金币，如何分配战利品呢？假设 100 枚金币都是同样价值的，海盗们决定采取一个“少数服从多数”的原则公开表决，决定分配方案：第一步，抽签决定 1、2、3、4、5 顺序；第二步，由 1 号海盗提出分配方案；第三步，5 名海盗共同表决，如果有超过半数的人同意，那么方案通过，按照方案进行分配；如果支持者没有超过半数，则分配失败，作为惩罚，提出方案的 1 号海盗将被扔进大海喂鲨鱼，然后由 2 号海盗提出分配方案。以此类推。

为了让人们的行为更加可以预测，我们假设海盗的本性是聪明、贪婪而凶残的，聪明体现在于每个海盗都会在限制条件下做出最有利于自己的选择，贪婪在于每个人都想让自己得到的金币尽可能多，凶残则体现在如果自己得到的金币数量不受影响，更加乐于看到别人被丢进大海喂鲨鱼。那么，最终的分配结果会如何呢？

现实当中的分配情况当然没有海盗们这样极端，往往通过“多劳多得”鼓励能者多劳，再以税收、转移支付等手段进行再分配，促进社会公平。在统计上，基尼系数是一个常用的衡量社会分配是否两极分化的指标。

4. 如何决策

稀缺问题在一切制度下都会存在，但不同的经济制度以不同的方式来解决问题。市场经济体制主要依靠市场的力量来自由决定，而计划经济则以国家行政命令的方式替代个人决策——当然，目前大多数国家都是一种“混合经济”体制，既有市场的个体决策，也有国家的宏观调控，争取在效率、平等和稳定之间实现均衡。

二、宏观经济学

宏观经济学着眼于对经济总量的研究，比如国内生产总值、失业率、通货膨胀率等。它的主要任务是解决资源合理利用的问题。

（一）主要内容

宏观经济学主要关注经济整体的运行，研究社会总体的经济行为及其后果。为什么韩国、新加坡等可以在 20 世纪的几十年间发展成为人均收入较高的国家，而非洲多数国家整整一个世纪都挣扎在贫困的深渊？为什么经济会发生时而高涨、时而萧条的周期性波动？为什么 20 世纪 30 年代危机期间美国的失业率高达 25%？

宏观经济学的核心理论是国民收入决定理论，讨论如何能够实现资源的合理利用，分析经济周期的原因和决定经济增长的主要因素，实现经济的长期稳定增长。主要内容包括：国民收入决定理论、失业与通货膨胀理论、经济周期理论、经济增长理论、开放经济理论和宏观经济政策。

（二）基本问题

宏观经济学是从经济整体运行的角度研究资源是否得到了充分利用，主要的问题包括以下三个：一是就业状况，二是经济周期与经济增长，三是物价水平。

1. 就业

为了考察劳动力这一生产要素是否得到了充分利用，人们非常关注失业率这一指标。一般而言，失业率核算失业人口占总劳动人口的比重，4% 是公认的自然失业率水平，高于 4% 则认为劳动力资源没有得到充分利用。

奥肯定律研究表明，失业率超过自然失业率之后，每上升 1%，实际 GDP 就将比潜在 GDP 低 2%。

2. 经济周期与经济增长

经济波动不可避免，通过观察分析经济运行状况，人们研究经济周期的四个阶段：复苏、繁荣、萧条、衰退，如何实现经济持续而稳定的增长是各国政府面临的首要经济问题。

3. 物价水平

物价水平不仅是宏观经济学关心的问题，也与我们的生活息息相关。统计上用通货膨胀率、消费者价格指数 CPI 等指标来衡量物价水平。

通货膨胀率表示一般物价水平的上升幅度。以 P_1 为现今物价平均水平，P_0 为去年的物价水平，年度通货膨胀率可测量如下：通货膨胀率 = $(P_1 - P_0) / P_0$。事实上，计算所有商品的平均价格指数是很困难的，所以多数时候我们用特定商品的价格指数来代表它，比如消费者价格指数。

消费者价格指数，简称 CPI，考察日常生活所需的食物、衣服、交通等“一篮子物品”的价格水平变化情况，如果我们去年买这些商品的价格是 100 元，今年需要 105 元，那么 CPI 就是（105-100)÷100=5%。它与老百姓的生活密切相关，在整个国民经济价格体系中也具有重要的地位，是进行经济分析和决策、价格总水平监测和调控以及国民经济核算的重要指标。

三、微观经济学和宏观经济学密切相关

尽管微观经济学和宏观经济学着眼于不同的研究领域，他们之间也存在着固有的联系，并且从现代经济学发展历程来看，二者之间的界限正在逐渐模糊。

宏观经济学研究总体行为，而总体正是由无数个体决策形成的，所以，不考虑相关的微观基础是很难理解宏观的发展的。比如考虑失业率水平的变化，我们就必须分析个体劳动者的劳动供给决策和厂商的劳动需求决策发生了什么样的变化。要分析债券市场的总需求和总供给，就离不开对投资者个人的行为分析。

本书沿用经典的经济学理论框架，分为微观和宏观两大部分，其中微观部分主要是均衡价格理论、消费者行为理论和厂商理论，探讨市场价格的形成和变动以及作为个体经济单位的家庭和厂商如何决策；宏观经济部分则主要探讨国民收入的决定和增长以及宏观经济问题，比如失业和通货膨胀。

第四节　经济学的研究方法

在深入探讨经济学的本质和细节之前，我们不妨先了解一下经济学家是如何研究这个世界的。供给、需求、弹性、消费者剩余、通货膨胀率、失业等，都是经济学家的常用语言，与数学的积分、向量、面积等名词一样，主要表现该学科的研究领域，是经济学这门学科区别于其他学科的特征之一。

乍一看，经济学并不显得特别高明——没有学习经济学的农民，也知道丰收年份的粮食价格会下降。的确，经验可以是知识的重要来源，但理论素养可以使你认识得

深刻、预测更精确。如果历史数据表明，在某一价格水平下，空调的需求价格弹性为2，那么我们可以推测提价会使总收益减少，如果给定价格水平和提价幅度，我们还能够大略估算总收益会减少多少；而如果商品变成大米，涨价却会使总收益增加——因为大米一般来说是缺乏需求价格弹性的。很重要的一点是，经验知识来源于生活经历，并且往往具有偶然性，难以一般化推广，而理论学习则试图找到现象背后的规律，形成指导行为的有用知识。

当然，你不可能一周之内成为高明的棋手，也很难在一年之内成为数学家或者哲学家，经济学也是如此。虽然很多时候经济学理论是在讲述抽象的道理，对你的帮助也不是那么立竿见影，但是掌握必要的经济理论对我们的生活——尤其是决策，绝对是大有裨益的。

一、经济学与科学

经济学是科学吗?

不管你承认与否，这是现代经济学家努力的方向——让经济学研究与数学、物理等其他学科一样，通过精密的推导获得精确的结论。尤其在边际学派之后，经济学大量引进数学分析工具，建立了很多模型，使得推导和结论都更加容易验证。

（一）科学的本质是科学方法

爱因斯坦说："全部科学不过是日常生活的精炼而已。"重要的是这个从具体生活现象到一般理论的精炼过程：观察生活（或者现象）—初步提出观点—逻辑验证，经过验证当然有两种可能，一种是通过验证，那么就可以应用于实践去检验；另一种是不能通过验证，那么就得回头重新考虑原来的观点是否合适。

牛顿观察到苹果落地，引发了好奇心和思考，经过逻辑推导之后，提出万有引力定律，然后经过实验，发现可以应用于绝大多数情况。

"观察—理论—观察"这样的方法也适用于经济领域，虽然我们很多人并不习惯用科学的眼光去观察社会或者人的行为。如果食堂门口有一个人在那里倒立，我们怎么解释这一现象?他可能和朋友打赌来证明自己的勇气，或许因为他相信餐后倒立是一种有效的锻炼方法——提出假想是容易的，困难的是如何验证。

（二）提出的理论应该是"可证伪的"

我们经常说"实践出真知"，因此验证过程是科学研究中必不可少的一环。既然要验证，那么结果就只能是两个：被证明是对的，或者被证明是错的。"可证伪的"就是说有可能被事实推翻，证明是错的。如果一个理论无论如何不可能错，那么我们就没法验证。

1. 定义式的结论

比如说：人是直立行走的哺乳动物。这种直接的描述一般来说就是不可能错的。

2. 包含了所有可能性的结论

如果新闻报道说医学专家发现食用某种蘑菇会在一定程度上影响人的脑神经，那么菜市场上该蘑菇的需求会受到什么影响，价格会怎么样?

我告诉你价格"可能上升，可能下降，也可能不变"，这有什么意义吗?无论价格如何变化，我的答案都是不可能错的，但也没什么用处。

（三）经济理论论证的困难

如果我们要证明“摩擦起电”，可以用两个物体来相互摩擦，或者换一些物品来反复证明。但是经济理论很难通过反复试验来证明，尤其是宏观经济问题。

比如我们试图研究人口增长对经济增长的影响，就没有办法通过提高或者降低人口增长率的办法，来观察实际经济增长率的影响。或者我们想要研究利率究竟在多大程度上影响人们的消费，也很难为此而特意提高或者降低利率水平。

不仅如此，很多经济指标难以量化，用模型和数学推导的办法来论证总是比较困难。比如人们常说“科学技术是第一生产力”，那么应该如何把“科学技术”量化进产出函数中？电力的发明和广泛应用、发动机的改进……很难准确量化它们对于最终产出水平的影响，也就难以建立可靠的经济模型。

因此，由于经济学研究对象是人和社会的行为，我们很难用纯数学的办法来研究经济学，更多的时候数学只是作为我们推导的辅助工具，更重要的是思维和逻辑演绎。

二、经济学的理论假设

电影票价下降50%，你会将一个月看一场电影改为每周一次么？事实上，影响你看电影的因素是如此之多：收入、电影院的环境、女朋友（男朋友）的爱好、最近是否有好的片子……

（一）简化现实

蝴蝶扇动翅膀都能引起远方的海啸，表明生活中相互影响的因素太多，因此我们很难同时研究所有的因素。回到看电影的问题，通常我们会假设其他因素不变——也就是说老板没有给你加薪，你也不用为了宠物狗生病而临时增加一笔开支，或者电影院也没有搬到更远的地方去，现在也不是春节没有许多上映的大片——在这样的假设之下，我们来讨论电影票价下降对看电影频率的影响，就更加容易和可靠。

所以假设的作用主要是简化现实，使理论推导更加可行。比如物理学讨论惯性的时候，会假设平面光滑、摩擦力为零——这并不真实，但却是有用的简化。

当然，对现实的简化不能随意进行，科学思考的艺术就体现在提出什么样的假设上。如果讨论石块在空中下落的速度，我们可以假设这是真空，但如果讨论的是羽毛的下落，还能这样假设吗？同样，短期分析中，我们在收入不变的假设下讨论影响消费的因素，但如果涉及50年的消费变化，显然不能继续假设收入水平不变。

（二）约定相同的起点

任何讨论都有一个起点，起点不同，也就无法讨论。

甲说：空调的价格上升，人们的购买量就会下降。

乙说：你错了，在夏天，空调价格上升人们仍然争先恐后地跑去购买空调。

谁对？谁错？

其实甲乙两人的争论没有太大的意义，因为他们明显不是在一个起点上讨论问题。首先，甲所说的价格上升导致需求量下降，应该是建立在其他因素（比如天气、人们的收入水平等）不变的基础之上；而乙的结论建立在气温越来越高的基础之上。

经济学的基本假定没有完全一致的结论，但是受到普遍重视的有两个：理性人假定、资源稀缺假定。有的经济学家也认为应该对市场有所规定，即竞争性市场假定。

1. 理性人

“个人”是所有经济分析的基本单位，我们不会首先分析一群人、一个集体的行为，因为群体或者集体的行为也是由个人决策组成的。

经济学假定“个人”都是理性的，总是在约束条件下为自己争取最大的利益，勤奋工作、偷懒耍滑、欺骗他人、与人为善……都是以追求个人利益最大为出发点。就这一点而言，我们可以把理性人假定简单概括为“人都是自私的”。

一方面，需要解释的是，“自私”在这里并不含贬义，强调的是人总是在约束条件下追求个人利益的最大化，这样人们的行为才有规律可循。亚当·斯密在《国富论》里面提到：“很多时候，一个人会需要兄弟朋友的帮助，但假如他真的要依靠他们的仁慈之心，他将会失望。倘若在需求中他能引起对方的利己之心，从而证明帮助他人是对自己有益的事，那么这个人的成功机会较大。任何人向他人提出任何形式的交易建议，都是这样想：给我所需要的，我就会给你所需要的——这是每一个交易建议的含义；而我们从这种互利的办法中，所收获的会比我们所需的更多。我们的晚餐可不是得自屠夫、酿酒商人，或面包师傅的仁慈之心，而是因为他们对自己的利益特别关注。我们认为他们给我们供应，并非行善，而是为了他们的自利。”①

另一方面，我们不否认现实中有无私帮助他人的行为，但在经济分析时，需要把“自私”作为一个辩证的基础假设，在这个起点上不容有所争议。我们不能说人有时自私，有时不自私，以致在逻辑上我们无法推出任何可能被事实推翻的含意。比如慈善捐款，我们不管他的行为本身是否“自私”，但是可以从假设“人都是自私的”得出一些有用结论，比如说对遗产征收高比例的税可能鼓励人们捐款，或者给慈善家正面宣传的机会也可能鼓励人们捐款。

思考一下：

巴菲特、比尔盖茨等国外富翁积极倡导慈善，国内富豪却大多数不予回应，是人品高低不同，还是制度不同导致的差别呢？

2. 资源相对稀缺

这一点我们在前面已经讲过，资源稀缺性是经济学产生的根源——如果没有稀缺性假定，我们也就没有必要讨论经济问题。

凡是“多比少好”“有比没有好”的物品，都是稀缺资源。比如安定的社会环境、美丽的相貌、婉转的歌声、温馨的回忆……他们有时候表现为价格大于零的物品，有时候表现为能够带来正效用的物品。

资源的稀缺性必须结合供给和需求两方面来看，人们对“坏掉的鸡蛋”缺乏需求，即使供给量只有一个也显得太多；春节的火车座位需求量非常大，每天提供千万个仍然不足。

3. 竞争性市场

在现实的经济生活中，无论消费者还是生产者，常常面临着竞争——很多厂家都生产奶粉，同样，奶粉的消费者也成千上万。很容易想到，竞争市场和垄断市场正好是两个对立面。

在竞争性市场上，生产者和消费者对产品价格都没有太大的影响力——如果你决

① 张五常. 经济解释［M］. 香港：香港花千树出版有限公司，2003：25.

定将本店的面包每个提高 0.5 元出售，那么可能的后果是消费者都转而光顾你的竞争对手；如果你不愿意为乘坐公共汽车支付 2 元钱，你会发现别人迅速上车占领了座位。所以，无论是生产者还是消费者，都只能作为价格的接受者。

在围棋比赛中，以所占实利决定胜负；游泳比赛里面，以速度决定胜负。那么在市场竞争当中，如何判断输赢？在自由市场上，价高者得，因此价格就是胜负的关键。如果没有市场，竞争也是存在的：弱肉强食、论资排辈、权力斗争等。竞争市场上人们通过自愿交换获得自己想要的物品，可以使得交易双方的状况都更好一些——这就是“双赢”。你花 6 元在食堂买一份早餐，获得了满足，同时食堂经营者也因此得到了满意的收入，双方的状况都更好了。因此市场是组织交换的一种有效方式。

为了维护良好的竞争环境，市场经济需要和明确的产权制度联系在一起，也就是保护私有产权。

2004 年 3 月召开的十届全国人大二次会议上，“公民的合法的私有财产不受侵犯”这一条款首次写入了宪法修正案；2007 年 3 月 16 日第十届全国人民代表大会第五次会议通过了《中华人民共和国物权法》，表明我国私有财产法律保护制度逐步走向完善。

保护私有财产有何意义？小区的出路口被堵怎么解决？房屋预售中的“一房二买”现象如何解决？住宅楼底层房屋改作商用，你不同意行吗？别人家空调滴水影响到你，你能不能讨个“说法”？新建的楼房严重影响自己家的通风采光时，如何维权？东西被别人捡到怎么才能要回来？生活中许多看似讲不清道理的事情，最终要到法律当中找答案。

“物权法运用法律制度对私有财产进行有效保护，可以充分调动人们创业的积极性。完善的物权法律制度，对市场经济、对企业的活动、对各类主体的经营和产权保护非常重要。”全国人大常委会委员沈春耀说：“产权关系如果不牢固、不清晰、不健全，那么社会主义市场经济很难健康、良好地发展。”

改革开放以来，非公经济从“小荷才露尖尖角”逐渐形成蓬勃发展之势。“有恒产才能有恒心，国家制定法律全面落实保护私有财产权，这让人们吃上了定心丸。”一直以来从事高科技创业的企业家王晶如此表示：“保护私有财产，将增强人们对拥有财富的安全感，有利于充分启动民间投资，充分调动人们创业的积极性，惠及长远。”

——摘引自人民网“新华视点”栏目

三、实证分析和规范分析

经济学是一门社会科学，为了理解经济世界的运行，人们提出两种问题：①是什么；②应该是什么。

中国政府提出国内成品油市场进行改革，一是将国内油价与国际油价实行接轨，即逐步放开成品油的价格管制；另一项政策是对成品油征收燃油税，同时逐渐废除养路费等相关费用。问：

（1）该政策对国内成品油价格有何影响？对石油企业有何影响？对消费者有何影响？对汽车市场有何影响？

（2）该项改革符合公共利益吗？是否应该进行这样的改革？

（一）实证分析

关于“是什么”的表述被称为实证表述。经济学理论主要的任务是认识世界，解释经济现实，这是实证分析的范畴。

实证问题首先基于对世界的描述，观察经济是怎样运行的——类似于“人们相互之间如何分工、如何交易”这样的问题。

实证分析还试图解释经济现象背后的原因，回答经济为什么会出现某种结果——为什么外科医生的收入水平远远高于邮递员？为什么商品房的价格上涨如此之快，以至于收入增长速度远远不能满足购买住房的需要？

当然，经济学还有一个重要的用途就是对经济运行做出预测——美国发动贸易战会使得中国的产品出口如何变化？2019 年大学毕业生的就业形势是更好还是更坏一些？资本市场发展趋势如何，现在是购买股票或者债券的好时机吗？

（二）规范分析

很多时候我们并不满足于对现象的解释和对未来的预测，还会进一步提出“什么才是最好的”这类问题，这就涉及价值判断，属于规范分析的范畴，它回答“应该是什么”的问题。

由于世界观、价值观以及个人立场的不同，价值判断有很强的主观性，因此很难确定一个得到公认的评判标准，这是经济学家在制定政策上发生分歧的主要原因之一。比如，某甲和某乙两个人，某甲月收入 8 000 元，每个月交税 800 元；某乙月收入 2 000 元，交税额为 0。这公平吗？政府是否应该对高收入者征收更多的税？“应该不应该”的判断往往属于价值观的内容，人们对此很难达成一致。

规范分析不仅涉及价值判断，而且直接影响政策倾向。在确定对奢侈品征税的时候，首先是考虑能够增加的税收额，然后是它对富人的影响、对奢侈品厂商的影响、对工人就业的影响，最后来判断是否应该实行。

涉及“好不好”这类问题的时候，经济学往往不能直接给我们答案，还要综合考虑伦理、宗教和政治哲学的看法，但是规范分析可以比较明确地指出各种可能的后果，帮助我们判断。

（三）实证分析和规范分析的联系和区别

首先，实证分析和规范分析是相关的，规范分析做出的判断往往依赖于对现实的实证分析，比如为了判断奢侈品税是否合理，我们就可以比较奢侈品税带来的税收增加与对奢侈品行业的不利影响，而这个比较过程就是实证分析。

实证分析和规范分析的区别主要体现在我们如何证实或者推翻它的结论——对于实证分析，我们主要通过数据检验来确认或者否定它的结论，实证分析是可能被推翻的；而对于规范分析，我们光有数据检验还不够，要进一步考虑价值观，通常是不能推翻的。

比如，我们说外科医生比邮递员收入高是因为外科医生接受了更多的专业教育，如果数据表明学历（或者专业技术教育年限）不同的人平均收入水平差距不大，那么我们就有理由推翻这个结论。

如果是规范问题，比如最低工资法提高了失业率，所以政府不应该提高最低工资水平。那么即使我们找到证据证明最低工资法的实施提高了失业率，也不能证明该政策就是好的。当然，如果有证据表明最低工资法没有提高失业率，我们则可以说“政府不应该提高最低工资水平”这一判断缺乏依据。

四、经济学思维方式

经济学家不仅常常制定个人决策，而且也经常作为政府顾问直接影响公共政策——国有企业改革、房地产市场的引导、对股市的关注、制定税收计划或者公共投资等，甚至他们的著作或者理论研究会间接地成为政策依据——比如凯恩斯的理论就引导了战后许多西方国家的干预政策。

普通人依靠直觉和经验来决策，而经济学家的办法似乎要高明一些。当然我们不可能掌握所有经济问题的答案，重要的是掌握方法和工具，通过对经济现实的分析帮助决策。

（一）机会成本

周丁家里有块土地，每年种小麦的话收入 1 500 元，其中种子肥料等耗费 200 元；如果用来种棉花，每年可以收入 1 800 元，种子肥料等耗费 600 元；如果转让给乡里的木料加工厂，每年可以获得租金 2 000 元。他应该怎么使用这块地？经济学上如何看待他的得失呢？

机会成本是决策的重要依据。也就是说，我们在决策的时候就是把所有选择可能的收益进行排序，寻找收益最高的那一个作为最终选择，或者也可以说是选择机会成本最小的那一个。

考虑周丁家里的土地收益，种小麦可以赚 1 300 元，种棉花赚 1 200 元，租出去赚 2 000 元，显然应该选择第三项，也就是租出去，收益最高。但在核算经济学意义上的利润时，选择租出去就放弃了种小麦和种棉花，其中种小麦收益比较高，那么它对应的收益 1 300 元就是把土地租出去的机会成本。

（二）边际分析

生活中的决策有时候涉及对原计划进行一个微小的变动，这就叫作边际变动。边际分析有助于我们做出最优决策。

假设一辆长途客车上有 30 个座位，每开一趟的成本是 2 400 元，平均每个座位的成本是 80 元钱，定价为每位乘客 120 元。不幸现在是淡季，离发车时间还有 1 分钟，车上却还有 10 个空位，有人告诉你他愿意付 60 元钱买一张票，你愿意卖给他吗？（不考虑其他乘客的反应）

如果从平均成本的角度出发，乘客出价低于平均成本，不应该卖给他。但事实上增加这位乘客可以引起总收益的增加，因此应该卖票给他——因为增加一名乘客所导致的成本增加是微乎其微的，在这里表现为无论接受这位乘客与否，该次运营的成本都是 2 400 元。

运用边际分析的方法可以帮助厂商更好地定价——重要的不是平均量，而是边际量。我们也可以运用这一点来帮助理解航空公司的机票打折等经济现象。

（三）沉没成本带来的困扰

周末最新上映电影《007 之星际作战》，铺天盖地的宣传和好评使你觉得它带来的愉悦值 80 元，于是看到电影院的标价为 50 元时，你兴冲冲买下了一张票。然而到了进场前，你发现电影票丢了！这时，你是一边自叹倒霉一边回家，还是再买张票去欣赏电影？

考虑到这种情况，很多人都会毫不犹豫地选择回家。但这并不是一个理性的选择。

我们仔细思考一下，现在面临的两个选择分别意味着什么：回家，损失50元，收益为0；再买一张票，损失50元，看电影获得消费者剩余30元（获得的满足减去电影票的价格）。这样我们就不难做出选择了——再买一张票！这里丢掉的电影票（价值50元）就是我们说的沉没成本，决策时不应考虑。

所谓沉没成本，就是已经付出，并且无论如何无法收回的成本。生活中常说的"覆水难收"就是这个道理。

沉没成本不应该影响决策，对于很多投入了固定资产的企业来说有着重要意义。比如在旅游淡季，航空公司常常是亏本运行——每次运送旅客的收益，还不能抵消飞行一次耗费的汽油、人工等成本。那么为什么不干脆关门停业呢？这是因为航空公司的投入——购买的飞机（如果不能轻易转卖）、经营权的获得等，都是一旦付出就无法在短期内收回的，就"沉没"了，即使停业仍然无法收回。

结论

经济学包含的内容十分丰富，不幸的是很多人认为经济学是抽象的、枯燥的。的确，如果总是使用数学公式和数学推导，或许会让人望而却步。但本书试图让经济学理论回归现实，从生活现实的现象、问题出发掌握基本理论。

第二章
市场供求与均衡价格

培养一个经济学家是容易的，只要像教一只鹦鹉那样让他学会说“需求”和“供给”就可以了。

——托马斯·卡莱尔

内容提要：

本章主要介绍市场经济运行的价格机制，通过需求理论、供给理论以及弹性理论的介绍，阐述商品或劳务均衡价格的形成以及价格变动的影响。

重点掌握：

1. 需求、需求量、供给、供给量的含义；
2. 需求规律、供给规律、供求定理的内容及其应用；
3. 均衡价格的形成、变动以及价格管制；
4. 需求价格弹性及其计算。

“供给”与“需求”这两个术语是指人们在市场上相互交易时的行为。市场上聚集了某种物品或劳务的一群买者与卖者。买方作为消费者决定了一种物品的需求，而卖方作为生产者决定了一种物品的供给。价格是市场经济中影响资源配置的关键因素——买者和卖者都根据价格信号来做出自己的消费和生产决策，而价格的决定和变化则由商品的需求和供给共同作用而形成。对需求、供给以及均衡价格的分析，是西方经济学分析市场经济如何运行的起点。

我们首先来看看需求理论的内容，考察买者的行为与商品价格之间的联系。

第一节　市场需求理论

当你走进超市准备为晚餐购买一些材料时，你决定购买牛肉、胡萝卜、芹菜，当然买一些调和油也是必要的。这时，你就是消费者，你的购买行为组成了牛肉、胡萝卜、芹菜的市场需求的一部分。

一、需求的基本内涵

所谓需求，指的就是消费者（家庭或个人）在某一特定时期内，在每一个价格水平上，愿意并且能够购买的商品数量。

当苹果价格为5元/千克时，你每周大概要购买3千克，即需求量为3千克；当价格为4元/千克时，你可能愿意多买一点，于是购买4千克；如果价格上升到6元/千克，你或者会觉得太贵了，因此只买2千克……这种与不同价格水平联系在一起的购买数量，就代表着你个人对苹果的需求。

当然，需求的含义并不像字面上那么简单，还有几点需要注意。

（一）需求是购买欲望和支付能力的结合

例1：英国商人的失算——消费欲望与需求

鸦片战争以后，英国商人为打开了中国这个广阔的市场而欣喜若狂。当时英国棉纺织业中心曼彻斯特的商人估计，中国有4亿人，假如有1亿人晚上戴睡帽，每人每年用两顶，整个曼彻斯特的棉纺厂日夜加班也不够，何况还要做衣服呢！于是他们把大量的洋布运到中国。但结果呢？中国人没有戴睡帽的习惯，衣服也多用自产的丝绸或土布——缺乏购买洋布的欲望，洋布根本卖不出去。

例2：房地产市场低迷——支付能力与需求

我国处于快速城市化进程中，大量劳动力从农村涌入城市，城市适婚年龄人口在不断增加，子女教育也可能要求购买新的住房，因此有人提出楼市的“刚性需求”——住房对人们而言是必不可少的。但是从2008年8月开始，深圳楼市持续下跌，“十一”期间举办的秋季住房交易会也惨淡收场。最主要的原因在于房价过高超过了人们的支付能力——2007年深圳人均收入24 870元，而2008年8月深圳新建商品房均价为14 449元/平方米。

由此可见，需求是购买欲望和支付能力的统一，两者缺一不可。

（二）需求不是一个现实的数量

需求是消费者可以或者打算购买的数量，是理论上存在的概念，并不一定表现为实际的购买行为。

但是需求概念仍然是有意义的，它可以在很大程度上代表着趋势，即如果人们的需求增加，那么实际购买量也倾向于增加。因此，在实际讨论中，我们常常用商品的销售量（或购买量）来代表需求量。

（三）需求与需求量是不同的概念

需求表示不同价格水平下，消费者愿意并且能够购买的数量不同，它是一系列价格与数量的对应关系。比如价格 $P_1=2$，对应数量 $Q_1=10$；价格 $P_2=3$，对应数量 $Q_2=8$；价格 $P_3=4$，对应数量 $Q_3=6$……

而需求量表示一个确定的价格水平下，消费者愿意并且能够购买的商品的数量，即价格 $P_1=2$ 时，需求量为 $Q_1=10$。

（四）需求的种类

我们每个消费者的购买决策代表着个人需求，即个人对某种产品或劳务的需求；扩大到整个市场范围，所有个人对某种产品或劳务的需求总和就叫作市场需求。

假设市场上只有甲、乙两个人，他们对产品A的需求与市场需求的关系就可以用

表 2.1 来表示：

表 2.1　　　　产品 A 的需求

价格	甲的需求量	乙的需求量	市场需求量
1	20	30	50
2	18	25	43
3	16	20	36
4	14	15	29
5	12	10	22

简单地说，市场需求量就是在该价格水平下，所有个人的需求量加总求和而得。影响个人需求的因素也会相应影响市场需求。

二、需求的表达方式

如前所述，我们可以用“价格 $P_1=2$，对应数量 $Q_1=10$；价格 $P_2=3$，对应数量 $Q_2=8$；价格 $P_3=4$，对应数量 $Q_3=6$……”这样的文字描述来表示需求，但是十分繁琐。在讨论问题的时候我们常常用图表来表示需求。

（一）需求表

我们可以用表格来表示“价格 $P_1=2$，对应数量 $Q_1=10$；价格 $P_2=3$，对应数量 $Q_2=8$；价格 $P_3=4$，对应数量 $Q_3=6$……”。这个表格就叫作需求表（见表 2.2），它可以直观地表示不同价格水平和数量之间的一一对应关系。

表 2.2　　　　需求表

组合	价格（元/千克）	数量（千克）
A	2	10
B	3	8
C	4	6
D	5	4
E	6	2

（二）需求曲线

根据需求表中的组合，我们可以将组合点连贯起来画出一条表示需求的曲线，这就是需求曲线。它表示价格与需求量之间的关系（见图 2.1）。

习惯上，我们用横轴表示需求量，纵轴表示价格，需求曲线一般记为 Demand。

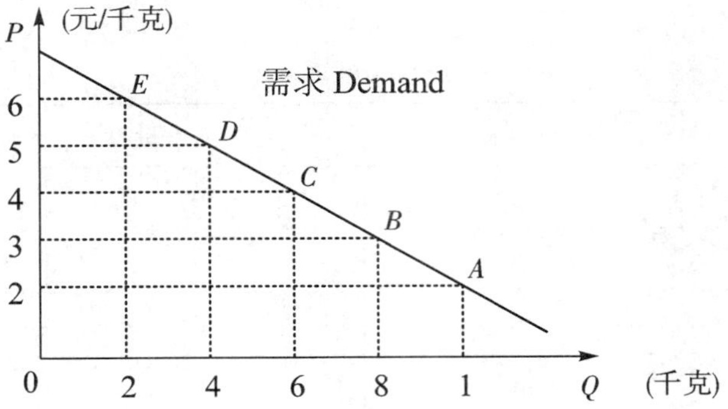

图 2.1　苹果的需求曲线

注意，我们这里开始接触到图形——如果你觉得自己对图形不甚了解，或者心怀恐惧，不妨看看下文的知识链接——如何认识图形。

（三）需求函数

需求函数是表示商品需求量与它的影响因素之间相互关系的函数。如果仅仅考虑价格对需求量的影响，用 P 表示价格、Q 表示需求量，那么有：

$Q=f\ (P)$

其中，价格 P 是自变量，需求量 Q 为因变量。根据表 2.2 需求表中的数据，苹果的需求函数为 $Q=14-2P$。

三、需求规律

从前面举例数据（需求表2.1）可以看出，当某件商品的价格不断上升时，其需求量不断减少。这就是需求规律——在其他条件不变的情况下，一种物品的价格越高，需求量越小。

如果用图形来表示，那么需求规律就表现为一条向右下方倾斜的需求曲线（如图 2.1 所示）。

关于需求规律的理解，有三点需要注意：

（一）需求规律的前提——其他条件不变

我们有时候会发现不符合需求规律的现象：比如医药保健品价格不断上升，同时人们的购买量也在增加。一部分原因在于人们的收入增加了，有更多的钱可以花在购买保健品上面；另一个可能的原因是厂商通过广告宣传，影响了人们对于保健品的偏好，比如“送礼送健康”。

因此，在考虑商品价格和需求量的反向变动时，需要坚持“其他条件不变”这个前提。

（二）需求规律存在的原因

为什么商品价格上升就会使得需求量减少？这是由于以下两个原因：

1. 替代效应

尽管商品各有不同，但一般都有替代品——可以用来代替它的其他商品。比如，同样作为水果，梨或者橘子可以在一定程度上替代苹果，或者苹果汁、苹果饮料也能替代苹果。因此，如果苹果涨价而其他商品价格不变，那么相对而言，苹果就更贵了，人们会倾向于选择它的替代品。

这就是替代效应，即当一种商品价格上升时，人们会更多地购买它的替代品，而减少对该商品的需求量。

2. 收入效应

当其他因素不变，只有商品本身价格上升时，同样的收入水平下，能够购买的商品数量更少了。原来苹果价格为 4 元/千克的时候，10 元钱能够购买 2.5 千克，现在价格上升到 5 元/千克，同样 10 元钱就只能买到 2 千克。

因为价格变化而影响到实际购买力，从而改变商品的需求量，就叫作收入效应。

（三）需求规律的例外

需求规律是一般商品的规律，而某些特殊的商品并不满足这一规律。

1. 炫耀性商品

某些商品本身就是用来表示身份地位，而只有高价才能体现出这一作用。如果该商品价格下降，那么就会失去显示身份地位的作用，需求量将下降。

针对这一现象，美国著名社会学家、经济学家凡勃伦于 1899 年出版了《有闲阶级论——关于制度的经济研究》一书，描述美国经济高速发展时期出现的“暴发户”的行为，他们在曼哈顿大街构筑豪宅，疯狂追逐时髦消费品。越是高价的商品越是受到欢迎，需求量越大，因此被叫作“炫耀性商品”。当这样的商品价格上升时，其需求量不一定会减少。

2. 吉芬商品

吉芬商品指的是价格上升引起需求量增加的物品。

英国统计学家罗伯特·吉芬最早发现，1845 年爱尔兰发生灾荒，土豆价格上升，但是土豆需求量反而增加了。这一现象在当时被称为“吉芬难题”。

吉芬商品与其说是一种商品，不如说是一种现象。对于当时的爱尔兰人来说，土豆是一种廉价的主食，当土豆和其他食物（比如牛肉）的价格恒定的时候，穷人消费土豆的量是一定的。但是一旦土豆价格上升，购买力下降，那么只好少买肉省下钱来买更多的土豆。比如，原来一天吃 10 个土豆 2 块牛肉正好，现在因为饥荒土豆涨价，只能买 8 个土豆 2 块牛肉，但这就得饿肚子，于是只好以填饱肚子为第一目标，买 12 个土豆 1 块牛肉。于是，我们看到的就是土豆价格上升，而购买量反而增加的现象。

当然，需求规律的例外并不太多，但了解这一点有助于我们理解现实问题。

四、影响需求量的因素

在现实生活中，影响需求量的因素非常多。以酸奶为例，考虑一下哪些因素会导致它的需求量改变。

（一）商品自身的价格

如果每瓶酸奶的价格上升 0.5 元，你大概会觉得买纯牛奶更合算，从而减少对酸奶的购买；如果酸奶的价格下降 0.5 元，你或许会选择每天多喝一瓶。

一般情况下，当商品自身价格上升时，对应的需求量会减少；反之，当商品自身价格下降时，对应的需求量会增加。

（二）相关商品的价格

早餐的时候你可以喝酸奶，也可以喝纯牛奶，那么纯牛奶就被称为酸奶的替代品。现在出于某种原因，纯牛奶的价格下降，而酸奶价格不变，那么你会多购买纯牛奶而少购买酸奶——因为酸奶相对而言变贵了。也就是说，替代品（纯牛奶）的价格上升，会导致商品（酸奶）的需求增加；反之，替代品（纯牛奶）的价格下降，会导致商品（酸奶）的需求减少。

如果早餐的时候你同时吃面包、喝酸奶，那么面包和酸奶这样共同使用的物品就是互补品。类似的例子还有牙膏和牙刷、汽车和汽油等等。如果互补品（汽油）价格上升，而商品（汽车）的价格不变，会导致商品（汽车）的需求减少。

（三）收入

除了比尔·盖茨等超级富豪，我们绝大多数人的购买决策都会受到收入的影响。收入增加时，消费者通常购买更多的商品；而当收入减少时，人们通常削减购买量。鲜果酸奶5元/盒，月收入只有500元（主要是父母给的生活费）的时候，你大概要一周才买一两盒来品尝；现在意外得到300元收入，你可能就每天都买一盒。

通常，收入增加引起商品需求增加，这样的商品是正常物品，比如衣服、旅游等等。当然，收入增加也可能引起某种商品需求量的减少，这样的商品叫作低档物品。比如火车硬座，随着收入增加，人们对它的需求会减少。

（四）商品的预期价格

如果在超市看到酸奶正在降价促销，明天价格会上升5%，那么今天就可能多买一些回家——现在对酸奶的需求增加了。如果预期一种商品的价格在未来会上升，并且这种物品可以储藏，那么，该商品当前的需求会增加。

反过来，如果预期一种物品的价格在未来下降，当前的需求就会减少——人们会持币待购，等价格确实下降了再买。

（五）偏好

偏好是个人对物品与劳务的态度，在很大程度上影响着一个人的商品需求。如果你喜欢喝酸奶，那么就会买得多一些。通常经济学并不解释偏好，因为它基于历史或者生理因素，超越了经济学的解释范围——要解释一个人为什么喜欢红色讨厌绿色确实很难。但是我们也要讨论当偏好发生改变的时候，人们的消费决策会发生什么变化。

如果有研究表明，多喝酸奶有助于皮肤美白，也许会加深你对酸奶的好感；反过来，如果研究表明多喝酸奶对人的肠胃有不好的影响，那么也许你会减少对酸奶的需求。

五、需求量的变动与需求的变动

当价格、收入等因素发生变化时，人们的购买决策就会发生变化，但不同因素的变动产生的影响也是不同的。

（一）需求量的变动

在其他因素不变的条件下，当某种商品自身价格变动时，会引起需求量的变动，表现为从需求曲线上的一点移动到另一点。如图2.2所示，当苹果的价格从2元/千克上升到4元/千克时，它的需求量从20千克减少到12千克，相应的购买决策也从原来的*A*点移动到*B*点。

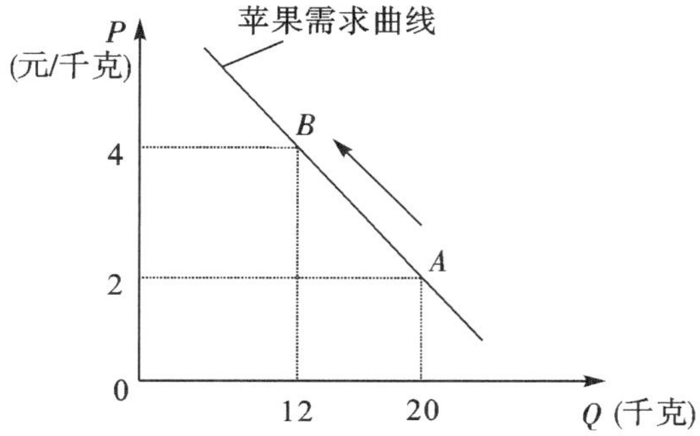

图 2.2　需求量的变动

（二）需求的变动

当商品自身价格不变，其他因素发生变化时，会导致需求的变动，表现为需求曲线的移动。

我们同时考虑价格和收入对苹果的购买量的影响（如表 2.3 和表 2.4 所示）。

表 2.3　　收入为 300 元时，苹果的需求表

购买决策	价格（元/千克）	需求量（千克）
A	2	20
B	4	12

表 2.4　　收入为 500 元时，苹果的需求表

购买决策	价格（元/千克）	需求量（千克）
M	2	30
N	4	18

在同样的价格水平下，当收入增加时，人们倾向于购买更多的苹果。如果用图形来表示，我们发现整个需求曲线向右移动了（如图 2.3 所示）。

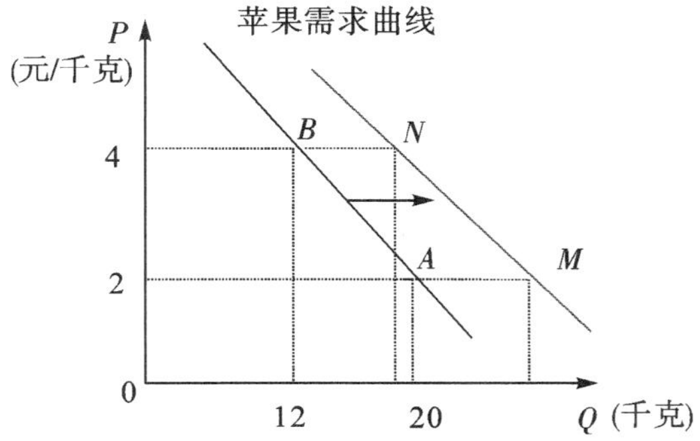

图 2.3　需求的变动

需求的增加意味着针对原来的每一个价格水平，消费者都愿意并且能够购买更多

的数量，因此表现为需求曲线向右移动；反过来，需求的减少意味着针对原来的每一个价格水平，消费者只愿意或者能够购买更少的数量，表现为需求曲线向左移动。

在此，我们总结一下需求量的决定因素变动所产生的影响（见表 2.5）。

表 2.5　　需求和需求量的变动

因素		变动方向	影响	表现
商品本身的价格		上升	需求量减少	沿着需求曲线左移
		下降	需求量增加	沿着需求曲线右移
相关商品的价格	替代品价格	上升	需求增加	需求曲线→
		下降	需求减少	需求曲线←
	互补品价格	上升	需求减少	需求曲线←
		下降	需求增加	需求曲线→
收入（正常物品）		上升	需求增加	需求曲线→
		下降	需求减少	需求曲线←
商品的预期价格		上升	需求增加	需求曲线→
		下降	需求减少	需求曲线←
偏好		上升	需求增加	需求曲线→
		下降	需求减少	需求曲线←

思考一下：

考虑一下你对食堂面包的购买情况。你每周购买多少个面包？主要取决于什么因素？如果情况发生了变化（父母决定增加你的生活费、牛奶涨价了），你会怎样调整你的购买量？

知识链接

如何认识图形

经济学中常常用到图形，它的优点是以简练的方式集中体现大量资料（如图 2.2 需求曲线就体现了需求量和价格之间的相关关系）。事实上，生活中我们也大量使用图形——股市 K 线图、企业或者部门的销售业绩图……因此，掌握一些看图的基本知识是非常必要的。

图形主要用来展示两个或者多个变量之间存在的相互关系，如表 2.2 中，价格和需求量有不同的组合 *A*、*B*、*C*、*D*、*E*，而图 2.1 以曲线的形式说明了同样的内容。当然，仔细分析的话，图 2.1 的内容显然更丰富一些——不仅仅包括表 2.2 中列出来的 *A*、*B*、*C*、*D*、*E*，还包括没有列出来的可能的组合。

习惯上，我们在一个二维平面上作图，用横轴代表一个变量，纵轴代表另一个变量，考察两个变量之间的相互关系——认识图形的第一步就在于了解两个轴分别代表什么（如图 2.1 中，横轴代表需求量，纵轴代表价格水平）。

第二步，清楚掌握两个轴上的刻度、单位等具体信息。比如在图 2.1 中，横轴单位是千克，每一刻度表示 2 千克；纵轴单位为元，每一刻度表示 1 元。

第三步，我们要知道变量之间到底存在着什么样的关系，是正相关，还是负相关。

从图 2.1 中我们可以看到，需求量和价格之间存在着负相关关系——价格上升，需求量减少，是反向变动的。

当然，我们还要用到一些其他形式的图形，比如散点图（如图①）、时间序列图（如图②）、多重曲线图（如图③）等等。

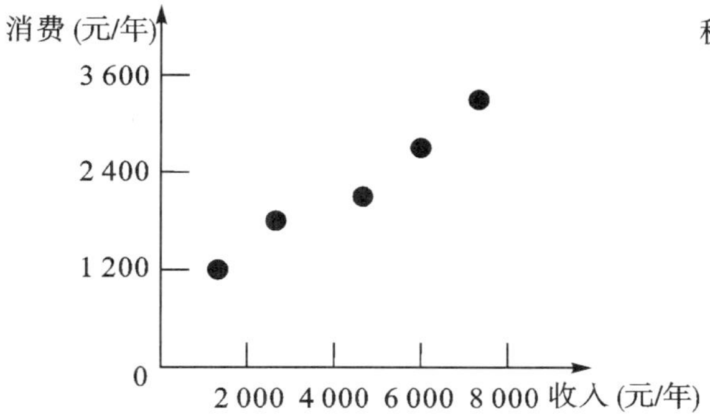

图①

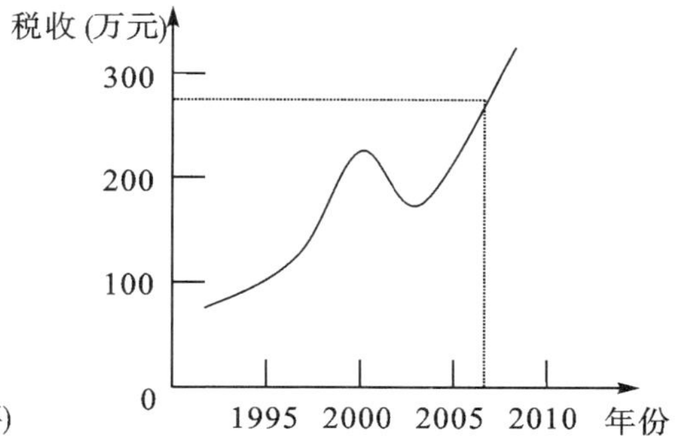

图②

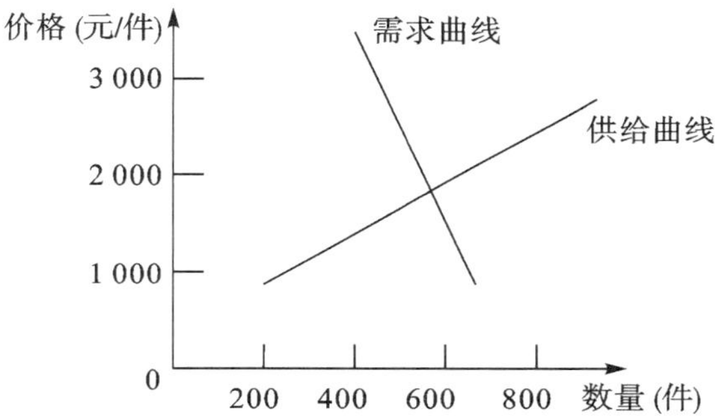

图③

思考一下：

1. 假设你每天有 12 小时可以用来学习或者娱乐，用横轴表示学习时间，用纵轴表示娱乐时间，你能够作图描绘所有可能的组合吗？

2. 根据你每周的收入（从父母那里取得的生活费）和支出，作图描绘它们之间存在的关系。

3. 给出下面这样一个图形（图④），你能够得到什么样的信息？

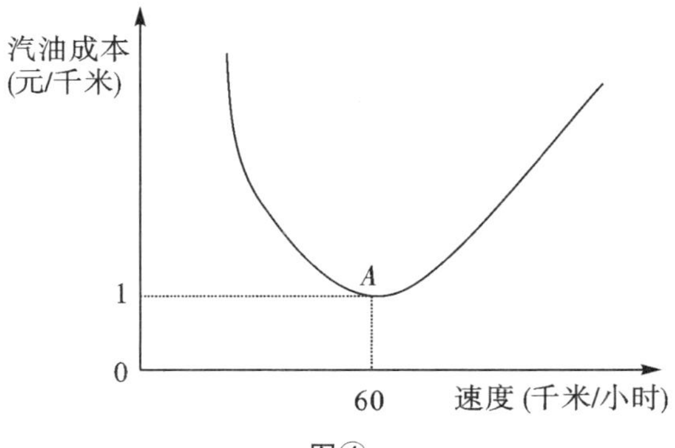

图④

第二节 市场供给理论

市场交易是双方的行为——买方和卖方，或者消费者和生产者。我们已经了解了关于消费者的需求理论，现在转向另一方面，考察生产者的行为。

一、供给的基本内涵

与需求相对，供给描述生产者的行为。供给就是在某个特定时期内，在每一个价格水平下，生产者愿意并且能够供应的商品的数量。

（一）供给是生产能力和生产欲望的结合

1. 生产能力

上海大众汽车有限公司能够生产轿车，意味着它具备相应的资源与技术——有一些厂房和流水线，雇用了工人，购买了原材料，拥有生产技术……只有满足这样一些条件，才能够提供相应的商品。

资源与技术限制着生产能力，早期经济学就重点研究这个问题，比如斯密的《国富论》就曾集中讨论如何提高生产能力，特别强调了分工与专业化的作用。

但是具备生产能力并不意味着一定会提供产品，还要考虑到生产者的意愿。

2. 生产欲望

司马迁的《史记·货殖列传》中有这样的描述："天下熙熙，皆为利来；天下攘攘，皆为利往"，意思是说芸芸众生为了自己的利益而劳累奔波。例如，厨师制作美味的食品、保洁员清扫环境，主观上都是因为这样有利可图，调动了生产者的积极性。

当苹果价格为 2 元/千克时，利润很低，生产者只愿意提供 5 千克；苹果价格上升到 10 元/千克时，利润很高，但生产能力有限，或许只能提供 10 千克。因此，供给是生产能力和生产欲望的统一，两者缺一不可。

（二）供给量不一定等于购买量

一种物品或劳务的供给量是生产者在某一既定时期内在某种价格水平上计划出售的数量，表现为厂商的产量，也有可能通过存货调整计划。在实际销售过程中，有时候供给量大于需求量，一些产品卖不出去，因此，购买量一般小于供给量。

（三）供给与供给量是不同的概念

供给是不同价格与商品数量的对应关系，而供给量是在确定的一个价格水平下，生产者愿意并且能够提供的数量。

提示：回顾上一节关于需求与需求量的描述。

（四）供给的种类

供给分为个别供给和市场供给。正如市场需求是所有买者需求的总和一样，市场供给也是所有卖者供给的总和。

假设苹果市场上只有张文和李武两个生产者，他们的个别供给情况和苹果的市场供给如表 2.6 所示。

表 2.6　　苹果的供给

价格（元/千克）	张文的供给量（千克）	李武的供给量（千克）	市场供给量（千克）
1	5	10	15
2	10	15	25
3	15	20	35
4	20	25	45
5	25	30	55

二、供给的表达方式

为了简明，我们通常用表格、曲线和函数三种方式表示供给。

（一）供给表

在表 2.6 中，其他条件不变的时候，张文提供苹果的数量随着价格上升而不断增加，这样的表格就被称为供给表（如表 2.7）。

表 2.7　　张文的供给表

价格（元/千克）	数量（千克）
1	5
2	10
3	15
4	20
5	25

（二）供给曲线

根据供给表中的组合，我们可以将组合点连贯起来作一条表示供给的曲线，这就是供给曲线。它表示价格与供给量之间的关系（见图 2.4），同时也表明在每个产量水平上，生产者愿意接受的最低价格。

习惯上，我们用横轴表示供给量 Q，纵轴表示价格 P，供给曲线一般记为 S（Supply）。

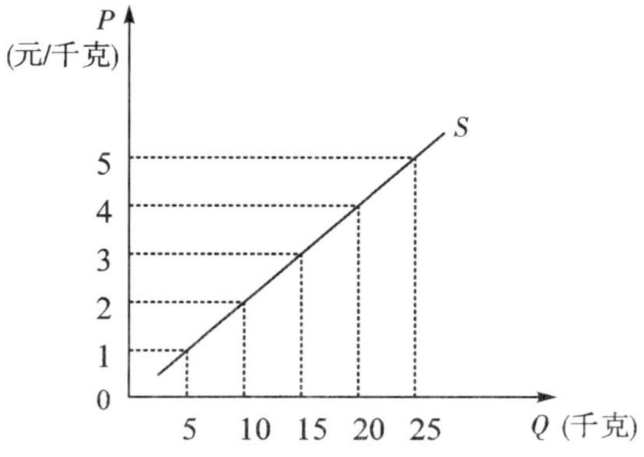

图 2.4　张文的供给曲线

（三）供给函数

供给函数是表示商品供给量与它的影响因素之间相互关系的函数。如果仅仅考虑价格对供给量的影响，用 P 表示价格，Q 表示供给量，那么有：

$Q=f(P)$

其中，价格 P 是自变量，供给量 Q 为因变量。根据表 2.7 中的数据，我们就可以得出苹果的供给函数为 $Q=5P$。

三、供给规律

在其他条件（要素价格、技术条件等）不变的情况下，商品价格上升，供给量就会相应增加，这就是供给规律。

如果用图形来表示，供给曲线向右上方倾斜，表示供给量和商品价格是同方向变化的（见图 2.4）。

大多数商品的供给都符合规律，但也有几类商品例外。

1. 无法增加供给量的商品

和很多艺术家一样，梵高一生穷困潦倒，但在他去世之后，他的作品价格一路攀升。这是一种偶然吗？除了艺术作品的价值需要经过时间检验以外，我们不难发现另一个关键因素：无论如何，不能再增加这些作品的产量。本着“物以稀为贵”的原则，其价格自然越来越高。

大多数古董、已故艺术家的作品都符合这样的特点，另外还有土地等要素也是属于总供给量固定的物品，它们的供给曲线表现为一条垂直于横轴的直线（如图 2.5 所示）。

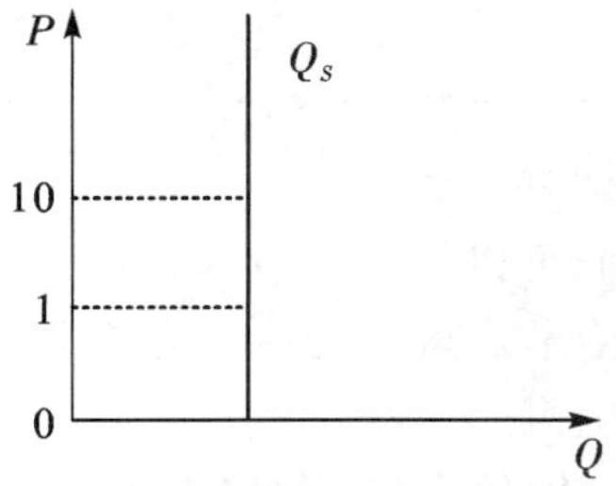

图 2.5　垂直的供给曲线

无论价格是 1 还是 10，市场上该产品的供给总量都是 100 不变。

2. 劳动力

假设工资水平为 10 元/小时，你愿意每天工作 5 小时；如果工资水平上升，涨到 15 元/小时，你也许愿意工作更多的时间（出售更多的劳动时间），比如工作 8 小时。假如工资水平非常高，到了 50 元/小时，你是否会全天不休地工作？通过调查历史数据，人们发现劳动力的供给量并不总是随着价格（工资水平）上升而增加，而是表现为一条反“S”曲线，即随着工资水平的上升，人们的工作时间是先减少，后增加，再减少（如图 2.6 所示）。

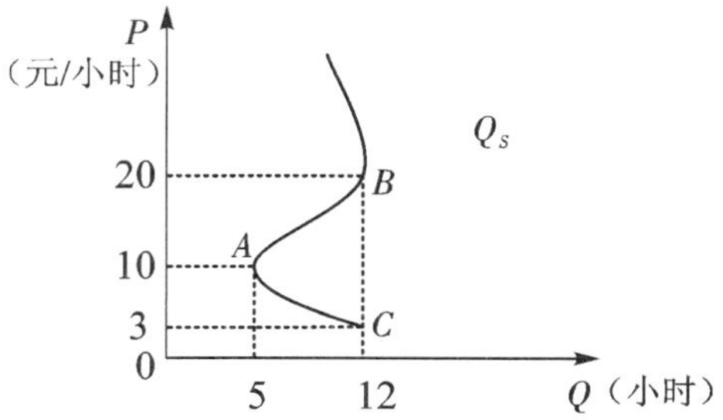

图 2.6 劳动力的供给曲线

劳动力的供给曲线之所以具有如此特殊的形状，主要是因为人们工作是为了取得收入，并且通过消费来获得各种满足。而消费（购物、娱乐、旅游等）、休息也需要花时间，这部分时间我们把它叫作闲暇时间，它和工作时间是此消彼长的——每天只有24小时，如果工作8小时，闲暇时间总共为16小时；工作12小时，闲暇时间就只有12小时了。因此，人每天的工作时间存在极限，需要保留一定时间以满足休息、娱乐、人际交往的需要。这时，工资水平上升意味着可以用更少的时间赚得相同的收入，人们反而会减少工作时间；当工资水平从20元/小时继续上升时，人们的劳动时间从12小时逐渐减少。

AB 之间的供给曲线是普遍存在的情况——工资与劳动时间同方向变动，当工资从10元/小时增加到20元/小时，劳动时间从5小时增加到12小时。而从 *A* 到 *C* 这段供给曲线表明，工资水平下降（从10元/小时降低到3元/小时），人们的劳动时间反而增加（从5小时增加到12小时）。这主要是因为在工资水平很低的时候，为了取得足够的维持生活的收入，人们不得不延长劳动时间。

四、影响供给量的因素

如果你是果园的经营者，有哪些因素会影响你的生产计划？

（一）商品自身的价格

在其他条件不变的时候，商品价格上升意味着更高的利润水平，从而促使生产者提供更多的产品。例如，由于某种原因导致苹果价格突然从3元/千克上升到5元/千克，而你的生产成本等因素都不变，那么每单位苹果给你带来的利润就更多，在可能的情况下你当然会提供更多的苹果，增加供给量。

（二）投入生产要素的价格

为了生产苹果，你需要投入各种要素，如肥料、人工等等。如果要素价格上升，比如工人的工资从每月1 800元增加到3 000元，而其他因素（苹果的价格等）不变，那么生产苹果的成本上升，导致单位产品带来的利润更少了。这时从事苹果生产这件事情就不那么有利可图，会降低生产者的积极性，从而减少市场供给。

反之，如果投入生产要素的价格下降而商品自身价格不变，供给会增加。

（三）生产技术

各种投入要素（土地、原料、人工等）转变为产品的技术也会影响供给。技术进步意味着同样数量的要素投入能够生产出更多产品。

例如，采用更先进的嫁接技术，使得投入要素不变的情况下，苹果的产量提高，单位产品的成本也就下降了。如果其他条件不变，那么出售每单位苹果的收益将会增加，生产者倾向于提供更多的产品。

（四）商品的预期价格

在产品可储存的情况下，预期将会影响到产品的供给。

如果预期一周后苹果的价格将会上升，那么理性的做法就是把现在采摘的苹果储存起来，留待一周后涨价了再卖，这就减少了当前苹果市场的供给。所谓“囤积居奇”就是这个意思。

5. 生产相关商品的价格

猪肉和排骨是必须同时生产的物品——互补品。如果排骨价格上升，那么即使猪肉本身价格不变，猪肉的供给量也会增加。

相反，替代品价格上升会减少商品的供给。黄豆既可以用来做豆腐，也可以用来制作豆干，那么豆腐和豆干就是替代品。如果豆干的价格上升，生产豆干就更加有利可图，因此生产者会多生产豆干，从而减少豆腐的供给。

6. 供给者的数量

考虑到整个市场的供给，生产者的数量也会影响供给。生产一种物品的厂商数量越多，该商品的供给越多。如果在有条件的地区推广优质苹果的栽种，越来越多的人开始生产苹果，结果就是市场上苹果的供给也就越来越多。

五、供给量的变动与供给的变动

资源、技术等因素会影响生产者的生产决策，但不同因素的变动会产生不同的影响。

（一）供给量的变动

在其他因素不变的条件下，当某种商品自身价格变动时，就会引起供给量的变动，表现为从供给曲线上的一点移动到另一点。如图 2.6 所示，当工资水平从每小时 10 元上升到 20 元时，劳动时间就从 5 小时增加到 12 小时，相应的生产决策也从原来的 *A* 点移动到 *B* 点。

（二）供给的变动

当商品本身价格以外的因素发生变化时，会导致供给的变动，表现为供给曲线的移动。

我们同时考虑嫁接技术和价格对苹果的供给量的影响。在同样的价格水平下，当嫁接技术进步时，人们倾向于生产更多的苹果。如果用图形来表示，我们发现整个供给曲线向右移动了（如图 2.7 所示）。

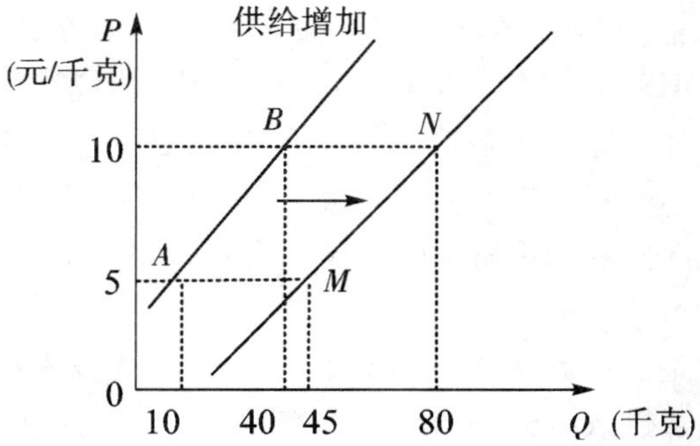

图 2.7　供给曲线的移动

供给的增加意味着针对原来的每一个价格水平，生产者都愿意并且能够提供更多的产品，表现为供给曲线向右移动；反过来，供给的减少意味着针对原来的每一个价格水平，生产者只愿意或者能够提供更少的数量，表现为供给曲线向左移动。

在此，我们总结一下需求的决定因素变动所产生的影响（见表 2.8）。

表 2.8　　供给和供给量的变动

因素		变动方向	影响	表现
商品本身的价格		上升	供给量增加	沿着供给曲线右移
		下降	供给量减少	沿着供给曲线左移
相关商品的价格	替代品	上升	供给减少	供给曲线←
		下降	供给增加	供给曲线→
	互补品	上升	供给增加	供给曲线→
		下降	供给减少	供给曲线←
投入要素的价格		上升	供给减少	供给曲线←
		下降	供给增加	供给曲线→
商品的预期价格		上升	供给减少	供给曲线←
		下降	供给增加	供给曲线→
生产技术水平		提高	供给增加	供给曲线→
		降低	供给减少	供给曲线←
生产者数量		增加	供给增加	供给曲线→
		减少	供给减少	供给曲线←

第三节　市场均衡和价格政策

我们已经初步了解到价格与消费者、生产者之间的关系，原来亚当・斯密所说的“看不见的手”就是价格机制，它协调着生产者和消费者的决策。当价格上升时，消费者买得更少而生产者生产更多；反之，价格下降时，消费者决定多买一些而生产者决定少提供一些产品。当消费者和生产者达成一致意见时，市场就处于均衡状态。

一、市场均衡

当消费者和生产者的计划一致时，即在某一个价格水平下，生产者供给量 Q_S 与消费者需求量 Q_D 相等，市场就处于均衡状态，此时的价格和数量就被叫作均衡价格和均衡数量。

当市场处于均衡时，产品的需求量恰好等于供给量，生产的所有产品都能够卖出去，同时所有需求量都能得到满足，市场处于“出清”状态（见图 2.8）。

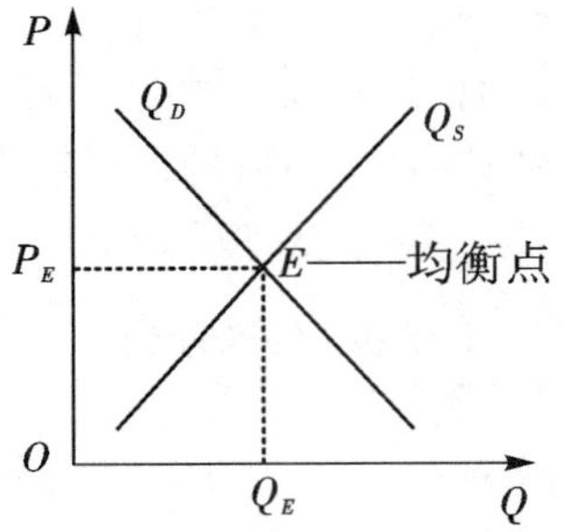

图 2.8　市场均衡

如果市场处于非均衡状态——存在过剩或者短缺，那么价格会促使生产者或消费者调整计划，从而最终实现均衡。

（一）过剩及其调整

过剩指的是市场上有产品生产出来但是没能卖出去，即市场供给量大于需求量。如图 2.9 所示，当市场价格为 P_0 时，供给量为 Q_1，需求量为 Q_2，且 $Q_1>Q_2$。这时市场上该产品的供求就出现了一个“缺口”，由于供给量大于需求量出现了过剩（Q_1-Q_2）。

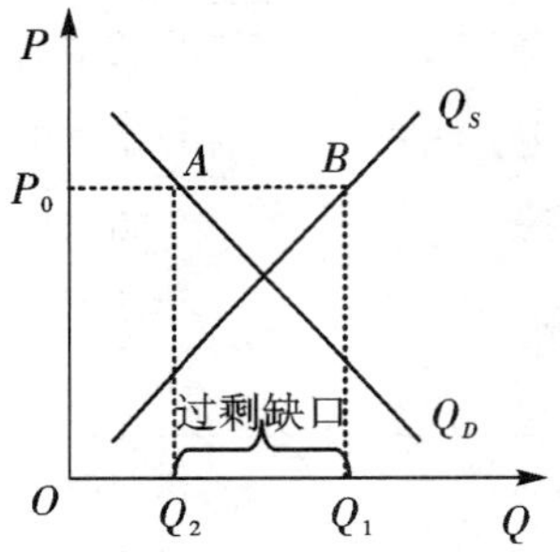

图 2.9　过剩

市场上产品过剩的状态会长期持续吗？当然不会。在过剩状态下，生产者的大量产品卖不出去，库存积压，自然会采取各种措施促销——比如降价，或者减产。当产品价格降低后，消费者也会调整自己的购买决策，决定多买一些产品。于是一方面产品的供给量减少，另一方面需求量增加，经过调整之后就有可能出现相等的情况——新的均衡价格和均衡数量出现了。如图 2.10 所示，价格从 P_0 下降到 P_E，供给量从 Q_1 减少到 Q_E，而需求量从 Q_2 增加到 Q_E，实现了新的均衡。

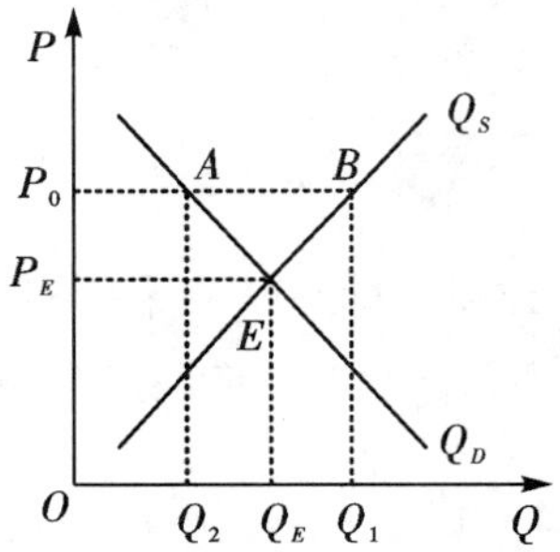

图 2.10　过剩的调整

（二）短缺及其调整

短缺是另一种非均衡状态，当市场价格低于均衡价格的时候，生产者缺乏积极性，供给量少；而消费者因为低价决定购买更多的产品，结果就是产品供不应求（如图2.11所示），供给量 Q_1<需求量 Q_2，出现短缺（Q_1-Q_2）。

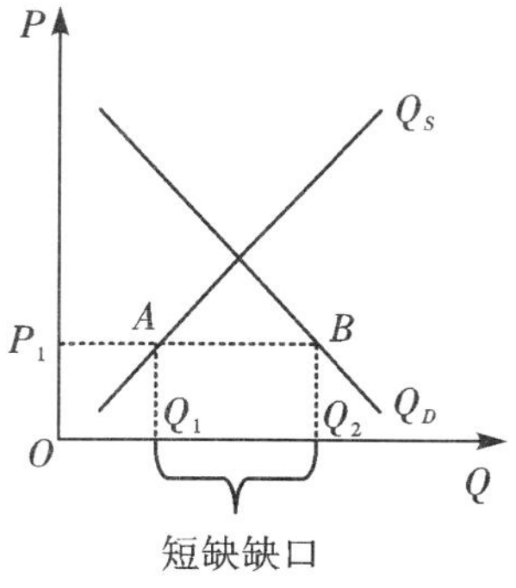

图2.11　短缺

当市场上产品供不应求时，有一些人想买而买不到，就有可能出高价竞争产品，导致市场价格上升。价格上升又会刺激买卖双方：一方面生产者积极性提高，增加供给量；另一方面一些消费者退出市场，决定不再购买，使需求量减少——最终供给量和需求量相等，形成新的均衡。

（三）均衡的形成

市场均衡由买卖双方共同决定，它们就像剪刀的两边一样相互作用。如果市场上出现了短暂的非均衡状态，那么买卖双方将会重新协调，调整自己的生产决策或者购买决策，改变市场供给量和需求量，直到实现新的均衡。

二、均衡的变动

我们谈论的商品价格通常是指均衡价格，这个价格并不是固定不变的。

既然市场均衡由供求双方共同决定，那么很容易理解供给或者需求的变动将会引起均衡的变动（包括均衡价格和均衡数量两个方面）。由于图形具有的不可替代的直观、简便性，我们这里主要使用图形来进行分析。

（一）如何判断市场均衡的变动

分析某个因素变动对均衡的影响需要考虑三个步骤：

1. 确定直接的影响对象

某个因素变动之后是影响供求的哪个方面呢？比如收入增加或减少，将会直接影响消费者的需求。所以，首先要确定该因素变动是影响需求量、供给量——供求曲线不动，还是影响供给或需求中的一方，或者同时影响供给和需求——供求曲线同时变动。

2. 确定影响的后果

如果确定了收入变化影响消费者的需求，那么第二步就是要确定它是使得需求增加还是减少，需求曲线是向左还是向右移动。

3. 考察均衡价格和均衡数量的变化

经过前面两步确定供求曲线的移动之后，我们就可以找到新的均衡点（供给曲线和需求曲线的交点），从而判断均衡价格和均衡数量的变化。

（二）案例分析

2008 年下半年，由于金融危机的影响，各大汽车制造商陷入困境，资金紧张。为了尽快消化库存获得资金，日本丰田汽车公司决定在中国市场上对该公司轿车进行降价促销。同时，由于经济形势严峻、需求疲软等原因，轿车的原材料——钢材的价格大幅度下降。综合考虑这两个因素，中国国产轿车市场会受到什么样的影响？

为了回答这个问题，我们按照前面的三个步骤来分析。

1. 确定影响对象

丰田轿车（进口车）是国产轿车的替代品，它的价格变化直接影响消费者的需求；钢材是国产轿车的生产要素之一，它的价格变化直接影响生产者的供给。

因此，综合起来考虑，国产轿车市场的供给和需求两方面都受到了影响。

2. 判断影响的后果

从需求方面来看，替代品价格下降会导致国产轿车的需求减少——既然进口车相对而言更便宜了，那么人们会倾向于选择进口车，从而减少对国产轿车的购买。因此，需求曲线从 Q_{D1} 向左移动到 Q_{D2}（如图 2.12 所示）。

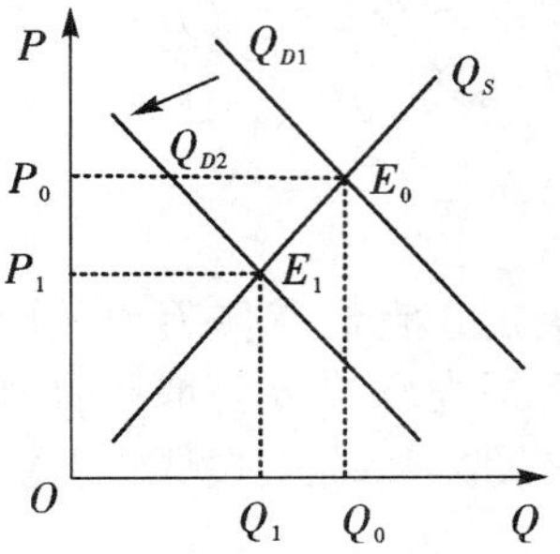

图 2.12　需求曲线变动

从供给方面来看，原材料价格下降使得生产成本降低，生产者倾向于提供更多的产品，于是供给曲线从 Q_{S1} 向右移动到 Q_{S2}（如图 2.13 所示）。

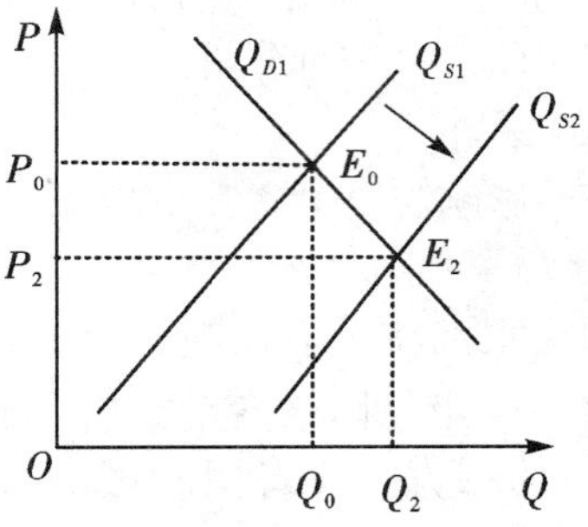

图 2.13　供给曲线变动

3. 考察均衡的变动

市场均衡始终是由供给和需求双方共同决定的，因此考察均衡的变动就要看供给曲线和需求曲线变动之后如何形成新的均衡。

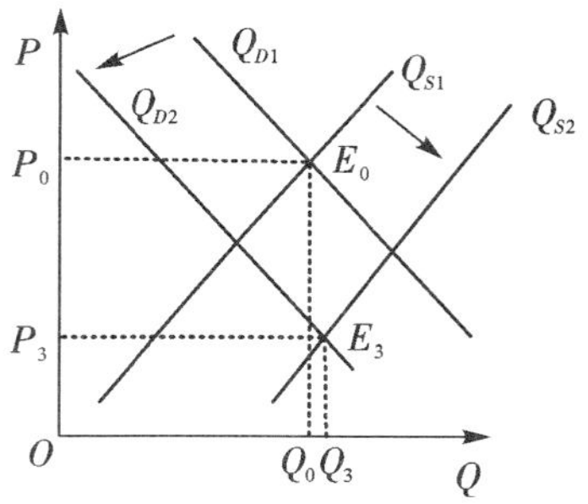

图 2.14　均衡变动

由于替代品降价使得国产轿车的需求曲线从 Q_{D1} 向左移动到 Q_{D2}，同时原材料降价使得供给曲线从 Q_{S1} 向右移动到 Q_{S2}，因此新的均衡点为 Q_{D2} 与 Q_{S2} 的交点 E_3（如图 2.14 所示）。

一方面，需求曲线的变动（图 2.12）使得均衡价格下降（$P_1<P_0$），均衡数量减少（$Q_1<Q_0$）；另一方面，供给曲线的变动（图 2.13）使得均衡价格下降（$P_2<P_0$），均衡数量增加（$Q_2>Q_0$）。

综合起来看，均衡价格下降（$P_3<P_0$），而均衡数量的变化不能确定。

三、价格政策

市场是一种重要的资源配置方式，通过价格协调市场参与者的利益。在市场上，消费者决定市场需求，生产者决定市场供给。供求双方共同决定市场价格，而价格反过来又指导消费者和生产者的行为。因此，价格是交易能够进行的基础，也是资源配置的信号。

在自由市场上，价格在供求双方的作用下自由波动，自动调节市场均衡。但市场自由形成的价格未必符合我们的期望：如果生活必需品（大米、面粉等）的价格很高，会有很多人因为买不起而无法生活；如果工资水平太低，对工人或许就是不公平的。因此，如果决策者认为一种商品的价格对买者或买者不公平，或是为了满足临时需要（比如战争），就有可能实行价格政策，对价格进行管制。

我们将分别讨论直接的价格控制——最低工资法、房租上限管制，以及间接的价格政策——税收的影响。

（一）最低工资法

在没有管制的劳动市场上（如图 2.15 所示），工人决定劳动供给，企业决定劳动需求，工资的调整使劳动市场趋于均衡（供给量恰好等于需求量）。

现在假设自由市场上的均衡工资水平为 5 元/小时，而政府认为这个工资水平对工人不公平，于是通过法律规定最低工资不能低于 10 元/小时，这时劳动市场上的供求将会发生变化。

由于劳动的价格——工资水平上升（如图 2.16 所示），企业减少雇佣工人，而愿意工作的人更多，劳动市场上出现了过剩（$Q_d<Q_s$），这就意味着有更多的人失业。所以，最低工资法一个直接的后果是增加了有工作工人的收入，而另一个后果是增加了失业。

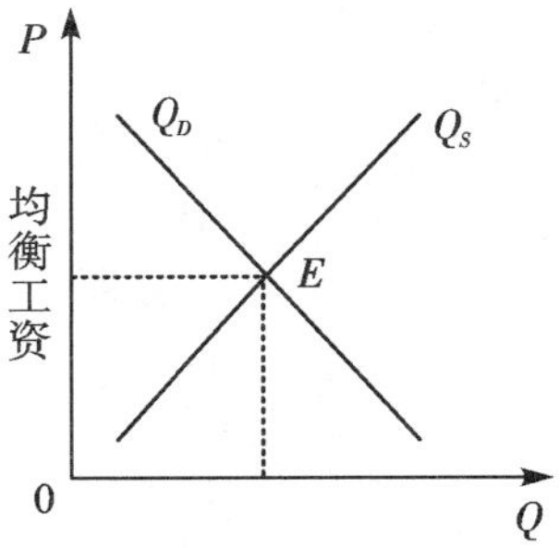

图 2.15　没有管制的劳动市场

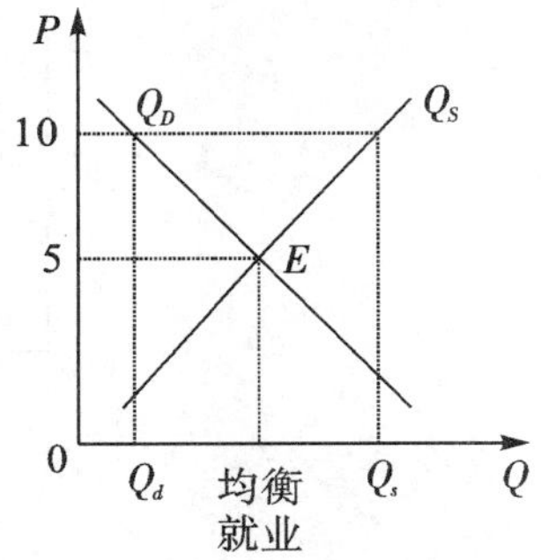

图 2.16　有最低工资法的劳动市场

更进一步分析，我们发现最低工资法对不同工人有着不同影响。对于技术高而熟练的工人来说，最低工资法没有太大影响——这类工人往往拿着远远高于最低工资水平的工资，企业要减少雇佣工人也不会从他们开始；但对于非熟练工人（比如初次求职者、青少年），最低工资的影响非常大——因为这些人往往愿意接受更低的待遇换取工作经验以及在职培训。

因此，从需求方面来说，最低工资法减少企业雇佣非熟练工人的数量。美国的一些调查发现，最低工资水平提高 10%，会使青少年的就业减少 1%~3%。

从供给方面来说，最低工资法的实施增加了青少年参加工作的收入。因此，会鼓励更多的青少年选择寻找工作，从而增加了寻找工作、等待就业的时间，导致劳动的浪费。

关于最低工资就形成了两种政策主张。支持者认为工资水平太低导致贫穷，使一些人的收入远远低于平均水平，提高工资水平有利于增加他们的收入；反对者认为最低工资的实施一方面增加了失业和寻找工作的劳动浪费，另一方面并不能很好地解决贫困问题——拿最低工资的人并不都是贫穷家庭的家长，可能是中产阶级家庭为了赚取零花钱的青少年。

（二）房租上限管制

一个常见的价格上限管制的例子是房屋租金控制。在许多城市，为了让穷人租得起房，地方政府都规定房东向房客收取的租金上限。经济学家经常批评租金控制，诺贝尔经济学奖委员会主席林德贝克甚至称之为“摧毁一个城市最有效的手段，比氢弹还有效”。

我们通过直观的图形来对比一下有无租金控制的市场结果。

在没有管制的住房市场上（如图 2.17 所示），租房者和房东双方自愿交易，共同决定了住房市场的均衡（*E* 点）。此时，房租水平为 400 元/套，市场上有 20 万套住房被租住。

现在假设政府觉得 400 元/套的房租水平会让很多穷人无力支付，从而规定该地区房租不能超过 200 元/套（如图 2.18 所示）。既然价格降低，那么生产者当然会减少提供产品的数量，房屋的供给量降到 12 万套——一些人把原来租出去的房子改为自用；而另一方面，更多人决定租房子，房屋的需求量增加到 35 万套——原来租不起的人现在能租房了，本来可以租一套的现在决定租两套。市场上供给量小于需求量，于是产生了短缺，这时必须要有其他的安排使得 12 万套住房在需要 35 万套住房的人中间进行分配。

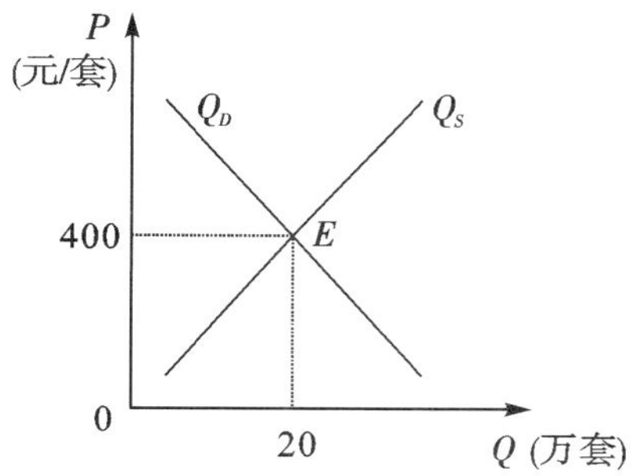

图 2.17　没有管制的住房市场

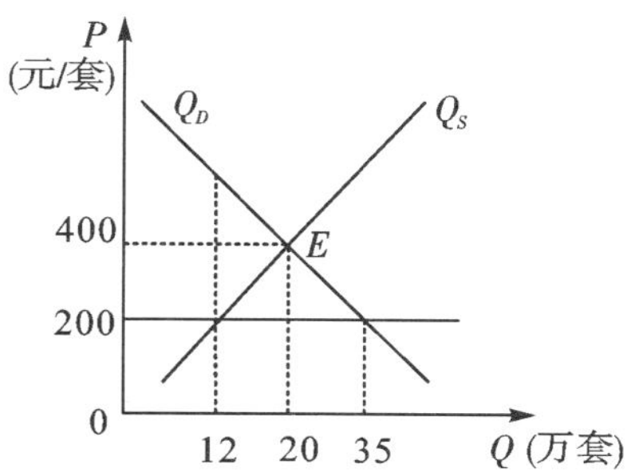

图 2.18　有房租上限的住房市场

房租上限管制对于租房者来说是一件好事吗?

1. 租房成本上升

住房短缺的一个直接反映就是租房子更加困难了，于是租房者不得不花费大量的时间来寻找房子、关注房屋信息，这就增加了租房的成本。

房租上限能够控制的只是租房成本的一部分，而寻找和等待所花费的时间是另一部分。当租房变得很困难时，寻找和等待的花费就越多，机会成本上升。

2. 黑市交易

当市场上只有 12 万套住房时，一部分租房者愿意支付更高的价格以租到房子，而房东当然也很乐意，这就可能导致黑市交易。黑市是指当价格超过法律规定的上限时的非法市场，因为买卖双方共同的需要而存在。我国春运时期的火车票市场以及大型文体活动门票等市场上，都曾经因为短缺而存在黑市交易。

在住房市场上，监管者或许能够惩罚一部分黑市交易，但其本身代价也不低。房东和租房者还可能采取一些变通手段实际提高房租，比如置办一些不值钱的家具要求租房者支付高价，或者签订更加苛刻的租房合同。

3. 住房质量降低

由于房租水平低，房东缺乏改善住房的积极性，许多年久失修的住房也可能成为抢手货，既不利于城市发展，也可能存在安全隐患。

由此可见，房租上限管制并不是一个改善市场结果的好办法。在自由竞争的市场上，价格按照人们的支付意愿和支付能力来配置稀缺的住房资源，而管制则扭曲了这种资源配置方式。

（三）税收归宿

每个政府的运转都需要经费，还需要运用税收手段调节经济，因此税收对经济有重要影响。这也是人们经常讨论的话题之一。

如果政府决定对汽油征收燃油附加税，这笔税收最终由谁来承担？它会对市场均衡产生什么影响?

当政府对一种物品征税时，谁来承担税收负担？是购买此物品的人（消费者），还是出售此物品的人（生产者）？经济学家用“税收归宿”这个术语来特指这些关于税收负担分配的问题。税收归宿并不是表面上由谁交税的问题，而是讨论税收负担最终归宿在哪里。比如我们向生产者征收的一些税种如增值税，虽然表面上是由生产者交给政府，但他完全可以通过提高价格的办法把这部分税收转嫁到消费者身上，因此增值税最终还是由消费者承担。

假定在没有税收的汽油市场上（如图 2.19 所示），生产者与消费者在价格为 5 元/升时达成一致意见，市场均衡交易量为 200 万升。

1. 向买者征税

现在政府决定向每个购买汽油的人征收 1 元/升的燃油附加税，它直接影响消费者的需求（如图 2.20 所示）——原来每升汽油价格为 5 元，现在需要花费 6 元才能消费，因此需求曲线从 Q_{D1} 移动到 Q_{D2}，移动的垂直距离正好就是 1 元。新的需求曲线与原来的供给曲线形成新的均衡点 E_1，对应的价格水平为 4.6 元/升，均衡数量为 180 万升。

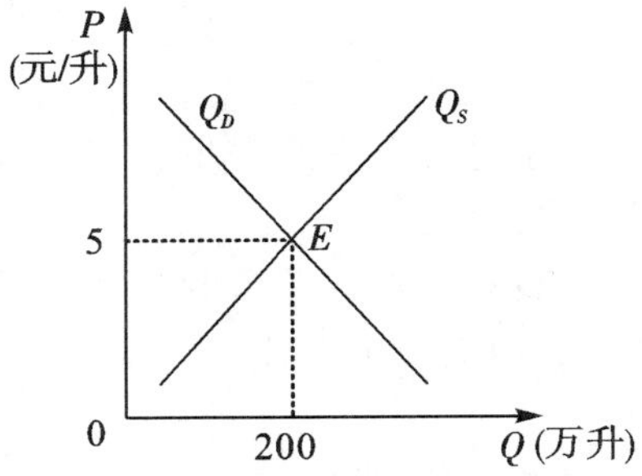

图 2.19　没有税收的汽油市场

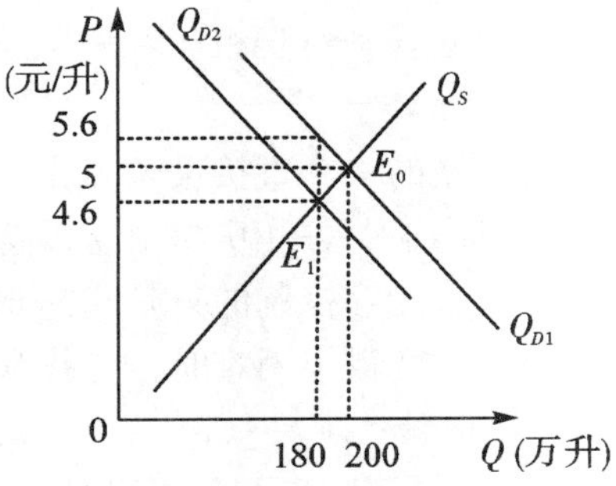

图 2.20　向买者征税

比较征税前后的市场均衡，我们发现消费者支付得更多、买得更少——原来每升 5 元，消费 200 万升，现在每升支付 5.6 元，消费 180 万升；由于消费者买得少，生产者当然也就卖得少了——原来以 5 元的价格卖掉 200 万升，现在以 4.6 元的价格卖掉 180 万升。

从市场均衡的变化可以看到，税收会抑制市场活动。当政府对某种产品征税时，该产品在新的均衡点的销售量减少了，生产规模也会缩小。

另一方面，虽然燃油附加税由消费者支付，但它是由生产者和消费者共同承担的，买卖双方的状况都会因为税收而变得更差一些。

2. 向卖者征税

如果政府不是向购买汽油的人征税，而是向生产者征税，结果会有什么不同？

同样，如果政府决定向生产者征收 1 元/升的燃油附加税，那么供给曲线会向左移动（如图 2.21）——原来出售 1 升汽油可以获得 5 元，现在只能得到 4 元，生产积极性当然会降低。供给曲线从 Q_{S1} 移动到 Q_{S2}，垂直距离仍然恰好等于税收——1 元/升。

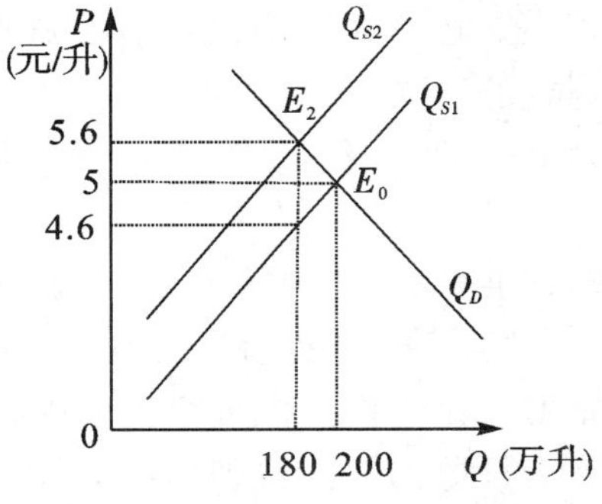

图 2.21　向卖者征税

在新的市场均衡点 E_2 水平上，消费者为每升汽油支付 5.6 元，而生产者只能得到其中的 4.6 元，还有 1 元作为税收由政府得到。

比较图 2.20 和图 2.21，很容易发现一个令人惊奇的结论——对买者征税和对卖者征税产生了相同的结果！

无论向生产者还是向消费者征税，税收都抑制了汽油市场的消费——销售量从 200 万升降低到了 180 万升。在征税之后新的均衡点上，买卖双方共同承担税负。

其实这个问题也很容易理解，我们可以假设在销售汽油的同时放一个箱子专门收税。那么，向买者征税的时候，消费者每购买 1 升汽油，就向箱子里扔 1 元钱；而向卖者征税的时候，就由生产者把这 1 元钱扔进箱子。无论这 1 元钱是直接由消费者扔进箱子，还是间接由消费者支付，其影响都是一样的，买卖双方共同承担税负。

第四节　市场需求弹性及其应用

导入：

1. 假设你是山东一个种小麦的农民，你所有的收入都依靠出售小麦获得。为了生活得更好，你尽最大的努力提高小麦的产量——辛勤劳作、精心管理、关注天气情况等等。今年，有消息说农业科学家发明了一种新的杂交技术，可以使小麦的产量平均提高 20%以上。这个消息对你来说是好事吗？

2. 某电子产品因为销售困难，库存积压，公司领导反复商议之后忍痛决定平均降价 19%，估计损失 100 万元。结果年底结算发现收入反而增加 50 万元，不由喜出望外。这个结果是偶然的还是存在某种必然性呢？

我们知道，无论是小麦还是电子产品，大多数商品的需求都满足需求规律——价格越高，需求量越少。而出售产品的总收益取决于需求量和价格两个因素，价格上升之后，我们不仅要能够定性判断需求量是减少的，还要定量分析需求量减少多少，才能够考察总收益的变动趋势。

前面讨论需求的变动的时候都只是判断它的变动方向，现在要进一步讨论需求变动的大小，为此我们需要引入一个概念——弹性。

一、弹性的基本概念

当小麦的均衡价格下降时，我们知道均衡数量会增加。那么，是价格下降得多还是数量增加得多呢？这就涉及需求量对价格变动的反应程度大小。

衡量反应程度一般用相对变动来表示，也就是变动的百分比。如果原来的价格为 4，新的价格为 6，那么价格提高了 50%；对应的需求量从 100 减少到 80，那么需求量减少了 20%。这就是需求量的反应程度。

所谓弹性，就是需求量或者供给量对某种因素的变动——价格上升、收入增加等反应程度大小的衡量。

常用的弹性概念有需求价格弹性、需求收入弹性、需求交叉弹性和供给价格弹性等。

1. 需求价格弹性

在其他因素不变的条件下，需求规律表明需求量与价格反向变动。需求价格弹性就是一种物品需求量对价格变动反应程度的衡量，用需求量变动百分比除以价格变动百分比来计算。

需求价格弹性应用广泛，我们后面将有更加详细的说明。

2. 需求收入弹性

需求收入弹性是用来衡量在其他因素不变的条件下，需求量对收入变动的反应程度，用需求量变动百分比除以收入变动百分比进行计算。

$$E_Y=\frac{\triangle Q/Q}{\triangle Y/Y}$$

其中 E_Y 就是需求收入弹性，ΔQ 表示需求量变动的绝对量，ΔY 表示收入变动的绝对量。

比如收入水平上升 10%，导致汽车需求量增加 15%（其他因素不变），那么汽车的需求收入弹性就等于 1.5。

不同商品的需求量对收入变动的反应程度不同。比如电脑、衣服、住房等商品，收入增加一般导致需求量增加，需求量与收入同方向变动（需求收入弹性大于零），这样的商品就是正常物品。在正常物品中，有一部分物品需求变动大于收入变动的幅度，即需求收入弹性大于 1，比如豪华游艇、欧洲旅游等等，这类物品通常被叫作奢侈品。另一部分如大米、面包这类生活必需品，需求量变动小于收入变动，需求收入弹性在 0 和 1 之间。

与正常物品相对，有一些物品的需求量与收入反向变动（比如搭乘公共汽车、坐火车硬座），收入水平提高的话，人们倾向于减少这类物品的消费，需求量减少，因此需求收入弹性小于零。这类物品叫作低档物品。

当然，生活必需品、奢侈品、低档物品的区分并不是固定不变的。在收入水平很低的时候，比如在中国的 20 世纪 60 年代，大米、白面也属于奢侈品；而现在，即使是猪肉、鸡鸭鱼等肉类也属于生活必需品，需求缺乏弹性。

表 2.9　　不同种类物品的需求收入弹性

物品种类		弹性大小
正常物品	奢侈品	$E_Y>1$
	生活必需品	$0\leqslant E_Y\leqslant 1$
低档物品		$E_Y<0$

3. 需求交叉弹性

需求交叉弹性用来衡量相关商品价格变动的影响。假设有商品 X、Y 存在一定的相互影响，那么 X 商品对 Y 商品的交叉弹性 E_{XY} 就用来表示 X 商品的需求量对 Y 商品的价格变动的反应程度，用 X 商品的需求量变动百分比除以 Y 商品价格变动百分比进行计算。

假设汽油（Y 商品）的价格从 P_1 变为 P_2，导致汽车（X 商品）的需求量从 Q_1 变为 Q_2，这时汽车需求量对汽油的交叉弹性为：

$$E_{XY}=\frac{(Q_2-Q_1)/Q_1}{(P_2-P_1)/P_1}$$

需要注意的是，这里的价格和需求量并不是针对同一种商品，而是分别属于不同商品的需求量和价格。

由于汽油是汽车的互补品，汽油价格上升，则汽车的需求会减少，因此汽车对汽油的交叉弹性小于零，是一个负数。

相对地，如果 X 商品和 Y 商品是替代品，那么 Y 商品价格上升会导致 X 商品需求增加，两者同方向变动，其交叉弹性大于零，是一个正数。

4. 供给价格弹性

与需求类似，物品的供给量对价格变动也会有所反应，我们用供给价格弹性来表示反应程度的大小。

供给价格弹性表示在其他因素不变的条件下，商品的供给量对价格变动的反应程度，用供给量的变动百分比除以价格变动百分比进行计算。

$$E_S=\frac{\triangle Q/Q}{\triangle P/P}$$

E_S 表示供给的价格弹性，ΔQ 表示供给量变动的绝对量，ΔP 表示价格变动的绝对量。

比如价格水平上升 10%，导致汽车供给量增加 20%（其他因素不变），那么汽车的供给价格弹性就等于 2。

如果供给量对价格变动的反应程度大，就是富有弹性的；如果供给量对价格变动反应程度小或者几乎不变，就是缺乏弹性的。

供给量的变动大小与时间长短紧密相关——时间越短，调整供给量越困难。如果要在 2 小时内增加 10 辆汽车的供给量，只能依靠存货来调整；如果时间延长到 2 个月，那么可以购买原料增加生产；如果时间更长一些，就有可能新建工厂进行生产。因此，时间越短，供给的价格弹性越小，因为供给量的相对变动很小。

影响供给弹性的另一个重要因素是生产规模的伸缩性——改变产量是否容易实现。一个极端的例子是完全无法增加供给的物品，比如市区中心的土地，它的供给量几乎不因价格变动而变化，供给价格弹性很小。而常见的商品，比如电脑、汽车等物品的生产规模是容易调整的，因此供给量会对价格做出更明确的反应。

二、需求价格弹性

当橘子价格为 2 元/千克时，人们决定购买 100 千克；如果橘子价格降低为 1.5 元/千克，市场需求量增加为 150 千克。怎样用弹性来表示需求量对价格变动的反应程度呢？

（一）需求价格弹性的计算

需求价格弹性衡量物品的需求量对价格变动的反应程度，通过需求量变动百分比除以价格变动百分比进行计算。

1. 计算公式

用 E_D 表示需求价格弹性，原来的价格为 P_1，对应的需求量为 Q_1，新的价格为 P_2，对应的需求量为 Q_2，那么需求价格弹性的计算公式为：

$$E_D=\frac{(Q_2-Q_1)/Q_1}{(P_2-P_1)/P_1}$$

$$=\frac{\triangle Q}{\triangle P}\times\frac{P}{Q}$$

回到上面的例子，我们很容易计算出橘子的需求价格弹性：

$$E_D=\frac{(Q_2-Q_1)/Q_1}{(P_2-P_1)/P_1}$$

$$=\frac{(150-100)\div100}{(1.5-2)\div2}$$

$$=\frac{50\%}{-25\%}$$

$$=-2$$

（1）需求价格弹性绝对值为2，表示需求量变动百分比是价格变动百分比的两倍。

（2）大多数物品的需求变动与价格变动都是反方向的，需求价格弹性为负数，因此习惯上我们用需求价格弹性的绝对值来表示弹性大小。在这个例子中，我们就说橘子的需求价格弹性为2。从这个意义上说，弹性越大，事实上是需求价格弹性的绝对值越大，意味着需求量对价格越敏感。

2. 更进一步的学习：中点公式

更仔细地考察橘子的需求价格弹性，我们会发现一个有意思的现象：同样的变动（如图2.22所示，需求曲线的 AB 段），降价和涨价会得出不同的需求弹性。

（1）降价（从需求曲线上的 A 点移动到 B 点）

价格从2元降低到1.5元，我们得到的需求价格弹性是 $E_{D1}=-2$。

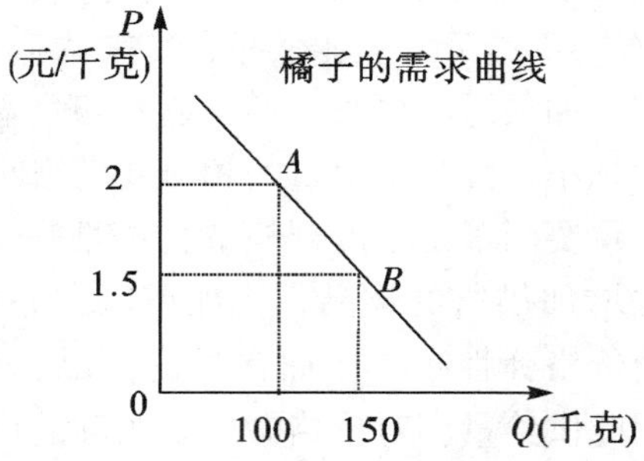

图2.22　橘子的需求价格弹性

（2）涨价（从需求曲线上的 B 点移动到 A 点）

价格从1.5元涨到2元，对应的需求量从150千克减少到100千克，则需求价格弹性为：

$$E_{D2}=\frac{需求量变动百分比}{价格变动百分比}$$

$$=\frac{(Q_1-Q_2)/Q_2}{(P_1-P_2)/P_2}$$

$$=\frac{(100-150)/150}{(2-1.5)/1.5}=\frac{-33.3\%}{33.3\%}$$

$$=-1$$

避免这个问题的一个简单办法是采用中点法计算弹性。中点法不是用变动量除以原先的水平计算变动的百分比，而是用变动量除以平均水平——两点之间的中点来计算变动的百分比。

因此，用中点公式计算的话，不论是从 A 点到 B 点，还是从 B 点到 A 点，需求的价格弹性大小为：

$$E_D=\frac{\text{需求量变动百分比}}{\text{价格变动百分比}}$$

$$=\frac{(Q_2-Q_1)\bigg/\frac{Q_1+Q_2}{2}}{(P_2-P_1)\bigg/\frac{P_1+P_2}{2}}=\frac{\triangle Q}{\triangle P}\times\frac{P_1+P_2}{Q_1+Q_2}$$

$$=\frac{50}{-0.5}\times\frac{2+1.5}{100+150}$$

$$=-1.4$$

需求价格弹性绝对值为 1.4，意味着需求量对价格变动的反应程度较大，是价格变动百分比的 1.4 倍。

如果要计算弹性，尤其是价格变动明显时，最好使用中点公式，无论是计算需求价格弹性还是收入弹性，都是如此。

（二）需求价格弹性的种类

如果一种物品需求量对价格变动反应程度小，可以说它缺乏弹性；反过来，如果需求量对价格变动反应程度大，则说它富有弹性。

不同商品具有不同的需求价格弹性，表现出不同的需求曲线。

1. 富有弹性的需求曲线（见图 2.23）

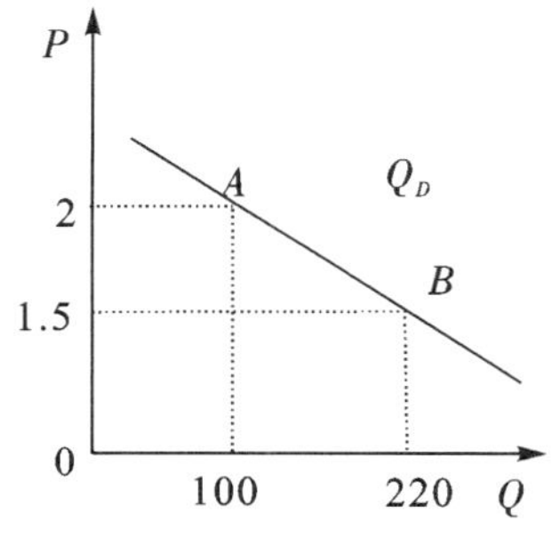

图 2.23　富有弹性

如果物品富有弹性，意味着需求变动百分比大于价格变动百分比，需求价格弹性大于 1，那么需求曲线也比较平坦。

2. 缺乏弹性的需求曲线（见图 2.24）

如果物品缺乏弹性，意味着需求变动百分比小于价格变动百分比，需求价格弹性小于 1，那么需求曲线也比较陡峭。

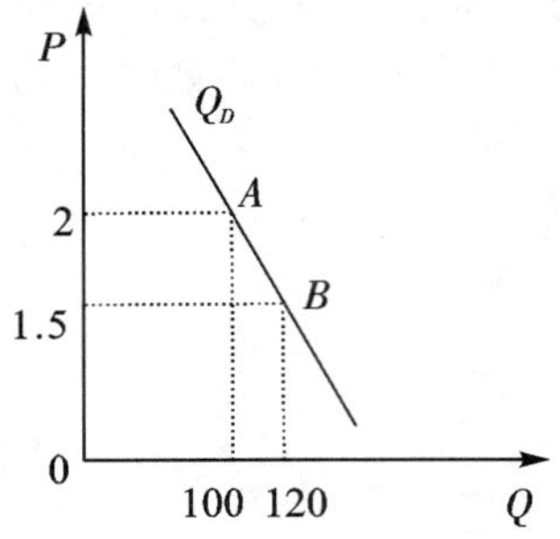

图 2.24　缺乏弹性

3. 单位弹性（见图 2.25）

如果物品的需求变动百分比与价格变动百分比相当，需求价格弹性等于 1，这就叫作单位弹性。

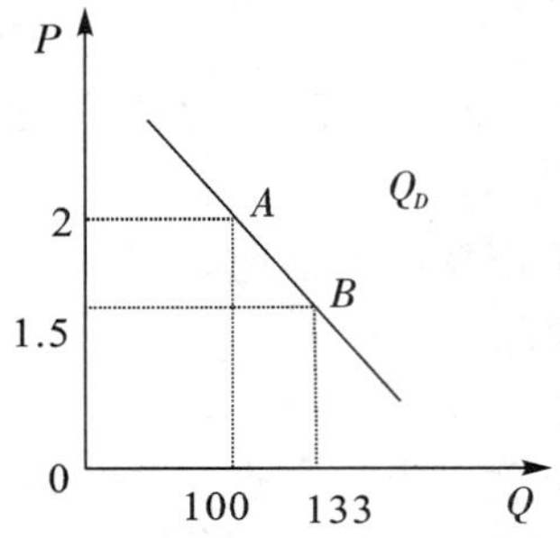

图 2.25　单位弹性

4. 完全无弹性

理论上存在一个极端，即需求量完全不因价格变动而变动，需求价格弹性为 0，这种情况叫作完全无弹性。

完全无弹性物品的需求曲线是一条垂直的线（如图 2.26 所示）。

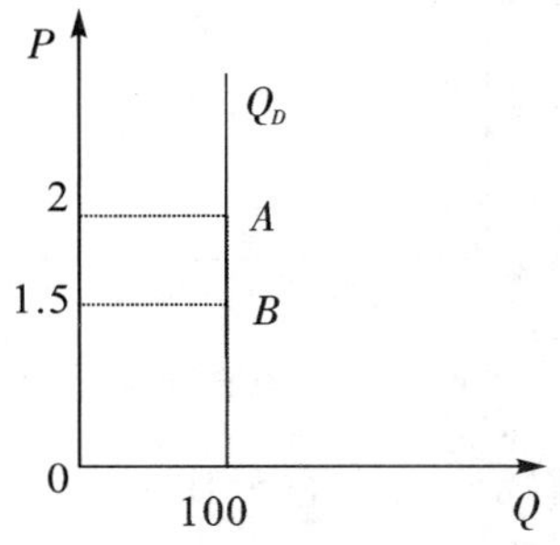

图 2.26　完全无弹性

5. 完全弹性

另一个极端是完全弹性的物品，其需求价格弹性为无穷大，需求曲线表现为一条平行于横轴的曲线（如图 2.27 所示）。

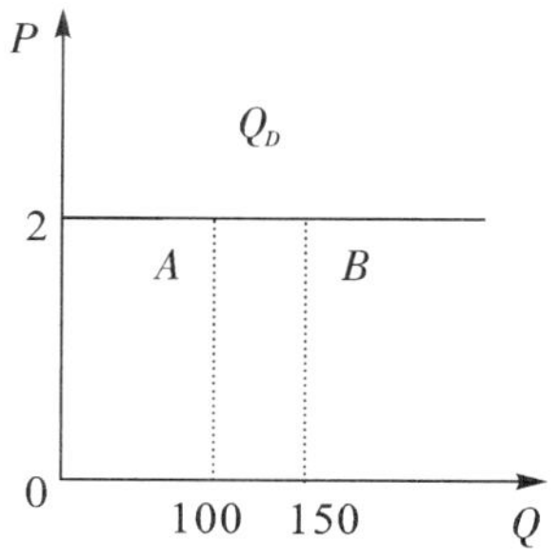

图 2.27　**完全弹性**

完全弹性的情况意味着价格微小的变动都会引起需求量的极大变动。比如，两台完全一样的饮料贩卖机同时出售同样种类的饮料，如果价格相同，每天各自大概能卖出 100 罐饮料。现在其中一台贩卖机里面的饮料涨价 1 分钱，变化了 0.2%（理论上我们还可以假设这个比率更小，接近于 0），结果就是不会有人去价格更高的那台贩卖机购买饮料，需求量变为 0，变动了 100%。

（三）需求价格弹性的影响因素

如果大米等粮油食品的价格都上升 20%，估计一下你对这些商品的需求量会减少多少？

如果飞机票涨价 20%，你的需求量大概会如何变化？反应程度大于、等于还是小于价格变化的幅度？

需求的决定受到很多因素的影响，因此需求的价格弹性取决于许多形成个人欲望的经济、社会和心理因素，但是我们从生活经验中可以发现大米的需求价格弹性小，而飞机票的需求价格弹性大。

需求价格弹性的大小主要受到下列因素的影响：

1. 生活必需程度

要生活首先就要满足生存需要，食品等物品是生活中不可或缺的，即使价格上升，其需求量也不会大幅度减少。越是生活必需的物品，越是缺乏需求弹性。即使大米价格上升 20%，人们也会购买大致相同的粮食以满足需要。同样，医疗服务、药品也是这样，即使价格上升，也不太会导致看病次数大幅度下降。

但奢侈品就不是生活必需的，其价格变动会大幅度影响人们的需求量，是富有弹性的。比如去欧洲旅游，或者豪华轿车，如果价格上升，它们的需求量就会大幅度减少——旅游或者私家车并不是必需品，即使同样满足旅游的需要，也可以选择国内旅游、周边旅游。

当然，一种物品属于必需品还是奢侈品并不完全取决于物品本身，还要结合个人偏好来看。如果是一个热爱旅游而不太关心健康的人来说，也许去欧洲旅游是缺乏弹性的必需品，而医疗是富有弹性的奢侈品。

2. 获得替代品的难易程度

比较一下电力和牛肉：电力作为一种广泛使用的动力很难找到相似的替代品，因此其价格变化对需求量影响较小，需求弹性小；而牛肉作为肉食品很容易被羊肉、鸡肉、猪肉等产品替代，因此其价格变化会引起需求量大幅度变动，需求弹性大。

当然，获得替代品的难易程度还取决于所讨论市场范围的大小。比如电力是一个广泛的范畴，缺乏弹性。但如果缩小市场范围，只是讨论火力发电或者水电，那么就比较容易找到替代品。因此，尽管总体来说电力是缺乏弹性的，但火电则较富有弹性。同样，牛肉是富有弹性的，但食物作为更广泛的范畴却是缺乏弹性的。

3. 该物品支出占收入的比例

如果口香糖价格变动 10%，你会在多大程度上改变购买量？如果汽油价格变动 10%，其影响会不会有所差别呢？

通常，口香糖在你每个月的总支出中所占比例非常小，大概不到 1%；但汽油就不同了，在总支出中大概占到 20%（对拥有轿车的家庭）。对工薪家庭而言，同样是价格变动 10%，口香糖的影响显然非常小，也许你根本就不会注意到，还会购买几乎相同的数量；但汽油价格上升则会让你的预算紧张，你会做出较大的调整。

因此，物品的消费在总支出中所占的比例越大，需求价格弹性就越大，所占比例越小，则弹性越小。比如，坦桑尼亚人的食物支出占总支出的 62%，食物需求的价格弹性是 0.77；与此相比，美国人食物支出为总支出的 12%，其食物需求的价格弹性是 0.12。

4. 调整时间的长短

假如你每天都在学校食堂买 2 个馒头作为早餐，今天早晨也一样。但是到了食堂才发现每个馒头涨了 0.5 元，而包子、面包等都已经卖完了。或许你会一边抱怨一边无可奈何地买下 2 个馒头——买 1 个不够吃，也来不及去其他地方购买。

如果价格变化后，给消费者的调整时间很短，那么消费者往往购买相近数量的商品，需求缺乏弹性。随着时间流逝，消费者就有可能寻找既可接受也更便宜的替代品，逐渐改变原来商品的消费量，需求变得富有弹性。

比如汽油价格上升，短期内消费者可能仍然购买原来的消费量，但是时间越长，人们就有可能改变消费量——改乘公共汽车、改用天然气、购买更省油的汽车、搬到离工作地点更近的地方居住……只要时间足够长，汽油的需求量就会大幅度减少。

(四) 需求价格弹性的应用——总收益与价格变动

经常困扰人们的一个问题是：如果要使总收益增加，到底是涨价好还是降价好，尤其是对管理者和经营者而言。这是一个非常关键的问题。

总收益是某种物品价格与销售量的乘积，用 *TR* 来表示。对于消费者来说，*TR* 是支付的总量；对于生产者来说，*TR* 是得到的总量。卖者尤其关心总收益问题。

比如，一条高速公路建成后，究竟应该按照多高的价格收费：收费太高，更多的司机就会选择绕行，需求量减少；收费过低，数量增加，但并不一定意味着总收益增加，还有可能导致拥挤。同样，游乐园、旅游景区等门票价格的制定也是一个高深的问题。

因此，考察总收益的变动需要综合考虑价格的变动以及需求量的反应程度。如果价格上升 10%，需求量减少，那么只要能够判断需求量减少的程度是大于 10% 还是小于 10%，我们就可以判断总收益是减少还是增加，这就需要用到需求价格弹性来帮助分析。

从前面的内容我们可以了解到，当物品的需求富有弹性时，需求量的变动程度大于价格变动的幅度，那么价格上升使得需求量减少更多，总收益会减少；缺乏弹性时，需求量的变动程度小于价格变动的幅度，价格上升使得需求量减少的幅度较小，那么总收益就会增加。

1. 需求曲线上某点的弹性

例：假设某种商品的需求满足函数关系 $Q=180-4P$，其需求曲线如图 2.28 所示，我们来考察一下需求曲线上各点的弹性大小。

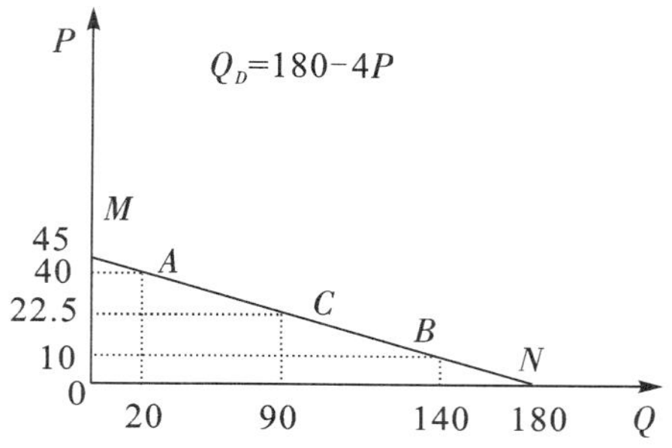

图 2.28 需求曲线上各点的弹性

我们首先在这条直线型需求曲线上找到一些特殊的点，M（0，45）是需求曲线与纵轴的交点，表示当价格 $P=45$ 时，需求量 $Q=0$；N（180，0）是需求曲线与横轴的交点；C（90，22.5）是需求曲线上 MN 之间的中点；而 A（20，40）在 CM 之间；B（140，10）在 CN 之间。

现在我们分别计算各点的弹性大小。由于每一点的弹性可以看作价格变动极其微小的结果，因此计算每一点的弹性公式与前面一段弧的中点公式有所不同。假设有一点 E，对应价格水平 P，需求量为 Q，则 E 点的需求价格弹性大小为：

$$E_D=\lim_{\triangle P\to 0}\frac{\triangle Q}{\triangle P}\times\frac{P}{Q}=\frac{\mathrm{d}Q}{\mathrm{d}P}\times\frac{P}{Q}$$

这里用到了数学里的极限概念，接下来我们通过这个实例来熟悉计算。

（1）M（0，45）的弹性大小为：

$$E_M=\lim_{\triangle P\to 0}\frac{\triangle Q}{\triangle P}\times\frac{P_M}{Q_M}$$

由于该物品需求满足 $Q=180-4P$，因此 $\lim\limits_{\triangle P\to 0}\frac{\triangle Q}{\triangle P}=-4$（需求函数 Q 对自变量 P 求导）。考虑到需求的价格弹性一般取绝对值，因此：

$$\begin{aligned}E_M&=\lim_{\triangle P\to 0}\frac{\triangle Q}{\triangle P}\times\frac{P_M}{Q_M}\\&=4\times\frac{45}{0}=\infty\end{aligned}$$

（2）A（20，40）的弹性大小为：

$$\begin{aligned}E_A&=\lim_{\triangle P\to 0}\frac{\triangle Q}{\triangle P}\times\frac{P_A}{Q_A}\\&=4\times\frac{40}{20}=8\end{aligned}$$

（3）C（90，22.5）的弹性大小为：

$$E_C = \lim_{\triangle P \to 0} \frac{\triangle Q}{\triangle P} \times \frac{P_C}{Q_C}$$

$$= 4 \times \frac{22.5}{90} = 1$$

（4）B（140，10）的弹性大小为：

$$E_B = \lim_{\triangle P \to 0} \frac{\triangle Q}{\triangle P} \times \frac{P_B}{Q_B}$$

$$= 4 \times \frac{10}{140} \approx 0.29$$

（5）N（180，0）的弹性大小为：

$$E_N = \lim_{\triangle P \to 0} \frac{\triangle Q}{\triangle P} \times \frac{P_N}{Q_N}$$

$$= 4 \times \frac{0}{180} = 0$$

2. 直线型需求曲线上各点弹性大小的规律

考察各点的弹性，我们发现同一条需求曲线上，不同高度（纵坐标）的点的需求价格弹性大小不同，并且存在着普遍规律：

（1）需求曲线上，点的位置越高（价格越高），需求价格弹性越大，在需求曲线与纵轴交点（图 2.28 中 M 点）处趋于无穷大；点的位置越低，需求价格弹性越小，在需求曲线与横轴交点（图 2.28 中 N 点）处变为 0；

（2）需求曲线线段中点处（图 2.28 中的 C 点），需求价格弹性为 1；

（3）需求曲线上，位置高于中点的各点（如图 2.28 中 A 点），需求价格弹性大于 1，是富于弹性的部分；

（4）需求曲线上，位置低于中点的各点（如图 2.28 中 B 点），需求价格弹性小于 1，是缺乏弹性的部分。

因此，在一般意义上，如果假定需求曲线是一条直线，那么该需求曲线上各点的弹性大小并不相等。即使同一种物品，有着同样的线性需求曲线，价格变动的影响也是不同的。在前面例子中，如果价格为 30（高于中点 C 的价格 22.5），那么就处于富有弹性范围；如果涨价，需求量减少幅度比价格上升幅度更大，总收益因此减少。

3. 总收益与需求价格弹性之间的关系

仍然采用前面的例子，某物品的需求满足 $Q=180-4P$，其中点价格为 $P=22.5$。

（1）当价格高于 22.5，在富有弹性阶段（CM 范围）变化时，比如在 A 点处，$P_1=40$，$Q_1=20$。考察价格降低 10%的影响：

降价前，总收益 $TR_1=P_1Q_1=40\times20=800$

降价后，价格变为 $P_2=P_1\times(1-10\%)=40\times(1-10\%)=36$

需求量变为 $Q_2=180-4\times P_2=36$

总收益变为 $TR_2=P_2Q_2=36\times36=1\ 296$

$TR_2>TR_1$，总收益增加。

（2）在缺乏弹性阶段（CN 范围）内，比如在 B 点处，$P_0=10$，$Q_0=140$。考察价格降低 10%的影响：

降价前，总收益 $TR_0=P_0Q_0=10\times140=1\ 400$

降价后，价格变为 $P_3=P_0\times(1-10\%)=10\times(1-10\%)=9$

需求量变为 $Q_3=180-4\times P_3=144$

总收益变为 $TR_3=P_3Q_3=9\times144=1\ 296$

$TR_3<TR_0$，总收益减少。

（3）在单位弹性处，*C* 点的价格为22.5，需求量为90，总收益 $TR=2\ 025$。如果价格降低10%，变为20.25，需求量变为99，则总收益变为2 004.75，变化非常小。

因此，当需求价格弹性大于1（富有弹性）时，涨价使总收益减少，而降价使总收益增加；当需求价格弹性小于1（缺乏弹性）时，涨价使总收益增加，而降价使总收益减少；当需求价格弹性等于1（单位弹性）时，价格变动几乎不影响总收益。

三、供求与弹性理论的典型案例

尽管现实中的经济现象纷繁复杂，我们很难准确把握所有的现象和规律，但供求理论是分析具体经济问题时最有力的工具，可以帮助我们认识和了解市场运行情况。弹性理论可以帮助我们看得更加深刻一些。

（一）谷贱伤农

回到本节开头的问题，如果科学家能够使小麦产量普遍提高，对农民来说是一个好消息吗？

要回答这个问题，我们首先需要判断科学家的发明会如何影响市场。可以按照前面讲过的三个步骤来进行分析。

1. 技术进步影响市场供给

更先进的技术会提高小麦的产量，主要影响的是生产者——农民的行为，而并不直接影响消费者的行为，所以科学家的发现使得小麦的供给曲线移动。

2. 小麦的供给曲线向右移动

技术进步使得小麦的亩产量提高，在既定的价格水平下，农民愿意提供更多的产品，因此市场供给曲线向右移动（见图2.29）。

3. 小麦的均衡价格下降

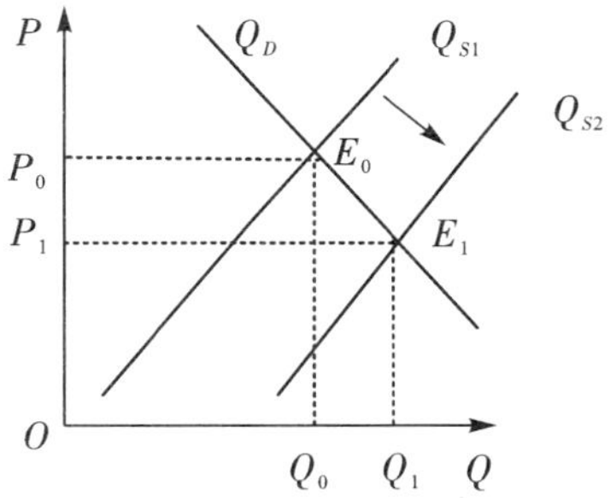

图2.29　供给曲线向右移动

由于小麦的供给曲线向右移动而需求曲线不变，所以在新的市场均衡下，小麦的价格降低，而销售量增加。因此，技术进步对农民的影响是双重的：一方面小麦产量提高，另一方面小麦价格降低。为了进一步判断农民的总收益，就要进一步考虑小麦的弹性。

在现实中，小麦这类农产品的需求一般是缺乏弹性的，因为这类产品在消费总支出中所占比例较少，同时也很容易找到替代品。因此，小麦价格降低会使得农民的总收益减少，技术进步对农民来说并不是一件好事。

或者我们会想到，是不是农民就因此不采用先进技术了呢？答案是否定的。因为个人的小麦供给量对于市场来说是微小的——只要其他人采用先进技术，就会导致小麦价格下降——这时个人采用先进技术还能提高产量，不采用先进技术就只能以更低的价格提供原来的产量，总收益更少。

知道了这一点之后，我们可以理解为什么大多数国家都采取农业保护政策，以确保本国的粮食安全。因为如果放任市场力量决定农产品的价格，那么农民的利益就会与社会整体的利益发生冲突——技术进步对增加粮食产量是有利的，有利于消费者；但会减少农民的收益，挫伤农民的生产积极性，这就是“谷贱伤农”的含义。

因此，政府一方面会采取措施推广新技术，增加粮食产量；另一方面会制定农产品支持政策，确保粮食产量增加之后农民的收入不会减少。

很多国家的政府干预农产品市场，典型的是日本和欧盟，当然，美国和中国也有类似政策。常见的做法是：

（1）存货调整。市场上粮食供给多的时候，政府买进粮食以维持价格；市场上粮食短缺的时候，政府出售粮食以维持价格稳定。

（2）实行支持价格。另一个政策是制定农产品价格下限，其结果就是市场上出现过剩，政府需要花钱买下过剩的这部分产品，长期持有农产品存货，于是在欧洲就出现了“奶油山”和“酒湖”。此外，大量存货本身还带来了仓储、保管的压力和成本。

（3）实行生产限制。为了避免出现农产品大量过剩这一问题，欧盟还出台了生产限制政策，支付津贴鼓励农场主闲置农场。其好处就是不会生产出更多的过剩农产品，同时保持了土地用于农业生产的可能性。

（二）奢侈品征税

1990 年，美国国会针对游艇、私人飞机、皮衣、珠宝和豪华轿车这类物品通过了一项新的奢侈品税，目的是对那些承担税收负担最轻松的人增加税收。由于只有富人才买得起这类奢华的东西，所以，对奢侈品征税看来是向富人征税的一种合理方式。事实果然如此吗？

即使有政府力量的干预——税收，市场本身的力量仍然不可忽视，需要慎重考虑供给和需求的影响。

透过供给与需求的力量来看，征收奢侈品税的市场结果与国会所期望的完全不同。首先，无论是向消费者征税还是向生产者征税，税收最终是由两者共同分担的；其次，税收一定会抑制市场的生产，也就是说，征税后，奢侈品市场的交易量会减少，那么税收总额也可能因为市场规模缩小而达不到预期效果。

考虑奢侈品的特性，其消费需求是富有弹性的，需求曲线较为平坦；而生产在短期内是缺乏弹性的——已有的设备很难用于其他用途，工人改换职业也不是那么容易，因此供给曲线较为陡峭。征税的影响如图 2.30 所示。

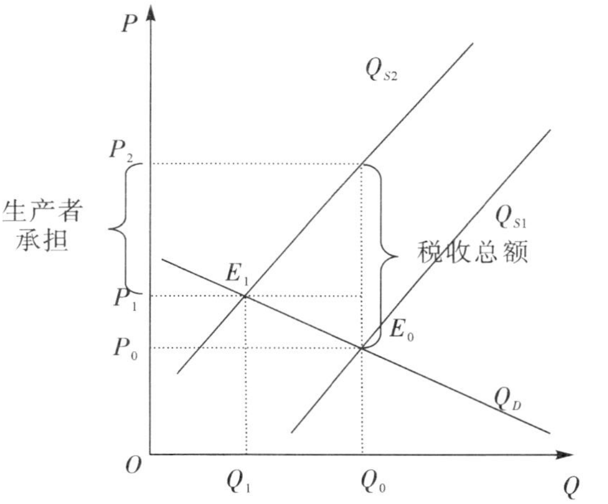

图 2.30　对奢侈品征税

假设对生产者征税，那么供给曲线会向左移动，移动的垂直距离就是征税额（P_2-P_0），均衡点也由 E_0（Q_0，P_0）移动到 E_1（Q_1，P_1）。消费者和生产者共同承担税负，其中消费者承担的部分为（P_1-P_0），生产者承担的部分为（P_2-P_1）。

由于供给缺乏弹性而需求富有弹性，所以我们可以看到生产者承担的税额远远大于消费者承担的税额。也就是说，对游艇征税的主要负担落在了建造游艇的企业和工人身上，因为最后是他们的产品价格下降了。但工人并不富裕，因此，奢侈品税的负担落在中产阶级身上的比落在富人身上的多。

另一个后果是富人选择在其他地区消费，于是巴拿马的旅游和游艇消费迅速增长。

事实上，关于奢侈品税归宿的错误假设（认为主要是向富人征税）很快显现出来。奢侈品生产者使国会议员认识到他们所经历的经济困境，因此，美国国会在 1993 年废除了大部分奢侈品税。

（三）非法产品市场——禁毒的作用

如果要抑制非法产品市场，比如毒品市场，什么办法更好一些?

常见的办法是打击贩毒——从供给方面着手影响毒品市场，但效果似乎并不太好。贩毒利润如此之高，以至于人们选择冒险。各国花费大量人力物力打击贩毒，但毒品仍然无处不在。

如图 2.31 所示，打击贩毒使得供给曲线向左移动，导致毒品市场的均衡点从 E_1 移动到 E_2，因此毒品价格上升，而数量减少。

由于毒品对于上瘾者来说几乎是不可或缺的，需求弹性极小，因此毒品需求曲线非常陡峭。毒品供给曲线移动之后，需求量的减少幅度比价格上升幅度小（缺乏弹性）。

打击贩毒的做法收效甚微还有另外一个原因：毒品的罪恶不仅在于使人上瘾，还会使吸毒者为了获得毒资而偷盗、抢劫或进行相关犯罪。因为政府打击贩毒，使得毒品供给减少，价格上升，由于缺乏弹性，毒品价格上升使得总收益增加，意味着吸毒者总支付额上升。因此，吸毒上瘾者为了满足吸毒需要就必须支付更多的钱，从而增加了与毒品相关的犯罪。

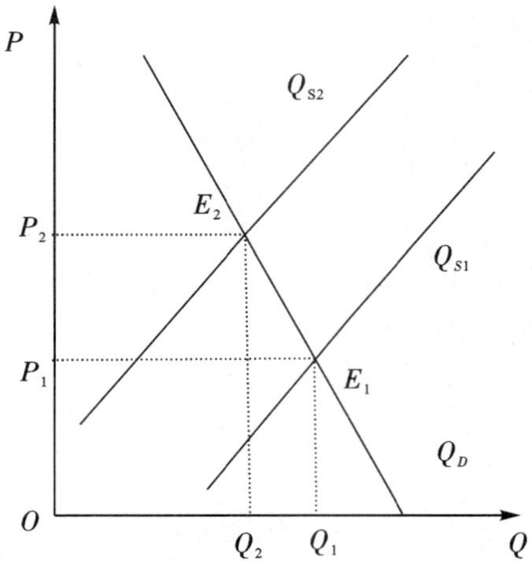

图 2.31　打击贩毒的结果

禁毒政策的支持者对此做出补充，认为短期内毒品需求虽然是缺乏弹性的，但毒品价格高昂可以抑制青少年吸毒的尝试，长期来看仍然是富有弹性的，因此打击贩毒需要长期坚持。

由于打击贩毒短期内会有增加相关犯罪的后果，有人提出对毒品市场放任不管，还有人提出通过反毒品教育（使需求曲线向左移动）来抑制毒品市场。

本章小结

市场是配置资源的重要方式，供给和需求就是最重要的市场力量，通过价格指引人们从事经济活动。

本章主要介绍供给和需求的相关理论，使读者初步了解市场价格是如何形成的，它受到哪些因素的影响，会如何发生变动。通过本章的学习，开始学会分析一些常见的经济现象，以及了解政策等干预市场的力量的作用。总之，我们开始初步了解市场经济的运行规律。

第三章
消费者行为理论

内容提要：

本章主要介绍基数效用理论和序数效用理论两种不同方法分析消费者均衡。基数效用以边际效用为主要工具，而序数效用理论运用无差异曲线分析，最终得出消费者均衡的实现条件。

重点掌握：

1. 效用、总效用、边际效用等基本概念；
2. 边际效用分析法和无差异曲线分析法；
3. 消费者均衡的实现条件。

导入：

1. 人类生活离不开水，而钻石主要用于装饰并非必需。为什么水的价格低廉而钻石却非常昂贵？

2. 2007 年石油价格迅速上升，从 40 美元/桶上升到 130 美元/桶，这种变化对人们的生活会产生怎样的影响？

3. 自助餐老板向你收取一个固定的费用，提供牛肉和蔬菜两种食品。牛肉昂贵而蔬菜便宜，但你不会只吃牛肉不吃蔬菜，为什么？

考察人们的消费行为，需要从两个方面着手。首先，人们为什么消费，当然是为了满足一定的需要。吃穿住行、教育娱乐等需要通过购买食物、衣服、住房等物品来获得满足。人类的欲望是无限的，所以我们想要购买的物品通常非常多。但恐怕只有比尔·盖茨等少数富豪可以随心所欲地购买想要的物品，我们大多数人的消费还得考虑另一个问题——支付能力。这时我们就会想起经济学的基本论点之一：人们面临交替关系，消费者需要在不同物品之间进行取舍——多买牛肉少买啤酒，或者少买牛肉多买啤酒。

我们先来讨论消费者的偏好问题：人们喜欢什么，想要购买什么。

第一节 效用理论

一、效用的内涵

我们购买牛肉，因为它可以解除饥饿；我们购买衣服，因为它可以保暖；我们购买房屋，因为它可以遮蔽风雨……

人们从某种物品或劳务的消费中所获得的利益或满足称为效用（Utility）。效用的概念可以帮助我们描述消费者的偏好。

（一）效用是一个主观的抽象概念

效用是对欲望的满足，是人们需要的所有商品的共有特征。只要物品被人们需要，那它就一定能够满足某种欲望。

消费物品给人带来的满足是一种主观感受，同一个物品对不同的人可能有不同的效用——甲之蜜糖，乙之砒霜。对于喜欢辣椒的重庆人来说，麻辣火锅是美味，效用非常大；对于怕辣的江浙人而言，吃辣椒就是一种折磨，满足程度很低甚至是不满。

同一个人对同一个物品的评价可能也会因为时间、地点、环境的不同而改变。在沙漠里，一瓶纯净水就是生命的希望，或许值得垂死的人用所有财富去交换；在口渴的时候，一瓶纯净水正是所需，值得花钱去购买；在徒步负重旅行的时候，一瓶纯净水是负担，可能会被丢弃。

因此，效用是一个主观的、抽象的概念，看不见摸不着。与效用类似的是温度，这也是一个抽象概念。我们可以感受到冷热，却没法直接观测到“温度”。或许聪明的你已经想到，既然我们可以用水银等物体的膨胀收缩制作温度计，用来间接观察温度，那么我们应该也能够找到类似的方法来表示效用。马歇尔规定效用单位为util。

（二）效用没有伦理学含义

效用是一个中性的概念，没有伦理学的含义，也没有道德标准，不区分“好的效用”和“不好的效用”。

最好吃的东西

兔子和猫争论世界上什么东西最好吃。兔子说：“世界上萝卜最好吃。萝卜又甜又脆又解渴，我一想起萝卜就要流口水。”

猫不同意，说：“世界上最好吃的东西是老鼠。老鼠的肉非常嫩，味道美极了！”

兔子和猫争论不休、相持不下，跑去请猴子评理。

猴子听了，不由得大笑起来：“瞧你们这两个傻瓜蛋，连这点儿常识都不懂。世界上最好吃的东西是什么？是桃子！桃子不但美味可口，而且长得漂亮。我每天做梦都梦见吃桃子。”

兔子和猫听了，直摇头。那么，世界上到底什么东西最好吃？

这个故事说明了效用完全是个人的心理感觉。不同的偏好决定了人们对同一种商品效用大小的不同评价。

二、效用理论

效用理论随着边际学派的兴起而被广泛应用于经济分析，但它最初是从数学应用中发展起来的。

1738 年瑞士数学家丹尼尔·伯努利（Daniel Bernoulli）观察到，在赌博的过程中，相继增加的新财富给人们带来巨大的满足感，据此他首先提出了效用的概念。

最早将效用概念引入社会科学的是英国的哲学家吉米·边沁（Jeremy Bentham），他建议社会应该按着效用原则组织起来。例如，他建议通过严厉的处罚增大犯罪者的痛苦，这样可以阻止犯罪活动。

威廉·斯坦利·杰文斯（William Stanley Jevons）继续推广了边沁的理论，并将其用于解释消费者行为。他认为人们应以每一件物品所能增添的效用为基础做出他们的消费决策。

19 世纪以前的学者们基本认为效用是可以用基数加以衡量的，这就是基数效用理论；而 20 世纪以后的经济学家则普遍认为效用的大小不可衡量，只能进行排序，这就是序数效用理论。

（一）基数效用理论

该理论认为效用的大小可以用 1，2，3，4……这样确定的数字来表示大小。比如 1 个面包带来 5 个单位的效用，1 本书带来 8 个单位的效用。马歇尔规定效用单位为 util。

既然每个物品的效用大小可以用确定的数字表示，那么不同物品的效用就可以进行加总求和，比如 1 个面包和 1 本书的效用之和就是 13 个单位的效用。

在考察消费者行为时，认为消费者主要根据每增加 1 单位物品带来的效用大小制定消费决策，这就是边际效用分析法。

（二）序数效用理论

虽然基数效用理论的出现为经济学分析提供了有价值的手段，但对每一种物品的效用进行评价实在是非常困难，也不太实际，于是人们提出了序数效用理论。

该理论认为，效用作为一种主观的满意度，很难用具体的数字加以衡量，它只能根据个人喜好进行排序，即按照第一、第二、第三等序数来反映效用的等级。这种理论不再使用边际效用来分析，而是使用等效用线（或者叫无差异曲线）来研究消费者的最大化问题。

虽然基数效用理论和序数效用理论有不同的前提——基数效用理论认为效用可计数、可加总，而序数效用理论认为效用只能进行排序，分析方法也有所不同——基数效用理论对应着边际效用分析，而序数效用理论使用无差异曲线进行分析，但它们最后得到的结论都是相同的。

第二节　基数效用理论——边际效用分析

本节主要介绍基数效用理论的边际效用分析法，分析消费者均衡如何实现。首先我们要了解两个重要的概念：总效用和边际效用。

一、基本概念

（一）总效用

如果 1 个面包带来 5 个单位的效用，2 个面包带来 9 个单位的效用……那么，我们把消费者从所有物品的消费中得到的满足叫作总效用。

很显然，总效用的大小与消费水平（消费物品的数量）有关。看电影的效用可以用表 3.1 表示。

表 3.1　　看电影的效用

数量（每周看电影次数）	总效用
0	0
1	50
2	90
3	120
4	140
5	150

一般来说，随着消费数量的增加，消费者得到的总效用也就越多——如果不看电影，消费数量为 0，那么不能得到效用；如果看 1 场，得到 50 个单位的效用；如果看 5 场，得到 150 个单位的效用。

（二）边际效用

1. 定义

每增加 1 单位物品或劳务的消费所引起的总效用的变动叫作边际效用，这是现代经济学最重要的分析方法之一——人们更注重考察边际量。

同样是看电影带来的效用，现在我们在表 3.2 中列出边际效用大小。

表 3.2　　看电影的效用

数量（每周看电影次数）	总效用	边际效用
0	0	
1	50	50
2	90	40
3	120	30
4	140	20
5	150	10

2. 边际效用递减规律

与总效用不同，随着消费数量的增加，看电影带来的边际效用是逐渐减少的。第一场电影带来 50 个单位效用，第二场有 40 个单位效用……第五场只有 10 个单位效用了。这种现象就叫作边际效用递减。

在一定时间内，在其他商品的消费量保持不变的情况下，随着消费者对某种物品消费量的增加，消费者从连续增加的每单位商品中获得的满足越来越少，这就是边际效用递减规律。正是因为这个原因，自助餐厅的老板才不会担心所有人都只吃牛肉，让他亏本。

为什么会有边际效用递减规律？

（1）生理或心理原因

无论你多么喜欢吃牛肉，也不太可能在自助餐店里一顿吃上 5 千克牛肉。从生理上来说，人的胃口是有限的，不可能一直吃下去；从心理上来说，连续吃同样的食物也会腻味，每一个增加的产品带来的满足感（也就是边际效用）会越来越小。

（2）物品用途的多样性

一种物品通常有多种用途，并且总是首先用在比较紧急的用途上，发挥出较大的效用，然后逐渐用于比较次要的用途，效用就更小一些。

比如人们用水，首先用来救命（沙漠干旱地区），效用非常大；然后用于解渴，效用比较大；接着可能用于洗漱，效用相对比较小；如果还有很多的水，可能就用作人工喷泉以满足观赏需要，效用更小一些。在连续消费同一种商品时，边际效用越来越低。

3. 容易迷惑的问题

（1）货币也满足边际效用递减规律吗？

（2）如果一套邮票有 8 张，现在搜集到了 7 张，第八张显得更为重要（表现为你愿意为此支付更高的价格），是否就违反了边际效用递减规律呢？

通常我们觉得钱越多越好，但是理解这个问题我们要注意，边际效用递减规律讨论的是每增加 1 单位物品带来的效用，因此我们不是比较 1 000 元钱与 100 元钱的效用，而是要比较每 1 元钱的效用大小。

如果月底回家的时候，身上只有 2 元钱，这时不小心掉了 1 元钱硬币到马路对面，你会去捡吗？如果月初身上有 1 000 元钱的时候，同样有 1 元硬币掉到马路对面，你会不会去捡呢？很容易发现，随着数量的增加，每 1 元钱的效用也是逐渐减少的。正是基于这样的理由，我们认为富人的 1 元钱比穷人的 1 元钱效用更小。从整个社会来看，把富人的一小部分钱给穷人，会提高整个社会的总的满足程度。因此，政府设计了累进的所得税制度——对富人征收更高比率的所得税，取得税收之后，以转移支付等方式补贴穷人，从而提高整个社会的福利水平。

关于第八张邮票的问题，我们可以换一个角度来看。其实集邮者看重的并不是第八张邮票，也不单独看待其他的任何一张，而是以“整套”为单位来考虑它们的效用。因此，8 张邮票是一个整体，共同构成一个商品单位。同样，四条腿的桌子缺了任何一条腿都不行，我们不能因此判断缺掉的那条腿效用最大，而是应当把整张桌子作为一个整体来看待，是一个商品单位。

思考一下：

你是否觉得越来越多的“仙侠奇幻偶像电视剧”吸引力在逐步下降？为什么会这样呢？当金庸武侠小说被一次次翻拍时，为什么人们总是怀念老版、批评新版？

（三）总效用与边际效用

好了，现在我们进一步考察物品的总效用与边际效用的关系。

随着消费数量的增加，边际效用逐渐减少，甚至有可能为负值。边际效用为正数时，每增加 1 单位商品都会带来总效用的增加；边际效用为 0 时，商品消费量增加而总效用是不变的；边际效用小于 0 时，增加商品的消费意味着总效用的减少。

因此，我们可以通过图形来表示总效用和边际效用的变化（见图 3. 1），用 *TU* 表示总效用，用 *MU* 表示边际效用。

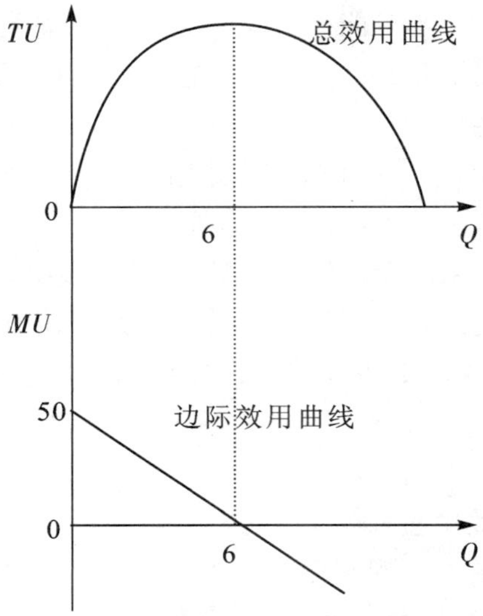

图 3. 1 总效用和边际效用

考虑前面看电影的例子，每周看 1 场电影，其效用为 50 单位；看 2 场电影，总效用变为 90 单位，而第二场电影的边际效用为 40……随着看电影次数的增加，每场电影带来的满足程度下降。设想一种极端情况：每时每刻看电影，甚至不睡觉，这时看电影就不再是享受，可能变成了折磨，边际效用可能为负数。

所以，总效用并不总是增加的，而是先增加后减少，有一个顶点——最大值。什么时候总效用最大呢？边际效用为 0 的时候——也就是图 3. 1 中消费第六个单位的时候。在之前，边际效用为正数，意味着增加消费会引起效用的增加，总效用增加；在第六个单位之后，边际效用为负数，意味着增加消费会引起效用的减少。因此，在边际效用为 0 的时候，总效用最大。

二、消费者均衡

消费者的目标只有一个：实现效用最大化。我们的消费行为可以理解为用货币去购买效用，家庭收入有限决定了我们只能在预算约束下进行消费，因此要把每一单位货币花在效用最高的购买上。当消费者在给定商品价格的条件下，以使自己总效用最大的方式配置所有收入时，就叫作实现了消费者均衡。

（一）预算约束

一种理想的购物状态是什么样的？应该是毫不考虑物品的价格，可以随心所欲地购物。而现实是大多数人都必须在眼花缭乱的商品与非常有限的收入之间进行权衡，香车、豪宅、海边度假、漂亮的衣服、名牌运动鞋……偏好决定人们想要购买的物品可能非常多，但现实的支付能力则决定了我们很难同时购买所有想要的物品。

个人或家庭的消费决策受到收入和支出水平的约束，也受到所购买物品的价格影响，这就是我们常说的预算约束。

1. 预算约束方程

为了简化讨论，我们假定所有收入 M 都用于支出，只用于购买两种物品：X 和 Y，其价格分别为 P_X 和 P_Y，并且消费行为本身并不影响物品的价格。同时，我们还假定两种物品的购买量分别为 Q_X 和 Q_Y。

这时就可以用一个简单的方程来表示预算约束，我们把它叫作预算约束方程。

$M=P_XQ_X+P_YQ_Y$

假设一个家庭每月收入 1 500 元，主要用于购买食品和休闲娱乐。为了明确，我们假定这个家庭购买的是牛肉 X 和电影 Y 两种物品。在牛肉价格为 15 元/千克，电影 50 元/场时，这个家庭能够消费多少牛肉和电影呢？（如表 3.3 所示）

表 3.3　**家庭的预算约束**

消费组合	牛肉消费量 Q_X（$P_X=15$ 元/千克）	电影消费量 Q_Y（$P_Y=50$ 元/场）
A	100	0
B	50	15
C	20	24
D	0	30

如果全部用来购买牛肉，一共可以购买 100 千克；如果全部用来看电影，一共可以看 30 场。简单说，如果一种物品的购买量增加，那么就必然导致能够购买的另一种物品数量减少。

用方程表示为：

$M=P_XQ_X+P_YQ_Y=15Q_X+50Q_Y=1\ 500$

变换一下形式，可以表示为：

$Q_Y=30-0.3Q_X$

用图形来表示如图 3.2：

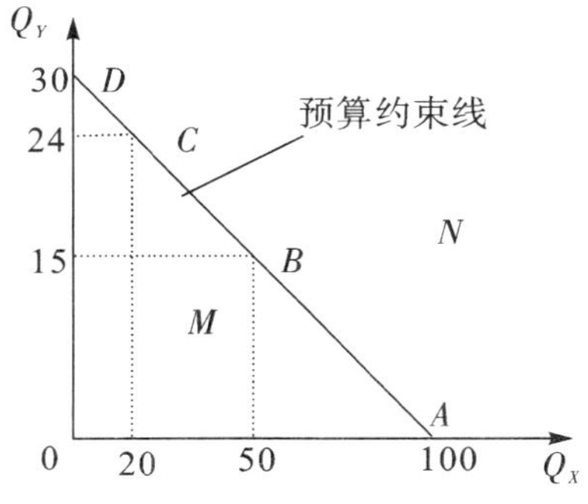

图 3.2　**预算约束线**

预算约束线上的每一点都表示消费者恰好能够购买的最大的商品组合，它决定了消费者能够购买的极限。曲线内部的点（如点 M）表示购买之后收入还有剩余，而曲线外部的点（如点 N）表示消费者的收入买不起的组合。

从图形上面我们也不难发现，两种物品之间存在替代关系——如果要增加牛肉的购买，就必须减少电影的消费；反之亦然。

2. 预算约束线的变动

前面我们确定的预算约束是在确定收入、确定价格下讨论消费者的消费可能。如果收入或者价格变动，人们的消费选择会发生什么变化呢?

（1）收入变动

如果用来购买牛肉和电影的支出减少到 1 200 元，那么能够购买的最大组合如何变化呢?（如表 3.4 所示）

表 3.4　　新的预算约束

消费组合	牛肉消费量 Q_X（$P_X=15$ 元/千克）	电影消费量 Q_Y（$P_Y=50$ 元/场）
E	80	0
F	40	12
G	20	18
H	0	24

$M_1=P_XQ_X+P_YQ_Y=15Q_X+50Q_Y=1\ 200$

转变形式为：$Q_Y=24-0.3Q_X$

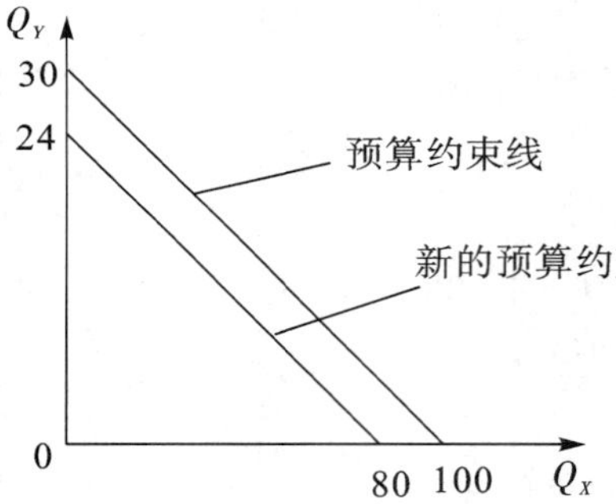

图 3.3　收入变动

由图 3.3 可知，收入从 1 500 元减少到 1 200 元时，预算约束线向左平行移动，而斜率不变；反之，如果收入增加，那么预算约束线将向右平行移动。

（2）价格变动

变化之前，牛肉价格 $P_X=15$ 元/千克，电影价格为 $P_Y=50$ 元/场，预算约束线方程为 $Q_Y=30-0.3Q_X$。现在假设商品价格发生变化，考察预算约束的变动。

①一种商品价格变动

假如牛肉价格涨到 20 元/千克，而收入水平仍然是 1 500 元不变，那么预算约束方程变为：

$M=20Q_X+50Q_Y=1\ 500$

即：$Q_Y=30-0.4Q_X$

作图表示为：

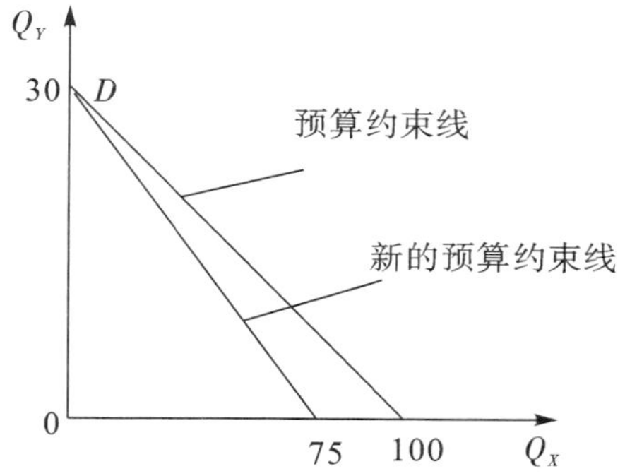

图 3.4　X 商品涨价

由此可见，牛肉 X 涨价改变的是牛肉的最大购买量（从 100 千克减少到 75 千克），表现为预算约束线以纵轴交点 D 为中心向左旋转，即横轴截距缩短。

类似的，如果是电影 Y 价格变动，影响的是电影的最大购买量，表现为预算约束线以横轴交点为中心旋转，即改变纵轴截距。

②两种商品价格同时变动

有可能牛肉和电影的价格同时变动，如果同方向（价格上升或下降）、同比例（变动百分比）变动，那么会使预算约束线平行移动，不改变斜率；如果不是同方向、同比例变动，那么会改变相对价格，从而改变预算约束线的斜率。

思考一下：

若收入不变（仍然为 1 500 元），牛肉价格变为 20 元/千克，电影价格变为 40 元/场，做出消费者的预算约束线。

（二）消费者均衡的条件

现在我们考察收入为 1 500 元时，牛肉 X 和电影 Y 的最大消费组合所代表的效用水平，分别列出总效用、边际效用，以及每单位货币带来的边际效用大小。

每单位货币购买到的边际效用可以用边际效用除以该商品价格获得，即 $\frac{MU_X}{P_X}$ 和 $\frac{MU_Y}{P_Y}$。

假定我们可以明确列出消费者从牛肉和电影消费中获得的满足程度，分别用 TU、MU 表示总效用和边际效用，而两种商品的总效用 $TU=TU_X+TU_Y$。不同消费量下的效用表如表 3.5 所示。

表 3.5　　　　　　　　　　　**预算约束下的消费组合**

消费组合	牛肉的消费（$P_X=15$ 元/千克）				电影的消费（$P_Y=50$ 元/场）				总效用
	Q_X	TU_X	MU_X	$\frac{MU_X}{P_X}$	Q_Y	TU_Y	MU_Y	$\frac{MU_Y}{P_Y}$	（TU_X+TU_Y）
A	100	0	-30	-2	0	0	100	2	0
…									
B	50	750	0	0	15	1 125	50	1	1 875
…									
C	33.3	667	10	0.7	20	1 333	33	0.7	2 000
…									
D	10	270	24	1.6	27	1 485	10	0.2	1 755
…									
E	0	0	30	2	30	1 500	0	0	1 500

从表 3.5 中我们可以看到，随着牛肉消费量的减少，电影消费量的增加，总效用先增加后减少（从 *A* 到 *C* 增加，从 *C* 到 *E* 减少）。

在 *C*（$Q_X=33.3$，$Q_Y=20$）点的消费组合下，总效用最大（$TU=2\ 000$），消费者实现均衡消费，此时满足最后一单位货币购买到的效用相等，即$\frac{MU_X}{P_X}=\frac{MU_Y}{P_Y}$，这就是实现消费者均衡的条件。

从经济含义来看，消费者在决定购买决策时，事实上就是要解决稀缺资源的配置问题——由于人们的购买欲望超过了支付能力，所以货币就是一种稀缺资源，消费者必须在不同的想要购买的商品中做出艰难的选择，而选择的依据就是如何使自己从消费中获得的总效用最大。

因此，消费者均衡的条件就是使每支出的 1 单位货币所购买到的边际效用都相等。如果有多种商品，那么就要满足下列条件：

$$\frac{MU_1}{P_1}=\frac{MU_2}{P_2}=\frac{MU_3}{P_3}=\cdots=\frac{MU_n}{P_n}=\lambda$$

其中 $P_1X_1+P_2X_2+\cdots+P_nX_n=M$

思考一下：

如果没有预算约束（收入无限），消费者均衡在什么时候得以实现？

第三节　序数效用理论——无差异曲线分析

序数效用理论用无差异曲线分析消费者行为。

一、关于偏好的假定

为了对不同商品的效用进行排序，消费者的偏好要满足一系列假定。

（一）消费者的偏好具有可比性

对于任何两种或者两种以上的物品，消费者总是能够准确地给出评价，比如对于 A 和 B，人们的偏好只能是 A>B、A=B、A<B 三者中的一个，不存在不能判断的情况。

（二）消费者的偏好具有可传递性

如果已知对 A、B、C 三种物品的偏好满足 A>B，以及 B>C，那么在 A、C 两种商品的比较中，一定是 A>C。也就是要求消费者的偏好保持一致性。

（三）消费者的偏好具有不饱和性

不饱和性是指如果两个商品组合中的区别仅在于其中一种商品的数量不同，那么消费者总是偏好于数量更多的那个组合，即所有的商品都是“好的”，多比少好，不存在过量导致少比多好的情况。

二、无差异曲线

在面对牛肉和电影的商品组合时，消费者的偏好使他在不同数量的组合之间进行选择，如果有一些数量不同的组合带给消费者相同的满足程度，那么这些组合对于该消费者而言就是无差异的，或者是等效用的。因此，我们把这种消费者偏好相同的两种商品的不同数量的各种组合连接起来，就可以得到无差异曲线。

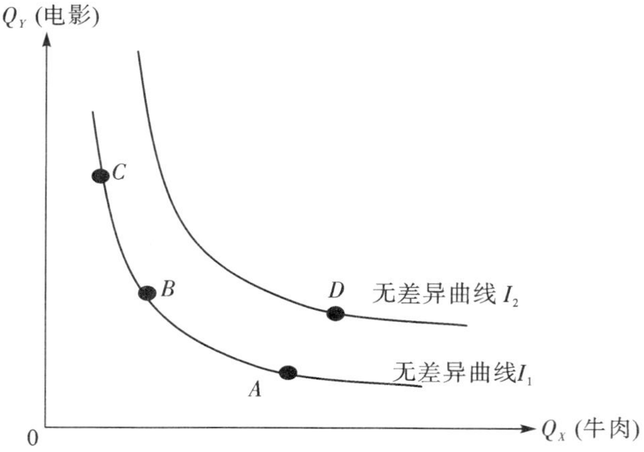

图 3.5　无差异曲线

（一）无差异曲线的特征

在同一个平面上，可以有无数多条无差异曲线。

1. 离原点越远，代表的满足程度越高

在图 3.5 中的无差异曲线 I_1 和 I_2 代表不同的满足程度，I_2 离原点更远，表示更高的满足程度。这是和偏好的不饱和性联系在一起的，既然商品多比少好，那么 I_2 曲线上的点表示更多商品的组合，当然比 I_1 更令人满意。

2. 同一平面上任意两条无差异曲线不会相交

如果代表不同满足程度的两条无差异曲线存在交点，则违反了偏好的可传递性。

3. 无差异曲线向右下方倾斜

无差异曲线的斜率反映了消费者愿意用一种物品替代另一种物品的比率。在大多数情况下，消费者两种物品都喜欢。因此，如果要减少一种物品的量，为了使消费者同样满足就必须增加另一种物品的量。由于这个原因，大多数无差异曲线向右下方倾斜。

（二）商品的边际替代率

一条无差异曲线上任意一点的斜率等于消费者愿意用一种物品替代另一种物品的比率。这个比率称为商品的边际替代率（*MRS*）。

在图 3.5 的例子中，边际替代率衡量为了补偿减少 1 单位牛肉消费导致的满足程度下降，需要增加多少电影的消费，即 $MRS_{XY}=-\dfrac{\Delta Y}{\Delta X}$。

要注意的是，由于无差异曲线并不是一条直线，所以，在一条既定的无差异曲线上，所有各点的边际替代率并不相同。消费者愿意用一种物品交换另一种物品的比率取决于他已经消费的物品量。比如说在牛肉消费量比较多的 *A* 点，消费者愿意为减少 1 单位牛肉要求很少的电影消费量，比如 0.1 单位；而在牛肉消费量较低的 *C* 点，消费者就为减少 1 单位牛肉消费要求较多的电影作为补偿，比如 1 单位。

在效用水平不变的条件下进行商品交换，其实质是不同商品带来效用的交换。因此，这两种商品的效用必然相等，即 $\Delta X\cdot MU_X+\Delta Y\cdot MU_Y=0$，所以：

$$MRS_{XY}=-\frac{\Delta Y}{\Delta X}=\frac{MU_X}{MU_Y}$$

通常情况下，消费者愿意放弃他们拥有较多的物品，而不愿意放弃本身就比较缺乏的物品，所以存在商品的边际替代率递减规律。也就是说，在维持满足程度不变的条件下，随着一种商品消费数量的连续增加，消费者想要获得更多的这种商品的愿望就不那么迫切了，为得到一单位这种商品所愿意放弃的另一种商品的数量是递减的。

从几何图形上来看，商品的边际替代率递减表示无差异曲线的斜率的绝对值是递减的，因此无差异曲线凸向原点。

（三）无差异曲线的特例

一般情况下，无差异曲线是一条凸向原点的、向右下方倾斜的曲线，而其形状取决于商品的边际替代率。对于一些具有特殊联系的商品来说，无差异曲线的形状可能不同。

1. 完全替代品

对于消费者来说，百事可乐和可口可乐完全可以互相替代，因此商品组合中百事可乐多一点还是可口可乐多一些完全没有影响，这两种商品的边际替代率是一个常数（1∶1），相应的无差异曲线也是一条斜率不变的直线（如图 3.6 所示）。

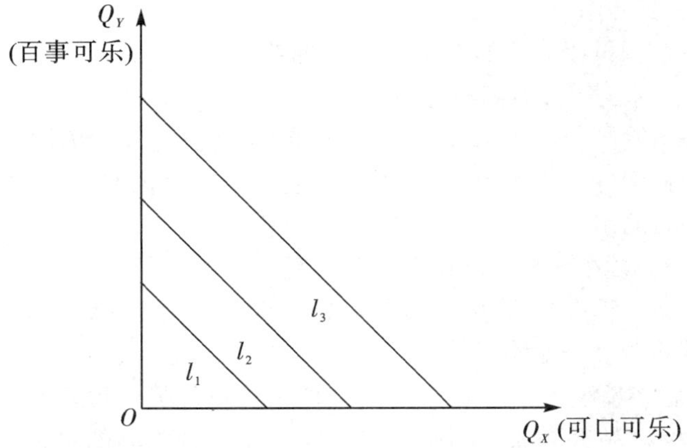

图 3.6　完全替代品

2. 完全互补品

完全互补品是指两种商品必须按照固定不变的比例同时消费才能发挥作用的情况，比如汽车和汽油、牙膏和牙刷等。

在完全互补的情况下，相应的无差异曲线是直角形状（如图 3.7 所示）。

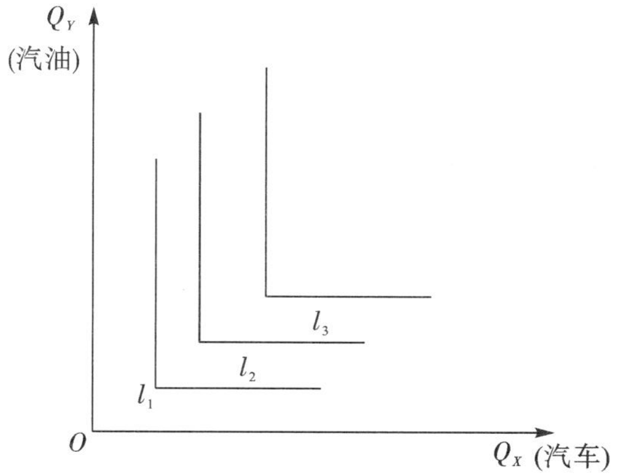

图 3.7　完全互补品

三、消费者均衡

消费者均衡是指消费者在偏好一定（一组无差异曲线），并且收入和商品价格也一定（预算约束线确定）的条件下，选择的商品组合实现了效用最大化目标的情况。

（一）消费者均衡条件

由于消费者面临一条确定的预算约束线和一组无差异曲线，只有既定的预算线与其中一条无差异曲线的切点才是消费者获得最大效用水平的均衡点（如图 3.8 所示）。

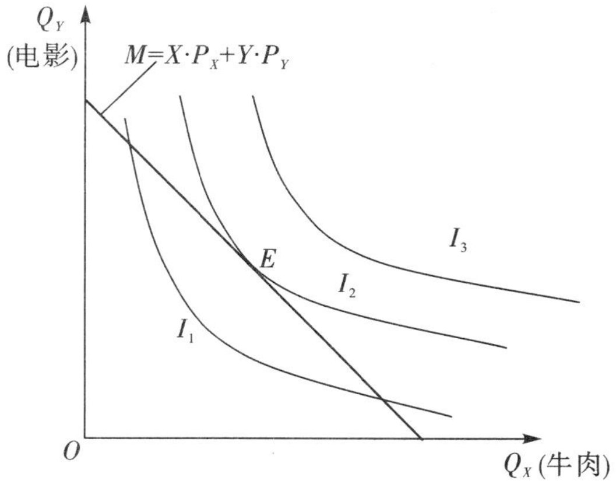

图 3.8　消费者均衡

在图 3.8 中，确定了预算约束线 $M=X \cdot P_X+Y \cdot P_Y$，无差异曲线 I_1、I_2、I_3 代表着消费者的偏好。

I_1 与预算约束线相交，它们没有达到消费者预算约束下的最高效用水平；I_3 与预算约束线相离，已经超出了预算约束的范围；I_2 与预算约束线相切，切点为 E 点，达到预算约束下的最大效用。

在消费者实现效用最大化的 E 点，无差异曲线与预算约束线相切，所以两条线上该点的斜率是相等的。根据无差异曲线，E 点的斜率为 $k_1=\frac{\Delta Y}{\Delta X}=-\frac{MU_X}{MU_Y}$；根据预算约束线，$E$ 点的斜率为 $k_2=-\frac{P_X}{P_Y}$。

因此，消费者均衡的条件为：$\frac{MU_X}{MU_Y}=\frac{P_X}{P_Y}$，可变形为$\frac{MU_X}{P_X}=\frac{MU_Y}{P_Y}$，即商品的边际效用与价格之比相等，每 1 单位货币花在 X 商品或者 Y 商品上能够换来的边际效用都相等。

综上所述，无论是使用基数效用理论还是序数效用理论进行分析，消费者均衡的条件都是相同的，即商品的边际效用之比与价格之比相等，或者说每 1 单位货币花在任一商品上能够带来的边际效用都相等。

如果是多种商品 X_1，X_2，…，X_n，对应的边际效用为 MU_1，MU_2，…，MU_n，每 1 单位货币的边际效用为 λ，那么消费者均衡的条件就是：

$$\frac{MU_{X_1}}{P_{X_1}}=\frac{MU_{X_2}}{P_{X_2}}=\cdots=\frac{MU_{X_n}}{P_{X_n}}=\lambda$$

（二）消费者均衡的变动

消费者均衡是在一系列确定条件下得到的，包括收入水平、商品价格、商品的效用函数，等等。如果条件改变，消费者均衡会如何变化呢?

1. 商品价格变化

假定消费者的偏好不变，收入（预算）不变，另一种商品 Y 的价格 P_Y 也不变，只有 X 商品的价格 P_X 上升或下降。

（1）价格消费曲线

如图 3.9 所示，当 X 商品的价格上升时，预算约束线由 AB 旋转至 AB_1 的水平，与无差异曲线 I_1 相切于 E_1 点，这就是新的均衡点；当价格下降时，预算约束线由 AB 旋转至 AB_2 的水平，均衡点也变为 AB_2 与无差异曲线 I_2 的切点 E_2。

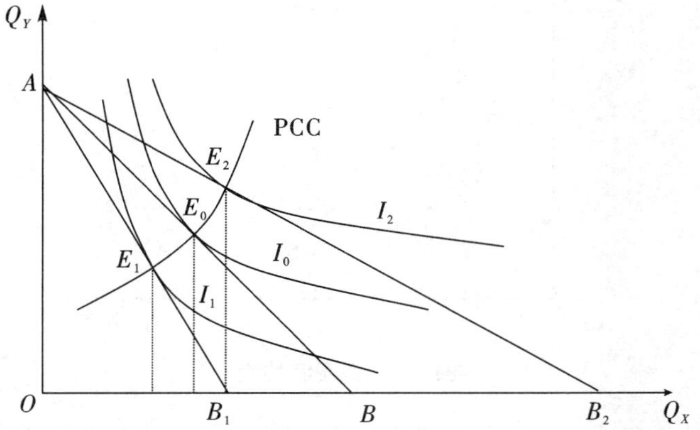

图 3.9　价格消费曲线 *PCC*

把不同价格水平下的均衡点连接起来，就可以得到价格消费曲线 *PCC*（*Price Consumption Curve*），它表示消费者在收入和其他商品价格不变的条件下，一种商品价格变化时消费者均衡的变化轨迹。

（2）个别需求曲线

价格消费曲线 PCC 上的各点代表着 X 商品不同的价格水平和消费量，将它们在坐标图中表示出来，就得到需求曲线（如图 3.10 所示）。

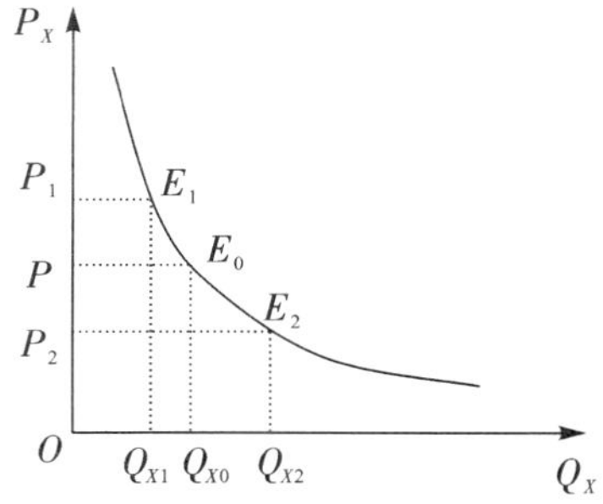

图 3.10　个别需求曲线

由于实现消费者均衡时，满足 $\frac{MU_X}{P_X}=\lambda$ 这一均衡条件，其中货币的边际效用 λ 可以看作一个保持不变的常数，那么 X 商品的价格 $P_X=\frac{MU_X}{\lambda}$，与它的边际效用 MU_X 密切相关。

随着商品数量 Q 增加，边际效用 MU_X 递减，消费者愿意支付的最高价格 P_X 随之降低，即商品数量 Q_X 与价格 P_X 成反向变动的关系，个别需求曲线向右下方倾斜。

2. 收入变化

假定消费者的偏好和商品价格不变，当消费者的收入发生变化时，将会导致预算约束线平行移动（如图 3.11 所示）。

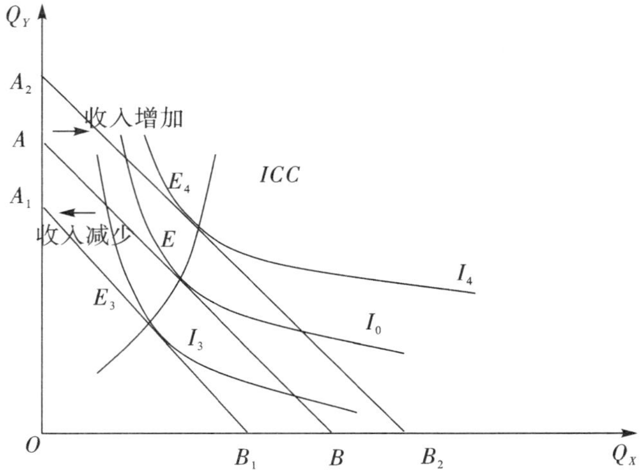

图 3.11　收入消费曲线 ICC

随着收入水平的变化，预算约束线发生平移，与新的无差异曲线相切得到均衡点，把这些不同收入水平下的均衡点连接起来，就得到收入消费曲线 ICC（Income Consumption Curve），它表示收入变动对消费者均衡的影响。

第四节　现实世界中的边际效用

追求均衡的消费者行为分析可以给我们很多启示，从而帮助我们理解关于家庭决策等现实世界中的问题。

一、个别需求曲线的推导

我们知道需求是由消费者的购买行为决定的，现在，消费者均衡的理论为前面的需求曲线提供了一个理论基础——当然，这里的需求曲线是指每个消费者的个别需求曲线，是构成市场需求曲线的基础。

（一）个别需求量与价格的关系

需求曲线反映价格变动与商品需求量之间的关系，而任何一种商品的需求曲线都反映了消费者的购买决策。也就是说，需求曲线上的每一点都是均衡消费决策的点。

消费者均衡的条件是最后 1 单位货币购买到的边际效用大小相等，假定每 1 单位货币的效用为 λ，则均衡条件为：

$$\frac{MU_1}{P_1}=\frac{MU_2}{P_2}=\frac{MU_3}{P_3}=\cdots=\frac{MU_n}{P_n}=\lambda$$

只考虑其中的一种商品，那么 $MU_X=\lambda P_X$。

当物品数量 Q_X 增加时，根据边际效用递减规律，我们知道每单位该物品带来的边际效用是越来越小，即 MU_X 减少。根据 $P_X=\frac{MU_X}{\lambda}$，我们知道该物品的价格将会下降。

因此，一般商品的需求量与价格是反向变动的关系。

（二）消费者剩余

需求曲线表示消费者愿意支付的最高价格，不一定等于实际支付的价格。

针对不同的数量，消费者愿意支付的最高价格是不同的，但在实际购买中，无论购买 1 个面包还是 10 个面包，我们通常都支付相同的单价。

如图 3.12 所示，假定针对数量为 1，2，3 时，消费者愿意支付的最高价格分别为 10 元，8 元，6 元。那么，在价格为 6 元时，消费者购买 3 个商品，实际支付的数额就是 3×6＝18 元。

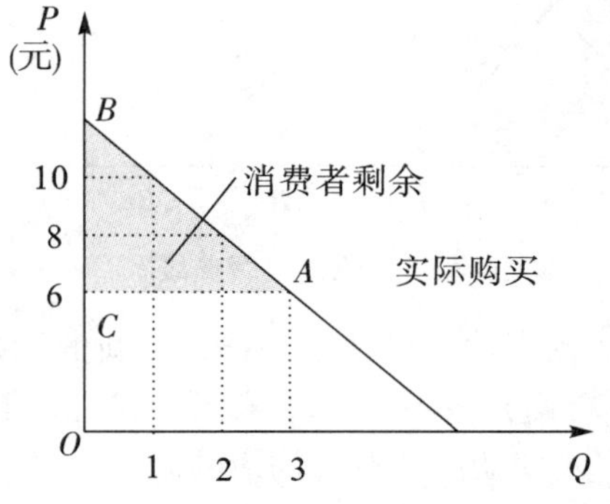

图 3.12　消费者剩余

在这条可以无限细分（购买单位可以是 0.1，或者 0.01 等）的需求曲线上，△ABC 部分的面积，叫作消费者剩余，它表示消费者愿意支付的最高数额与实际支付额之间的差别，是衡量消费者福利的一个重要指标。消费者剩余部分越大，表示消费者获得的额外满足越高，也就越幸福。

思考一下：

麦当劳等快餐店经常派发大量的优惠券，但一般并不直接降价，为什么？

二、价值悖论——水和钻石

几百年来，哲学家们为水和钻石的价格之谜而困惑：水是生命之源，价格却非常低廉；钻石不过是身外之物，却价格高昂。现代经济学之父亚当·斯密曾经试图解决这个问题，但在边际效用理论提出之前，人们没能得到一个满意的答案。

（一）边际效用分析

事实上，我们可以通过区分总效用和边际效用来回答这个问题。

人类从水中获得的效用是巨大的，但同时消费数量也是巨大的。考虑到边际效用递减规律，我们知道最后 1 单位水带来的边际效用是非常微小的；另一方面，钻石的消费量很小，其边际效用就非常高。

所以，在考虑水和钻石两种商品的消费时，消费者仍然追求效用最大化目标，选择的商品组合满足均衡条件，即：

$$\frac{MU_X}{P_X}=\frac{MU_Y}{P_Y}$$

花在购买水和购买钻石上的钱必须满足与最后 1 单位货币买到的效用大小相等，因此商品的价格与边际效用大小成正比——水的边际效用低，则价格低；钻石的边际效用高，则价格高。

（二）消费者剩余

另一个解释办法是考察水和钻石的消费者剩余。

如图 3.13、图 3.14 所示，很容易发现，水的消费量大，给消费者带来的价值很多——消费者剩余很大，但是价格很低，因为边际效用低；钻石的消费量小，给消费者带来的价值较少——消费者剩余较小，但是价格很高，因为边际效用高。

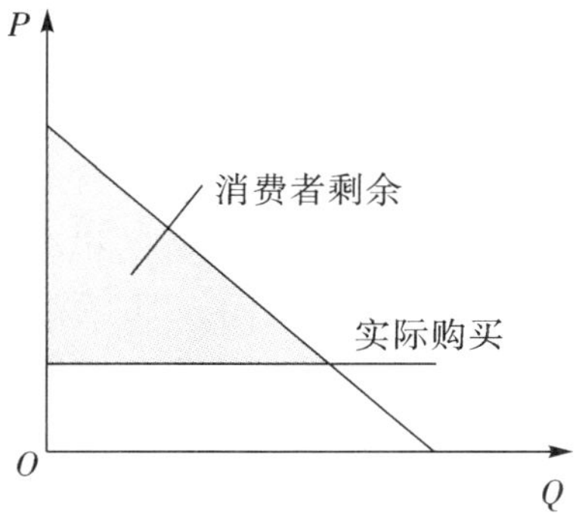

图 3.13　水的消费者剩余

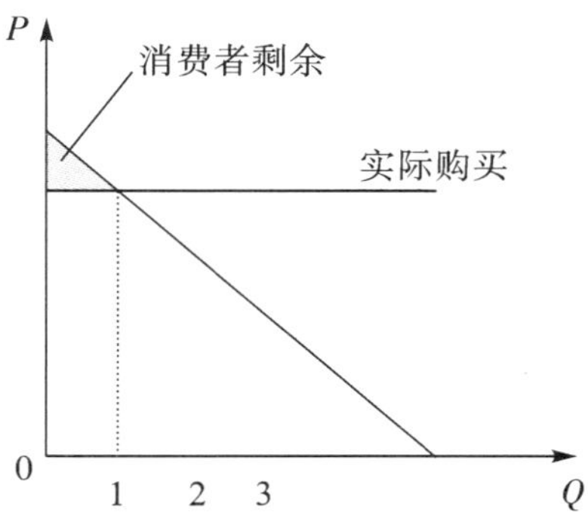

图 3.14　钻石的消费者剩余

三、劳动者的时间决策

家庭不仅要决定如何把资源配置在不同商品的购买上，而且还要做出许多其他的决策，比如把时间分配在工作和闲暇之间。消费者选择理论可以帮助我们理解这些决策。

工资水平和工作时间决定了收入水平——这是消费的基础，而另一个方面，工作时间和闲暇时间此消彼长——用于闲暇的时间越长，工作时间越短，收入水平也就越低。所以，工资不仅是工作的报酬，还是闲暇的机会成本。虽然无所事事几乎什么都不花费，考虑到机会成本，也是有代价的。

考察张文一周的时间安排，如果每周有 100 个小时的时间可自由分配，现在他可以选择把时间用来研发电脑软件，每小时能够获得 50 元的报酬。如果他把所有时间都用来工作，那么可以获得 5 000 元收入，但却没有时间去消费了，此时他愿意放弃一些收入来换取闲暇，因此闲暇和工作存在替代关系。

可以用工资率与工作时间的图形来表示劳动者的供给曲线（如图 3. 15 所示）。

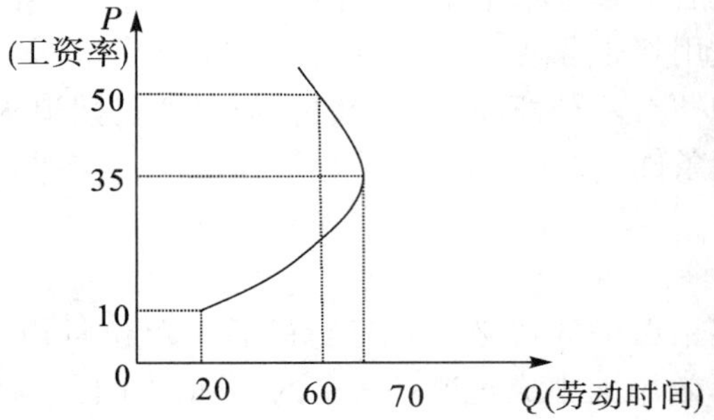

图 3. 15　背弯的劳动供给曲线

考察工资水平从 10 元/小时上升到 50 元/小时这个过程中劳动时间的变化。

① 工资水平为 10 元/小时的时候，张文每周工作 20 小时，获得 200 元收入；

② 工资水平上升到 35 元/小时的时候，张文延长工作时间，每周工作 70 小时，获得 2 450 元收入；

③ 工资水平继续上升，达到 50 元/小时，张文选择工作 60 小时，获得 3 000 元收入。

这和我们前面提到的劳动供给曲线非常类似，在工资水平上升的过程中，劳动者先延长工作时间，然后减少。

理解这一过程需要从两个方面考虑：一方面，工资率代表着闲暇的机会成本，工资水平上升意味着闲暇的机会成本增加，人们倾向于减少闲暇时间，即工作更长时间；另一方面，工资水平更高使人们的收入增加，那么消费者会增加所有正常物品的购买（回顾收入变动对消费者均衡的影响），而闲暇也是正常物品，因此人们增加闲暇的购买，同时减少工作时间。

综合起来看，工资水平上升对闲暇时间的影响是两方面的，一方面使闲暇时间减少（替代效应），另一方面又使闲暇时间增加（收入效应），最终闲暇时间的变动由这两种效应共同决定。

在工资水平较低时（图 3.15 中低于 35 元/小时），替代效应大于收入效应，于是工资上升使闲暇时间减少，而工作时间延长；在工资水平较高时（图 3.15 中高于 35 元/小时），替代效应小于收入效应，因此工资上升使闲暇时间增加，而工作时间减少。

背弯的劳动供给曲线（如图 3.15 所示）非常有意义，可以用来理解劳动者平均每周的工作时间从 19 世纪的 70 小时减少到 20 世纪的 40 小时（甚至更少）。其次，这种理论可以解释为什么越来越多的妇女走出家庭，成为全职工作者——市场上工资水平上升，使得在家做全职主妇的机会成本上升，替代效应非常大，于是妇女选择到市场上工作取得收入。

一百多年前，许多人一周工作 6 天。现在每周工作 5 天是正常的。在每周工作长度减少的同时，一般工人的工资（根据通货膨胀调整后）一直在增加。

如果你中了 500 万元大奖，还会继续工作吗？美国的一项调查显示：那些赢得了总计 5 万美元以上奖金的人中，几乎有 25%的人在一年内辞职，而另有 9%的人减少了他们工作的时间；那些赢得奖金超过 100 万美元的人中，几乎有 40%的人不再工作。工资上升的收入效应是巨大的。因此，卡耐基警告说："给儿子留下巨额财产的父母会使儿子的才能和热情大大丧失，而且使他的生活不如没有遗产时那样有用和有价值。"卡耐基在有生之年和死后，把他的大部分巨额财产捐给了慈善机构。

四、消费与储蓄决策

每个人还会面临的一种选择是消费与储蓄的取舍。人们取得的收入有两种可能的用途：一是用于现期消费，二是用于储蓄以备未来的需要。我们可以用消费者行为理论简单分析人们如何做出这种决策，以及储蓄的数量如何受到利率的影响。

如果你有 10 万元，可以现在消费掉，也可以存起来未来消费。在现期消费和未来消费之间做出选择的时候，你会考虑利率水平吗？简单地说，利率水平上升，人们是增加储蓄还是减少储蓄？

利率水平决定了储蓄的收益，也决定了现期消费的机会成本。当利率为 10%时，将 10 万元全部用于储蓄将在 1 年后获得 1 万元利息，即可以在 1 年后获得 11 万元的消费；如果利率水平为 20%，那么 10 万元的储蓄将带来 2 万元利息，1 年后可以消费 12 万元。在利率更高的情况下，年轻时放弃消费将在未来得到更多的消费。

那么，人们一定会在利率上升的时候增加储蓄（减少现期消费），在利率下降的时候减少储蓄吗？

事实不然，或许有人还记得在 1998 年前后，我国政府曾经为了促使人们减少储蓄、增加消费而降低利率，并且征收利息税，结果却未能达到预想。

与工资水平对工作时间的影响类似，利率对储蓄的影响也是双重的。一方面，利率上升产生替代效应——利率上升意味着现期消费的机会成本上升，人们选择用更多的储蓄替代消费，于是减少现期消费增加储蓄；另一方面，利率上升还有收入效应——利率上升意味着相同储蓄额能够带来更多的收入，如果人们储蓄的目的是为了获得一定的收入以满足年老时的需要，那么在高利率水平的时候就可以减少储蓄，增加现期消费。

因此，利率变动对储蓄额的影响需要综合考虑替代效应和收入效应。如果替代效应较大，则利率上升使储蓄增加，而利率下降使储蓄减少；如果收入效应较大，则利率上升使储蓄减少，而利率下降使储蓄增加。

基于这样的理解，我们知道在社会保障体系不健全的情况下，大多数人年老时只能依靠自己的积蓄生活，他们在决策时就主要考虑利率的收入效应。因此，降低利率、征收利息税减少了储蓄的收益，为了保证未来的生活水平，人们只能储蓄更多。

资料延伸

人是理性决策者

经济活动离不开人的参与，因此经济学研究的一个重要内容就是人的行为。有关家庭、工厂、一般商品市场、劳动市场和金融市场人类行为的经济分析基于这样的假定：可以把人的行为解释为对稀缺性的反应，可以把我们所做的每一个决定都解释为在受到有限的资源和技术带来的约束条件下使总收益最大化的选择。

（一）为什么越来越多的妇女成为劳动力

如果在约束条件变化时，人们的偏好是稳定的，那么我们就有可能预测人们如何对变化的条件做出反应。经济学家吉米·边沁（Jeremy Bentham）（1748—1832 年）是用效用概念解释人类选择的第一人，也是最早提出退休养老金、保证就业、最低工资、免费教育与免费医疗这类社会福利的人之一。边沁的身体所做的标本至今仍保存在伦敦大学的一个玻璃柜子里。

经济学家把人类行为解释为约束条件下进行效用最大化选择的结果，是约束条件改变导致人们行为变化，而不是态度（或者说偏好）。比如过去 100 年间妇女参加工作的比例变化。在 19 世纪 90 年代，不到 20% 的妇女参加市场就业，并且大多数从事报酬低而毫无吸引力的工作。其他的妇女则选择了在家庭从事非市场性的工作。到 1997 年，有 60% 以上的妇女属于劳动力，而且，尽管许多人是低报酬工作，但在专业工作和行政岗位上出现了越来越多的妇女——比如美国最近的两位国务卿：赖斯和希拉里。与 100 年前相比，是什么原因引起这种急剧的变化呢？是妇女更喜欢市场性工作（偏好）还是约束条件（技术、工资等）呢？

经济学家认为是约束条件的变化导致了妇女选择的变化。技术进步提高了生产效率，也使得工资报酬增加，于是市场工作比家庭劳务更有吸引力了；另一方面，技术进步也使得家务劳动时间减少——比如抽油烟机的使用就减少了打扫厨房的难度，这也使得更多的妇女走向劳务市场，成为劳动力。

（二）为什么大多数国家的人口出生率会下降

另一位研究人类行为的杰出的经济学家是加里·贝克尔（Gary S. Becker）（1930—2014 年），他的博士学位论文后来作为《歧视经济学》一书出版，深刻地改变了人们对于歧视现象的认识和减少歧视的经济方法。贝克尔教授的另一部主要著作是 1964 年出版的《人力资本》，这本书已经成为经典，并且成功影响了克林顿政府关于教育问题的思考。1992 年，由于他对人力资本的研究而被授予诺贝尔经济学奖。

贝克尔教授对人口经济学做出了重大贡献，提出了“儿童是耐用品”的思想，并获得美国最高人口学奖——阿尔宁·塔奥博奖（Irene Taeuber Award）。从经济学方法得出的结论看，人们想要的孩子的数量主要取决于两个因素：成本与决策。其中，成本不仅包括给孩子的食物和住所，还包括父母花在孩子身上的时间——在大多数社会里，这主要是母亲的时间。当母亲受到更多的教育、有更多的市场工作机会时，在家照顾孩子的时间成本就增加了。随着时间成本的增加，家庭就不会像过去那样要许多孩子。第二个影响因素是家庭做出的关于儿童生活质量的决策，用儿童的教育、培养和健康来表示。现代经济越来越强调知识、技术和技能，因此父母需要在孩子的教育、培养和健康方面下大功夫，意味着养孩子的成本更高了。

在过去的 30 年间，大多数国家的人口出生率都在下降，包括中国、印度、其他一些亚洲国家、拉丁美洲和非洲的一些国家。目前，大约有 15 个国家的人口出生率已经大大低于死亡率，包括德国、意大利、西班牙、葡萄牙、法国和日本等。这就意味着这些国家的人口最终会迅速减少，因此了解人口出生率为何放慢已经不仅仅是家庭或者个人选择的问题，而是关系国家政策的重要问题。

本章小结

消费者行为理论描述了人们如何做出决策，在生活中被广泛应用。它可以解释一个人如何决定购买的牛肉和电影的数量，如何根据工资水平调整工作时间，如何做出储蓄等决策。

然而，在现实中大概很少有人在超市购物的时候严格计算面包、洗衣服、微波炉等物品的效用。这是否说明理论不过是空谈呢？回答是否定的。消费者选择理论并不是对人们如何做出决策提供一种忠实的描述，它是一个模型。而且，正如我们最早在第一章导论中提到的，模型并不是完全现实的，它对现实进行了简化。

最好的理解是把消费者行为理论作为消费者如何做出决策的一个概括，或者说一个趋势性的解释。没有一个消费者（除非在经济学模型中）是明确地借助这种理论中包含的最大化来做出决策的，但消费者知道他们的选择要受到自己收入及支出水平的约束。而且，在这些约束条件下，他们所能做的最好的就是达到最高满足程度。消费者行为理论努力用更为明确的方法来描述隐含的心理过程。

理论的检验在其运用。在本章最后一部分我们把消费者行为理论运用于有关经济的四个实际问题。如果你选修更高深的经济学课程，你将看到，这种理论为更多的分析提供了一个框架。

第四章 企业理论

内容提要：

作为研究产业组织的出发点，本章考察企业行为和生产成本。企业这种组织具有它的特点，当它们进行生产和销售时都会引起成本，企业成本是其生产和定价决策的关键因素。因此，本章主要用生产函数考察企业投入与产出之间的关系，然后根据产出与成本之间的联系分析企业利润最大化决策。

重点掌握：

1. 企业的性质和特点；
2. 短期和长期生产函数的特点；
4. 企业成本的计算；
5. 企业利润最大化原则。

导入：

1. 联想电脑的部件并不完全由本企业生产出来，比如，微软公司提供了它的Windows操作系统，英特尔制造了它的处理器芯片，其他企业制造调制解调器、声卡、显卡等。为什么联想集团不自己生产所有部件？联想集团是如何决定自己生产哪些产品、向其他企业购买哪些产品的？

2. 张文在一家公司上班，每个月工资为2 000元；他还拥有一个小铺面，租给别人卖衣服，租金为每个月1 000元。朋友建议他用这个铺面自己开一个小卖部，每个月大概能够销售30 000元商品，其中进货成本24 000元，水电等费用1 000元，还需要雇用一个店员支付800元工资。那么，张文每个月经营小卖部的利润是多少？

我们知道企业是市场主体之一，而成千上万家企业又组成了经济。

从经济职能来看，不同规模、不同经营范围的企业起着同样的作用，每一个企业都雇佣生产资源（资本、劳动、土地等），并且组织这些资源进行生产，然后销售产品或劳务。有的时候，我们也把企业叫作厂商，所以本章内容也叫作厂商理论。

第一节　企业的性质

一、企业的目标

考察企业的行为，首先就要从企业的目标开始分析。

如果对企业家进行问卷调查，询问他们的目标是什么，答案可能是各种各样的——有一些企业家说他正致力于制造高质量的产品；有一些企业家说他力争使本企业成为行业领头羊；还有一些企业家说他希望能够带给股东们最高的收益率；也许还有一些企业家比较希望获得对自己经营能力的肯定……所有这些目标都是有可能实现的，但它们并不是基本目标，或者说最终目标，而只是实现最终目标的手段。

企业的最终目标是利润最大化。一个不追求利润最大化的企业最终将会被其他企业所取代。与利润最大化类似的还有销售量最大、市场份额最大等目标，但从长期来看，每个企业最为关注的仍然是利润。理论上，或许一个蛋糕店主之所以制作蛋糕，可能是出于利他主义愿望——比如为别人提供食物，也有可能是出于热爱糕点制作，但更有可能是为了赚钱。经济学家通常假设企业的目标就是利润最大化，而这个假设在大多数情况下都能够发挥作用。

二、利润的衡量

（一）定义

企业（生产者）可以从出售产品或劳务中获得收益，这个总收益（TR）取决于产品的价格和销售量；同时，企业为了生产和销售产品雇佣生产资源，就会产生成本。企业获得收益之后，首先拿出一部分弥补预先支付的成本，剩下的部分才可以自己保留。这个总收益减去总成本的剩余部分就叫作利润。

利润＝总收益－总成本

企业的目标就是使利润的数额尽可能大。为了说明企业如何实现利润最大化，我们必须全面考虑如何衡量总收益和总成本。

（二）总收益

总收益相对比较简单，它等于企业出售产品获得的总收入。比如张文经营小卖部每个月卖掉 30 000 元的商品，那么这个 30 000 元就是他的总收益。

一般情况下，企业的总收益等于出售产品的价格乘以其销售数量的数额，即 TR＝PQ。

（三）总成本

相对而言，总成本的衡量就没有那么直接了，回顾本书开头介绍的机会成本的概念，经济学总是从使用资源的机会成本的角度来衡量企业成本。

仍然以本章开头的例子来分析。

张文在一家公司上班，每个月工资为 2 000 元；他还拥有一个小铺面，租给别人卖衣服，租金为每个月 1 000 元。朋友建议他用这个铺面自己开一个小卖部，每个月大概能够销售 30 000 元商品，其中进货成本 24 000 元，水电等费用 1 000 元，还需要雇用一个店员支付 800 元工资。

1. 显性成本

显性成本是企业经营的货币支出，它实际发生了，在会计上也核算这部分成本，因此也叫作会计成本。

张文经营小卖部时，进货成本、水电费、店员工资都是实际支出，显性成本为25 800元。

2. 隐性成本

与显性成本相对，隐性成本是没有现实货币支出的机会成本，它体现着经济学与会计学成本的不同。显性成本与隐性成本之间的区别说明了经济学家与会计师分析经营活动的重要不同。经济学家关心企业如何做出生产和定价决策，因此，当他们在衡量成本时就包括了所有显性成本和隐性成本。与此相比，会计的日常工作是记录流入和流出企业的货币，他们衡量显性成本，但忽略了隐性成本。

隐性成本的产生主要由于下面三种情况：

（1）使用自有资本

企业主生产经营时，放弃了从事其他工作取得收入的机会。比如张文在公司上班时，每月获得2 000元的工资，构成他经营小卖部的隐性成本。

企业使用自有资本比如固定资产时，放弃了出租该资本可能取得的租金收入。张文原来将铺面租出去可以取得收入1 000元，构成隐性成本的一部分。

企业在使用自有资金或其他金融资产时，也放弃了可能取得的利息。假设利率为每个月2%，那么张文进货的24 000元就放弃了480元的利息收入，也属于隐性成本。

（2）经济折旧

2007年，组装一台双核、80G硬盘的电脑大概需要5 000元，而2008年组装一台完全相同配置的电脑大概只需要4 000元。相同电脑硬件的市场价值下降了，这就叫作经济折旧。这部分差额1 000元属于隐性成本。

（3）企业家才能

企业所有者通常提供企业家才能——组织企业、做出企业决策、创新和承担经营风险。企业家才能的收益是利润，而且提供企业家才能的平均收益成为正常利润。

由于企业家经营了一个企业就放弃了经营其他企业可能带来的收益，因此企业家才能也构成企业机会成本的一部分。张文在经营小卖部时提供企业家才能，他就放弃了经营另一家小卖部可能获得的正常利润。假如经营小卖部的正常利润为每个月1 000元，那么这个1 000元就要计入张文经营小卖部的机会成本上。

（三）经济利润

经济利润=总收益-经济成本=总收益-(显性成本+隐性成本)

由此可见，企业的经济利润等于其总收益减去总成本。值得注意的是，企业的经济成本是其显性成本和隐性成本之和，而隐性成本已经包括了正常利润。

经济利润为0是不是就意味着企业无利可图？当企业家才能的收益大于正常利润时，企业就有正的经济利润；而企业家才能的收益小于正常利润时，企业就可能有负的经济利润。因此，经济利润为0甚至为负也仍然有经营下去的必要。

经济利润=总收益-会计成本-机会成本=会计利润-机会成本

思考一下：

李武去建筑工地打工每天能挣60元。他在自己的土地上花1天时间种下价值150

元的小麦种子。经济成本是多少？如果他准备用会计的方式记账，衡量的成本是多少？如果这些种子能够带来价值 400 元的小麦，李武能够赚到多少会计利润？他赚到经济利润了吗？

三、企业的限制

企业在实现利润最大化的过程中，遇到了三个方面的约束：一是企业组织内部的效率——市场经济中，企业是比家庭复杂得多的组织，因此组织内部是否协调决定了效率高低，这种效率对实现利润最大化至关重要；二是企业拥有的资源和技术水平，企业必须有效配置资源才能实现效率；三是市场竞争，很少有企业不用考虑竞争对手，只有在相互竞争中成功卖掉产品才有可能获得利润。本章主要考察前面两个问题，即企业内部如何解决效率的问题。

（一）企业组织的效率

长期以来，人们都只是把企业当成一个生产单位，而不去考虑企业内部组织的问题。在我国的计划经济时期，国有企业内部往往还是按照行政事业单位的结构来组织，最终产生了效率低下等问题。

1837 年，罗纳德·科斯发表了《企业的性质》一文，探讨企业出现的原因，从而引发了人们对企业组织本身的研究。

1. 企业与市场

企业是雇佣生产资源、组织生产并进行销售的机构，是协调多个个体进行组织生产的一种方式，但并不是唯一的方式。在第二章中我们已经学过，市场同样可以协调个体的行为，通过调整价格，市场使买者与卖者的决策一致——各种物品与劳务的供求趋于一致。

从协调个体组织生产的角度来说，企业和市场具有相同的作用。比如，组织一场摇滚音乐会，我们可以采取企业和市场两种方式。如果要在企业内部完成该活动，那么企业需要具备所用的全部资本，包括场地、音响、录像设备等；还需要雇佣所需要的劳动人员，比如歌手、工程师、销售人员等。如果是按照市场方式来组织，主办方可以租用一个露天舞台和舞台设备，临时雇佣录音师与技工、音乐小组、演出代理人、售票员，邀请一位超级明星等；然后把录音权卖给音乐公司，把录像和转播权卖给电视网……比较一下，我们发现采用市场方式比采用企业方式更有效率一些。

市场协调的另一个例子是外部购买，比如联想向英特尔购买电脑芯片，主要汽车制造商的挡风玻璃和窗户、变速箱等许多汽车零部件都使用的是外部购买。在这样一些场合，企业组织更有效率，所以每个国家都有大量的企业，组织整个经济活动。

如果企业生产的效率更高，就采用企业方式来组织生产；如果市场生产的效率更高，就采用市场方式来组织生产。

2. 企业的优点

有四个原因可以说明为什么在许多情况下企业方式比市场方式更有效率，使人们用企业来组织、协调经济活动。

（1）交易成本

科斯在研究企业产生的原因时，提出了交易成本的概念，认为企业之所以能够在一定程度上替代市场起到协调生产的作用，就在于市场能够减少或消除交易成本。交易成本是找到与之进行交易的人、达成有关价格和其他交换内容的协议，以及确保协议条款得以履行的成本。

市场交易要求将所有买者和卖者集中在一起，谈判他们交易的项目和条件。由于市场上所有的买者和卖者的数量很多，谈判和协调的成本也很高，而企业可以通过减少交易的人数和交易次数来降低这种交易成本，即企业通过将一部分市场交易内部化而节约成本。

考虑用企业和市场两种方法来修理你的汽车。

企业协调：存在专门的修车企业，你只需要把汽车送到修理厂，而修理厂协调汽车零部件、修车工具和修理工，并修好汽车。而你需要支付全部的账单——修理工的工资、零部件的费用等等。

市场协调：没有专门的修车企业，你需要首先与修理工交易，请他找出问题所在并列出所需零部件和工具；第二步需要从汽车零部件市场上购买零部件，并去租赁公司租用修车工具；然后再与修理工交易，请他修好汽车；最后还需要还回工具并支付账单——修理工的工资、工具的租金以及购买零部件的费用。

究竟选择哪一种方式修车，则主要取决于你个人的成本。我们这里能够比较的是企业协调方式下，你只需要与修车企业进行一次交易；而在市场协调方式下，你需要分别与修理工、零部件卖者、租赁公司进行数次交易，交易成本明显增加。

（2）规模经济

随着某种产品的产出率提高，每1单位该产品的成本下降，就存在规模经济。

比如同样是生产木桌，如果一年只生产几件，那么通常会进行手工工具生产，每一张桌子的成本都比较高；如果是每天生产成百上千件，那么就可以进行分工和专业化生产，甚至是引进机器流水线提高效率，每张桌子的成本就会降低。

从这一点我们也可以理解为什么全手工生产的劳斯莱斯汽车比福特公司流水线上生产出来的轿车成本更高一些。规模经济的产生来源于企业协调生产活动时带来了高效率的专业化和分工。

（3）范围经济

如果把两种或两种以上的产品合并起来生产，比分开单独生产的单位成本更低，就会产生范围经济。很多企业进行多元化经营就是出于追求范围经济的考虑。

比如同时生产豆浆和豆腐，就比单独生产豆浆和豆腐成本更低——它们来自于同样的原材料。或者是生产冷冻猪肉的企业也同时生产猪肉的深加工产品，既可以专门提供比较瘦的猪肉，也可以把比较肥的部分制成脆皮肠等产品，还可以克服鲜肉不能长期储存的缺点，因此比单独生产两种产品成本更低。

（4）团队优势

企业产生于团队生产的思想最早是由美国加州大学洛杉矶分校的阿尔门·阿尔钦（Armen Alchian）和哈罗德·德姆塞茨（Harold Demsetz）提出的。

企业作为一个团队，有专门的采购员、生产工人和销售者，甚至还有专家。当以团队组织经济活动、每个人专门从事一个小的具体任务时，汽车和电视机工厂的生产线最为有效。

由于企业可以节约交易成本，实现规模经济、范围经济并有效地组织团队生产，所以，协调大多数经济活动的是企业而不是市场。但是也要注意，企业的效率实现也有限制。随着企业的规模扩大或者经营业务的多元化，每单位产出的管理和监督成本开始增加，有可能反而变得不如市场组织有效率。IBM 公司是企业规模过大导致无效率的一个例子，后来不得不把它巨大的组织分为一个个的“浅蓝”成员，分别从事电脑市场的一部分。

有的时候，企业之间可能建立起一种长期合作关系代替市场交易。比如品牌电脑与微软公司，轿车厂商与汽车玻璃生产厂商……这种比市场更紧密、比企业更松散的组织也在某些场合下提高了效率。

3. 企业的类型

在市场经济中，主要的企业组织类型是：

（1）单人业主制

单人业主制就是俗称的个体户，是只有一个承担无限责任的所有者的企业，业主以全部财产作为偿还债务的担保。街边商店、艺术家都是单人业主制。

单人业主制由业主自主管理、自主决策、自负盈亏，产权明确、权责清晰，从这个角度看效率很高。但单人业主制企业另一个特点就是规模小——受到个人财力和能力的限制，很难形成国际型企业。由于规模小就很难获得分工和专业化、规模经济等带来的好处，因此从这个角度看其效率又不高。

（2）合伙制

合伙制是两个或更多具有无限责任的所有者共同经营的企业。几个或者若干个所有者的财力组合起来，使得合伙制企业比单人业主制企业规模更大，但它的缺点是在法律上实行无限连带责任。比如，五个人合伙经营一个企业，你投入了其中的 10 万元。由于经营不善产生了 100 万元的债务，而其他四个人都无力偿还，那么即使你只是其中的一个人，即使你只投入了 10 万元，你也要承担全部的 100 万元的债务。

合伙制企业的另一个缺点是可能存在产权不明确、权责不清晰等问题。比如改革开放初期，我国产生了大量家族式企业，这些企业在发展过程中，由于产权不明确，往往产生了利益分配和管理上的矛盾，最终无法做大。

市场经济中合伙制企业并不是主要的企业组织形式，主要是小企业以及一些法律上规定的必须采取合伙制的企业——比如注册会计师事务所。

（3）公司制

现代市场经济中最重要的企业形式是公司制企业。公司是由一个或多个有限责任股东拥有的企业。有限责任意味着所有者在法律上承担的责任只是以他们最初投资的资本为基础。对于投资者来说，是风险更小的形式。

公司制的一个优点是规模巨大，可以在短期内筹集大量资金，所以最早在远洋运输、铁路等需要大量资金的行业产生了公司。

公司制的第二个优点是实行有限责任，个人可以根据自己的风险偏好和承担风险的能力而选择购买股份的多少，因此成为风险投资的很好的选择。

公司制还有一个优点是实行所有权和经营权分离，有利于提高管理水平和效率。有钱人虽然有投资愿望，但不一定有经营能力；而有经营管理能力的人不一定有钱。股份制企业实行所有者与经营者分离，股东作为所有者主要提供资金，而经理层作为实际经营者，提供企业家才能。尤其是在企业规模扩大到一定程度的时候，更加需要专业人士来管理企业。当然，这种所有权与经营权的分离也带来了一个问题，即后面将要讨论的委托—代理问题。

4. 委托—代理问题

在现代公司制企业中，所有者并不进行实际的经营管理，与经营者之间形成了委托—代理关系。当然这并不是公司中唯一的委托—代理关系。

在一个股份制公司中，股东是企业真正的所有者，委托董事会代为管理企业，此时股东是委托人，而董事会是代理人；董事会代表股东拥有公司的所有权和支配权，把公司委托给经理层经营管理，此时董事会是委托人，经理层是代理人；在企业内部，经理们并不能事必躬亲，还需要把各种具体工作委托给职员去完成。

委托—代理关系会产生什么问题？1995 年，尼克·李森，巴林银行的一名交易员，进行违规投机操作造成 13 亿美元的损失，导致这家有数百年历史的金融机构破产。因此，我们应当认识到代理人，无论是经理还是普通职员，都有自己的目标，但往往把成本加在委托人身上。

当然，委托人通过合约试图规范代理人的行为，如果委托人能够完全监督代理人的行为及履行合约的话，那么也能够确保实现自己的目标。但现实中总是很难严格评价代理人的行为，并且委托人和代理人总是有着不同的目标。例如，股东和董事会追求公司利润最大；而总经理可能追求公司规模最大，以显示自己的管理水平，从而提高报酬；普通职员的目标可能是在工资既定的情况下追求最大可能的休闲，或者追求工资的最大化。结果就造成了代理人总是在不违背合约的情况下追求自己利益的最大化，有可能损害委托人的利益。

如何解决委托—代理问题？这是管理学的重大课题之一，主要通过制定合适的激励机制来规范代理人的行为。

5. 激励机制

激励机制也叫作次优合约，中心思想是委托人与代理人实现利益共享、风险共担。通过在合约中制定一些激励性的条款，使代理人自愿为委托人的利益服务。较为流行的主要有三种做法：

（1）所有权刺激

把企业所有权的一部分给予管理者或者工人，使之与其他股东一样拥有利润最大化的目标，并为此努力。

高级管理人员的部分所有权计划是比较常见的，大多数高级经理的报酬中都包含一部分该企业的股票期权，即允许经理在某一时期以某一价格购买该公司股票，而股票价格与公司的长期盈利能力有关。为了维持股票的高价，经理也就需要好好地经营管理企业，提高企业的盈利能力，从而使股票价格上升，经理以低价买进的股票就能够赚钱。股票期权把经理的风险和股东的利益联系在一起，有利于激励经理长期努力工作，因而被普遍采用。

在公司创业阶段也常常采用奖励股份的办法来激励员工。比如华为公司就实行了员工持股计划。尤其是在创业初期，公司处于起步阶段时，通常很难以高工资吸引管理层和技术人员，因此以股票作为激励手段。随着公司业绩上涨，公司股票价格将会上升，员工本人的收益也会增加，这就将公司所有者和普通员工的利益联系在一起了。美国沃尔玛连锁商店一开始也采用了员工持股计划，最终走向了成功。

（2）激励工资

激励工资是把工资与业绩联系在一起，是极为普遍的一种做法。尤其是在销售行业，通常实行较低的基本工资，然后采取提成的办法刺激独立行事、难以监督的销售人员，使他们努力提高销售额。

最简单的激励工资是计件工资——生产得越多，工资水平越高。这种方法把业绩与工资直接联系起来，比较适合独立完成某种可计量部件生产的工人。

日本许多企业采用了分享制的办法把全体员工的利益与企业的利益联系在一起，每年按企业经营状况决定每个工人的收入。

还有一些公司，比如福特公司，采用效率工资制度，即制定较高的工资水平吸引最好的工人。福特公司在 1914 年支付给工人每天 5 美元的工资（市场工资水平的两倍多）就是效率工资的典范。

在我国一些企业还通过制定标准，年终考核，然后根据考核等级发给奖金的办法激励员工。

（3）长期合约

如果进行一次性交易，那么交易双方倾向于采取各种可能的手段进行欺诈；而如果是长期反复交易，则双方都倾向于守约以获得良好的声誉。同理，如果企业与员工签订长期合约，那么员工就有可能长期努力工作，从而促成企业成功。而签订长期合约后，企业也可以放心地对员工进行培训投资，对双方都有好处。在大型企业或者立志于做大的企业中，所有者往往会与信任的 CEO 等高级管理者签订长期合约，从而激励经营者为了个人和企业的长期利益而努力。

（二）技术限制

生产轿车可能有三种方式：一种是全机器人生产，只需要 1 个工人监督 1 000 台机器工作；第二种是流水线生产，一些工人在流水线旁边各自完成一部分工作，需要 10 个工人 10 台机器；第三种是手工生产，由工人使用少量工具完成所有工序，需要 1 000 名工人和 1 台机器。那么，哪种方式是有效率的？应该选择哪种方式进行生产？

回答这个问题首先要明确什么是效率。我们常常说要实现资源的配置效率，其实有技术效率和经济效率两个概念。

企业的生产是把投入变为产出的过程，而技术就是把投入变为产出的方法。

1. 生产函数

我们通常将投入的生产要素分为资本、劳动、土地和企业家才能。需要注意的是，资本不仅包括现金形式的资金，也包括用作生产的房屋、机器等固定资产，还包括生产出来的成品、半成品和原材料。劳动当然主要指直接或间接服务于产品生产的人，包括一线生产工人和辅助生产工人。土地则泛指自然资源，不仅包括狭义的土地，还包括矿产、木材、能源等自然资源。企业家才能主要是经营者为生产或销售产品而表现出来的管理、决策、风险承担等能力。

投入与产出之间的物质技术关系通常用生产函数来表示，即用方程来表示多少投入要素最多能够转换为多少产出，也就是衡量投入要素一定时的最大产量，或者产量既定时的最小投入。

一般情况下，我们假设自然资源（土地）的数量是不能随意改变的，因此，生产函数中只考虑资本、劳动和企业家才能的影响。生产函数为：

$Q=Af(L, K)$

其中，Q 是产品的数量，表示产出；A 表示科学技术等不容易用具体数字进行量化的影响因素；L 表示劳动的数量；K 表示资本的数量。该生产函数表示企业的产量受到企业家才能、科技水平、资本和劳动等投入要素的影响。

如果某企业的生产函数满足 $Q=A\cdot L^{\frac{2}{3}}K^{\frac{1}{3}}$，其中 $A=1$，那么当投入要素为 $K_1=1\ 000$，$L_1=1$ 时，最大产量为 $Q_1=10$；如果已知产量 $Q_2=10$，投入资本为 $K_2=10$，那么投入劳动最少为 $L_2=10$。

2. 技术效率

技术效率就是指投入与产出之间的关系，当这个投入产出关系满足生产函数时，就实现了技术效率。换句话说，当投入不再增加，就不能增加产量时，就实现了技术效率。

由上面生产函数的例子我们可以看到，满足生产函数的投入方式不止一种，也就是说，同样实现技术效率的生产方式不止一种。比如上例中，同样生产 10 单位产品，两种投入方式 $K_1=1\ 000$，$L_1=1$ 和 $K_2=10$，$L_2=10$ 都能够实现技术效率。针对不同的行业，微软公司主要投入人力资本，也就是劳动；而网吧这类企业则主要投入了物质资本——大量电脑设备、必要的网络等，劳动投入非常少。

那么，在同样满足技术效率的不同投入方式之间，应该选择哪一种呢？轿车生产中，假如投入 1 000 台机器、1 个工人和 1 000 个工人、1 台机器两种方式都能够满足技术效率，那么我们究竟选择哪一种投入方式呢？这就要考虑到经济效率。

3. 经济效率

经济效率指成本和收益之间的经济关系。当成本一定时实现收益最大，或者收益一定时实现成本最小，就满足经济效率。

判断企业是否实现了经济效率，就要综合考虑成本和收益。其中收益等于产出的价格乘以数量，成本等于投入要素的价格乘以数量。如果没有实现技术效率，也就是说在同样产出水平下，投入要素不是最少的，那么就不可能实现经济效率。但是如果实现了技术效率，也并不一定同时实现了经济效率。

比如在轿车生产中，产量为 100 辆（收益既定）时，可以有两种实现了技术效率的方法：一是 1 000 台机器、1 个工人工作 1 个月；另一种是 1 000 个工人使用 1 台机器工作 1 个月。为了判断是否满足经济效率，我们需要把投入要素转变为货币支付，也就是成本。

如果每台机器价值 5 000 元，每个工人 1 个月的工资为 3 000 元，那么我们知道方案一的成本为 500. 3 万元，而方案二的成本为 300. 5 万元。因此，从经济效率的角度看，方案二的效率更高。

如果机器价格较低而工人工资水平更高，即每台机器价值 3 000 元，而每个工人工资为 4 000 元，我们可以看到方案一的成本为 300. 4 万元，而方案二的成本为 400. 3 万元，方案一的经济效率较高。

由于劳动力与现代化的机器设备（资本）之间存在互相替代的关系，厂商常常为资本与劳动的比例关系而烦恼。为什么我国很多企业在生产时并没有首先采用现代化的机器设备，而是使用大量劳动力呢？因为在中国，大量劳动人口的存在使得劳动力价格相对便宜，手工生产比机械化生产更便宜。在欧美发达国家，工资水平高，科技水平也很高，先进机器也较为便宜，所以欧美国家采用机械化生产更为便宜，割草机、洗碗机等产品的应用就远比中国更普遍。

（三）信息限制

如果你新开一个杂货铺，主要出售米、面、油等生活必需品，你会采取价格优惠的办法吸引顾客吗？如果你是一名刚刚开始独立看诊的医生，开了一个小诊所，也会采取价格优惠的办法吸引顾客吗？如果同样采取降价的办法来吸引顾客，你认为哪种情况效果会好一些？

在农贸市场人们常常讨价还价，在医院却不太可能。为什么呢？一个重要的原因在于买卖双方对信息的掌握程度。买菜买肉的时候，买卖双方对于产品的质量、历史价格都相当了解，因此买方有可能根据自己掌握的信息来估计价格；但是在医院里，病患对于如何治病、使用药品的价格通常是一无所知，自然没有谈判的可能。对消费者而言，掌握的信息越多，越能够在价格谈判中占据优势地位。

信息的获取同样限制着企业。厂商需要掌握产品市场的信息，包括产品的价格、竞争对手的情况；厂商也需要掌握企业内部的信息，比如工人是否努力工作等等。流水作业比较容易考察工人是否努力，但如何判断 CEO 在公司发展中有没有做出足够大的贡献呢？要避免办公室文员在经理不在的时候聊天，或者在上班时间悄悄玩游戏等行为也是非常困难的。

企业努力制定对工人的激励制度，试图激发工人自觉地努力工作，但目前也没有任何一种做法可以完全避免信息不明确的问题。企业投入大量的人力物力来获取市场信息，甚至向专业的咨询公司购买信息，但同样无法消除信息不明确的问题。因此，能否获取足够多的信息帮助决策，能否降低获取信息的成本，约束着企业的效率。

信息获取也受到技术手段的约束。随着互联网技术的发展和应用，我们发现要搜集市场信息比半个世纪前更加容易了。通过在企业内部实行规范管理，利用电脑和局域网连接，内部信息的传递更加迅速。比如同样是朋友之间传递信息，经历了由信件、电报到电话、电子邮件的发展，不仅速度更快，而且还方便互相交流。

思考一下：

你决定购买一台电脑，需要决定什么时候购买、在哪里购买、购买什么样的电脑等问题。你需要获得哪些信息？如何获得这些信息？哪些因素会影响你获得信息的难易程度？

（四）市场限制

为什么微软公司似乎很轻易地获得了大量利润，而众多的电脑企业、家电厂商却总是声称利润微薄？

企业进行经营的市场千差万别，一些市场存在着很多竞争者，因此很难获得利润，比如家电行业；而另一些市场几乎没有太多的竞争，因此有可能赚到巨额利润，比如电力公司、石油企业。在这样的情况下，企业当然会通过各种手段把自己与其他企业区别开来，尽量避免直接的竞争，这些努力也影响了企业的效率。

关于企业在不同市场上的竞争策略，我们在后面的市场理论中再来详细讨论。

第二节　生产理论

无论是街头小吃店还是世界五百强企业，虽然生产的产品和生产规模不同，但同样要面临生产多少和如何生产这类基本经济问题。

大多数汽车生产企业的生产能力都大于其销售能力，宁愿闲置机器设备也不进行最大可能的生产，为什么？在旅游旺季，通往景区的公共汽车数量不够，于是往往抽调或租用其他线路的汽车来满足需要，而公司并不会增加车辆以便完全满足市场需求，为什么？

我们知道企业生产的最终目标是利润最大化，需要衡量总收益与总成本之间的关系。当价格一定时，企业的总收益与产量成正比，所以我们首先来分析企业的生产决策：使用多少要素，生产多少产品。

一、生产函数

假设企业已经选择了它要经营的行业——餐饮或服装，汽车或煤炭……也已经选择了企业的类型——单人业主制、合伙制或公司制企业。但这个企业还没有决定生产多少产品、投入多少要素，也没有决定出售产品的价格。

关于价格的决策取决于企业所处的市场类型：是很多厂商的竞争市场，还是独家经营的垄断市场。这部分内容我们在下一章市场理论中再来讨论。

现在我们首先考虑在产量既定时决定投入要素的多少，这也是如何实现技术效率的问题。分析企业在产量既定时的决策，我们将主要使用生产函数这一工具。

思考一下：

生产函数是怎样表示的？表明哪些因素影响产出？

（一）生产函数

在分析企业技术效率这一问题时，我们主要考察产量与资本、劳动之间的关系。之所以不考虑土地和企业家才能，是因为土地（自然资源）在相当一段时间内都是固定不变的，而企业家才能虽然重要，但很难用具体指标进行量化。所以，生产函数就表示为：

$Q=f(L, K)$

其中，Q 表示产量，L 表示劳动，K 表示资本。

（二）短期和长期

为了研究企业的产量决策与其成本之间的关系，我们把决策的时间长度区分为短期和长期。时间长度不同，人们可能采取的对策也会不同。

1. 短期

短期与长期的区分并不在于绝对时间的长短——不是说 1 个月是短期，1 年就是长期。

短期是一些投入要素数量固定，不能随意改变的时间段。只要有一种资源数量是固定不变的，这个时间段就是短期。比较而言，哪些投入要素数量不容易改变呢，比如管理组织方式、科学技术水平等，我们将之统称为企业的设备，包含在资本之中。

对一个建筑公司来说，拥有的机械、办公大楼等都是企业的设备；对一个小吃店来说，店面、桌椅、厨房用具等都是设备。这些设备的投入数量在短期内是难以改变的。

既然短期内企业的资本固定不变，那么要改变产量就只能通过改变劳动投入来实现：为了生产更多的产品，建筑公司需要雇用更多的工人；而小吃店可能让伙计加班，通过增加劳动的投入让机器运转更长时间，最终增加产量。

短期决策是容易改变的，企业可以通过增加或减少雇佣的劳动时间来提高或降低产量。如果发现决策不正确，那么可以迅速改变行为进行修正。

2. 长期

与短期相对，长期就是所有投入要素的数量都能够改变的时间长度。这时不再有固定数量的投入要素，所有要素都是可变的。

在长期中，如果要改变产量，企业可能同时改变资本或劳动的数量，也可能通过改变投入资本和劳动的比例来达到目的。要增加产出，建筑公司可能雇佣更多的人，可能购买更多的机械设备，也可能两者同时进行；小吃店可能扩大店面，增加桌椅的数量，或者雇佣更多的厨师和伙计。

长期决策就不那么容易修改了，如果决策错误，很可能使企业面临失败。尤其是增加固定资产的决策，比如购买更多的搅拌机、购买更多的桌椅，这都需要保持一段时间，不能立刻做出反向调整。为了理解这一点，我们回顾一下沉没成本的概念。过去购买固定设备的成本是沉没成本，一旦发生就很难收回。如果要变卖机械设备和桌椅、厨房用具等，不仅需要寻找合适的买家，而且要面临价格的急剧下降——新的二手产品也很难卖到好价钱。

二、短期生产函数

短期中，由于资本投入量不变，用 $\bar{K}$ 表示，劳动投入量可变，用 L 表示，则生产函数可以写为：

$Q=f\ (L,\ \bar{K})$

（一）总产量、边际产量和平均产量

在短期生产函数中，产量只受到劳动投入量变化的影响。我们用总产量、边际产量和平均产量三个相关的变量来描述产量与投入的劳动数量之间的关系（见表 4.1）。

1. 总产量 TP

总产量（Total Product）是企业生产产品的总量。从表 4.1 中总产量这一列的数据可以看到，随着劳动数量的增加，总产量先增加后减少。如 D 组合，每天 3 个工人，产量为 13 件；E 组合，每天 4 个工人，产量增加到 15 件；到了 H 组合，每天 7 个工人，产量却减少到 14 件了。

假如面包房里有两个烤箱，是固定投入，当可变的劳动投入为 1 个工人时，有一个烤箱闲置，增加工人数到 2 个时，能够增加产量；当工人数量增加到 3 个时，还可以互相换班，提高烤箱的利用率，产量仍然增加；当工人数量继续增加时，还可以腾出人手专门从事递工具等工作，从而提高劳动效率，使产量增加。然而，当工人数增加到超过需要的范围时，就有可能出现几个工人同时使用一个烤箱，结果劳动没有得到充分利用，还可能因为消极怠工而减少产量。因此，随着投入劳动数量的增加，总产量先增加后减少。掌握这个规律对于企业来说也是非常重要的。

表 4.1　　**总产量、边际产量和平均产量**

	劳动（工人数/天）	总产量（件/天）	边际产量（件/每个增加的工人）	平均产量（件/人）
A	0	0		
B	1	4	4	4
C	2	10	6	5
D	3	13	3	4.33
E	4	15	2	3.75
F	5	16	1	3.2
G	6	16	0	2.67
H	7	14	−2	2

2. 边际产量 *MP*

劳动的边际产量（Marginal Product）是所雇佣的劳动量增加 1 单位引起总产量增加的数量，$MP=\frac{\Delta TP}{\Delta L}$。例如，在表 4.1 中，劳动数量从 3 个增加到 4 个时，总产量从 13 件增加到 15 件，因此第 4 单位的劳动的边际产量为 2 件。

3. 平均产量 *AP*

平均产量（Average Product）表示平均而言，工人的生产率如何。平均产量等于总产量除以所雇佣的劳动量，$AP=\frac{TP}{L}$。例如，在表 4.1 中，5 个工人每天生产了 16 件产品，平均产量就是 3.2 件产品——每天 16 件产品除以 5 个工人。

4. 总产量、边际产量、平均产量之间的关系

如果劳动的数量 *L* 可以分为更小的单位，那么我们可以把表 4.1 中的数据转换为图形，以便观察各种变量变化的趋势（见图 4.1）。

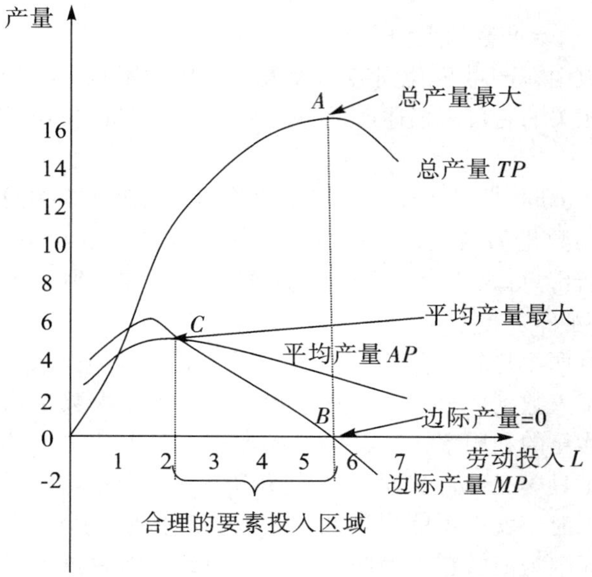

图 4.1　**总产量、边际产量、平均产量**

从图 4.1 中我们可以观察到总产量曲线、边际产量曲线和平均产量曲线的变化趋势存在一些规律：

（1）总产量与边际产量

随着劳动投入 L 的增加，总产量 TP 先增加后减少，存在一个最大值（图 4.1 中 A 点），此时对应着边际产量 $MP=0$（图 4.1 中 B 点）。

（2）平均产量与边际产量

平均产量与边际产量有一个交点（图 4.1 中 C 点），在交点处，$AP=MP$，并且平均产量最大。

（3）边际产量

边际产量曲线也是先上升后下降，意味着随着劳动投入的增加，边际产量先增加，后下降。当后一个工人的边际产量小于前一个工人的边际产量时，就产生了边际收益递减。

边际收益递减规律产生于这样一个事实：短期生产中资本投入是固定不变的，而生产过程需要资本和劳动配合使用。同样，考虑面包房的生产效率，两个烤箱是固定的资本投入。当工人从 1 个增加到 2 个时，烤箱得到充分利用，边际产量很高；当工人数增加到 3 个时，可以通过换班来增加产量，边际产量也很高，但可能不如第二个工人的边际产量高；当工人数继续增加时，设备的运行已经接近于极限，甚至可能新增加的工人什么都不用做，即边际产量为 0。

因此，在资本投入固定不变的条件下，随着企业可变投入（劳动 L）增加，可变投入的边际产量最终会递减。

即使产品不同，建筑公司和小吃店的总产量、边际产量、平均产量之间也存在类似的规律。

5. 实现技术效率的条件

现在我们已经了解了总产量、边际产量、平均产量与可变投入（劳动 L）之间的关系，由于平均产量表示每一个工人的生产率，在平均产量到达顶点之前，应该继续投入要素，使生产率提高；当边际产量为 0，总产量达到顶点之后，这种可变投入就不能再增加了——因为继续增加劳动投入的话，边际产量为负数，总产量会减少，而投入要素增加意味着总成本会增加。

因此，合理的要素投入应该是在平均产量最大对应的劳动量与总产量最大对应的劳动量之间，即图 4.1 中括号指示的区域。

（二）边际收益递减规律

企业在进行生产决策时，不可忽视的一个规律是边际收益递减规律，即在给定技术水平、其他投入不变的条件下，随着某一种投入要素数量的不断增加，它能够带来的边际产量最终会趋于下降。

以短期生产函数 $Q=f(L, \bar{K})$ 为例，在资本设备数量不变，也不存在技术进步的条件下，随着劳动要素投入数量的不断增加，劳动的边际产量最终会下降。

观察一下常见的蛋糕店，如果只有一个工人，可能忙得团团转，而且每天只能做出很少的蛋糕。这时，如果我们增加一个帮手，一个人专心和面，另一个人专心烘焙，蛋糕的产量会大幅度提高，这时增加一个工人的边际产量就很高。如果继续增加工人，我们可以把工序分得更细，专业化程度提高会使得增加工人的边际产量提高，直到实现工人和设备的最佳组合。超过最佳组合之后情况就有所转变，继续增加劳动的投入并不会继续提高产量，可能还会因为人数过多造成拥挤——假设一个 10 平方米的蛋糕店雇上 20 个工人，也许转身就会踩到别人的脚，互相干扰的结果就是产量下降。这时，就表现为增加要素投入量得到的边际产量逐渐下降，甚至变成负数。

理解边际收益递减规律需要注意以下几个方面：

（1）边际收益递减规律是普遍存在的，在任何经济制度下，在任何行业或者企业，持续增加某种要素的投入，最终都会出现边际收益递减。

（2）边际收益递减的出现是有条件限制的，其一是技术水平不变，其二是其他投入要素不变。技术水平决定了投入要素与产出之间的比例，如果改变，则生产函数本身将发生变化；其他投入要素不变，则表明生产规模不能无限扩大。

用人们常说的和尚挑水的故事来打个比方：假设不变的设备是 2 个木桶和 1 条扁担，挑水也只能通过人力往返于山上山下来完成（技术不变）。只有一个和尚的时候，他需要花 4 小时往返一次（包括中途休息），每天能挑 4 桶水；如果增加一个和尚，可以轮流挑水，减少中途休息时间，每天能挑 10 桶水，那么第二个和尚的边际产量就是 6 桶水；如果继续增加和尚，每个人都更省力，结果挑了 18 桶水，于是第三个和尚的边际产量是 8 桶水……随着和尚人数的增加，木桶和扁担的数量却保持不变，那么总有某个时刻，和尚的边际产量会达到最大——和尚和木桶、扁担的组合达到最优，然后继续增加和尚的数量就会使得边际产量减少。比如说到了 8 个和尚的时候，4 组换班，基本上可以保持木桶在不停地往返运动，此时该组织挑水的数量已经达到了极限，再增加和尚也不会使产量继续增加，甚至还可能因为相互推诿而减产——人数太多，每个人都可能产生偷懒的冲动。

（3）边际收益递减规律表明的是一种“最终”的趋势，也就是说，投入要素的边际产量并不是一开始就减少，而是先上升后下降。

（4）边际收益递减规律适用于短期生产。如果时间足够长，技术不变的假设就不太现实，即使没有采用更先进的技术，劳动者也会因为分工产生的专业化而提高熟练程度和产量，可能会表现为边际产量上升。

边际收益递减规律在经济学上有着重要的意义，尤其是存在不可改变的要素投入时。比如农业生产，由于土地的肥力有限，即使不断增加投入劳动和种子、肥料，也不可能一直保持产量的增长。

三、长期生产函数

短期生产函数考察了一种可变要素的投入量和最大产出量之间的关系，而在长期中，企业所有生产要素都是可变的。长期生产函数通常表示为：

$Q=f(L, K)$

其中 Q 代表产量水平，L 代表劳动投入，K 代表资本投入。

由于劳动力与现代化的机器设备（资本）之间存在互相替代的关系，当这两种要素的投入数量都可变时，企业就可以采取不同的方式来完成同样的生产任务。就像我们前面提到的那样，具体采用哪种方式进行生产，企业需要衡量经济效率，这里我们使用等产量曲线和等成本曲线来考察企业的最优决策。

（一）等产量曲线

等产量曲线是在技术水平不变的条件下生产同一产量的两种生产要素投入量的各种不同组合的轨迹。这条曲线上的各点代表投入要素的不同组合，其中的每一种组合所能生产的产量都是相等的。

如图 4.2 所示，在技术水平一定的条件下，投入要素组合为 A（$L=1$，$K=6$）或者 B（$L=3$，$K=2$），其产量都是相等的，为 Q_1，即为了获得相同的产量，可以选择多投入一些资本，或者多投入一些劳动。

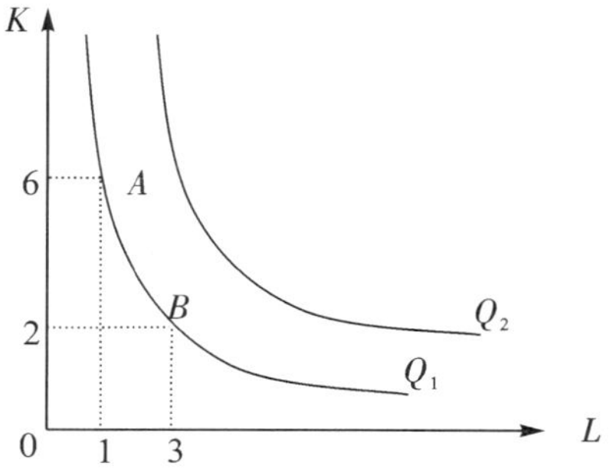

图 4.2　等产量曲线

这一点用生产函数很容易理解。假设生产函数为 $Q=\frac{1}{3}L^{0.5}K^{0.5}$，如果要获得一个产量水平 $Q=10$，即 $Q=\frac{1}{3}L^{0.5}K^{0.5}=10$，那么很容易理解满足条件的 L、K 的组合有无数多种，比如 $L=30$、$K=30$，或者 $L=90$、$K=10$，等等。

1. 等产量曲线的特点

与等效用曲线类似，等产量曲线具有下面三个方面的特点：

（1）离原点越远，表示产量越高。

在图 4.2 中，Q_1 表示相对较低的产量水平，而 Q_2 表示一个较高的产量。

（2）任意两条等产量曲线不能相交。

等产量曲线表示的是满足效率的要素投入组合，以同样的要素投入，不能生产出不同的产量水平。如果两条不同的等产量曲线相交（如图 4.3 所示），不同的等产量曲线代表着不同的产量水平——比如说 $Q_1=10$，$Q_2=15$，而交点 C 表示用同样的投入 $L=5$，$K=3$ 却能够生产出不同的产量，显然不符合企业的效率要求。

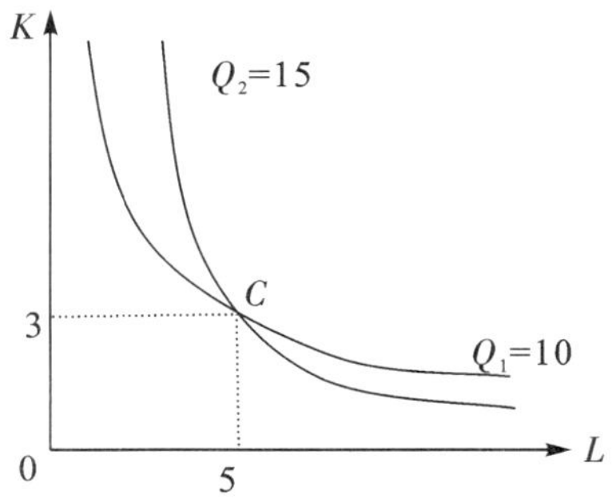

图 4.3　不同的等产量曲线不能相交

（3）等产量曲线凸向原点，斜率为负。

等产量曲线上的每一点都代表能生产一定产量的各种要素的组合。因此，为了保持产量不变，如果增加某种要素投入的投入量，就必须相应地减少另一种要素的投入量。如果生产同样的产量，需要同时增加劳动和资本的投入，或者不减少劳动的同时却要增加资本的数量，那么原先的生产组合就是无效的。

等产量曲线的斜率就表示等产量曲线上资本与劳动投入量的增量之间的比率，由于资本要素增加时劳动要素一定是减少，即 $\Delta K>0$ 时，$\Delta L<0$，那么斜率 $k=\frac{\Delta K}{\Delta L}<0$。只有等产量曲线具有负斜率时，才表示这两种要素的替换是有效率的。

等产量曲线斜率为负比较容易理解，但为什么会凸向原点呢？从数学上来认识，等产量曲线凸向原点意味着随着劳动投入增加，等产量曲线上每一点的斜率的绝对值越来越小，这就需要用到边际技术替代率的概念来帮助说明。

2. 边际技术替代率

（1）含义

边际技术替代率（Rate of Marginal Technical Substitution，MRTS）是指在产量保持不变的前提条件下，增加一单位某种生产要素可以代替的另外一种要素的数量。比如我们增加劳动投入、减少资本投入，就是用劳动来代替资本，这个替代比例就是边际技术替代率。

$$MRTS_{LK}=-\frac{\Delta K}{\Delta L}$$

或者

$$MRTS_{LK}=\lim_{\Delta L\to 0}\left(-\frac{\Delta K}{\Delta L}\right)=-\frac{\mathrm{d}K}{\mathrm{d}L}$$

在几何上，边际技术替代率等于等产量曲线的斜率。

从经济意义上来说，劳动对资本的边际技术替代率表示用 1 单位劳动能够代替的资本的数量，等于劳动与资本的边际产出之比的倒数。

假设劳动的边际产量为 MP_L，资本的边际产量为 MP_K，那么，当要素组合沿着等产量曲线向右下方变动时，劳动投入增加 ΔL，所增加的产量为 $\Delta L\times MP_L$；同时，资本的投入增加了 ΔK（$\Delta K<0$），增加的产量为 $\Delta K\times MP_K$，由于同一条等产量曲线上产量不变，所以有：

$$\Delta L\times MP_L+\Delta K\times MP_K=0$$

由此可得：

$$MRTS_{LK}=-\frac{\Delta K}{\Delta L}=\frac{MP_L}{MP_K}$$

（2）边际技术替代率递减规律

在维持产量水平不变的前提下，当一种生产要素的投入量不断增加时，每 1 单位的这种生产要素所能替代的另一种生产要素的数量是递减的。这种现象称为边际技术替代率递减规律。

边际技术替代率之所以会出现递减趋势，是由于边际产量递减规律在发挥作用。由于边际产量是递减的，随着劳动要素的不断增加，每 1 单位劳动的边际产量 MP_L 越来越少，在维持产量不变的条件下，该要素所替代的资本要素数量 ΔK 就会减少。因此，边际技术替代率是递减的。

由于边际技术替代率一般是递减的，等产量曲线的斜率的绝对值也是递减的，从而等产量曲线通常凸向原点。

3. 等产量曲线的类型

按照边际技术替代率的大小，可以把等产量曲线分成三种类型。

（1）投入要素之间完全可以替代

某些要素是可以完全互相替代的，边际技术替代率是一个常数，这种等产量曲线的形状是一条直线。

例如，对于出租车来说，其燃料既可全部用天然气又可全部用汽油，还可以有时用天然气有时用汽油（分路程考虑），我们就说这两种投入要素是完全可以替代的。

（2）投入要素之间完全不能替代

如生产汽车，在投入要素车身和车轮之间是完全不能替代的，边际技术替代率等于0，这种等产量曲线的形状是一条L形的直角线。

在这种情况下，只有直角顶点处的要素投入是有效的，即完全不能替代的投入要素之间的比例是固定的，如车身与车轮之间的比例为1∶4。

当然，如果企业可以同时用几种生产方法生产同种产品，尽管每种生产方法的投入要素比例都是固定的（即投入要素之间不能替代），但企业通过生产方法之间的不同组合，仍可以改变整个企业投入要素之间的比例。这种类型的等产量曲线的形状是一条折线。

（3）投入要素之间的替代是不完全的

一般情况下，生产要素之间是不完全替代的关系，边际技术替代率递减，表现为一条凸向原点的曲线。

例如，在生产中，资本能够代替劳动，但不可能替代所有的劳动，所以总是表示为两种要素的组合。

（二）等成本曲线

投入要素的数量直接影响企业的生产成本，下面我们就来讨论成本与投入要素数量之间的关系。

在现实生活中，企业必须为购买或者租用的各种生产要素支付代价，包括雇佣工人的工资、借款的利息、厂房的地租等。厂商为了购买或者租用这些生产要素，就产生了相应的货币支出，这种货币支出构成了厂商的生产成本。我们用等成本曲线来考察企业的生产要素与成本之间的关系。

等成本曲线也叫企业预算线，是在既定的成本和生产要素价格给定的条件下，生产者可以购买到的两种生产要素的各种不同数量组合的轨迹。等成本曲线表明了厂商进行生产的预算约束，即它所购买生产要素所花的钱不能大于或小于所拥有的货币成本——超过预算约束则无法支付，小于货币成本则无法实现产量最大化。

1. 等成本曲线方程

假设既定的成本为 C，已知的劳动 L 的价格即工资率为 P_L，已知的资本 K 的价格即利率为 P_K，而劳动与资本的数量分别为 L 和 K，据此我们可以得到成本方程为：

$$C = L \cdot P_L + K \cdot P_K$$

$$K = -\frac{P_L}{P_K} \cdot L + \frac{C}{P_K}$$

一般情况下，我们假定要素价格不变，满足同一个成本约束的要素组合有无数多个。

2. 等成本曲线

将等成本方程转换为几何图形，则得到等成本曲线（如图 4.4 所示）。

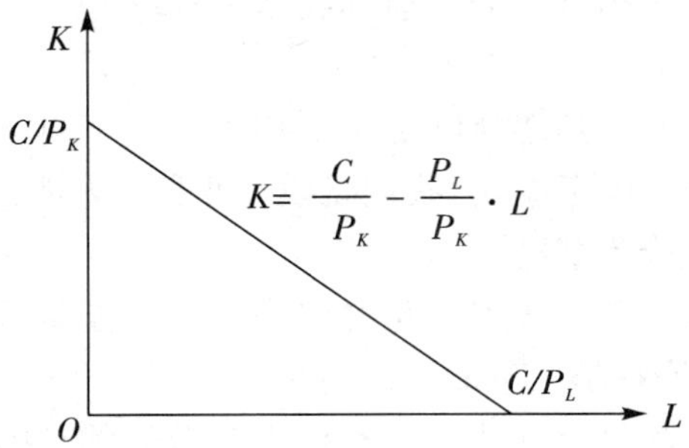

图 4.4　等成本曲线

（1）等成本曲线的特征

①由于成本方程式是线性的，所以等成本曲线必然是一条直线。

图 4.4 中横轴上的点 C/P_L 表示既定的全部成本都购买劳动时的数量，纵轴上的点 C/P_K 表示既定的全部成本都购买资本时的数量，连接这两点的线段就是等成本曲线。它表示既定的全部成本所能购买到劳动和资本的最大数量的各种组合。

②等成本曲线的斜率为 $-P_L/P_K$，其绝对值等于两种生产要素的价格之比。

③等成本曲线以内区域中的任何一点，表示成本低于预算约束的组合，既定成本在购买要素组合之后还有剩余；等成本曲线以外的区域中的任何一点，表示该企业无法支付的要素组合，既定成本买不起该组合下的要素数量；而等成本曲线上的任何一点，则表示用既定的全部成本刚好能购买到的劳动和资本的最大数量组合。

（2）等成本曲线的变动

决定等成本曲线位置的有三个因素：横轴交点、纵轴交点、斜率。一旦某个因素发生变化，等成本曲线也就会相应变化。在成本 C 既定的条件下，横轴交点取决于劳动要素的价格，纵轴交点取决于资本要素的价格，而斜率取决于两种要素的价格之比。因此，要素价格变动将会导致等成本曲线变动。

①资本要素价格 P_K 发生变化

如果资本价格上升，C/P_K 变小，那么纵轴截距缩短，等成本曲线向内旋转；反之，如果资本价格下降，C/P_K 变大，那么纵轴截距延长，等成本曲线向外旋转（如图 4.5 所示）。

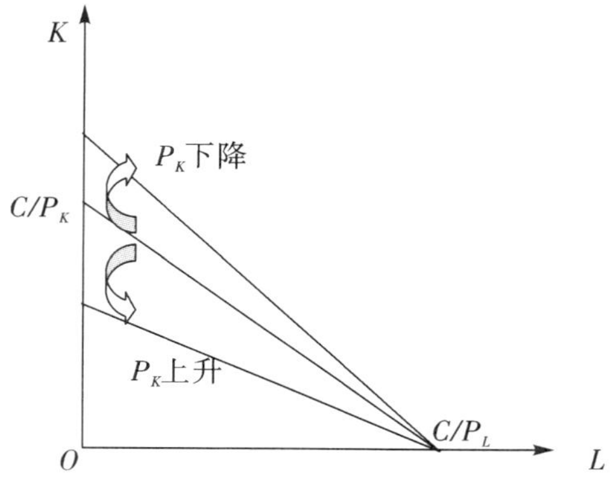

图 4.5　资本价格变化导致等成本曲线的变动

②劳动价格 P_L 发生变化

与资本价格变化类似，如果劳动价格上升，C/P_L 变小，那么横轴截距缩短，等成本曲线向左旋转；反之，如果劳动价格下降，C/P_L 变大，那么横轴截距延长，等成本曲线向右旋转（如图 4.6 所示）。

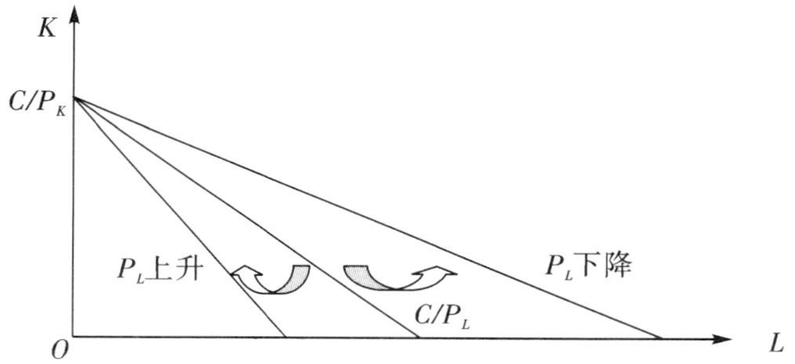

图 4.6　劳动价格变化导致等成本曲线的变动

③两种要素价格同时变化

如果两种投入要素的价格发生反方向变化，那么等成本曲线也就会发生相应的变化。假设工资上涨，P_L 上升，使得同样的成本可雇佣的最大劳动数量减少，也就是等成本曲线在横轴上的截距减小；同时由于 P_K 下降，等成本曲线在纵轴上的截距变长，这样，等成本曲线将移动（如图 4.7 所示）。

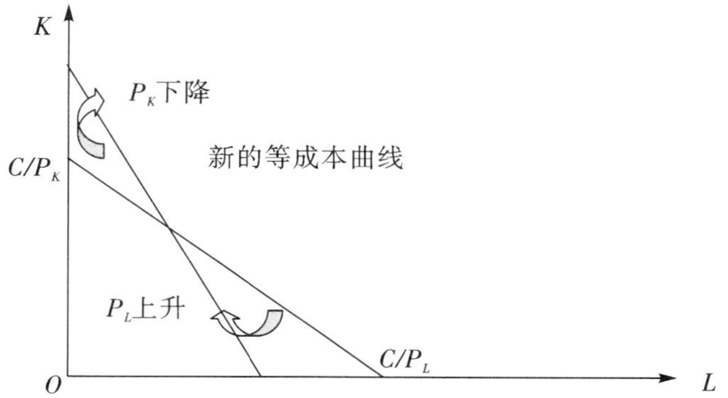

图 4.7　工资上升，利率下降，等成本曲线的变动

如果两种要素价格同方向变动，且比值不变，那么等成本曲线将发生平移——要素价格按照相同的比率上升，则等成本曲线向左平移；要素价格按照相同比率下降，则等成本曲线向右平移（如图 4.8 所示）。

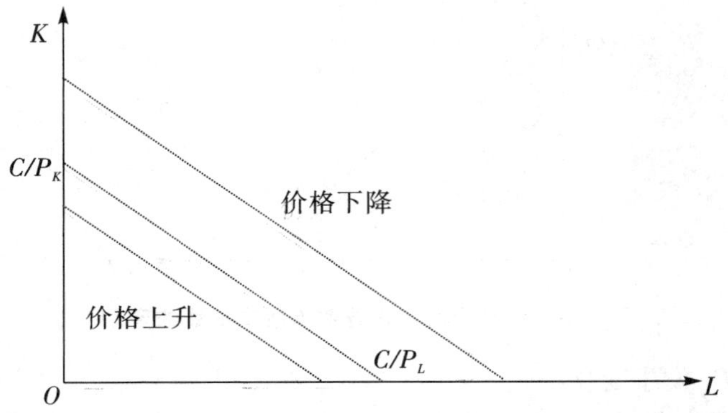

图 4.8　要素价格同比率同方向变动，等成本曲线平移

（三）长期的生产者均衡

生产者均衡对应着企业的最优生产决策，即成本一定时的产量最大，或者产量一定时的成本最小。结合前面的等产量曲线和等成本曲线，我们可以找到企业的最佳要素投入组合。

在分析生产者均衡时，我们仍然假定企业只使用劳动和资本两种要素，并且其价格固定不变，然后寻找企业的最优决策点。

1. 成本一定时的产量最大

在给定成本条件下，等成本曲线的位置确定，但等产量曲线有无数多条（如图 4.9 所示），而企业追求产量最大。那么什么时候产量最大呢?

在图 4.9 中，等成本曲线 MN 已经确定下来了，现在有三条等产量曲线 Q_1、Q_2、Q_3（$Q_2<Q_1<Q_3$），其中 Q_1 与 MN 相切，有一个切点 A，Q_2 与 MN 相交，而 Q_3 与 MN 没有交点。

等成本曲线是企业面临的预算约束，超出预算的点是企业无法支付的，因此虽然 Q_3 代表较高的产量，但它上面的每一个组合都超出了预算约束；Q_2 上面的要素组合是企业能够支付的，但比较起来其产量低于 Q_1，因此同样在企业的支付能力范围内，Q_1 上面的 A 点代表着企业恰好能够支撑的最大产量。

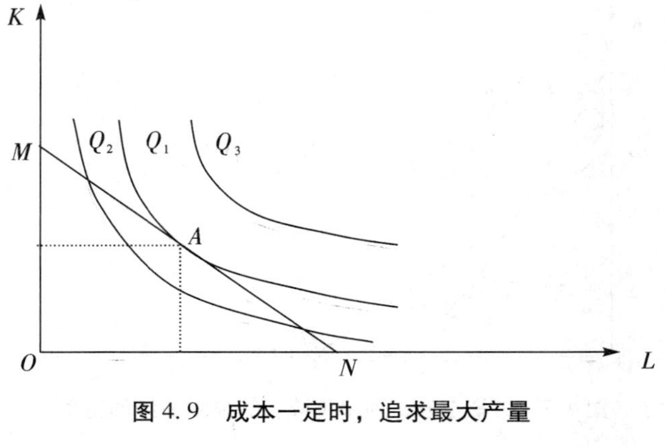

图 4.9　成本一定时，追求最大产量

2. 产量一定时成本最小

如果给定企业的产量，那么等产量曲线的位置就确定了，而等成本曲线有无数多条，因此需要找到和等产量曲线相切的那一条等成本曲线。该切点代表着企业的最佳要素投入组合（见图 4.10）。

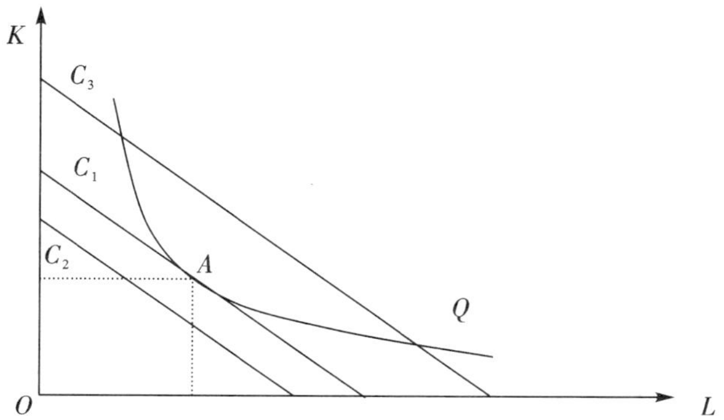

图 4.10　产量一定时，追求最小成本

如图 4.10 所示，$C_2<C_1<C_3$，其中 C_1 与等产量曲线 Q 相切，切点为 A。C_2 与等产量曲线没有交点，并且无法达到 Q 的产量水平，因此不符合要求；C_3 虽然与等产量曲线有两个交点，但成本更高，不如 C_1 上面的 A 点经济。

3. 生产者均衡的实现条件

企业的生产者均衡在等产量曲线与等成本曲线相切的那一点实现，该点要素组合代表着最佳要素组合。在切点处，等产量曲线与等成本曲线上的点的斜率相等，即 A 点的边际技术替代率等于要素价格之比。

等产量曲线上，斜率的绝对值为：$MRTS_{LK}=-\dfrac{\Delta K}{\Delta L}=\dfrac{MP_L}{MP_K}$

等成本曲线上，斜率的绝对值为：$-k=\dfrac{P_L}{P_K}$

由此可得$\dfrac{MP_L}{MP_K}=\dfrac{P_L}{P_K}$，即要素的边际产量之比与其价格之比相等。

生产者均衡的条件还可以改写为$\dfrac{MP_L}{P_L}=\dfrac{MP_K}{P_K}$，表明在购买要素的时候，每单位货币买到的要素的边际产量相等。

思考一下：

对比生产者均衡与消费者均衡的条件及形成过程，有没有发现其相似之处？

（四）规模报酬

当企业成倍增加其投入要素时，产量将会如何变化？这就是规模报酬分析的内容，即考察企业生产规模变化所引起的产量变化，通常我们用投入要素按照相同比例变化来表示生产规模的变化。

在其他条件不变时，企业生产规模的变化将导致三种不同结果。比如生产函数 $Q=f(L, K)$，当生产规模变为原来的 λ 倍时，新的产量变为 $Q_1=f(\lambda L, \lambda K)$，现在就要比较 Q_1 与 λQ 之间的大小关系。

1. 规模报酬递增

规模报酬递增是指产出增加的比例大于各种投入要素增加的比例，即 $Q_1>\lambda Q$。

产生规模报酬递增的原因主要是企业生产规模扩大的时候，可能带来专业化等生产效率的提高，尤其是在制造业当中，这一过程体现得比较明显。

2. 规模报酬不变

规模报酬不变是指产出增加的比例等于各种投入要素增加的比例，即 $Q_1=\lambda Q$。

需要注意的是，规模报酬不变并不是说生产规模扩大的时候企业的产量也不变，而是指产量按照相同比例增加。

3. 规模报酬递减

规模报酬递减是指产出增加的比例小于各种投入要素增加的比例，即 $Q_1<\lambda Q$。

产生规模报酬递减的原因主要是企业生产规模过大，使生产的各个方面难以协调，从而降低了生产效率，即管理成本上升。

规模报酬的变化一般来说呈现如下规律：当企业处于创业初期的时候，随着规模扩大，生产率也显著提高，处在规模报酬递增阶段；当企业的生产规模扩大到一定程度，其发展进入成熟阶段以后，就逐渐进入规模报酬不变的阶段；而企业规模大到相当程度之后，如果仍然一味追求市场占有率或者生产规模的扩大，就可能进入规模报酬递减的阶段。因此企业的生产规模既不是越小越好，也不是越大越好。

第三节　成本理论

企业进行生产时需要考虑两个方面的问题，一是产量与要素投入量之间的技术关系，即上一节讨论的生产理论；二是收益与成本之间的经济关系，这就要通过本节的成本理论来进行分析。

为了简化问题，我们假定企业处于完全竞争的要素市场上，因此要素的价格是确定不变的。

一、成本函数

在第一节已经说明，企业的成本指的是经济成本，即使用各种生产要素所支付的代价，包括显性成本和隐性成本。

经济成本=显性成本+隐性成本

如果分别用 K、L 表示资本和劳动的数量，用 P_K、P_L 表示资本和劳动的价格，那么总成本可以表示为成本函数：

$TC=P_K\cdot K+P_L\cdot L$

其中，TC 表示总成本（Total Cost），主要包括为了购置设备和原料等物品的资本支出，以及雇佣工人的劳动支出。

二、短期成本函数

企业的总成本 TC 包括所有投入要素的成本，比如资本和劳务支出，还有企业家才能（正常利润）。在短期生产中，企业的一些投入要素数量固定，因此我们把总成本分为总固定成本（Total Fixed Cost，TFC）和总可变成本（Total Variable Cost，TVC）。总固定成本是企业所有固定不变的投入要素的成本，与产量多少无关。总可变成本是所有可变投入要素的成本，由于企业改变产量就需要改变可变投入，因此可变成本与产量有关。总成本是总固定成本和总可变成本之和，即：

$$TC=TFC+TVC$$

与用总产量、边际产量、平均产量来描述产量与投入要素之间的关系类似，我们用三个相似的概念来描述产量和成本之间的关系：总成本、边际成本和平均成本。

（一）总成本

企业的总成本与产量有关，也与可变投入要素——劳动的数量有关（如表 4.2 所示）。

表 4.2　**总成本与产量**

	劳动（工人数/天）	产量（件/天）	总固定成本（元/天）	总可变成本（元/天）	总成本（元/天）
A	0	0	30	0	30
B	1	4	30	20	50
C	2	10	30	40	70
D	3	13	30	60	90
E	4	15	30	80	110
F	5	16	30	100	130
G	6	16	30	120	150
H	7	14	30	140	170

在短期中，资本投入不变，而可变的是劳动的投入。因此，成本的变化与产量有关，也与劳动投入数量有关。

当劳动投入 $L=5$ 时，产量 $Q=16$，而总成本 $TC=130$ 元，其中固定成本 $TFC=30$ 元，可变成本 $TVC=100$ 元。

如果劳动数量可以细分，我们把表 4.2 中的数据转变为图形（如图 4.11 所示）。

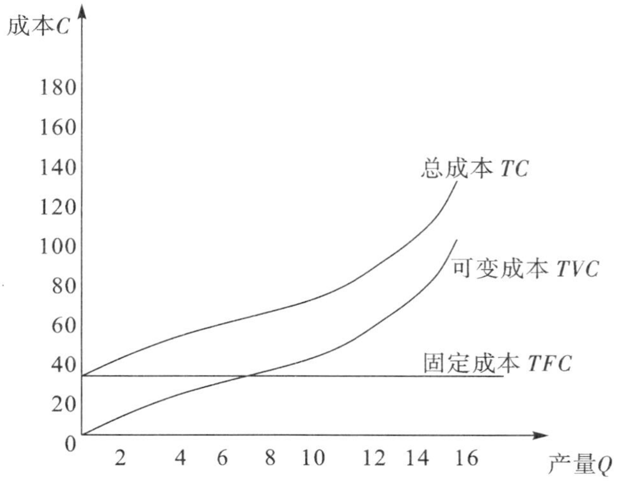

图 4.11　**产量与总成本**

随着劳动投入数量的增加，总成本一直上升，但是在产量较低的时候按照一个递减的比率上升，而在产量水平较高时则按照一个递增的比率上升。

为了理解总成本这样的变动趋势，需要引入边际成本的概念。

（二）边际成本

边际成本（Marginal Cost，MC）表示增加 1 单位产量所引起的总成本的变化。固定成本与产量变化无关，只有可变成本随着产量变化而变化（如表 4.3 所示）。

$$MC=\frac{\Delta TC}{\Delta Q}=\frac{\Delta TVC}{\Delta Q}$$

表 4.3　产量与成本

	劳动	产量	总固定成本	总可变成本	总成本	边际成本	*AFC*	*AVC*	*ATC*
	（工人数/天）	（件/天）	（元/天）						
A	0	0	30	0	30				
B	1	4	30	20	50	5.00	7.50	5.00	12.50
C	2	10	30	40	70	3.33	3.00	4.00	7.00
D	3	13	30	60	90	6.67	2.31	4.62	6.92
E	4	15	30	80	110	10.00	2.00	5.33	7.33
F	5	16	30	100	130	20.00	1.88	6.25	8.13

将表 4.3 中的数据转化为边际成本曲线 *MC*，是一条 U 形曲线，即当企业的产量较低时，边际成本降低，但是随着产量的增加，边际成本不断上升。

为什么边际成本会先下降后上升呢？在产量少时，因为专业化的优势，工人的生产率上升，因此增加 1 单位产量只需要增加很少的要素投入，边际成本降低；但最终因为边际收益递减规律，每增加 1 单位产量都需要越来越多的劳动投入，从而使得边际成本上升。

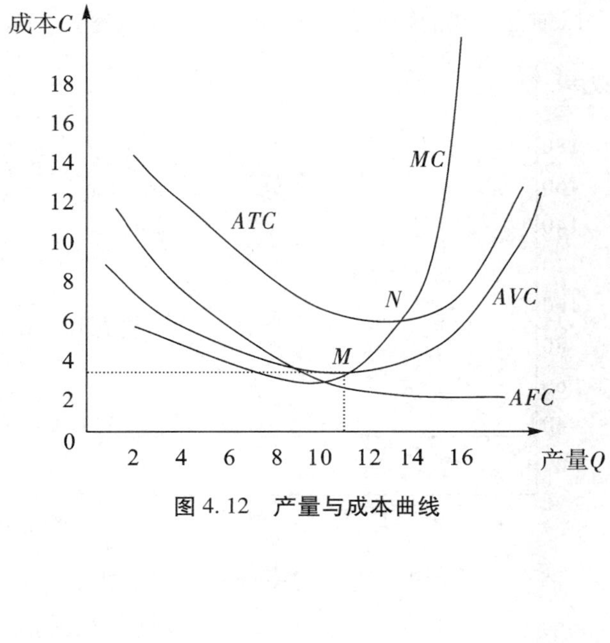

图 4.12　产量与成本曲线

（三）平均成本

平均成本（Average Cost）表示每单位产量引起的成本。由于成本分为总成本、总固定成本和总可变成本，所以平均成本也分为平均总成本 *ATC*、平均固定成本 *AFC* 和平均可变成本 *AVC*。

平均总成本等于总成本除以产量，即 $ATC=\frac{TC}{Q}$；平均固定成本等于总固定成本除以产量，即 $AFC=\frac{TFC}{Q}$；平均可变成本等于总可变成本除以产量，即 $AVC=\frac{TVC}{Q}$。

$$ATC=\frac{TC}{Q}=\frac{TFC}{Q}+\frac{TVC}{Q}=AFC+AVC$$

由图 4.12 中的曲线可以看到，平均固定成本 *AFC* 随着产量增加而降低，因为固定成本总额不变，随着产量增加，每单位产量上分担的固定成本就更少了，因此 *AFC* 曲线向右下方倾斜；平均可变成本、平均总成本曲线都是 U 形曲线，即 *AVC*、*ATC* 都是先减少后增加。

（四）各成本曲线的变动规律

（1）总固定成本 *TFC* 曲线是一条水平的直线，表示一个固定不变的数额；总成本曲线 *TC* 一直随着产量增加而上升，但上升的速度先减少后增加。

（2）总成本曲线 *TC* 与总可变成本曲线 *TVC* 形状相同，垂直距离等于总固定成本 *TFC*。

（3）边际成本曲线 *MC*、平均总成本曲线 *ATC*、平均可变成本曲线 *AVC* 都是 U 形曲线，即随着产量增加，*MC*、*ATC*、*AVC* 都是先下降后上升；而平均固定成本曲线 *AFC* 一直向右下方倾斜，即随着产量增加，*AFC* 逐渐减少。

（4）*MC* 与 *AVC*、*ATC* 相交，其交点（图 4.12 中 *M* 点和 *N* 点）分别是 *AVC* 的最低点和 *ATC* 的最低点。即当 $AVC=MC$ 时，*AVC* 最小；当 $ATC=MC$ 时，*ATC* 最小。

（五）短期成本与产量

企业的最终目标——利润最大化的实现需要同时考虑技术效率和经济效率，也就是同时考察生产函数和成本函数。

将前面例子的产量和成本之间的关系列出来，得到表 4.4。

表 4.4　　产量和成本

	L	*MP*	*AP*	*MC*	*AVC*
A	0				
B	1	4.00	4.00	5.00	5.00
C	2	6.00	5.00	3.33	4.00
D	3	3.00	4.33	6.67	4.62
E	4	2.00	3.75	10.00	5.33
F	5	1.00	3.20	20.00	6.25

转换为图形，得到图 4.13。

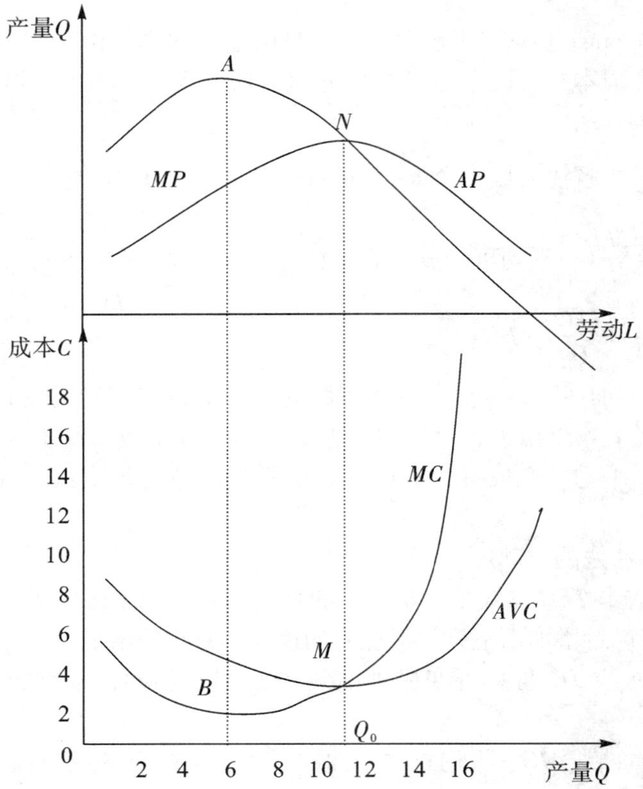

图 4.13 产量与成本

由图 4.13 可以看到，产量曲线与成本曲线紧密相关。

1. *MC* 与 *MP*

边际成本与边际产量对应：如果边际产量增加，那么边际成本就下降；边际产量减少，则边际成本上升；边际产量的最高点 *A* 对应着边际成本的最低点 *B*。

2. *AP* 与 *AVC*

平均可变成本与平均产量对应：如果平均产量上升，平均可变成本就下降；如果平均产量下降，则平均成本上升；平均产量的最高点 *N* 对应着平均可变成本的最低点 *M*。

产量水平为 Q_0时，同时实现了 *AP* 最大和 *AVC* 最小，是同时实现了技术效率和经济效率的产量水平，也是企业决策应当着重考虑的一点。

三、企业的长期成本

在长期中，没有固定与可变投入的区别，所有要素都是可变的，而所有投入的变动就是生产规模的变动。因此，长期中实现技术效率就是要找到企业的适度规模——规模太大不行，规模太小也不行。

就企业规模而言，到底是“大的是好的”还是“小的是好的”呢？1917 年美国最大的 100 家公司，到 1997 年只有 22 家仍在最大的 100 家企业之中，所以规模大并不能确保企业的生存；小企业也一样，美国每年有数百万家小企业倒闭。

在长期生产中，资本和劳动数量都是可变的，企业可以新建或关闭工厂、购买更多或更少的原料、雇佣更多的工人或者解雇一部分工人……总之，企业在收益与成本的约束下寻找最适合的生产规模。

（一）长期成本曲线

由于短期中许多成本是固定的，而长期中所有成本都是可变的，所以长期成本曲线不同于短期成本曲线。

理论上，在任何一个确定的产量水平，企业总可以找到对应的最优的生产规模（等成本曲线与等产量曲线的切点）。

把每一个产量水平下的最优生产规模轨迹连接起来，我们就可以得到长期总成本曲线（如图 4. 14 所示）。

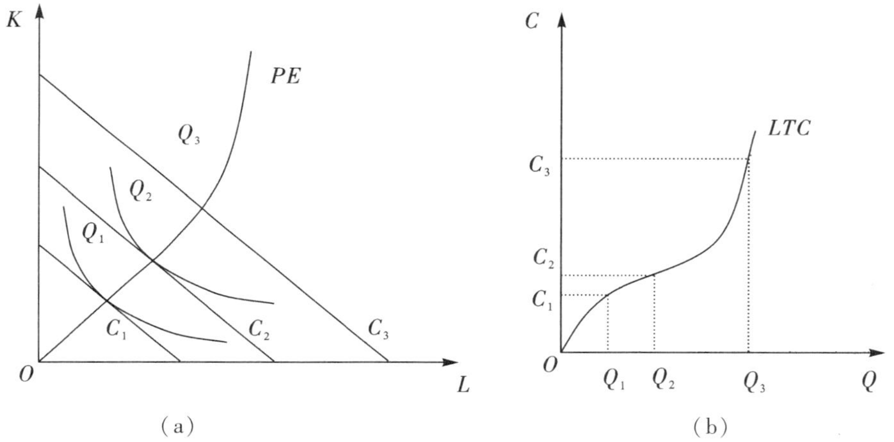

图 4. 14　生产扩展线与长期总成本曲线

图 4. 14（a）中，将不同产量水平下的最优组合连接起来，就得到生产扩展线 *PE*（Productive Expansion Curve），表示所有的两种要素的最佳投入组合，这就是一个长期的概念。将生产扩展线对应的产量和成本在图 4. 14（b）中表示出来，就得到企业的长期成本曲线。*LTC* 曲线表示在长期生产中，企业在每一个不同的产量水平上，由最优生产规模所带来的最小的总成本。

长期总成本曲线从原点出发向右上方倾斜，表示产量为 0 时，企业的总成本也是 0；随着产量增加，企业的总成本也逐渐增加，并且先增加得越来越慢，经历一个相对平稳的区间后，增加得越来越快。

（二）长期平均成本曲线

将长期总成本曲线 *LTC* 上每一个成本值除以对应的产量 *Q*，就可以得到长期平均成本曲线（如图 4. 15 所示）。

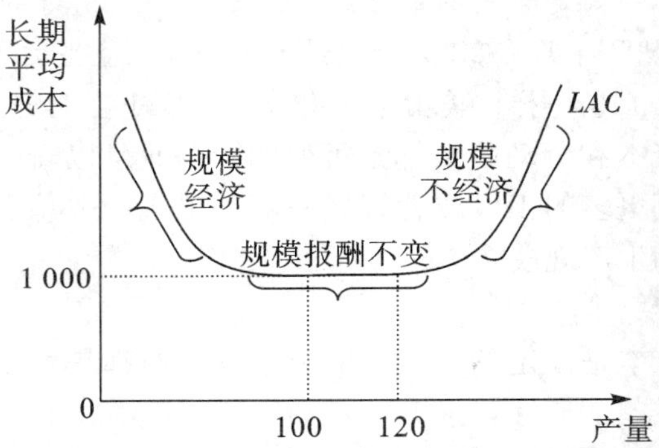

图 4.15　长期平均成本曲线

1. 长期平均成本曲线的形状

长期平均成本曲线（Long-term Average Cost ，LAC）也是一条 U 形曲线，但比短期成本曲线 *ATC* 更平坦。同时，*LAC* 曲线上所有的点都位于该企业所有短期平均成本曲线之下。这是因为在长期中，企业拥有更大的灵活性，产量可以从无到有任意改变。

需要注意的是，短期平均成本的最低点并不在长期平均成本曲线上。

2. *LAC* 不同部分的经济含义

LAC 仍然是一条 U 形曲线，并且不同部分有着不同含义：

（1）曲线下降阶段存在规模经济效应

随着生产规模扩大（产量增加），企业生产出来的每单位产品的平均成本下降，即投入要素增加引起产量增加的比率更高，提高了技术效率，在其他条件不变的情况下扩大生产规模是有利的。比如劳动和资本的投入变为原来的 2 倍，而产量上升为原来的 3 倍或 5 倍，要素增加的比率比产量增加的比率更低。

规模经济效应一般存在于产量水平较低的阶段，如图 4.15 中产量从 0 到 100 期间，此时扩大规模可以采用更先进的机器、实行更精细的分工、提高创新能力。

（2）曲线上升阶段存在规模不经济

随着生产规模扩大，每单位产品的平均成本上升，即投入要素增加的比率大于产量增加的比率，降低了技术效率，在其他条件不变的情况下扩大生产规模是不利的。比如投入要素的数量变为原来的 2 倍，而产量只是增加到原来的 1.5 倍，要素增加的比率大于产量增加的比率。

规模不经济一般是企业规模大到一定程度之后才会出现。由于规模过大，如图 4.15 中产量大于 120 区间，引起企业组织内部不协调，管理成本上升，规模扩大反而不利于提高企业效率。

（3）曲线水平阶段表示规模报酬不变，即平均成本保持不变

规模报酬不变表示投入要素增加的比率和产量增加的比率相等，如果投入要素变为原来的 2 倍，那么产量也变为原来的 2 倍，如图 4.15 中产量从 100 到 120 区间。

所以，企业的规模扩大既可能产生规模经济效应，也可能产生规模不经济，并不是规模越大就越好。在长期中，企业不断调整生产规模主要是为了实现“适度规模”，这个规模可以理解为规模报酬递增到最大时候的规模。

思考一下：

如果一汽公司每月生产 90 辆轿车，它的长期总成本是每月 450 万元。如果每月生产 100 辆轿车，它的长期总成本是 500 万元。一汽公司表现出规模经济还是规模不经济？

3. 规模经济和范围经济

企业什么时候能实现适度规模，在不同行业差别很大。在钢铁、石化这类行业中，专业设备很多，而且相当昂贵，需要大量投入；另一方面，这些企业的产品都是标准化的，可以进行大量生产。因此，这些行业适合大规模，企业规模越大越能实现技术效率，获得专业化的好处。比如，钢铁厂的年产量都要达到 1 000 万吨以上，欧洲还建设了年产 5 000 万吨的钢铁厂。但在另一些行业中，产品需求多样，专业设备较少，比如餐饮业或者服务业，需要提供多样化产品，“船小好掉头”，企业规模越小越能实现效率。

随着科技进步以及经济全球化的发展，如何做大是很多企业都关心的问题。但是我们说的做大是规模扩大的同时也要提高技术效率，并不是单纯扩大规模，也就是要做强。企业做大有两条途径，一是追求规模经济，二是追求范围经济。

规模经济是针对生产一种产品的企业而言，通过扩大规模获取专业化和分工带来的好处，比如能够使用更多的专业化设备、更专注于技术创新、在企业内部实行更精细的分工等。

范围经济是向相关行业或不相关行业扩张的企业，也就是通常所说的多元化经营，这类公司所占的比例不断上升。比如养鸡场生产鸡和鸡蛋，然后可能对此深加工；大学提供教学和科研，然后开办科技公司。多元化经营可以将专用设备等成本分摊在更多产品上，进入利润更高的行业，很多企业如中粮集团、珠海巨人公司都进入了与主营业务不相关的房地产市场但也有可能因为不擅经营而遭到失败，毕竟企业家不可能掌握所有行业的市场信息和具备生产经营的优势，尤其是跨行业经营可能使管理成本更高。

（三）长期边际成本

长期边际成本 LMC 是指企业在长期生产中，增加的最后 1 单位产量引起的总成本的增加，它等于长期总成本对产量求导，即：

$$LMC=\lim_{\Delta Q\to 0}\frac{\Delta LTC}{\Delta Q}=\frac{\mathrm{d}LTC}{\mathrm{d}Q}$$

长期边际成本值可以由对应 LTC 曲线上的斜率得到（如图 4. 16 所示）。

LMC 曲线也是呈 U 形，它与 LAC 曲线相交。其原因在于：当 LAC 处于下降阶段时，必然有 $LMC<LAC$，正是边际成本低于平均成本，才能将整个平均成本曲线往下拉；反之，当 LAC 处于上升阶段时，必然有 $LMC>LAC$，拉动整个平均成本曲线向上。同时，由于 LAC 曲线在规模经济和规模不经济的作用下呈 U 形，所以 LMC 曲线也必然是先下降后上升。

由于 LMC 代表总成本曲线 LTC 的斜率，那么 LMC 曲线呈 U 形也就正好说明了 LTC 的斜率先减少后增加，因此 LTC 曲线表现为图 4. 14（b）中的形状。

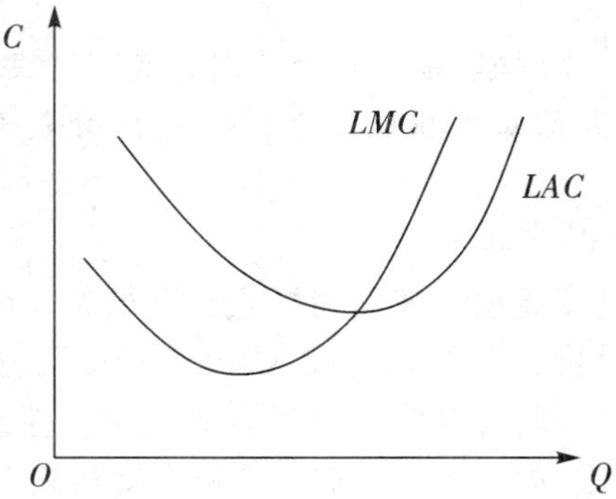

图 4.16 *LMC* 与 *LAC*

本章小结

企业决策主要涉及两类问题：关于定价的决策和关于生产的决策。定价问题我们下一章再来讨论，本章主要分析的是企业如何进行生产决策——生产多少，如何生产。

生产多少是关于企业产量的决定，取决于能够实现效率的适度规模；而如何生产则关系到技术采用和要素的投入。概括起来说，生产决策就是关于企业如何实现资源配置效率的问题。

企业的最终目标是追求利润最大化，而利润等于总收益减去总成本，所以企业要追求利润最大就需要综合考虑收益和成本两个方面。

（一）企业的成本

企业成本分为会计成本和经济成本。其中会计成本是企业为使用各种生产要素而支付的货币额，它有实际的资金流出，因此也叫作显性成本；经济成本不仅包括实际支付的显性成本，还包括为了生产经营而放弃了的其他可能收益，即机会成本。我们讨论的企业利润指经济利润，要从总收益中减去会计成本和机会成本，因此经济利润一般小于会计利润。

不仅如此，企业成本还要区分短期和长期，从效率角度出发，我们主要分析边际成本和平均成本与产量之间的关系。当边际成本和平均成本相等时，平均成本最小，对应着边际产量最高的点，此时的产量就是同时实现了技术效率和经济效率的产量水平，即适度规模。

（二）企业的收益

企业的收益是价格与销售量的乘积，如果价格是既定的，那么收益变动与销售量的变动就具有相同趋势。

企业的收益分为总收益、边际收益和平均收益三个概念。总收益 TR 是卖出一定量产品的总收入；边际收益 MR 是每增加一单位产品带来的收入变动，等于边际产量乘以价格；平均收益 AR 是平均每单位产品的收入，等于平均产量乘以价格。

假定市场价格为 P 固定不变，那么：

$TR=P\cdot Q$

$$MR=P\cdot MP=\frac{\Delta TR}{\Delta Q}$$

$$AR=P\cdot AP=\frac{TR}{Q}$$

其中 MP、AP 分别表示边际产量和平均产量。

（三）利润最大化条件

利润 π=总收益-总成本=$TR-TC$

什么时候利润最大呢？结合上面的利润函数和数学知识，人们把利润最大化的条件一般性地概括为边际成本等于边际收益，即 $MC=MR$。

如果 $MC<MR$，比如 $MC=5$ 元，$MR=8$ 元时，增加 1 单位产品带来的收益为 8 元，却只需要付出 5 元的成本，收益>成本，说明继续生产还可以赚钱，此时应当增加产量。

如果 $MC>MR$，比如 $MC=9$ 元，$MR=8$ 元，增加 1 单位产品带来的收益仍然是 8 元，却要导致成本增加 9 元，收益<成本，说明继续生产是不合算的，此时应当减少产量。

只有 $MC=MR$，比如 $MC=8$ 元，$MR=8$ 元时，企业既不增加产量，也不减少产量，说明这时的产量是企业满意的产量水平，实现了利润最大化。

资料延伸

多元化经营：中粮集团（COFCO）

中国粮油食品进出口（集团）有限公司（简称“中粮”“中粮集团”，英文简称 COFCO）于 1952 年在北京成立，是一家集贸易、实业、金融、信息、服务和科研为一体的大型企业集团，横跨农产品、食品、酒店、地产等众多领域。1994 年以来，该集团一直名列美国《财富》杂志全球企业 500 强。

（一）集团地位

中粮集团长期从事粮油食品进出口贸易，是中国最大的进出口企业之一。截至 2003 年，中粮集团进出口额累计 1 468 亿美元，其中，出口总额累计 785 亿美元，进口总额累计 683 亿美元。

（二）发展历程

1992 年以来，伴随着中国市场经济的不断发展，中粮集团加快战略调整步伐，大力实施实业化、国际化、集团化、多元化经营战略，有力地促进了公司由传统外贸代理企业向产业化经营的跨国企业转型，逐步发展成为一家集贸易、实业、金融、信息、服务和科研为一体的大型企业集团。

目前，中粮集团已形成了以粮油食品加工业为主体，兼顾相关行业的发展格局。食用油脂、饮料、酒类、面粉、巧克力、金属包装等业务在国内均居于领先地位。中粮产品“福临门”食用油、“长城”葡萄酒、“金帝”巧克力、“梅林”罐头享誉大江南北；此外，中粮集团还是可口可乐在中国的主要装瓶商。

中粮集团投资开发的海南三亚亚龙湾国家旅游度假开发区被外国游客誉为“中国的夏威夷”。中粮投资建设的商用写字楼、民用住宅，也在市场上受到欢迎。中粮集团旗下的凯莱国际酒店集团是世界酒店300强之一。

（三）协同多元化战略

中粮从进出口贸易商转型进入实业化发展阶段以来，目前所从事的主要行业有食品制造业、房地产业、酒店业、金融业、保险业、生物能源等，这些业务之间都是一种协同关系。

根据公司的战略定位及各业务之间的协同效应，对公司现有业务及集团相关业务进行评估和检讨，通过内部成长和外部扩张的方式获取长期成长动力，对公司内部进行资源整合，包括品牌、渠道、研发、生产、物流、采购以及组织架构等。如在食用油方面，已形成市场的主导，从自主福临门到控股鲁花，到开发高端的滋采，形成了系列化品牌，有效形成了品牌区隔；如重组中谷，加强了在农产品流通领域的优势；进军生物能源，既利用了自身的优势，又有国家对能源战略的支持，其发展空间巨大；利用资本进入保险和地产，通过强大的资本实力来整合产业，多元化投资，专业化经营，产生了较好的协调效应。如在房地产行业，中粮在收购深宝恒以后，把优质房地产开发业务注入深宝恒，并利用深宝恒现有土地资源，在深圳宝安区以租赁厂房或其他形式，设立粮油食品、包装等产品的生产加工基地，把深宝恒发展成为集物流、仓储、贸易、采购、地产物业为一体的上市公司。

资料来源：www. cofco. com. cn.

第五章
完全竞争市场

竞争是企业成败的核心所在……竞争战略就是在一个行业里（即竞争产生的基本角斗场上）寻求一个有利的竞争地位。竞争战略的目的是针对决定产生竞争的各种影响力而建立一个有利可图和持之以久的地位。

——迈克尔·波特①

内容提要：

本章主要介绍完全竞争市场的特点，完全竞争市场上企业的生产经营决策，以及形成完全竞争市场的障碍。

重点掌握：

1. 完全竞争市场的特点；
2. 完全竞争市场的效率。

实现企业资源的配置效率，只是追求利润最大化的第一步，只有把产品成功售出，才能够真正获得利润。马克思就把商品价值在市场上得到实现的过程称为“惊险的一跳”。企业要获得成功，不仅要在内部实现资源配置的效率，还需要制定正确的市场竞争战略，完成这“惊险的一跳”。

不同市场上的企业面临的竞争状况不同。如果某一个洗车场把价格提高5%，会发现顾客的数量大幅下降。如果美国“超级杯（Super Cup）”橄榄球比赛总决赛的门票价格提高10%，销量却不会有明显变化，球场上仍然会挤满狂热的球迷们。原因非常简单，洗车市场上有无数的企业，每个企业都能够提供相同或者近似的服务，竞争激烈；而对于橄榄球迷来说，超级杯总决赛的比赛是无可替代的，只此一家别无分号属于完全垄断。因此，市场结构的差别——有许多提供同类产品的卖者，与只有一个或少数几个卖者属于完全垄断——对于企业的定价与生产决策有着显著影响。

本章我们的目标是考察竞争市场上企业的生产决策。根据竞争状况的不同，我们把市场结构分为四种：完全竞争、垄断竞争、寡头垄断、完全垄断。

① 迈克尔·波特，美国哈佛大学商学院最知名的教授，现代市场竞争理论的奠基人。他的《竞争战略》、《竞争优势》和《国家竞争优势》已成为竞争理论的经典和企业家的必读书。

第一节　完全竞争市场概述

完全竞争是一种不受任何市场势力干扰和阻碍的市场结构。

一、完全竞争市场的特点

（一）大量买者和卖者

在完全竞争市场上，有无数的买家和卖家，每一个市场参与者的决策都只能对市场价格产生微不足道的影响，是价格的接受者。

比如在鸡蛋市场上，鸡蛋的价格是由市场总供求水平共同决定的，无论是养鸡专业户还是节俭的农村老太太，提供的鸡蛋数量相对于整个市场规模来说，都是微不足道的。单个生产者的生产决策不足以影响市场价格。

因此，在完全竞争市场上，生产者不用考虑价格决策——他只能接受市场价格，然后在这个价格水平下决定自己的产量。

（二）产品同质

完全竞争市场的第二个特点是所有生产者提供的产品都是同质的，或者换句话说，是可以完全互相替代的。与前面大量市场参与者的特点联系起来，我们就更容易理解为什么在完全竞争市场上企业只能作为市场价格的接受者。

既然所有企业提供的都是同质的产品，那么只要有细微的价格差距，消费者就会转而购买低价的产品。同样是鸡蛋——当然不考虑是“土鸡蛋”还是“有机鸡蛋”，如果厂商甲决定提价5%，那么人们就会去买别家的鸡蛋，甲的鸡蛋销售量就会大幅度下降，反而得不偿失。所以，对于每个生产者而言，都只能接受市场价格的约束。

产品同质不仅是指产品的质量相同，还要考虑到品牌效应等其他因素。同样是碳酸饮料，可口可乐和百事可乐也有差别。因此，现实中很少有真正的完全竞争市场，只有农产品市场比较接近：对于大米和小麦等产品而言，只要等级相同，那么湖南的大米和湖北的大米都是一样的，对消费者而言没有什么区别。

（三）信息充分

完全竞争市场还有一个特点就是信息充分，即买卖双方都完全了解产品的质量和价格。我们已经知道，对于生产者和消费者而言，搜集和掌握信息都是一个困难的过程。如果信息不畅通，那么生产者和消费者的决策都会受到影响。

在完全竞争市场上，企业因为消费者能够充分了解其他企业的价格而不能随意涨价。如果消费者不能掌握价格信息呢？比如在旅游区常常有很多出售土特产或者手工艺品的摊点，对于初次购买的消费者而言，不太可能一一比较所有摊点的价格。了解到这一点之后，即使出售同样的产品——比如木制佛珠，或者精美的风筝，不同卖者可能收取不同的价格，这就是因为对于消费者而言，价格信息不再是充分的。

（四）进出自由

进出自由是指企业可以自由地进入或者退出一个市场，这是保持市场竞争的重要条件。

如果有进入或退出的限制——比较常见的是进入限制，那么企业就不能完全根据成本与收益来决定是否生产、生产多少，影响到整个市场的效率。比如电信市场、民航市场，都是有准入限制的，就不可能有足够多的企业形成竞争。

二、竞争企业的收益

竞争市场上的企业与经济中的其他企业一样，追求的也是利润最大化。现在我们就考虑其收益。还记得导论中提到的小麦生产者的收益吗?

周丁家的小麦销售量为 Q，价格为 P，那么总收益 $TR=PQ$。如果每千克小麦卖1.5元，那么当产量为2 000千克时，他的收益为3 000元。

由于周丁家的小麦产量相对于整个小麦市场来说是微不足道的，因此即使他增加或者减少产量，市场价格也不变——每个企业都是市场价格的接受者。如果他家的小麦产量上升到3 000千克，价格仍然是1.5元/千克不变，那么收益就变为4 500元。

所以，周丁家出售小麦的收益为 $TR=1.5Q$，与产量同比例变化。

正如我们在前面章节说过的那样，边际分析是有用的。因此，为了考察企业的生产决策，我们还需要考察其平均收益和边际收益（如表5.1所示）。

表5.1　竞争企业的收益

产量	价格	总收益	平均收益	边际收益
（千克）	（元/千克）	（元）		
Q	P	$TR=PQ$	$AR=TR/Q$	$MR=\Delta TR/\Delta Q$
1 000	1.5	1 500	1.5	1.5
2 000	1.5	3 000	1.5	1.5
3 000	1.5	4 500	1.5	1.5
4 000	1.5	6 000	1.5	1.5
5 000	1.5	7 500	1.5	1.5
6 000	1.5	9 000	1.5	1.5
7 000	1.5	10 500	1.5	1.5
8 000	1.5	12 000	1.5	1.5

平均收益 AR 告诉我们出售的每1单位小麦带来多少收益；边际收益 MR 说明每增加1单位小麦能够带来多少收益。

由于总收益 $TR=PQ$，平均收益 $AR=TR/Q=P$，因此对于所有企业（不仅仅是竞争性企业）而言，平均收益等于该产品价格——周丁家出售小麦的平均收益就等于价格1.5元/千克。

对于竞争性企业而言，产量并不影响市场价格，$TR=PQ=1.5Q$，因此，边际收益 $MR=\Delta TR/\Delta Q=1.5$ 元/千克。这是竞争性企业特有的，即边际收益也等于市场价格。

所以，竞争性企业的收益曲线比较特别，是直线而不是曲线（如图5.1所示）。

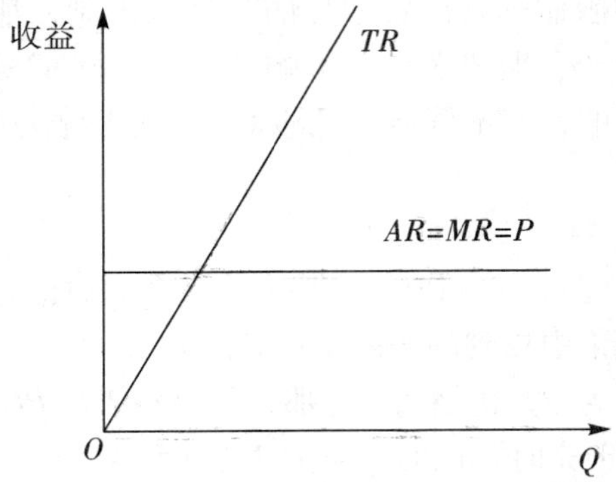

图 5.1　竞争企业的收益曲线

三、利润最大化

竞争性企业仍然追求利润最大化。刚才已经讨论了企业的收益，而上一章我们已经分析了企业的成本，现在就要根据利润最大化的条件来决定企业的产量。

假设周丁家提供小麦的收益与成本满足表 5.2 中的数据。

表 5.2　　周丁家的利润最大化决策

产量	总收益	总成本	利润	边际收益	边际成本
（千克）	（元）				
Q	$TR=PQ$	TC	$\pi=TR-TC$	$MR=\Delta TR/\Delta Q$	$MC=\Delta TC/\Delta Q$
0	0	500	-500		
1 000	1 500	510	990	1.5	0.03
2 000	3 000	580	2 420	1.5	0.12
3 000	4 500	770	3 730	1.5	0.27
4 000	6 000	1 140	4 860	1.5	0.48
5 000	7 500	1 750	5 750	1.5	0.75
6 000	9 000	2 660	6 340	1.5	1.08
7 000	10 500	3 930	6 570	1.5	1.47
8 000	12 000	5 620	6 380	1.5	1.92

观察第四栏的数据，利润先增加后减少，根据表格中给出的数据可以看到的最大的利润额是 6 570 元。当然，也有可能是在产量为 7 000 千克到 8 000 千克之间的某一个点上，利润达到最大值，变化趋势从上升变为下降。

另一个更准确的判断利润最大化产量的办法是考察边际收益与边际成本。只要边际收益大于边际成本，增加产量就是划算的；而当边际收益小于边际成本时，就需要减少产量。当 $Q=7\ 000$ 千克时，$MR=1.5$ 元，而 $MC=1.47$ 元，$MR>MC$，应当继续增加产量；当$Q=8\ 000$ 千克时，$MC=1.92$ 元，$MR<MC$，应当减少产量使利润增加，因此利润最大化的产量应该是 7 000 千克到 8 000 千克之间的某一点。

当边际收益 MR 等于边际成本 MC 时，利润最大。从表 5.2 给出的数据可以看出，$MR=1.5$ 固定不变，MC 一直上升，在产量为 7 000 千克到 8 000 千克之间，MC 可以达到 1.5，对应着利润的变化趋势也是在产量为 7 000 千克到 8 000 千克之间的某一点达到最大值。

第二节　企业的生产经营决策

一、利润最大化

所有企业都按照利润最大化的原则来进行决策，也就是同时考虑收益和成本来实现效率。

（一）收益和成本曲线

通过上一章的学习，我们了解到成本曲线具有一些典型的特征：

首先，边际成本曲线 MC 向右上方倾斜，表示随着产量增加，MC 递增；其次，平均总成本曲线 ATC 是 U 形的，表示随着产量增加，ATC 先下降，后上升，并且 MC 与 ATC 的交点是平均成本最低的点。

下面我们同时考虑竞争性企业的收益与成本曲线（如图 5.2 所示）。

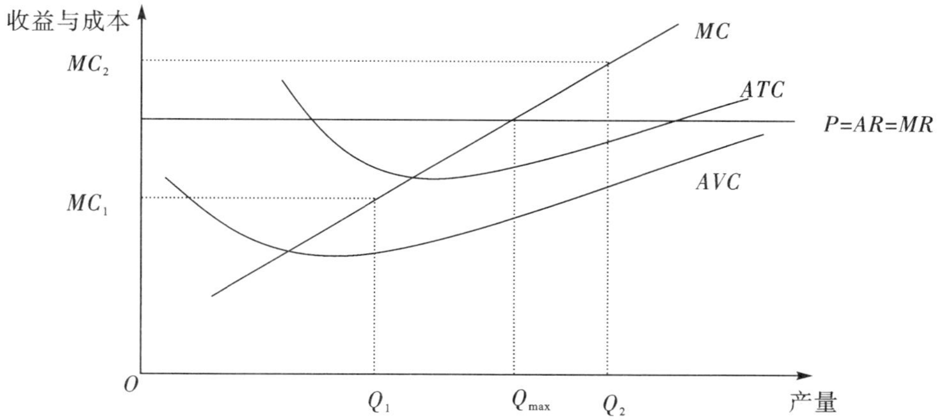

图 5.2　竞争企业的利润最大化

（二）利润最大化的生产规模

我们可以用图 5.2 来确定利润最大化的产量。

设想企业生产量在 Q_1 时，边际收益大于边际成本，$MR>MC_1$。这就是说，如果企业提高其生产和销售水平 1 个单位，增加的收益 MR 将大于增加的成本 MC_1。利润等于总收益减总成本，利润会增加。因此，如果边际收益大于边际成本，正如在 Q_1 时的情形，企业可以通过增加生产来增加利润。

相反，企业的产量为 Q_2 时，$MR<MC_2$。如果企业减少 1 单位生产，节约的成本 MC_2 将大于失去的收益 MR。因此，如果边际收益小于边际成本，正如 Q_2 时的情况，企业就可以通过减少生产而增加利润。

企业的生产水平需要不断调整以寻找到利润最大化的点。无论是从生产的低水平 Q_1 开始，还是从高水平 Q_2 开始，企业最终要把生产调整到产量达到 Q_{max} 为止。这种分析说明了利润最大化的一般规律：在利润最大化产量水平时，边际收益和边际成本正好相等。

竞争性企业的生产决策比较简单，由于竞争企业是价格接受者，因此，它的边际收益等于市场价格。对于任何一个既定价格来说，竞争企业可以通过观察价格与边际成本曲线的交点来找出利润最大化的产量。在图 5.2 中，这个产量水平是 Q_{max}——这个“max”并不是表示产量最大，而是表示这时的利润水平最高。

二、竞争性企业的供给曲线

供给曲线表示在不同价格水平下，生产者愿意并且能够提供的生产的数量。也就是说，企业的供给曲线主要考察产量与价格水平之间的关系。

（一）供给曲线与边际成本曲线

当市场价格发生变化的时候，企业的供给量会如何变化？我们已经知道企业决策的最终依据是实现利润最大化。因此，价格变化之后，关键在于找出企业能够实现利润最大的产量水平。

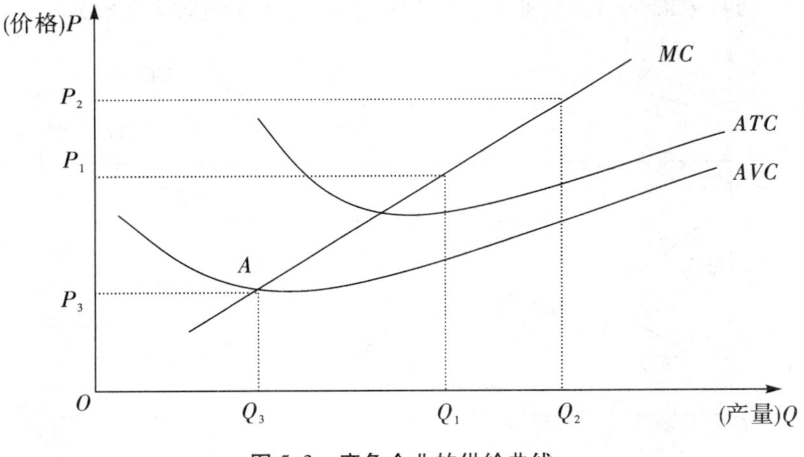

图 5.3　竞争企业的供给曲线

从图 5.3 中，我们可以观察到，当市场价格为 P_1 时，根据 $MC=MR=P_1$，企业决定提供 Q_1 水平的产量；当市场价格为 P_2 时，根据 $MC=MR=P_2$，企业发现继续生产能够获利，决定在更高的水平上进行生产，产量增加到 Q_2。因此，竞争性企业的供给曲线和边际成本曲线重合。

事实上，边际成本曲线决定了企业增加 1 单位产品需要支付的代价，而价格水平代表了边际收益，只要边际收益能够弥补边际成本，企业就继续生产。因此，边际成本曲线代表了企业在不同价格水平下愿意提供的产量——这就是竞争性企业的供给曲线。

（二）企业的短期生产决策

也许细心的人已经发现，图 5.3 中的边际成本曲线作为供给曲线有一个问题：如果价格低于平均可变成本的最低点，即图 5.3 中的 A 点，企业也会提供一定的产量吗？

1. 有效规模

在图 5.4 中，平均成本最低点就是平均成本曲线与边际成本曲线的交点（图 5.4 的 B 点），此时对应的价格水平为 P_4，而产量为 Q_4。这个产量下的生产规模就是有效生产规模。

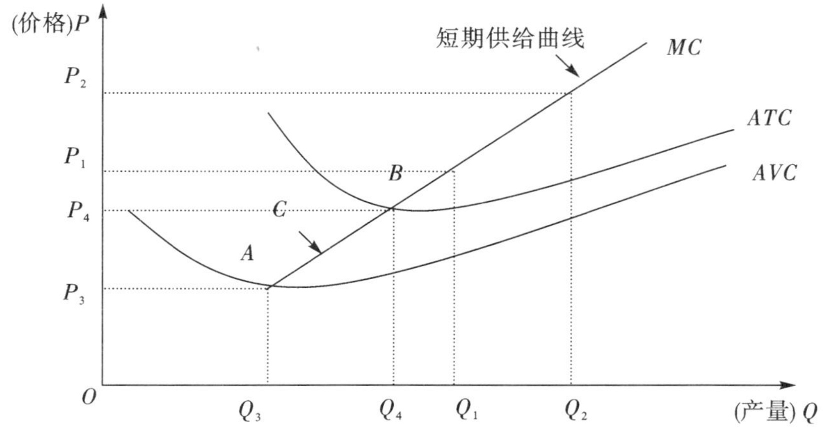

图 5.4　短期供给曲线

那么，是不是说价格低于 P_4 就不应当生产了呢？比如在图 5.4 中的 C 点，价格低于 P_4，但高于最低平均可变成本所在的点 A 点。也就是说，增加 1 单位产品的生产，虽然不能弥补平均总成本，但能够弥补平均可变成本，因此增加产量是有利可图的。

为什么平均总成本似乎并不影响企业的生产决策呢？这是因为总成本中有一部分是固定不变的，也就是我们说的沉没成本，而沉没成本不影响决策。在短期中，企业并不能通过暂时停产来收回固定成本，在考虑生产决策时，可以放心地忽视固定成本。

2. 停止营业点

总成本由固定成本和可变成本构成，虽然固定成本不影响决策，但可变成本却是决策的一个关键——如果价格很低以至于不能弥补可变成本，那么就不应当进行生产。比如当价格为 3 元时，表示每个产品能够带来 3 元的收入（平均收益）；而平均可变成本为 4 元，表示每个产品耗费了 4 元的成本，那么每个产品带来的收益 3 元小于它带来的可变成本 4 元，生产的每个产品都产生了亏损，都是不应该生产的。

所以，当价格跌到平均可变成本之下时，企业会停止生产，我们把只能弥补其可变成本的产量 Q_3 和价格 P_3 叫作企业的暂停营业点，即图 5.4 中的 A 点。

假如 $P_3=5$ 元、$Q_3=100$ 是企业的暂停营业点，那么只要价格略低于 5 元，企业的产量就不是略低于 100，而是直接降为 0——企业暂时停止生产。

3. 企业的短期供给曲线

企业的短期供给曲线就变为图 5.4 所示，是边际成本曲线高于停止营业点以上的部分，即边际成本曲线高于平均可变成本曲线的部分。

在短期生产决策中，企业无法改变固定成本，因此在停止营业点 A，企业存在经济亏损，亏损额为固定成本的总额。2008 年由于全球金融危机对中国经济的影响，许多企业受到市场需求急剧减少从而导致市场价格迅速降低的影响，甚至已经低于最低的平均可变成本，于是钢铁制造企业、出口型企业等做出了暂时停产的决定，给工人放 6 个月左右的“长假”。由于短期内无法收回厂房、固定设备等投入要素的成本，虽然停产停业的决策避免了继续投入劳动和原料的可变成本，但仍然遭受固定成本带来的亏损。

如果很长一段时间内，市场状况不能改变企业面临的亏损状态，那么企业就有可能做出退出该行业的决定，因为长期中企业可以改变所有投入要素的数量，包括固定设备。

思考一下：

大学周围通常有网吧、服装店、书店和大众型餐馆，为学生的生活带来了方便。一般情况下，午饭和晚饭时间餐馆非常拥挤，但由于学生们很少去餐馆吃早餐，寥寥几个顾客不过消费几碗面条或者稀饭，所得收入不能弥补房租、水电和人工等成本，那么为什么大多数餐馆都要在早晨开门营业呢？另一方面，如果网吧周围没有多少住户，那么在暑假、寒假期间就会毫不犹豫地关门停业。这又是为什么？

（三）企业的长期生产决策

我们已经认识到企业在短期内会在停止营业点以上的部分进行生产，此时有可能遭受固定成本带来的亏损，比如在图 5.4 中的 C 点位置进行生产，虽然产品的平均收益（$AR=P$）大于平均可变成本，但小于平均总成本。这时，企业进行生产不是因为能够盈利，而是因为在短期内无法改变固定成本，此时生产的话还能够因为 $P>AVC$ 而获得一定的收益，不生产则亏损更多。

长期中，所有要素投入都是可变的，不再有可变成本与固定成本的问题，因此如果企业的收益不能弥补成本，就会退出该行业；反之，如果总收益大于总成本，那么新企业就会进入该行业。

用 TR 代表总收益，TC 代表总成本，那么退出标准就可以表示为 $TR<TC$，两边同除以产量 Q，可以变为 $\frac{TR}{Q}<\frac{TC}{Q}$，即 $AR<LAC$（LAC 为长期平均成本）。

由于竞争市场上 $P=AR$，所以退出标准可以表示为 $P<LAC$。企业的长期成本曲线变为边际成本曲线在长期平均成本曲线以上的部分（如图 5.5 所示）。

因此，在长期中，竞争市场上的企业按照价格等于边际成本的原则确定产量，但如果价格低于最低平均总成本的水平（图 5.5 中 B 点对应的 P_4），那么企业就会选择退出（或不进入）该行业。

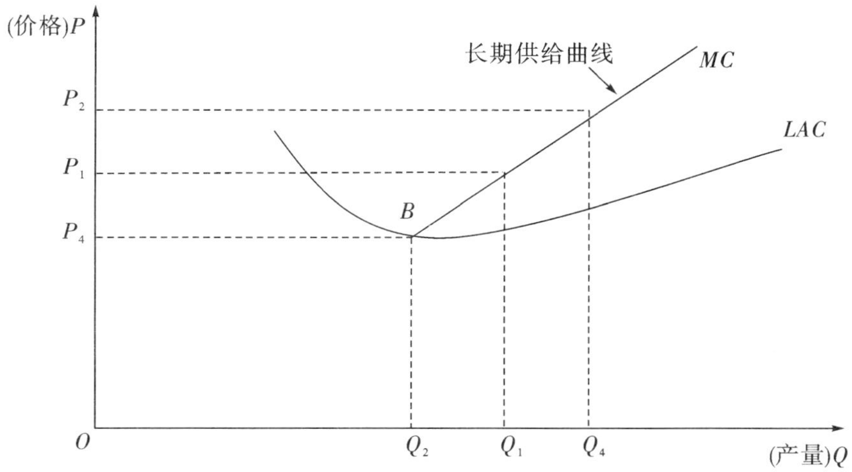

图 5.5 长期供给曲线

(四) 企业的利润

现在我们用竞争性企业的收益与成本图形来表示企业的利润（如图 5.6 所示）。

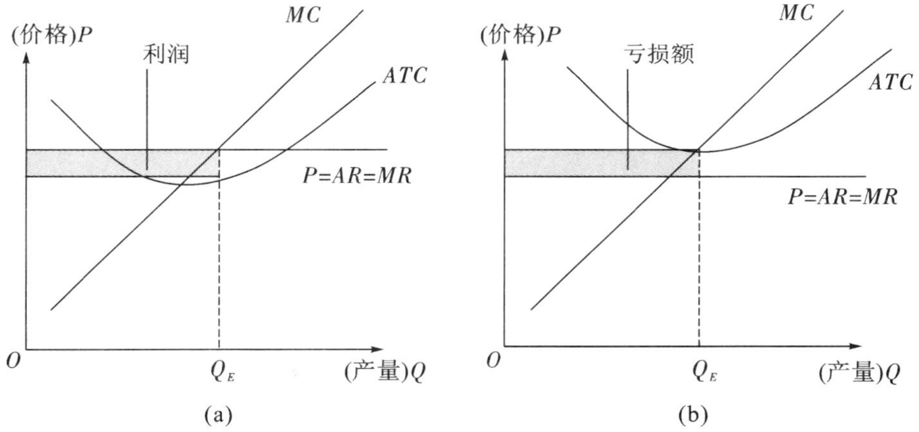

图 5.6 竞争企业的利润（或亏损）

图 5.6 的（*a*）图表示企业赚到的利润。正如我们已经讨论过的，企业根据 $P=MC$ 确定生产规模，在该产量水平上实现利润最大化——利润数额为阴影部分的面积。该矩形的高是（$P-ATC$），即价格与平均总成本之间的差额；宽是 Q_E，即产量。因此矩形的面积是（$P-ATC$）$\times Q_E$，即企业的利润。

同样，图 5.6 的（*b*）图表示企业有亏损（负利润）。在这种情况下，总收益不能弥补总成本，实现利润最大化事实上意味着损失最小化，仍然通过 $P=MC$ 来确定产量水平。现在考虑阴影的矩形。矩形的高是（$ATC-P$），而宽是 Q_E。面积是（$ATC-P$）$\times Q_E$，即企业的亏损。这时企业生产只是一个权宜之计，短期内因为无法改变固定成本而不得不通过生产减少亏损；一旦考察时间足够长，由于企业得不到足以弥补其平均总成本的收益，最终将选择退出市场。

三、市场供给曲线

我们已经考察了企业的供给曲线，现在开始讨论整个市场的供给。当然，仍然要根据时间长度不同分为两种情况：

短期内，企业要进入或退出某个市场是困难的——如果打算不再经营餐馆，就必须考虑如何处置铺面、桌椅、厨房用具等，而盘出铺面并不容易。我们常常看到餐馆一方面贴出“铺面转让”的广告，另一方面仍然在经营等待。因此，短期内我们认为市场上企业总量是相对固定的。

（一）竞争市场的短期供给

首先假设有 100 家企业，那么市场供给等于所有个别供给之和，在每个价格水平下，企业根据 $P=MC$ 确定下来的产量为 Q_1，Q_2，…，Q_{100}，我们把这些产量加在一起，就得到市场供给量。再假定所有企业的技术水平相同，具有相同的边际成本曲线，那么如果价格为 $P_1=1$ 时，企业根据 $P=MC$ 确定的产量水平为 $Q=100$，市场供给量就是 $100Q=10\ 000$。

100 家企业的市场供给曲线如图 5.7 所示。

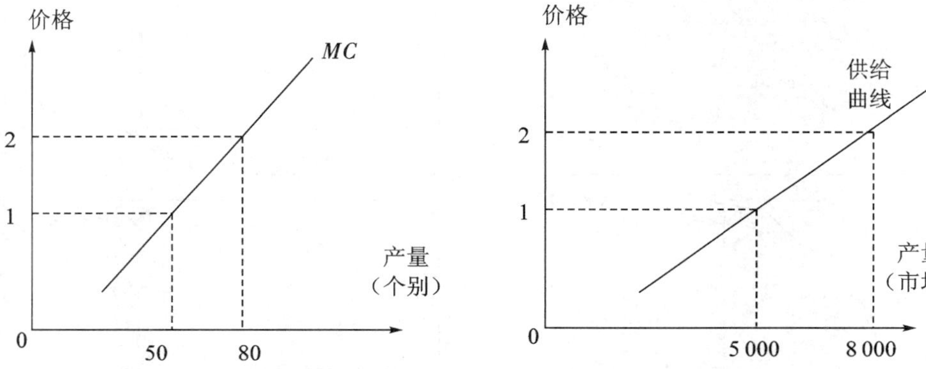

图 5.7　100 家企业的市场供给曲线

之所以可以简单地把个别企业的产量加起来得到市场供给量，一是因为在完全竞争市场上，企业只能是价格接受者，其产量变化对整个市场的供给量和价格都没有影响；二是因为在短期中企业不能轻易进入或退出行业，从而不能改变市场上企业的数量。

（二）竞争市场的长期供给

如果是长期决策，竞争市场上有企业进入或退出该行业，这时的市场供给曲线将如何决定？仍然假设所有企业的技术和要素价格都相同，因此具有相同的成本曲线。

1. 长期市场供给曲线

进入或退出某个行业的决策取决于现有利润水平和新企业所面临的激励。如果现有企业赢利，那么，新企业就有进入市场的激励。这种进入将增加企业数量，增加物品供给，并使市场价格下降，利润减少。

相反，如果现在市场上的企业有亏损，那么，一些企业将退出市场。它们的退出将减少企业的数量，减少物品的供给量，并使价格上升，利润增加。

在这种进入或退出过程的最后，仍然留在市场中的企业必定得到零经济利润。

由于利润 $\pi = TR - TC = (AR - ATC) \times Q = (P - ATC) \times Q$，那么零经济利润意味着 $(P-ATC)=0$，即 $P=ATC$，价格等于平均总成本。也就是说，如果价格高于平均总成本，则存在赢利，会有新企业进入市场，增加总的市场供给量，均衡价格会下降；如果价格低于平均总成本，则存在亏损，一部分企业会退出行业，减少市场供给量，均衡价格会上升。只有当价格等于平均总成本时，既没有企业进入也没有企业退出，市场价格稳定，这就形成了长期均衡。

因此，有企业进入或退出的竞争市场上，所有企业一定是在 $P=MC$ 且 $P=ATC$ 决定的产量水平上进行生产。也就是说，竞争市场的长期均衡一定是在企业的有效规模上（如图 5.5 中的 B 点）进行生产。

这样的市场供给曲线出乎你的意料吗？或许你会产生两个疑问：①在零利润水平下，企业为什么还要进行生产经营？②第二章供求理论中我们提出供给曲线是向右上方倾斜的，现实中我们也看到价格上升会使市场供给量增加——供给曲线应当向右倾斜，这与图 5.8 中水平的长期供给曲线矛盾。怎样理解这样的矛盾？

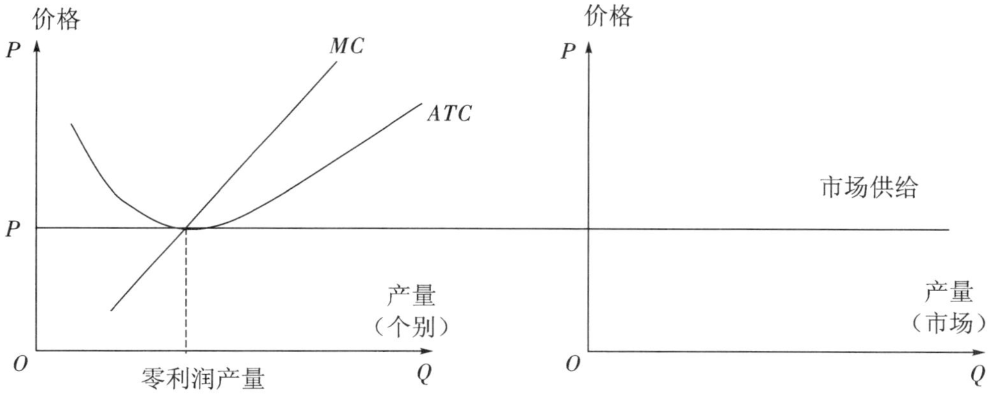

图 5.8　可自由进出的市场供给曲线

2. 关于零利润的理解

人们常说“无利不起早”，意思是企业家总是为了获得利润才进行生产经营。那么，零利润水平下企业为什么还要进行生产？难道真是为了给大家免费服务吗？

回顾一下经济利润的含义。利润等于总收益减去总成本，而这个总成本包括企业所有资源的机会成本，包括企业家才能。因此，在零利润水平下，事实上存在着正的会计利润，企业家为了维持企业运行的所有时间和金钱都已经得到了弥补。

例如，假设一个农民一定要投入 100 万元去开垦他的农场，他必须放弃一年能赚到 10 万元的其他工作。这样，农民耕作的机会成本包括他从 100 万元中赚到的利息以及放弃的 10 万元工资。即使他经营农场的经济利润为零，也已经弥补了他的这些机会成本——事实上这一部分构成了他的会计利润。

只有当企业会计利润也是 0 时，才是无利可图，即正常利润为 0，经济利润为负。

3. 倾斜的市场供给曲线

我们讨论了长期中竞争市场的供给曲线应该是一条水平的曲线。需要注意的是，形成这样一条水平的市场供给曲线的前提是什么？

我们分析的前提是，存在着大量潜在的进入者，并且每个企业都有着同样的成本曲线——所有企业的最低的平均总成本相等。结果，长期市场总供给曲线在最低平均总成本处表现为一条水平线。当商品的需求增加时，长期的市场结果是企业数量和总供给量增加，而价格没有任何变动。

如果不能满足这个前提，市场供给曲线就可能不是一条水平的直线。事实上，有两个原因使长期市场供给曲线向右上方倾斜。

（1）资源数量有限

第一个原因是用于生产的资源数量可能是非常有限的，不能以同样的价格提供足够的数量。

例如，在房地产市场上，假如任何企业都可以选择购买土地和从事房地产建筑，但土地是有限的。随着越来越多的人投资于房地产，建房所需土地的价格急剧上升，这就增加了市场上所有商品房的成本。因此，房地产市场不能以同样的成本提供无限多的商品房，这就意味着价格上升才能增加供给量，于是长期市场供给曲线向右上方倾斜。

（2）不同的成本曲线

供给曲线向右上方倾斜的第二个原因是，企业可能有不同的成本曲线——或者是技术水平不同，或者是拥有资源不同。

例如，在家政市场上，任何一个人都可以进入家政服务市场，但并不是每一个人都有同样的成本。成本不同，一部分是因为一些人干活比另一些人快，一部分是因为一些人的时间比另一些人有更好的可供选择的用途。当存在一种既定价格时，那些低成本的人比那些成本高的人更有可能进入。为了增加家政服务的供给量，就必须鼓励额外的进入者进入市场——首先吸引低成本的人进入市场，如果不能满足市场需要，就要吸引成本稍高的人也要进入市场。

增加市场供给量时，新进入者成本较高，并且同样要求收益能够弥补成本。根据 $P=ATC_{\min}$，市场价格必须按照新进入者的最低平均总成本水平（$ATC_{\min}$）的要求，从 P_1 上升到 P_2。因此，家政服务市场供给曲线也向右上方倾斜（如图 5.9 所示）。

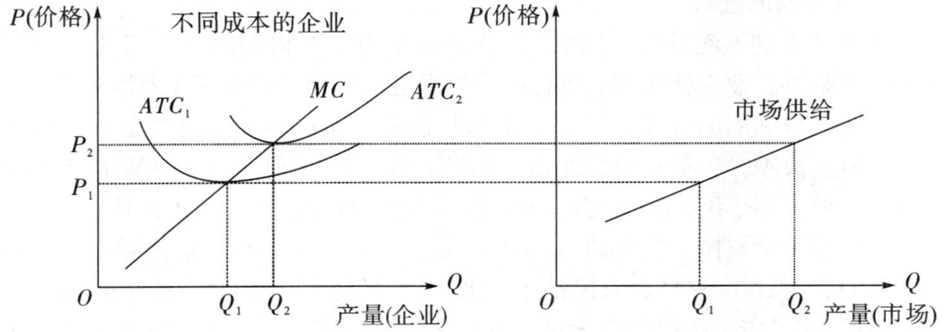

图 5.9　向右上方倾斜的供给曲线

如果企业有不同的成本，一些企业在长期中也能够赚到经济利润。在这种情况下，市场价格 P_2 代表成本最高的边际企业——如果价格有任何下降就退出市场的企业的平均总成本（ATC_2），这种企业赚到零利润，那么成本低的企业（成本为 ATC_1）就赚到了正利润。进入并没有消除这种利润，因为想要成为进入者的成本高于市场中已经存在的企业。

因此，由于这两个原因，市场上长期供给曲线会向右上方倾斜而不是水平的，这表明要引起较大供给量，较高的价格是必需的。由于企业在长期中比在短期中更容易进入或退出，所以长期供给曲线一般比短期供给曲线富有弹性。

第三节　竞争市场的效率分析

经济学家往往把完全竞争市场描述为最理想的市场状态，认为这样的市场最符合效率的要求。

一、竞争市场的均衡

在完全竞争市场上，需求曲线和供给曲线的交点形成市场均衡，这个均衡点就是资源得到有效利用的点。

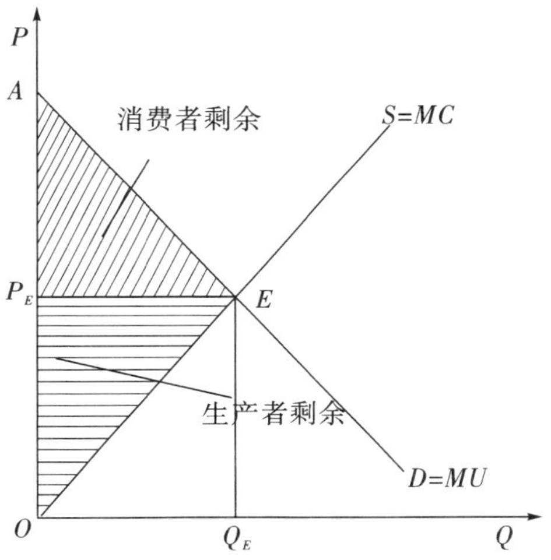

图 5.10　完全竞争市场的均衡

为什么这个均衡点（图 5.10 中的 *E* 点）就能够实现资源的有效利用呢？我们首先从需求曲线和供给曲线的经济含义来理解。

（一）供求曲线与最大化决策

需求曲线由消费者的选择行为来决定，而消费者按照效用最大化的目标来配置资源——收入，制定购买决策。为了在预算约束下获得最大效用，消费者力图使每单位货币买到最大的边际效用，因此消费者的需求曲线也是边际效用曲线，上面的每一点都表示消费者能够在约束条件下实现效用最大化。

供给曲线由生产者的选择行为来决定。生产者总是按照利润最大化的目标来决定产量，因此供给曲线也是企业的边际成本曲线，上面的每一点都表示了企业能够获得最大利润。

（二）市场均衡与资源配置的效率

市场上，消费者和生产者通过交易满足双方的需要，在均衡点（即供求曲线的交点）上，供给量等于需求量，价格既等于消费者获得的边际效用，也等于生产者的边际成本。在这种情况下，交易产生了最大的收益，这部分收益由消费者剩余和生产者剩余共同构成。

消费者剩余是消费者愿意支付的最高价格和实际支付价格之间的差额，即需求曲线与价格之间的面积，见图5.10中三角形 AEP_E 的面积；生产者剩余是生产者得到的价格与边际成本之间的差额，即供给曲线与价格之间的面积，见图5.10中三角形 OEP_E 的面积。

由于需求曲线上的每一点都能够满足消费者效用最大，而供给曲线上的每一点都能够满足生产者利润最大，所以均衡点既满足了消费者的要求，也满足了生产者的要求，在不存在外部性的情况下，资源实现了最优配置。

思考一下：

如果不在均衡点的产量水平和价格水平下，找出生产者剩余和消费者剩余的和，看看与均衡点相比有什么不同。

二、竞争市场的效率

如果没有外部性，完全竞争市场就能够实现效率，这时，收益归物品的卖者，而成本则由生产者承担。

实现完全竞争市场的效率有三个障碍，即垄断、公共物品和外部性。

（一）垄断

如果市场上只有一个或少数几个大企业提供产品，那么生产者就对市场价格有极大的影响能力，而不再只是价格的接受者。垄断企业为了增加利润有可能提高价格，并把产量限制在竞争水平之下，从而降低整个市场的效率。

为了抑制垄断的消极影响，多数政府都制定了反垄断政策。

（二）公共物品

什么是公共物品？一般的面包、衣服、轿车等产品，一些人消费就使其他人不能同时消费，具有排他性，这就是私人物品；而另一些物品，比如国防、干净整洁的环境、法律服务等，所有人可以同时消费，不具有排他性，这就是公共物品。

公共物品能够由完全竞争的市场来提供吗？考虑一下大街上的保洁服务。环卫工人的工作为人们提供干净整洁的环境，每一个经过这条大街的人都能够从环卫工人的劳动中获得好处，但是你会为此付钱吗？显然不会，因为你获得满足的同时并没有妨碍其他人也获得满足。

由于公共物品的消费不具有排他性，生产者无法确定向谁收费，所以就缺乏生产积极性，这些产品的市场供给量就会减少。竞争的市场结构不利于实现这些产品的效率。

思考一下：

教育、交通是公共物品还是私人物品？或者具有一部分私人物品的性质，同时具有一部分公共物品的性质？

（三）外部性

如果你的邻居修建了一个小型花园，你也能够因此观赏到漂亮的鲜花，从中得到好处。这就是说，邻居修建花园的行为带来了正的外部效应——使你能够从中受益。这时，邻居并没能得到修建花园的全部好处，尽管他为此付出了代价。

反过来，如果你的邻居养了一条爱吵闹的小狗，并且总是在深夜汪汪叫，毫无疑问，这会使你因为睡眠质量下降而非常头疼。这时，邻居养小狗的行为就产生了负的外部效应——使你的利益受到了损害。换句话说，养小狗的成本并不全部由邻居个人承担，你也分担了一部分。

外部性不仅仅存在于日常生活中，环境污染就是典型的外部性问题——企业生产产品的同时污染了环境，但环境污染带来的坏处是由全社会共同承担的。

在竞争性市场上，企业的成本曲线或者消费者的收益曲线并不衡量外部性带来的影响，因此不能准确地描述整个市场的效率。

本章小结

正是因为现实中存在各种各样的问题，完全竞争市场只是一个理想的模型，给我们的分析提供了一个比较的基础。由于现实中各个企业具有不同的生产组织能力，在竞争过程中产生优胜劣汰，部分企业脱颖而出，成为影响市场的重要势力，这时就可能产生垄断。因此，下一章我们就来考察另一个极端的市场结构——完全垄断。

第六章
完全垄断市场

内容提要：

与完全竞争市场不同，在只有单个生产者的行业，生产者不再是价格接受者，而是价格制定者，这样的市场就是垄断市场。本章主要介绍完全垄断市场的形成原因以及市场效率，并讨论关于垄断市场的公共政策。

重点掌握：

1. 垄断市场的形成原因；
2. 垄断厂商的生产决策；
3. 了解关于垄断的公共政策的影响和局限。

第一节　垄断的形成

市场势力是指生产者或消费者通过改变自己的决定而影响市场上产品总量或价格的能力，特别是影响市场价格的能力。

完全竞争市场中，买卖双方都没有影响市场总量和价格的能力，没有市场势力。现在我们考察另一种极端的市场——只有一个卖者的市场，它并没有面临竞争，并具有极大的市场势力，能够通过决定产量来决定市场价格，从而获得高额利润。

这就是垄断。在这个市场上，只有一个企业提供某种产品，并没有相近的替代品。垄断的例子并不少见，比如微软公司的视窗操作系统、高通公司的手机芯片、本地电话公司提供的通信服务、电力和自来水公司提供的服务等。

那么，垄断是怎样形成的？企业如何才能拥有市场势力呢？

垄断是在一些特殊原因下形成的，但最基本的原因是进入限制，垄断者能在其市场上保持唯一卖者的地位，是因为其他企业不能进入市场并与之竞争。当然，这种进入限制并不一定是人为的，可以分为以下三种：

第一，关键资源被一个企业占有；

第二，政府给予一个企业排他性地生产某种产品的权利；

第三，技术原因使一个企业比多个企业生产更有效率。

接下来我们分别讨论不同的产生垄断的原因。

一、资源型垄断

形成垄断的最简单的办法就是占据一种关键的生产资源。

比如，考虑一个小镇上水的市场。如果小镇上几十个家庭都拥有能用的井（第五章讨论的竞争模型描述了卖者的行为），结果，每单位水的价格被降到等于多抽取 1 单位水的边际成本。但是，如果镇上只有一口井，而且从其他地方不可能得到水，那么，井的所有者就垄断了水。因此，垄断者比竞争市场上任何一家企业都有大得多的市场势力，可以影响甚至决定市场价格。即使是边际成本非常低的水，垄断者也可以规定极高的价格。

以微软公司的视窗操作系统为例，增加 1 单位产品的边际成本不过是把软件复制到另一张磁盘上所引起的额外成本，非常低（盗版软件的价格不过几元），但微软公司可以把软件的价格定在很高的水平上——比如 1 000 元。

垄断者向顾客收取高价其实是非常自然的——市场上只有一个卖者，消费者除了向垄断者购买别无选择。但垄断者也不会无限制提高价格，因为价格太高会使需求量减少，消费者不购买产品。

虽然关键资源的排他性所有权是垄断的一个原因，但实际上垄断很少产生于此。因为现实经济如此巨大，资源通常由许多人拥有。而随着交易范围和市场规模的扩大，没有相近替代品的例子非常少。比如同样考虑小镇上水的市场，如果价格非常高，那么可能会有外地的矿泉水、桶装水进入本地市场，形成竞争。

二、行政垄断

在更多的情况下，垄断的产生是因为政府给予一个企业排他性地出售某种物品或劳务的权利，通过行政许可的方式从根本上避免了其他企业进入市场的可能性。

行政垄断有时是因为垄断企业的政治影响，所以欧美很多大企业都会赞助某些政治家竞选，成功之后就可以获得一些经营特权；在另一些时候，政府也会由于这样做符合公共利益而赋予垄断。比如，政府认为由国有企业来控制能源、交通等经济命脉是必要的，就赋予国有企业独家经营这些行业的权利。

（一）特许经营

行政垄断的第一种情况就是通过立法形成的政府特许经营或称专营，比如政府立法把邮政的专营权交给邮政局，只有邮政局能够从事邮政业务的生产经营，这就导致了邮政局的垄断。

（二）许可证制度

第二种是许可证制度，要进入某个行业就必须获得该行业的经营许可，得到许可证的企业就拥有了从事该行业的垄断权利。比如从事煤矿的经营，就必须获得政府颁发的许可证。

（三）专利和版权

颁布《专利法》和《版权法》是政府为公共利益创造垄断的典型案例。微软公司设计出了视窗软件，它就可以向政府申请专利。如果政府认为这种软件确实是原创性的，它就批准专利，该专利给予该公司在 15~20 年中排他性地生产并销售这种软件的权利。同样，当一个小说家写完一本书时，他可以有这本书的版权。版权是一种政府保证，它保证其他人在没有得到作者同意时就不能印刷并出售这本著作。版权使这个小说家成为他的小说销售的一个垄断者，比如《哈利·波特》系列小说的作者。

《专利法》与《版权法》的影响是容易理解的。由于这些法律使生产者成为垄断者，市场价格会高于竞争时的情况。但是，通过允许这些垄断生产者收取较高价格并赚取较多利润，这些法律也鼓励了一些符合公共利益的行为。允许微软公司成为他们设计的软件的垄断者是为了鼓励公司的技术研究；允许作者成为销售他们著作的垄断者是为了鼓励他们写出更多更好的书。因此，决定专利和版权的法律既有收益也有成本。《专利法》和《版权法》的收益是增加了对创新活动的激励。

三、自然垄断

在某些产品市场上，一个企业提供产品比多个企业更有效率，这就形成了自然垄断。

（一）避免重复建设

水、电、电信等产品的生产都有一个共同的特点，那就是在初期需要进行大量的基础设施建设，比如自来水的提供就首先需要铺设大量管道。

如果 A 公司为某个小区提供自来水，就需要进行管道铺设；如果还有一个 B 公司进入这个市场，那么也需要进行同样的管道铺设——对于整个社会而言，这就形成了重复建设，是资源的浪费。

（二）规模经济

由于这些行业需要大量固定资本投入，产品的生产容易产生规模经济效应，这就导致了自然垄断的形成。

图 6.1 表示有规模经济的企业的平均总成本，是一条 L 形的曲线。随着产量增加，平均总成本逐渐降低，并且在产量达到一定水平之后，这个平均总成本水平就比较稳定了。在这种情况下，一个企业可以以最低的成本生产任何数量的产品。这就是说，在任何一种既定的产量时，企业数量越多，每个企业的产量越少，平均总成本越高。

同样考虑小区供水的例子。如果 B 公司或者更多的其他企业进入该市场，每个企业都必须支付铺设水管网的固定成本，却只能分得较少的产量，平均总成本较高。因此，一家企业提供产品是最有效率的——此时平均总成本最低，市场价格也最低。共享单车、网络打车等平台公司，也是积极谋求规模经济和垄断地位的典型案例。

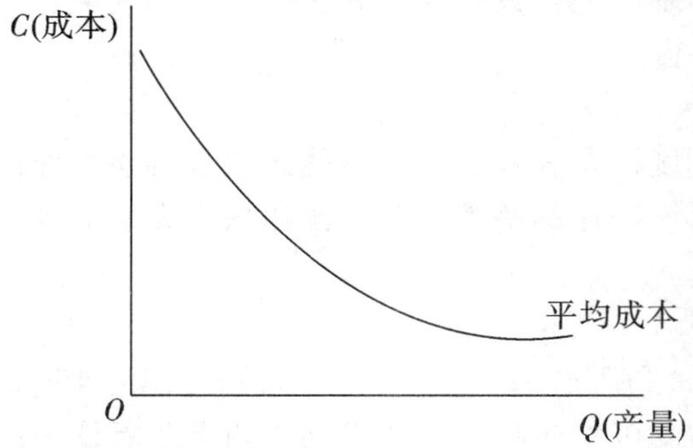

图 6.1　规模经济

（三）公共物品

自然垄断的另一个例子是具有公共物品性质的产品。考虑一条高速公路，可以通过设立收费站来向消费者收费。但是高速公路的使用具有公共物品的性质——一辆车使用公路并不影响其他车辆使用这条路。修路有固定成本，而增加一个使用者的边际成本微乎其微，所以，使用公路的平均总成本（总成本除以过路车次）随着过路车辆增加而减少。因此，高速公路是一种自然垄断。

当一个企业是自然垄断企业时，它并不太关心有损于其垄断力量的新进入者。因为想进入者知道，他们达不到垄断者所享有的同样的低成本——如果进入市场，每个企业的市场份额都更小一些，那么生产规模较小决定了该企业不能在平均总成本最低的水平下生产。

在某些情况下，市场规模也是决定一个行业是不是自然垄断的一个因素。同样是高速公路，如果使用者较少，那么一条公路就能够满足所有消费者的需要，这时只有一条公路是有效率的；如果使用者非常多，那么这条公路也许会非常拥挤，满足消费者需要的也许是两条或更多条公路，其他企业进入该市场就是有利可图的。因此，随着市场规模的扩大，垄断市场也会变为竞争市场。

思考一下：

学校食堂的垄断经营属于哪种类型？

第二节 垄断者的决策

我们已经知道了垄断市场是如何产生的，现在就要进一步考察一个垄断者如何运用手中的市场势力来为自己谋利。

为了考察垄断者利润最大化的产量和价格决策，我们首先来分析企业的收益和成本。

一、垄断者的收益

企业的收益与产量之间有什么样的联系？我们首先来考察企业的需求状况。

（一）垄断者的需求曲线

前面我们说过竞争企业的总收益 TR 与产量 Q 成正比。其原因就在于完全竞争市场上市场价格是固定的，在这个价格水平下企业可以提供任意一个可能的产量，其需求曲线是一条直线，如图 6.2 中的（a）图所示。

但是垄断企业的总收益肯定会有所不同，首先就是垄断企业是市场上唯一的生产者，其产量就是市场总供给量，改变产量意味着改变了市场供求关系，会导致价格的变动。因此，产量变动对总收益的影响是双方面的——产量增加会使得总收益增加，但是同时导致价格下降会使得总收益减少。垄断企业的需求曲线如图 6.2 中的（b）图所示。

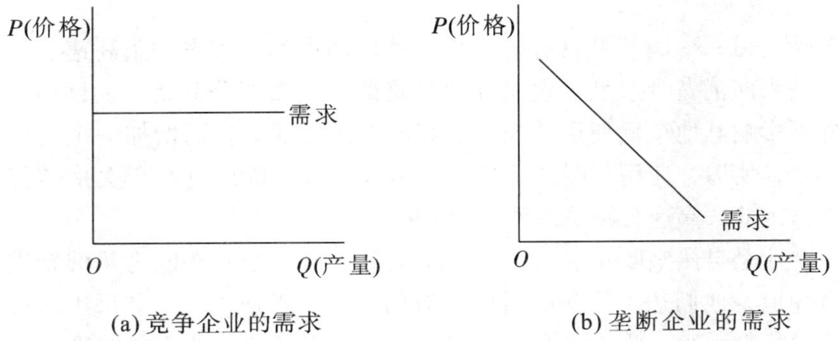

图 6.2　不同市场的需求曲线

正是因为垄断者面临着向右下方倾斜的需求曲线，它才不能任意提高产品的价格——垄断的微软公司把视窗软件的价格定为1 000元而不是10 000元，就是因为更高的价格会使需求量降低。

(二) 垄断者的边际收益

假设一个垄断企业的收益满足表6.1中的数据。

表6.1　垄断企业的总收益、平均收益和边际收益

产量	价格	总收益	平均收益	边际收益
$Q=10-2P$	$P=5-0.5Q$	$TR=P\times Q$ $=5Q-0.5Q^2$	$AR=TR/Q$ $=5-0.5Q$	$MR=\frac{dTR}{dQ}=5-Q$
0	5	0		
1	4.5	4.5	4.5	4
2	4	8	4	3
3	3.5	10.5	3.5	2
4	3	12	3	1
5	2.5	12.5	2.5	0
6	2	12	2	-1
7	1.5	10.5	1.5	-2
8	1	8	1	-3

前两栏（产量和价格）表示需求关系，随着产量增加，价格降低。也就是说，如果企业想要卖掉更多的产品，就不得不向消费者收取更低的价格。

第三栏表示企业的总收益，总收益等于价格与数量的乘积。随着产量增加，总收益先增加后减少。

第四栏表示平均收益，即每出售1单位产品，企业能够获得的收入，平均收益等于价格。

第五栏表示边际收益，即企业每增加1单位产量能够带来的总收益的增加。按照计算，当企业产量从3单位增加到4单位时，总收益从10.5增加到12，那么边际收益就是 1.5。

经济分析总是考虑边际量，从表 6.1 中可以得到一个重要的结论：垄断者的边际收益总是小于其价格。因此，我们可以根据需求曲线来确定垄断企业的边际收益曲线（见图 6.3）。

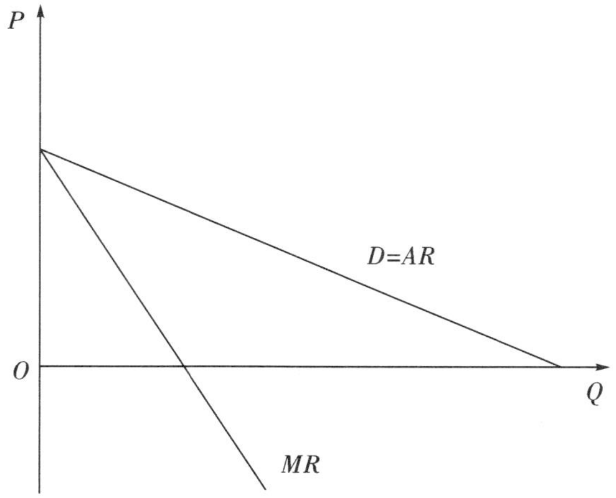

图 6.3　垄断者的需求和边际收益曲线

二、垄断者的利润最大化决策

企业的目标总是实现利润最大化，不论是竞争性企业还是垄断企业都追逐这个最终目标。

（一）垄断者产量的决定

同时考虑垄断者的收益和成本（如图 6.4 所示），厂商的利润最大化的产量是由边际成本等于边际收益决定的，因此我们主要考虑边际成本曲线和边际收益曲线。

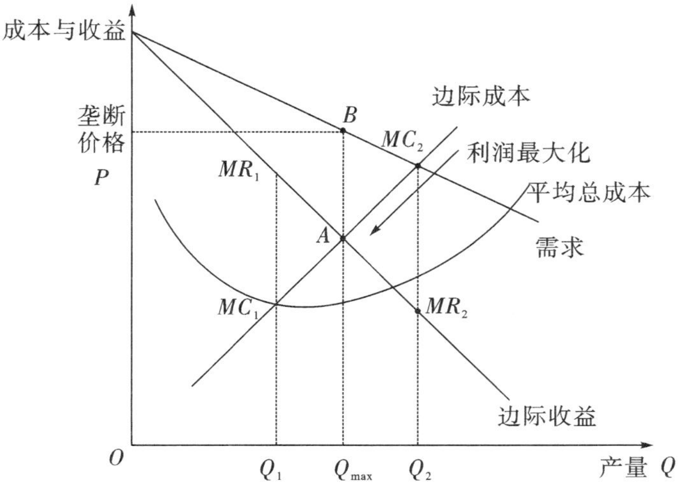

图 6.4　垄断者的利润最大化

如图 6.4 所示，垄断者面临收益和成本的双重约束，当边际成本曲线和边际收益曲线相交于 A 点时，实现利润最大化，此时企业决定提供 Q_{max} 的产量。

在这个生产水平下，市场上产品的供给量也就是 Q_{max}，根据需求曲线，消费者愿意支付的最高价格为 P（对应于图 6.4 中的 B 点）。因此，垄断者将产品价格定为 P，这是一个垄断价格。

为什么说 A 点确定的产量水平就是最合适的呢?

我们首先假设在一个较低的水平上进行生产，比如产量为 Q_1，此时，边际成本 MC_1 小于边际收益 MR_1，意味着增加产量能够带来利润增加；反过来，如果是一个较高的产量水平，比如 Q_2，此时企业的边际成本 MC_2 大于边际收益 MR_2，意味着减少产量节省的成本比减少的收益更多，因此应当减少产量。只有在 Q_{max} 的产量水平下，边际成本等于边际收益，意味着每单位产品的边际成本恰好得到弥补，因此企业利润最大化的产量仍然是由 $MC=MR$ 决定的。

无论竞争市场还是垄断市场，企业利润最大化的产量都是由 $MC=MR$ 决定的，这一点双方相同。不同的是价格与边际收益和边际成本之间的关系。

（1）在竞争市场上，价格与边际收益、平均收益始终相等，因此在利润最大化的产量水平上，存在 $P=MR=MC$。

（2）在垄断市场上，边际收益始终小于价格，因此在利润最大化的产量水平上，存在 $P>MR=MC$。

在图 6.4 中，一旦企业根据 $MC=MR$ 确定了产量水平 Q_{max}，就可以联系需求曲线找到对应的 B 点，然后决定产品的价格 P。

我们发现，竞争企业只能按照与边际成本相等的价格出售产品，而垄断企业却可以通过市场势力的运用而得到高于边际成本的价格。

（二）垄断企业的价格决策

完全竞争市场上的企业只能是价格的接受者，这些企业就没有影响价格的能力，不存在价格决策。但垄断企业不同，它有决定价格的能力，为了获得更大利益，企业有两种定价方式。

1. 单一价格

单一价格垄断者是必须按照统一价格向所有顾客出售每 1 单位产品的企业。这是我们主要讨论的定价方式。

2. 价格歧视

许多企业实行价格歧视，以不同价格出售不同数量的产品。比如，在买水果的时候，小贩告诉你橘子 2 元/千克，但是如果购买 3 千克，就只需要 5 元，这就是典型的价格歧视的做法。还有航空公司往往以不同的折扣出售机票，比如成都到北京的机票 7 折，但如果同时购买返程票，则返程票只需要 3 折。

价格歧视表面上有利于消费者：买得越多，单价越低。事实上它是以消费者愿意支付的最高价格出售每单位产品，为企业赚取最大可能的利润额（如图 6.5 所示）。

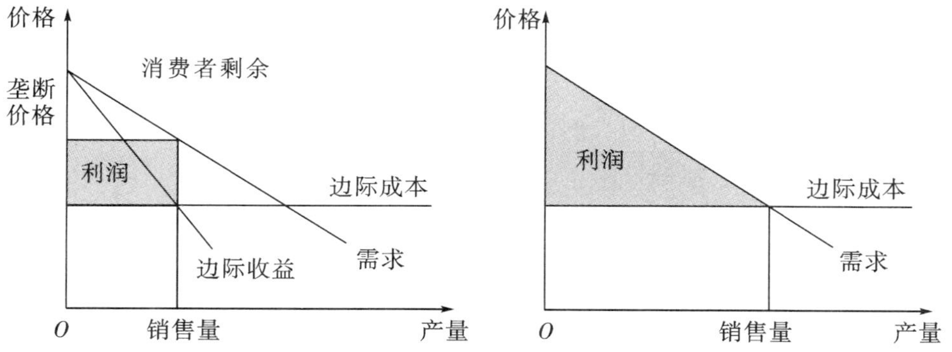

(a)单一价格垄断者　　(b)完全价格歧视垄断者

图 6.5　有无价格歧视的福利

如果实行单一价格，企业获得的利润额如图 6.5 中（a）图所示，而实行价格歧视的垄断者则能够获得图 6.5（b）图中阴影部分面积的利润——实行价格歧视时，垄断者将所有的消费者剩余变为了自己的利润。

第三节　垄断市场的效率分析

上一章我们说竞争市场能够实现资源的有效利用，是有效率的。那么垄断市场呢？

一、垄断者的利润

企业的利润 $\pi=TR-TC$，即总收益减去总成本。这个式子也可以写成：

$$\begin{aligned}\pi &= Q\times\left(\frac{TR}{Q}-\frac{TC}{Q}\right)\\ &= Q\times(AR-ATC)\\ &= Q\times(P-ATC)\end{aligned}$$

从图形当中可以直观地观察到，垄断企业的利润为垄断价格水平与平均总成本之间的差额（图 6.6 中长方形 $BCDE$ 部分的面积）。

很明显，垄断者比竞争企业能够赚到更多的利润，所以大多数企业都争取获得市场势力。垄断者获得高利润是公平的吗？这是一个非常难回答的问题。我们首先还是用消费者剩余和生产者剩余的概念来分析整个社会的福利水平。

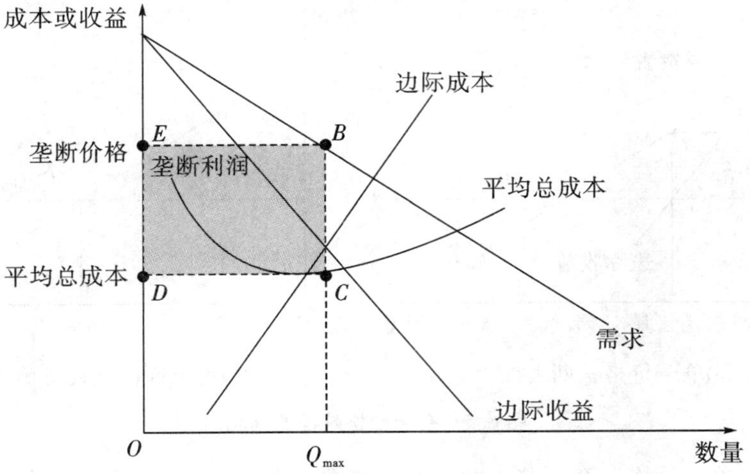

图 6.6　垄断者的利润

二、垄断市场的福利

垄断者依靠市场势力向消费者收取高价，这显然不符合消费者的意愿，但我们并不能说生产者得到更多、消费者得到更少就是不合理的，判断垄断市场的效率要从全社会的福利水平来考虑。

（一）垄断市场的消费者剩余和生产者剩余

如图 6.7 所示，垄断企业根据边际成本与边际收益相等的点 C 确定产量水平 Q_1，然后根据这个产量水平对应的需求曲线上的 A 点确定价格 P_1，这就是垄断价格的确定。

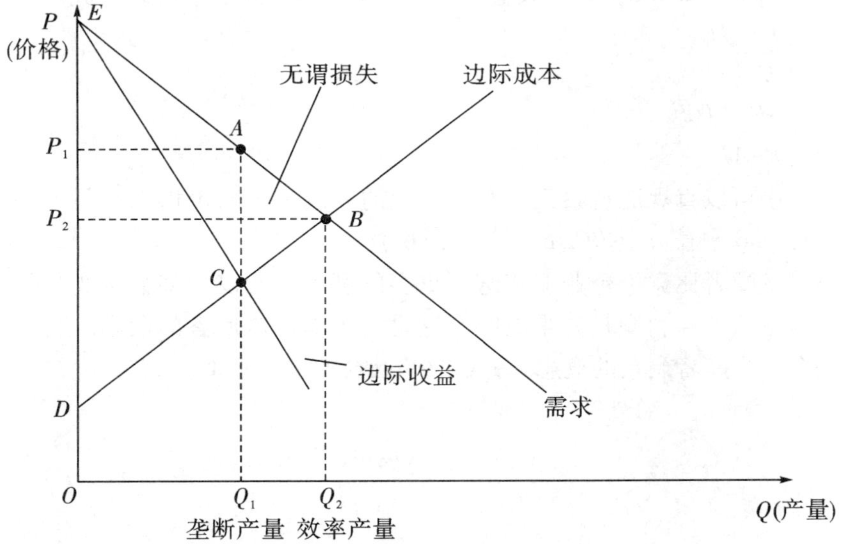

图 6.7　垄断市场的福利损失

在价格为 P_1，产量为 Q_1 时，消费者剩余为三角形 AP_1E 部分的面积，而生产者剩余为梯形 $ACDP_1$ 部分的面积，两者之和为梯形 $ACDE$ 的面积。

（二）垄断市场的无谓损失

假如市场上存在某种力量，比如市场管理者能够使得企业按照 $P=MC$ 的价格出售商品和提供产量，即按照图 6.7 中的 P_2 水平确定产量为 Q_2，这就类似于竞争性定价的结果。

在 Q_2 与 Q_1 之间增加 1 单位产品，消费者愿意支付的价格（需求曲线）比企业承担的成本（边际成本曲线）更高，这部分生产是符合效率的。因此，B 点是符合社会效率的均衡点，即需求曲线与边际成本曲线相交的点。

比较之下很容易发现，$Q_2>Q_1$，因此垄断企业的产量 Q_1 低于社会有效率的产量 Q_2——这是垄断市场无效率的一个表现。

垄断市场无效率的另一个表现是导致了无谓损失——图 6.7 中三角形 ABC 部分的面积。考察在有效率的 B 点上，消费者剩余是三角形 EBP_2 的面积，生产者剩余是三角形 DBP_2 的面积，两者之和为三角形 EBD 的面积。与前面垄断市场上的社会总剩余（梯形 $ACDE$ 的面积）进行比较，垄断市场的社会总剩余更少一些，缺少的这部分（三角形 ABC 的面积）就叫作无谓损失。

因此，垄断的福利损失表现在两个方面：一是产量更少，有一部分消费者愿意购买而企业也能够生产的产量——图 6.7 中（Q_2-Q_1）部分没有被生产出来；二是造成了社会总剩余的无谓损失——三角形 ABC 的面积。

（三）寻租

由于垄断企业能够获得高额利润，而政府可以制造行政垄断，因此企业会为了谋取垄断地位而向政府进行游说。政府有关部门也可能利用手中掌握的垄断权力而获得好处。

这就是垄断下出现的寻租现象。寻租是为了获取消费者剩余、生产者剩余或经济利润的努力，寻租并不仅限于垄断，但努力获取垄断的经济利润是寻租的主要形式。

寻租现象也会导致福利损失，因为企业寻租的努力导致了成本的产生，却没有相应的产出。同时，企业寻租还可能导致政府腐败。

思考一下：

垄断主要带来哪些影响？

第四节　关于垄断的公共政策

通过对垄断市场的效率分析，我们发现与竞争市场相比，垄断不能有效地配置资源。垄断企业提供的产量小于社会合意的产量（对买卖双方都有利），而且，垄断企业收取的价格高于边际成本。为了克服垄断带来的各种问题，政府往往会制定一些反垄断的公共政策。

一、反垄断法

大多数国家都有反垄断的法案，政府通过立法阻止垄断势力的形成，认为垄断势力的存在会影响市场的效率，导致整个社会福利的减少。由于美国市场经济发展的程度较高，而且一贯主张经济自由主义，所以我们这里就主要以美国为例。

如果美国最大的汽车公司——通用和福特汽车公司想合并，那么，司法部的律师和经济学家会有力地确认，这两家大汽车公司之间的合并会使美国汽车市场的竞争性大大减弱，从而引起整个国家经济福利减少。如果是这样的话，司法部将在法庭上对合并提出诉讼，而且，如果判决同意，就不允许这两家公司合并。正是这种诉讼阻止了微软在1994年购买图文公司。

政府对私人行业行使的这种权力来自《反托拉斯法》，即目的在于遏制垄断权力的法律集成。第一个也是最重要的《反托拉斯法》是《谢尔曼反托拉斯法》，美国国会在1890年通过了这个法案，以减少当时被认为主宰经济的大而强的“托拉斯”的市场势力。1914年通过的《克莱顿法》加强了政府的权力，并使私人民事诉讼合法。正如美国最高法院曾经说过的，《反托拉斯法》是“最全面的经济自由宪章，其目的在于维护作为贸易规则的自由而不受干预的竞争”。

《反托拉斯法》给予政府促进竞争的各种方法。它们允许政府阻止合并，例如我们假设的通用汽车公司和福特汽车公司之间的合并。它们也允许政府分解公司。例如，政府1984年把大型通信公司——美国电话电报公司（AT&T）分为八个较小的公司。最后，《反托拉斯法》禁止公司以使市场竞争减弱的方法协调它们的活动，即禁止垄断企业运用其市场势力损害消费者和社会整体的权益。

中国政府也有类似的举动。1994年7月，为了打破中国电信对基础电信领域的独家垄断经营，组建了中国联合通信有限公司，使得中国电信史上第一次有了竞争的概念；2002年，为了打破电信对固定电话市场的垄断，中国电信被南北拆分，原属中国电信的北方10省通信公司加上之前的中国网通、吉通公司等组成了中国网通集团公司，剩余南方21省电信公司成立新的中国电信集团公司；2008年，为了创造电信业的竞争环境，电信业进行了第三次重组，改组之后的新移动、新电信和新联通公司具备了基本相同的运营能力，形成全新的竞争格局。

《反托拉斯法》的应用并不像看起来那么简单，政府必须要准确衡量垄断的影响，因为垄断的形成并不全是负面效应。有时公司合并并没有减弱竞争，而是通过更有效率的联合使生产降低了成本。这些合并的收益有时称为“合并效应”。例如，美国波音和麦道公司的合并使得美国大型民用客机在国际市场上具有更强的竞争力。垄断还有促进科技进步的作用，因为垄断公司更有可能投入大量人力和资金在产品的研发上。比如曾经垄断美国电信业的美国电话电报公司（AT&T）依靠公司雄厚的力量，建立了贝尔实验室，该实验室对战后的科技发展起到了巨大的推动作用。

《反垄断法》引起的争论在起诉微软垄断案中得到了集中体现。美国司法部起诉微软公司运用其市场势力侵犯消费者权益——比如将视窗软件和探路者搜索引擎捆绑销售，并且压制了软件市场的竞争，要把微软一分为三。而大多数经济学家则认为微软垄断地位的获得是市场竞争的结果，打击微软将打击企业的积极性。最后虽然认定了微软公司的垄断，却没有分拆微软公司。

二、价格管制

垄断的影响直接表现在产品的高价上，所以大多数政府都通过价格管制来减弱垄断的负面影响。比如限制电力、自来水的最高价格，以及为手机漫游费和长途话费制定最高价格标准。

但价格管制也有一个很大的问题：如何给企业价格制定标准呢，或者说政府应当要求企业按照什么价格出售产品呢？

自然垄断行业的一个特点就是边际成本很小，比如铺设管道之后，增加 1 单位自来水的提供就只需要花费很少的成本（如图 6.8 所示）。因此，边际成本曲线低于平均总成本曲线的位置。

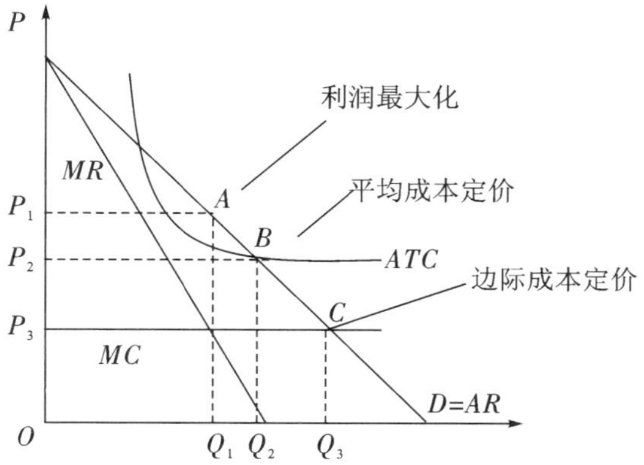

图 6.8 受管制的自然垄断

（一）垄断定价

在没有管制的情况下，垄断企业根据 $MR=MC$ 确定产量水平 Q_1，这个产量水平对应于需求曲线上的 A 点，由此确定的价格为 P_1。

这时对于垄断企业来说实现了利润最大化。

（二）边际成本定价

很多人认为应该按照企业的边际成本定价，即按照边际成本曲线与需求曲线的交点 C 来确定产量 Q_3 和价格水平 P_3，这时实现了资源的配置效率。

但是，边际成本定价制度有两个问题。

1. 企业有亏损

由于自然垄断企业的特点，边际成本曲线低于平均总成本曲线，企业每生产 1 单位产品都会产生亏损。如果要求企业按照平均成本定价，那么企业无法长期经营下去，可能退出该行业。

为了克服这一点，政府可能采取两个办法来解决：一是对企业实行财政补贴，弥补企业的亏损——这就可以理解为什么政府可能会补贴水电公司；另一个办法就是实行价格歧视，允许企业对不同数量的产品收取不同的单价，以避免亏损。考察一下支付的电话费，你就会发现其中一部分是每月收取的固定收费——这部分可能用于弥补固定成本，另一部分是按照使用量来进行收费——用于弥补边际成本。

2. 打击企业降低成本的努力

边际成本定价导致的第二个问题是：价格管制消除了企业降低成本的积极性。企业降低成本的最大的动力在于获取更高的利润，如果企业知道一旦其成本降低，管制者就会要求企业降低价格，结果就是企业的利润不变。企业不能从降低成本的努力中获益，那么企业就不会努力改进技术和提高管理水平，最终对整个行业的发展带来不利的影响。

（三）平均成本定价

还有一些人提出按照平均成本水平来定价，通过确定平均成本曲线 ATC 与需求曲线的交点 B，确定其价格水平 P_2 和产量水平 Q_2。

平均成本定价意味着企业能够弥补成本，并且获得正常利润。这个结果虽然没能实现资源的配置效率，但却是更为常用的一种办法。与没有管制的利润最大化决策相比，平均成本定价使消费者的状况更好一些，能够买到更多的产品，消费者剩余更多；与边际成本定价相比，平均成本定价使得生产者的状况更好一些，企业能够赚到正常利润。

但平均成本定价也不能克服对垄断者积极性的影响。如果企业降低成本，管制者就会要求降低价格，打击了企业降低成本的积极性。

三、国有化经营

政府解决垄断问题的第三种办法是实行公有制，将自然垄断企业变为国有企业，由政府直接经营管理。

这种做法在欧洲国家是常见的，尤其是第二次世界大战之后，英国等国家经历了国有化浪潮，由政府直接经营并管理电话、供水、电力公司。在中国，邮政、交通等行业也是国有经营。

国有化经营的一个好处就是将私人企业利润最大化的目标转变为服务社会，不再为了高额垄断利润而制定高价。

但国有化经营不能避免的是政府的官僚体制。如果经营者不能很好地管理企业，遭受损失的是纳税人而不是经营者，因此他不一定能够有效地管理经营企业。官僚还有可能成为一个特殊的利益集团，并企图阻止降低成本的改革。“以成本定价”的垄断企业缺乏降低成本的动力，可能会妨碍新技术的应用。比如，国有垄断的电信企业按照自己的成本定价，利润水平比较稳定，没有市场价格对成本形成约束，那么厂商就倾向于在设备自然淘汰之后再采用新技术；另一方面，政府管制下的垄断使得国有电信企业的地位非常稳固，没有降低成本的动力，掌握了新技术的企业却可能因为没有经营许可而被市场拒之门外。

由此可见，垄断带来了很多问题，而针对垄断的政策也有缺点。因此，一些经济学家认为，政府通常最好不要设法解决垄断定价的无效率。经济学家乔治·斯蒂格勒（George Stigler）曾由于产业组织的研究获得诺贝尔奖，下面是他在《财富经济学百科全书》中的一段论述：

经济学中的一个著名定理认为，竞争性企业经济将从既定资源存量中产生最大可能的收入。没有一个现实经济完全满足这个定理的条件，而且，所有现实经济都与理想经济有差距——这种差距称为“市场失灵”。但是，按我的观点，美国经济“市场失灵”的程度远远小于植根于现实政治制度中经济政策不完善性所引起的“政治失灵”。

本章小结

本章讨论了有市场势力的企业的行为，以及这些定价和生产决策的影响。垄断是一种极端的市场结构，即市场上只有一个卖者，没有其他替代品能够形成竞争。此时企业不再是价格接受者，而是产品价格的决定者。

垄断者追求利润最大化，在边际收益等于边际成本的时候确定产量，并根据需求曲线和该产量水平制定价格——这就是垄断高价。由于垄断者生产更少的产品、向消费者收取高价，所以造成了无谓损失，不能实现资源的配置效率。

为了解决垄断引起的问题，政府可能采取一些公共政策来解决，但这些政策本身也会带来一些其他的问题，所以也有经济学家认为政府应当对垄断无所作为。

资料延伸

微软垄断案

1998 年 5 月 18 日，美国司法部部长和 20 个州的总检察官对微软提出反垄断诉讼。司法部对微软提出六项指控：引诱网景公司（NETSCAPE）不与其竞争；与因特网服务商和在线服务商签订排他性协议；与因特网内容服务商签订排他性协议；在合同中限制电脑制造商修改和自定义电脑启动顺序和电脑屏幕；与 Windows95 捆绑销售因特网浏览器软件；与 Windows98 捆绑销售因特网浏览器软件。

2000 年 4 月 3 日，微软被判违反《谢尔曼法》。4 月 28 日，美国司法部和 17 个州要求杰克逊法官将微软分割为两家公司。6 月 7 日，杰克逊法官做出裁决，要求微软必须拆分为两个公司，一家经营 Windows 个人电脑操作系统，另一家经营 Office 等应用软件和包括 IE 浏览器在内的网络业务。

2001 年 9 月 6 日，司法部宣布不再寻求通过分割的方式来处罚微软，并且撤销了有关微软非法将其网络浏览器和“视窗”操作系统捆绑在一起销售的指控。11 月上旬，微软和美国司法部达成妥协，条件是：微软同意 PC 制造商可以自由选择视窗桌面，微软公开视窗软件部分源代码，使微软竞争者能够在操作系统上编写应用程序。2002 年 11 月，接替杰克逊法官的科特琳法官宣布，同意微软和司法部达成的反托拉斯和解协议的绝大部分内容。和解协议内容包括：阻止微软参与可能损及竞争对手的排他性交易；要求电脑制造商使用统一的合同条款；允许制造商和客户去除标志一些微软特征的图符；要求微软公布部分技术数据，使软件开发商编写的 Windows 应用程序能够具有与微软产品相当的性能。

2003 年 10 月，微软声称同意支付约 2 亿美元作为对五个州及哥伦比亚特区的消费者集体诉讼的和解费用。此前，微软已就 10 个州的集体诉讼达成了和解，和解费用总计为 15.5 亿美元。

2004 年 3 月，欧盟裁定微软构成反垄断，要求微软提供一套不捆绑“Windows Media Playar”播放器的 Windows 操作系统，提供竞争对手的服务器软件如何在 Windows 系统上平滑运行的详细信息，并且还要接受一笔价值 6.13 亿美元的罚款。对于欧盟的判决结果，微软已向欧盟初审法庭提出暂缓执行裁决的要求。

第七章
寡头和垄断竞争

内容提要：

完全竞争和完全垄断都是极端的市场结构模型，大多数行业都既不是一家垄断，也不是完全竞争，而是既有一些大企业，也有一些小企业。因此本章主要讨论的是处于中间的市场结构，既要面临一定的竞争，也有一定的市场势力，这就是不完全竞争。

不完全竞争的类型有两种：寡头和垄断竞争。

重点掌握：

1. 寡头和垄断竞争市场的特点；
2. 寡头和垄断竞争对市场效率的影响；
3. 博弈论的简单模型。

1994年以前，只有一家提供个人电脑芯片的公司——英特尔公司，奔腾处理器的价格在1993年时定在1 000美元以上，然而，到了1996年春天，奔腾系列处理器的价格降到不足200美元。是什么原因导致了芯片价格的迅速下降？因为英特尔公司遇到了高级微型设备公司和Cyrix公司这样一些新企业的挑战。

提供个人电脑芯片的企业只有少数几个，这就是典型的寡头市场。在这样的市场上，任何一个卖者的行为对其他企业的利润都有极大的影响，因此寡头之间既相互竞争，又相互依赖。

与寡头市场不同，垄断竞争市场上有许多企业，它们出售的产品既有相似之处又不完全相同。比如唱片市场，这个市场上提供成千上万种产品——不同歌手的唱片、不同曲目的唱片，因此唱片市场是极富竞争性的；另一方面，唱片市场又具有垄断性，因为每一张唱片都是独一无二的，这就使得生产者是价格决定者而不是接受者。在垄断竞争市场上，企业要投入大量资金制作广告。

为了理解广告宣传、优惠券和价格战等经济现象，我们在本章中进一步考察不完全竞争的市场结构模型——寡头和垄断竞争。

第一节　寡头市场

一、寡头市场的约束

在不同类型的市场上，企业有不同的生产和定价策略，所以考察企业行为的第一个问题是把握市场竞争环境。图 7.1 简单描述了不同市场结构的区别。

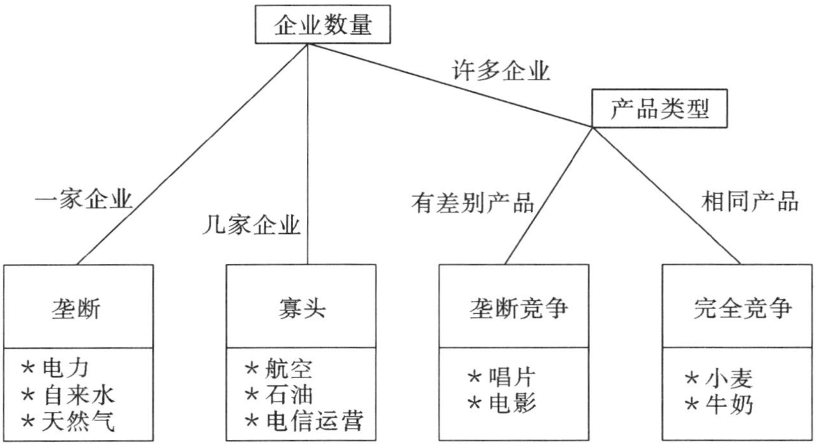

图 7.1　四种市场结构类型

（一）寡头市场的特点

从图 7.1 中可以看到，如果一个市场上只有一家企业，就是垄断市场；如果只有几家企业，就是寡头市场；如果有许多企业，就要考察产品是否有差别——有差别的是垄断竞争市场，无差别的是完全竞争市场。

当然，实际运用的时候并不是这样泾渭分明。比如，在判断产品是否有差别的时候，我们也很难说伊利牛奶和蒙牛牛奶到底是相同产品还是不同产品。

寡头市场的特点就是只有少数几个生产者，并且生产的是相同的产品。寡头企业之间互相影响，因此，寡头的关键特征是合作与利己之间的冲突。换句话说，市场利润是一块大蛋糕，现在几个寡头要来分这个蛋糕，如果相互合作，蛋糕更大一些。但由于每个寡头都只关心自己能分到多少蛋糕，所以其定价和生产决策可能导致整个蛋糕的缩小。

在讨论寡头市场的时候，我们一般假定只有两个企业，即双寡头，比如中国石油天然气集团公司（简称中石油）和中国石油化工股份有限公司（简称中石化）、可口可乐和百事可乐等。

（二）市场需求与企业的收益

假设本地汽油市场上只有中石油和中石化两家企业——典型的双寡头。它们面临着共同的市场需求状况，假定其收益满足表 7.1 中的数据。

表 7.1 总需求和总收益

产量 Q	价格 P	边际成本 MC	总收益 TR	总利润 π
0.6	12	3	7.2	5.4
1.8	11	3	19.8	14.4
3	10	3	30	21
4.2	9	3	37.8	25.2
5.4	8	3	43.2	27
6.6	7	3	46.2	26.4
7.8	6	3	46.8	23.4
9	5	3	45	18
10.2	4	3	40.8	10.2
11.4	3	3	34.2	0

从表 7.1 中可以看到，在汽油市场上，需求量与价格反方向变动，因此两个企业的总收益和总利润随着数量增加先上升后下降。

从表 7.1 中已经列出来的数据可以看到，当价格 $P=8$，产量 $Q=5.4$ 时，两个企业的总利润最大。

在这个寡头市场上，中石油和中石化将如何决定自己的产量和价格呢？

二、完全竞争、垄断和寡头市场均衡

在考察寡头企业的行为之前，我们还是先来考虑一下已经讨论过的完全竞争和垄断市场的均衡。

（一）完全竞争市场的均衡

如果是一个完全竞争市场，那么所有企业都只能按照与边际成本相等的价格出售产品，即表 7.1 中的 $P=3$，此时企业获得的经济利润为 0，而资源得到了最优配置。因此，完全竞争市场上有效率的价格是 3，均衡产量为 11.4。

（二）垄断市场的均衡

如果是一个垄断者，那么就会在利润最大的水平下确定产量和价格，因此，垄断市场的结果是价格为 8，产量为 5.4，此时利润水平最高，是 27。

（三）寡头市场的均衡

在双寡头市场上，最终又会形成一个什么样的市场均衡呢？

1. 合作

一种可能是两个企业联合起来，像垄断企业一样行事，并就汽油的价格和产量达成一致。企业之间有关于生产和价格的这种协议被称为“勾结”，这些行动一致的企业集团被称为“卡特尔”。

一旦寡头企业之间形成了卡特尔，实际上就是一个垄断市场，与我们上一章讨论的结果相同。不同的是寡头企业之间还需要就市场份额达成协议——中石油占领一定份额的市场，中石化占有另一部分。

2. 分别决策

虽然寡头企业都希望获得最大利润，但它们毕竟不是真正的垄断者，而且法律也禁止企业之间签订关于价格和产量的协议。同时，卡特尔成员之间为了争夺利润和市场份额也常常发生争斗，最后导致卡特尔解散。因此，我们还需要考虑寡头企业分别决策的情况。

利润最大化的产量是 5.4，如果中石油和中石化分别生产 2.7，那么它们分别能够获得 13.5 的利润。但这时，中石油可能会考虑：我可以多生产一些产品，比如增加 1.2 单位到 3.9 单位（为了在表格中找到现成的数据），市场总产量变为 6.6，而价格变为 7 元，那么中石油的利润就是（7−3）×3.9＝15.6。尽管市场总利润减少了，但中石油的利润增加了，并且市场份额增加，是有利的——当然，中石化也一样。

于是，中石油和中石化各增加 1.2 单位产量，导致市场总产量从 5.4 增加到 7.8，而价格从 8 元下降到 6 元，两个寡头分别能够得到 11.7 的利润。

因此，在两个寡头分别决策的情况下，由于都只是从利己的角度考虑问题，使得市场总产量高于垄断市场的水平，市场价格较低，企业赚到的总利润也小于垄断利润。

但是，分别决策并不会使寡头市场的生产水平和竞争市场一样。考虑中石油从 3.9 单位的产量水平上继续增加，它会发现虽然产量增加，但由于市场价格下降会使得自己得到的利润减少。因此，两个企业各生产 3.9 单位的产量水平看起来很像一个均衡，这就是纳什均衡（为了纪念经济学家约翰·纳什而命名）。

纳什均衡是相互作用的经济主体，每个人都在另一方所选择的战略为既定时，选择自己的最优战略。每个寡头企业在决定自己的产量时，都首先假定竞争对手的产量水平一定，然后确定自己利润最大化的产量。

当寡头企业个别地选择利润最大化的产量时，它们的产量大于垄断的产量水平，但小于完全竞争的产量水平。寡头价格小于垄断价格，但大于完全竞争价格（竞争价格等于边际成本）。

思考一下：

石油的主要生产国家形成了一个卡特尔，称为世界石油输出国组织（OPEC，欧佩克）。在 1960 年成立时，欧佩克包括伊朗、伊拉克、科威特、沙特阿拉伯和委内瑞拉。到 1973 年，又有卡塔尔、印度尼西亚、利比亚、阿联酋、阿尔及利亚、尼日利亚、厄瓜多尔和加蓬八个国家加入。这些国家拥有世界石油储藏量的四分之三。正如任何一个卡特尔一样，欧佩克力图通过协调减少产量来提高其产品的价格，确定每个成员国的生产水平。

从 1973 年到 1985 年，欧佩克成功地维持了合作和高价格，原油价格从 1972 年的每桶 2.64 美元上升到 1974 年的 11.17 美元，然后在 1981 年又上升到 35.10 美元。但在 20 世纪 80 年代初各成员国开始提高生产水平，欧佩克在维持合作方面变得无效率了。到了 1986 年，原油价格回落到每桶 12.52 美元。欧佩克为什么不能长期维持石油的高价格？

第二节　垄断竞争市场

打开电视或者翻开报纸及绝大多数的杂志，总免不了看到各种各样的广告。稍微注意一下，很容易发现进行广告宣传的主要是化妆品、家电这类产品。为什么这些企业要花钱打广告呢？因为它们处于一个特殊的市场竞争状态：垄断竞争。

一、垄断竞争市场的特点

在现实世界中，大多数产品市场都是既有竞争又不是完全竞争，市场上的企业具有一定的影响价格的能力，这就是垄断竞争市场。

垄断竞争市场具有如下特点：

（一）有大量企业

与完全竞争市场一样，垄断竞争市场上也有大量企业，比如，有很多企业生产洗发水；同样生产彩电，不仅有国内企业，还有众多国外企业参与竞争。

有大量企业就意味着：

1. 市场份额小

由于企业众多，每个企业对市场总量的影响都很小。因此，每个企业对市场价格的影响力度有限，每个企业的价格与其他企业平均价格偏离的程度也很有限。

2. 不考虑其他企业

在寡头市场上，企业的决策在很大程度上取决于竞争对手的行为，并且要根据对方的行为来调整自己的决策。

但垄断竞争中的企业不用注意任何一个特定的竞争对手，因为所有企业都不大，没有一个企业可以支配市场，不能直接影响其他企业的行为。

3. 不可能形成勾结

垄断竞争中的企业也喜欢相互达成较高的市场价格，但由于市场上企业的数量实在太多，一一签订合约并且监督执行是不太可能的，只能形成比较松散的行业联合。

（二）产品存在差别

在完全竞争市场上，不同企业提供的产品是完全相同、不存在差别的。如果企业提供的产品略有差别，那么就拥有了形成垄断的基本前提。与垄断市场上完全没有替代品的产品相比，垄断竞争市场上的产品虽然有差别，但并不是本质性区别，可以互相替代。比如联想电脑和华硕电脑，在基本功能上是可以互相替代的。

既然垄断竞争市场上的企业在争夺着几乎相同的顾客群，产品又能够互相替代，那么就必须采取各种办法进行竞争。竞争主要从三个方面进行：

1. 质量

一种产品的质量是使它区别于其他产品的物质形态，包括设计、可靠性、为买者提供的服务，以及买者得到该产品的容易程度。

比如组装电脑和品牌电脑，即使配置性能完全相同的硬件，消费者也并不会认为它们是相同产品。区别在于可靠性和企业为买者提供的服务。一般认为品牌电脑的硬件经过更为专业的测试，兼容性经过了考验，因此更加可靠；另一个原因是企业一般为品牌电脑提供更多的售后服务，无论是维护还是升级都更加方便。

2. 价格

由于产品存在差别，企业面临向右下方倾斜的需求曲线，企业可以在一定程度上决定自己产品的价格。但产品价格和质量之间存在着相关性，生产高质量产品一般需要更多的投入，因此可以收取较高的价格。

同样看组装电脑和品牌电脑，因为质量有差别，所以价格就不一样。这就给消费者提供了选择的余地，可以在价格和质量之间进行权衡和取舍。

3. 市场营销

如果要推广一种保健产品（比如脑白金），怎么做可以使它更有竞争力？要点有两个：广告和包装。

在面对大量竞争者的时候，企业必须推销自己的产品。虽然俗话说“酒香不怕巷子深”，但在市场规模扩大、信息搜集更为困难的情况下，如何把自己的产品信息传达给消费者，就是一个大问题。因此，广告是必不可少的。广告宣传可以起到三个作用：宣传企业形象，比如联想集团就以振兴民族企业为主要宣传点；第二个作用是宣传或创造产品差别，劝说消费者购买，比如“送礼就送脑白金”；第三个作用是告诉消费者一些关于产品的信息，主要用于消费者已经熟悉了的产品，比如“白加黑”感冒药，服白片不易瞌睡，服黑片有助睡眠。

另外，包装也是产品推广的重点。“人靠衣装马靠鞍”，为了使自己的产品显得更为独特，除了在质量上下功夫，还要通过包装向消费者展示。20 世纪 50 年代初，美国杜邦公司由于忽视包装问题而失去了部分市场，通过市场调查之后发现了“杜邦定理”：63%的人重视包装，在选购商品时首先看包装。于是杜邦公司改进包装，在竞争中扭转了劣势。调查发现，普通商品的包装大约占产品成本的 3%～15%。如何用这些成本做出有特色的包装，可能是竞争成败的关键——我国内地的人参用麻袋装着运送到香港市场，而韩国为每根人参配一个精致的包装盒，结果就让香港的消费者认为韩国人参比内地人参质量更高，不愿意购买物美价廉的内地人参。

思考一下：

为什么很多企业聘请明星代言产品？明显的“流量”与代言费存在联系吗？

（三）自由进入与退出

垄断竞争市场也没有进入限制，企业可以根据赢利状况决定进入或是退出该行业。

如果存在经济利润，新企业会进入该行业，而这种进入降低了价格，并最终消除了经济利润；如果存在亏损，企业会退出该行业，减少市场供给，从而提高剩余产品的价格，并最终消除了亏损。

因此，长期均衡时，垄断竞争企业也只能获得零经济利润。

思考一下：

垄断竞争市场与完全竞争市场有何异同？

二、垄断竞争市场的均衡

我们主要考察垄断竞争市场的长期均衡（如图 7.2 所示）。

（一）产量与价格决策

企业根据边际成本与边际收益相等确定利润最大化的产量，然后根据这个产量水平和需求曲线确定价格水平 P。关于这个长期均衡，值得注意的是：

1. $P>MC$

与垄断市场一样，垄断竞争决定的价格也高于边际成本。其原因是企业利润最大化的要求 $MR=MC$，但向右下方倾斜的需求曲线决定了 $P>MR$，因此均衡点的价格水平高于边际成本。

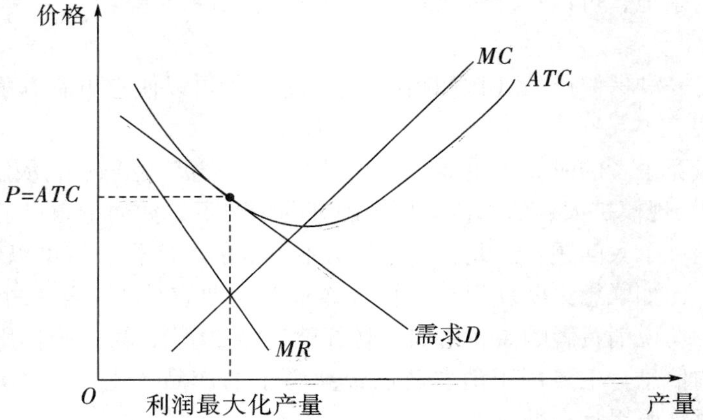

图 7.2 垄断竞争市场的长期均衡

2. $P=ATC$

在垄断竞争市场上，企业的需求曲线与平均总成本曲线相切，即两者有且只有一个交点。为什么呢？因为自由进入和退出使企业在长期中经济利润为 0，而企业的利润

$\pi=TR-TC=Q\times(P-ATC)$

从图形上来说，利润等于需求曲线与平均总成本曲线之间的面积，只有当两条曲线相切时，最大化利润才是 0。

长期均衡中利润为 0 决定了垄断竞争市场不同于完全垄断，因为完全垄断市场长期也能得到正的经济利润。

（二）垄断竞争与完全竞争

要比较垄断竞争市场和完全竞争市场，我们可以观察它们的长期均衡图形（见图 7.3）。

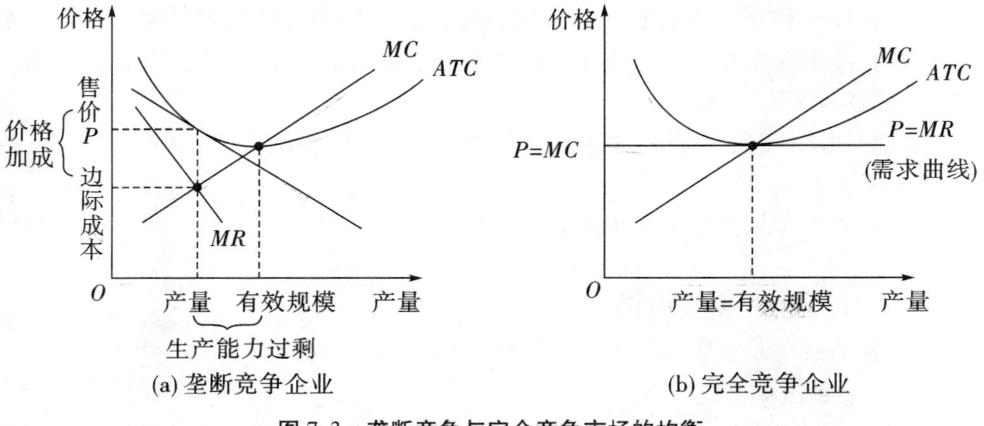

图 7.3 垄断竞争与完全竞争市场的均衡

尽管同样有着大量企业和自由进出市场的制度，并且长期中都只能得到零经济利润，垄断竞争和完全竞争市场仍然有不同的结果，主要体现在过剩生产能力和价格加成上。

1. 生产能力过剩

在完全竞争市场上，产品价格等于企业的最低平均总成本，此时决定的产量水平

就是有效率的，叫作有效规模，如图 7.3 中的（b）图。

比较而言，垄断竞争市场上均衡点的产量低于有效规模的水平，因此认为垄断竞争企业存在过剩生产能力。换句话说，垄断竞争企业可以通过增加产量来降低平均总成本。

我们怎么知道企业有没有过剩生产能力呢？餐厅里有空桌子，淡季的飞机、火车并不是满载，这就是过剩生产能力的表现。

2. 价格加成

第二个区别是均衡价格与企业边际成本之间的关系。

在完全竞争市场上，均衡价格等于企业的边际成本。

而垄断竞争市场的均衡价格高于边际成本，这是因为企业拥有一定的影响价格的能力。均衡价格高于边际成本的部分叫作价格加成，代表着企业的市场势力。

价格加成有什么含义？它意味着垄断竞争企业欢迎顾客按照现在的价格购买更多的产品——每 1 单位产品都能带来利润的增加（$P-MC>0$）。注意，是“现有的价格”而不是新的价格，事实上，如果增加产量，产品的价格是会下降的。

第三节　博弈论

导入：

张文和李武在偷一辆电动摩托车时被抓，面临着 6 个月监禁的处罚。在审讯过程中，警方怀疑这两个人可能是半年来连环盗窃案的主谋，但这仅仅是猜测，除非可以使他们坦白，否则不能定罪。

于是，警方决定运用以下规则让这两个人进行博弈。规则：

（Ⅰ）将两个人分开，切断他们的相互联系。

（Ⅱ）告诉两个人，怀疑他们实施了连环盗窃，而且，如果他们都坦白，将为此判刑 2 年；如果本人坦白而同伙不坦白，则他可以无罪释放而同伙要被判刑 5 年。

猜测一下，这两个人可能会怎么办（假设他们确实实施了连环盗窃）。

在分析寡头企业的战略行为时，经济学家使用博弈论作为主要的分析工具。

博弈论是在 1937 年由约翰·冯·诺依曼[①]发明的，并在 1944 年得到扩展。今天，它成了经济学领域的主要分析工具之一。关于博弈，他说：“现实生活充满了计谋与小伎俩，你问自己的也正是其他人正想这样做的。”

一、博弈的基本内容

博弈首先是关于策略的，即如何战胜对手。博弈广泛存在，比如足球比赛、战争、寡头企业争取利润。本节开头的导入案例，就是著名的“囚徒困境”博弈。

所有被称为博弈的活动都具有三个共同的特点：

① 冯·诺依曼是 20 世纪伟大的天才之一。他 1933 年出生于匈牙利的布达佩斯，早期以数学才华而闻名，18 岁就发表了第一篇数学论文。冯·诺依曼 25 岁时发表了开拓博弈研究的文章，掀起了博弈论浪潮。他坚信社会科学只有运用了数学工具才能进步。

（一）规则

博弈是为了求胜，简单地说就是进行比赛，首先需要规定比赛的规则和胜负的辨别。比如在足球比赛中，竞赛双方必须是在相同的规则下进行比赛，如果违反规则就要受到惩罚。

（二）策略

为了取得胜利，竞赛双方都必须采取一定的行动：或者进攻，或者防守，力争获胜；或者增加产量，或者减少产量，力争获得最大利润。

（三）结局

针对竞赛双方的不同策略，组合起来就形成了结局，比如中石油增产、中石化产量不变，或者中石油增产、中石化也增产等。比赛的胜负也是结局的一个表现。

二、囚徒困境

为什么中石油和中石化不能通过合作形成完全的垄断？为什么卡特尔组织不能长期维持石油的高价呢？让我们回到囚徒困境的例子。

（一）规则

首先了解规则：

1. 将两个人分开，切断他们的相互联系。

2. 告诉两个人，怀疑他们实施了连环盗窃，而且，如果他们都坦白，将为此判刑2年；如果本人坦白而同伙不坦白，则他可以无罪释放而同伙要被判刑5年。

隔离两个人显然是为了防止串供，避免他们形成勾结，还可以增加其心理负担。第二条规则就是决定了每个人选择的可能后果。

（二）策略

张文和李武只有两个选择：坦白或者抵赖。

（三）结局

现在考察不同选择会带来什么样的结果（如表7.2所示）。

表7.2　**囚徒困境**

		张文	
		坦白	抵赖
李武	坦白	2年，2年	李武0年，张文5年
	抵赖	李武5年，张文0年	6个月，6个月

面对这样的条件，这两个囚徒会如何选择呢？

张文会如何考虑呢？他并不知道李武会怎么样，但可以进行推测。假如李武坦白，他也最好坦白，这样他就会被判2年而不是5年；如果李武否认，那么他也最好坦白，结果是无罪释放而不是监禁6个月。所以，无论李武如何选择，张文都最好选择坦白。用博弈论的语言来说，如果无论另一个参与者采用什么战略，一个参与者都有一个最好的战略，那么，这种战略被称为优势战略。在这个例子中，坦白是张文的优势战略。

李武面临的情况也是一样的，坦白是他的优势战略。

最后的结果就是双方都坦白，每个人被判刑2年。我们发现，这个结果其实不是最好的。对于张文和李武而言，最好是双方都抵赖，然后每个人被监禁 6 个月，比判刑 2 年的时间更短。我们看到，为了追求自己的最大利益，两个人的选择都损害了双方共同的利益。

当然，如果规则变化，比如在审问之前张文和李武已经达成了拒不认罪的协议，并且事实上也能够坚持协议的话，那么双方的境况都能得到改善。

但这种协议确实能够维持么？或许有人讲义气拒不认罪，但大多数情况下，只要分开囚徒，就很容易使他们为了自己的利益而坦白。这也是大多数卡特尔不能持续的原因，因为合作协议不符合个人利益最大化的追求。

三、囚徒困境的应用

（一）寡头博弈

假设伊拉克和伊朗是石油市场上的两个寡头，考察它们会如何决定产量（如表 7.3 所示）。

表 7.3　石油寡头的博弈

		伊拉克的决策	
		增产	维持低产
伊朗的决策	增产	分别得到 100 亿美元	伊拉克 80 亿美元 伊朗 120 亿美元
	维持低产	伊拉克 120 亿美元 伊朗 80 亿美元	分别得到 110 亿美元

对伊拉克来说，较好的结果是增产。如果伊朗维持低产量，那么伊拉克增产可以得到 120 亿美元，比低产量的 110 亿美元更好；如果伊朗增产，那么伊拉克增产可以得到 100 亿美元，比维持产量的 80 亿美元更好。

这个结论对伊朗来说也是适用的。因此，市场的最终结果就是两国都增加产量，于是在一个较低的水平上实现了均衡——获利 100 亿美元。

如果伊朗和伊拉克可以通过协议都在低产量上进行生产，那么双方都能得到 110 亿美元的利润，比各自为政更好一些，然而双方都有违约的冲动——如果对方守约，生产低产量，那么本国生产高产量就能够获得更多的利润。这也是多数卡特尔组织（比如 OPEC）经常面临的困境，成员国可能偷偷地生产更多的石油，结果导致市场价格下降，损害整体利润水平。

思考一下：

运用囚徒困境的分析方式，考察一下苏联和美国关于军备竞赛的结果。

（二）“以牙还牙”——长期合约的影响

假如张文和李武是两个毫不相关的人，那么在审讯中都倾向于坦白以自保。如果这两个囚徒有紧密联系（比如亲戚关系）呢？或者他们是长期合作者，情况会有所不同吗？

事实上，我们知道 OPEC 在 20 世纪 70 年代成功维持了石油的高价，也就是说各成员国遵守了合约，都在一个较低的水平上进行生产。当时这种合作关系为什么能够维持？

仍然以伊拉克和伊朗为例。如果它们只博弈了一次，那么就缺乏遵守合约的激励。

结果双方都违约，生产了高产量，使得各自的利润水平由 110 亿美元降低为 100 亿美元。

但是如果它们并不是只博弈一次，而是每个月都可以调整产量呢？这就是重复博弈，在约定的时候除了规定价格和产量，还可以规定违约的惩罚。

现在伊拉克和伊朗约定，双方都按照 80 万桶的低产量进行生产，结果是都能得到 110 亿美元的利润。假如伊拉克违约，将产量从 80 万桶提高到 120 万桶，得到 120 亿美元；那么伊朗将会报复，在下个周期将产量由 80 万桶提高到 120 万桶，结果就是伊拉克只能在第一次博弈结束后赚到更高利润（120 亿美元），以后都只能得到一个更低的利润（100 亿美元）。只要博弈周期足够长，那么伊拉克就不愿意为了一次高额利润而放弃长期的较高利润，结果就是双方都能够守约。

这种一方违约，另一方就报复，并且一直惩罚直到双方重新合作为止的做法就是俗话说的“以牙还牙”或者说“一报还一报”。根据这一逻辑，参与者应该从合作开始，然后上一次另一个参与者怎么做自己也怎么做。因此，市场参与者要一直合作到另一方违约时为止；或者违约到另一方重新合作时为止。换句话说，这种战略从友好开始，惩罚不友好的参与者，而且，如果对方改变就原谅，其结果就是参与者都倾向于合作。

思考一下：

合约自由是市场经济的一个基本规则，你支持寡头签订合约控制市场价格吗？

本章小结

寡头市场和垄断竞争市场是更为贴近现实的市场结构模型，寡头市场更接近垄断市场的情形，而垄断竞争市场则名副其实，是垄断市场和完全竞争市场的混合体。

寡头和垄断竞争理论描述了经济中的一些市场，并且对市场结果做出了一般的推测和分析，我们发现无论是寡头还是垄断竞争，都产生了效率损失。但让人沮丧的是，尽管知道这些市场并不令人满意，经济学家仍然没能提出简单而实用的宏观经济政策。因此，这部分理论更多的用来解释和分析现实，在指导实际决策时需谨慎。

资料延伸

彩电价格战

2000 年 6 月 9 日召开了“中国彩电企业峰会”，8 月 11 日康佳突施杀手，宣布全面降价 20%，当日深夜，“老大”长虹积极迎战，“开闸放水”降价 35%，最多下降 3 000 元。至此，近几年来彩电行业最大规模的价格战终于爆发。

彩电业是“最成熟的一个产业”，也是一个充满野心和阴谋的领地。“保价联盟”的构想似乎是要牵引彩电巨头远离价格战的绳套。但在市场上一片“跳水”“蹦极”的声浪中，“联盟”的宏图壮志似乎已在残酷的现实面前碰得粉碎。

从 1988 年长虹主动降价开始，至今中国彩电业已经经历了数轮价格战，而且激烈程度一次超过一次，据说，彩电行业的平均利润水平已经降至 3%。有人说彩电企业在销售淡季发动价格战，是想通过炒作减少库存；有人认为彩电“跳水”还大有空间；也有人认为中国彩电业已经面临生存危机。

2003年6月，盛传已久的国产彩电将再次大降价，终于得到证实，由相关厂商在全国15个省会级城市136家家电商场同时发起“国产彩电夏日风暴”，包括长虹、海信、康佳、创维、TCL等在内的数十个主流品牌将全线降价20%~30%，最大降幅达50%。

据行家披露，此番“价格雪崩”，是继国内家电市场2000年国产彩电全面“高台跳水”后的最大一次降价，几乎囊括了所有的一线国产品牌，品种包括当前市场热销的超平、纯平、背投乃至有“高端”之称的液晶和等离子彩电，且由大尺寸纯平、逐行扫描、背投等高技术含量的国产彩电新品唱主角，如最新研制投产的带空气净化功能的109.22厘米（43英寸）HID436BR逐行扫描背投彩电等。对买方更具诱惑的是一些国产精品新品的“雪崩价”——73.66厘米（29英寸）纯平类彩电零售价将首次滑至1 600元之下；29英寸逐行扫描彩电的价格将击穿2 400元，基本上与目前市场在销的非逐行普通纯平彩电价格持平；43英寸背投售价将普遍低于6 000元、40英寸等离子彩电下探26 000元、38厘米（15英寸）液晶彩电低于3 000元。

国产彩电何以“不约而同”地选择6月中旬再次全线点燃“价格雪崩”狼烟？业内普遍的看法是，一年一度的梅雨季节历来是彩电销售的淡季，利用价格杠杆来化淡为旺，唯“雪崩”才能带来“眼球经济”。但同样毋庸讳言的是，近来国产彩电在外销的主打市场美国频频遭遇反倾销诉讼，出口前景难以乐观，调转“枪口”瞄准国内市场的再开发，也是一大动因。

还有一个原因是“外籍军团”在价格竞争上紧逼不放，东芝、日立等合资彩电均有降价大动作，且都选择中高档彩电“跳水”。因此，国产彩电即便不愿降也不得不降。当然，诸多厂家商家其实还有自己的“如意算盘”，即因非典肆虐，原本应是销售旺季的“五月黄金周”反倒骤然降温成淡季，结婚、装修、搬迁新居的高峰期因之延后，如今病魔渐行渐远，被“压缩”和“滞后”的消费必然释放和反弹，国际市场液晶和等离子彩电关键部件和元器件价格也普遍看跌。今日不“降”，更待何时？

第八章 收入分配与平等

对效率的追求不可避免地产生出各种不平等，因此，在平等与效率之间，社会面临着选择。

——阿瑟·奥肯①

内容提要：

本章要讨论经济学基本问题之一：生产出来的物品和劳务如何分配。不同生产要素的均衡价格由市场决定，而劳动者收入多样性决定了收入差别。

重点掌握：

1. 导致收入差别的原因；
2. 经济不平等的产生及解决方案。

导入：

在曼哈顿地区，53 层楼的顶层房间能一览无余地观察到中央公园、哈德逊河和城市轮廓。它的价格是多少？400 万美元！距离这里不远，在曼哈顿的上方，是华盛顿国民警卫队训练中心的营地，这里有一个 1981 年修筑的足球场大小的棚子，也是将近 1 000 人的永久性住所……为什么一些人开着宝马去打高尔夫球，另一些人为了温饱而苦苦挣扎？

第一节　要素价格与收入

当父母或老师鼓励你学习的时候，可能会有意无意地透露这样一种信息：大学毕业之后，你可能获得更高的工资水平——注册会计师的工资水平很高，而缺乏专业学习和训练的人不可能得到这份工作。

一些人依靠天赋取得收入，比如科比·布莱恩特。尽管他的学习成绩优异，但并

① 阿瑟·奥肯（1928—1980），美国著名的凯恩斯主义经济学家，曾在 1964—1968 年任总统经济顾问会委员。他提出的国内生产总值增长率与失业率之间关系的奥肯定律已经成为这方面的经典。他还著有《平等与效率》一书，是关于平等和效率问题最权威的论著。

不是通过大学学习之后成为一名高工资收入者，而是放弃上大学成为一名职业篮球运动员，在第一个四年内赚得大约 1 000 万美元。

还有一些人通过投资获得收入，经营企业、储蓄、购买股票或者债券等。这些收入又受到哪些因素的影响呢？2008 年的金融危机使比尔·盖茨和“股神”巴菲特的资产大幅缩水，但明显巴菲特受到的影响更大一些。

还有一些人提供土地或者房屋，获取租金收入。但是租金水平往往根据地理位置而差距很大——“黄金地段”的一间铺面，一年的租金或许是几十上百万元，而偏远地区的房屋也许一年只要几百元，“包租婆”可以出现在寸土寸金的香港，却很难出现在一个乡镇上。

不同的人有不同的收入来源。我们首先将生产要素分为劳动、资本和土地，考察这些要素的价格和人们的收入是如何决定的。

一、劳动市场

与经济中的其他市场一样，劳动的价格也是由市场供求决定的。由于企业形成了对工人劳动的需求，所以我们首先来考察企业如何决定雇用多少工人。

（一）劳动需求

劳动需求是一种派生需求，是因为企业生产产品需要劳务而产生的需求。

企业根据什么来决定雇用多少工人呢？无论是竞争企业、垄断企业还是其他企业，都追求利润最大化的目标。因此，我们可以比较增加 1 单位工人带来的边际收益和边际成本来讨论这个问题。

1. 劳动的边际收益

在考察劳动的边际收益时，我们假设这个企业的产品（比如牛奶）以及劳动者都是竞争市场，这时，企业的生产决策不会影响市场价格（市场价格 $P=2$）；另一个假设是企业追求利润最大化，所以按照边际成本等于边际收益决定产量。

企业决策主要考虑两个问题：生产多少产品，雇用多少工人。我们用表 8.1 来表示一个牛奶企业的收益与雇用工人数量之间的关系。

表 8.1　　牛奶场的边际收益

	劳动量	总产量	边际产量	总收益	边际产量收益	工资	边际产量利润
	L	$Q=f(L)$	$MPL=\Delta Q/\Delta L$	$TR=P\cdot Q$	$VMPL=P\cdot MPL$	W	$VMPL-W$
a	0	0					
b	1	10	10	20	20	4	16
c	2	18	8	36	16	8	8
d	3	24	6	48	12	12	0
e	4	28	4	56	8	16	−8
f	5	30	2	60	4	20	−16
g	6	30	0	60	0	24	−24

这个表格不仅描述了企业的生产能力（投入的劳动数量与产量之间的关系），而且描述了每增加 1 单位劳动投入的产量和产值（产量乘以牛奶的价格）。

随着工人数量的增加（从 0 到 6），劳动的边际产量逐渐下降（从 10 减少到 0），每个工人生产的牛奶的价值（边际产量收益）也在减少（从 20 减少到 0）。

那么，企业雇用多少个工人呢？这还需要考虑增加工人的成本——工资。

2. 劳动需求曲线

企业对利润的关注大于牛奶产量本身，我们不仅要考察增加 1 个工人的收益，还要考虑到成本，即工人的工资，假定每单位劳动的工资水平为 4。

为了衡量工人创造的价值，我们将劳动的边际产量（用牛奶数量来表示）转变为边际产量收益（用货币来表示），然后减去工人的工资，就得到每单位劳动创造的利润。企业会雇用多少工人呢？仍然取决于利润。

当利润>0 时，表明增加工人数量能够带来利润增加，企业就增加雇用工人的数量；当利润水平下降为 0 时，表明增加 1 个工人不能带来更多的利润，企业就停止雇用工人；如果利润<0，表示增加工人反而造成了亏损，企业会减少雇用工人的数量。

从直观的图形（见图 8.1）上可以看到，企业根据边际产量收益等于市场工资水平来确定雇用工人的数量。

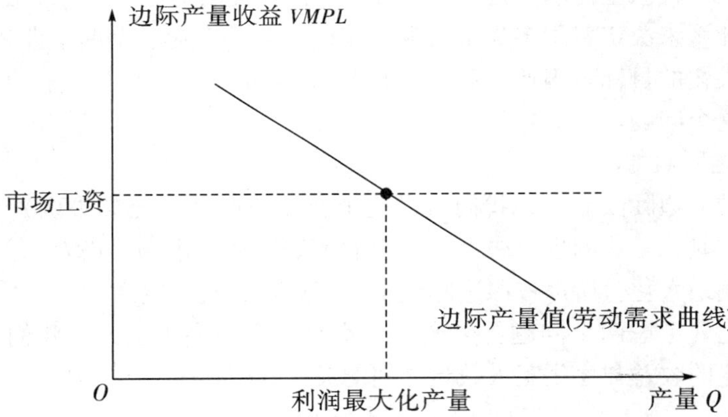

图 8.1　劳动需求曲线

因此，对一个竞争性的追求利润最大化的企业来说，劳动的边际产量收益曲线也就是它的劳动需求曲线。

（二）劳动市场的均衡

前面我们已经讨论过，劳动供给曲线向后弯曲，即随着工资水平上升，工人的劳动时间先增加后减少。但是大多数情况下，工资水平不会太高也不会太低，因此我们仍然考察一条一般的劳动供给曲线（见图 8.2）。

如图 8.2 所示，劳动市场的均衡仍然是由供给和需求曲线共同决定的，需要注意的是，需求曲线和劳动的边际产量收益是紧密相关的。

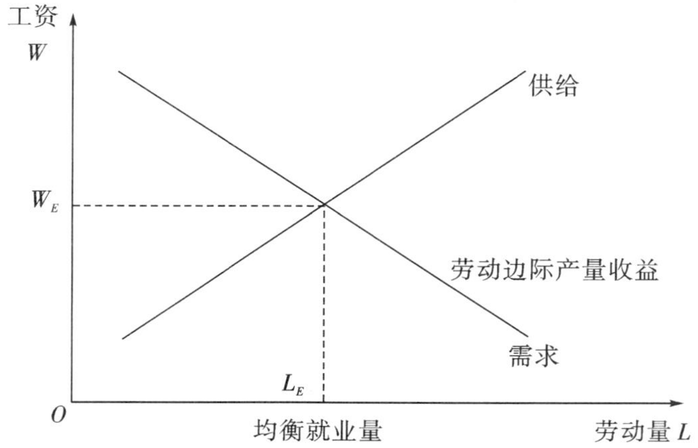

图 8.2　劳动市场均衡

思考一下：

商品房价格变化，对建筑工人的工资有影响吗？

（三）工资水平与劳动生产率

如果你是一名技术熟练的牙科医生，你希望在美国工作还是在中国工作？事实上，美国医生的工资水平比中国的高很多。

同样在中国，扣除通货膨胀的影响，人们的工资水平也是逐年上升的。

表 8.2　　美国生产率与工资增长

时期	生产率增长率	工资增长率
1959—1994 年	1.8	1.2
1959—1973 年	2.9	2.4
1973—1994 年	1	0.3

资料来源：Economic Report of the President 1996，Table B45，p. 332。

注：在这里，生产率增长用非农业部门每小时产量年度变动率来衡量。工资增长用非农业部门每小时实际报酬年度变动率来衡量。这些生产率资料衡量平均生产率——产量除以劳动量——而不是边际生产率，但可以认为平均生产率与边际生产率是密切地同时变动的。

从表 8.2 可以看到，工资增长率与生产率增长率有一个相近的比例，具有同样的变化趋势。事实上，在前面假设的完全竞争市场上，企业根据劳动的边际生产率（边际产量值）来决定对工人的需求，而劳动市场的供求决定了均衡工资水平。

换句话说，人们能够得到的工资与他为企业创造的产值密切相关。因此，工资率与劳动生产率紧密相关。

我们还可以借鉴国际经验来说明这个问题：表 8.3 列出了不同国家或地区的工资率和生产率的不同数值。

表 8.3　　　　　　　　**世界不同国家或地区的生产率与工资增长**

国家或地区	生产率增长率	工资增长率
韩国	8.5	7.9
中国香港地区	5.5	4.9
新加坡	5.3	5.0
印度尼西亚	4.0	4.4
日本	3.6	2.0
印度	3.1	3.4
英国	2.4	2.4
美国	1.7	0.5
巴西	0.4	-2.4
墨西哥	-0.2	-3.0
阿根廷	-0.9	-1.3
伊朗	-1.4	-7.9

资料来源：World Development Report of the 1994，Table 1，pp. 162-163，Table 7，pp. 174-175。

注：生产率增长用 1980—1992 年人均国民生产总值年度变动率衡量。工资增长用 1980—1991 年制造业人均收入年度变动率衡量。

那么是什么原因导致了不同国家或地区具有不同的生产率增长率呢？这个问题属于经济增长理论的内容，在本书的后面将要专门讨论。

二、资本市场

资本市场是企业借以得到购买物质资本的金融资源的渠道，企业需要大量资本来进行投资和维持生产经营，形成了资本的需求。

（一）资本的价格

对大多数人来说，资本市场是我们进行最大的票据交易的地方，比如股票和债券市场。考虑一下资本的来源，无论是用来购买金融资产的资金，还是为了买房而贷款，其根本来源都是储蓄，即总收入中减去消费的部分。

资本的使用成本是什么？调节资本供给量与资本需求量相等的资本价格是利率。

如果银行利率为 10%，那么 2008 年存下的 100 元钱到 2009 年就是 110 元钱，这 10 元钱差额就是资本的收益——利息。如果物价水平上涨了 10%，那么 2009 年的 110 元钱能够买到的东西和 2008 年的 100 元钱买到的东西没有差别。因此，衡量资本收益的时候不仅要考虑银行利率（名义利率），还要考虑物价水平（通货膨胀率），使用实际利率来考察资本的确切收益。

实际利率 = 名义利率 - 通货膨胀率，当通货膨胀率高于名义利率时，存钱的结果是贬值，也就是“负利率”。

（二）利率的变动趋势

技术进步提高劳动生产率，所以劳动者的工资水平不断提高。那么，资本的价格也会有这样的变动趋势吗？

考察美国1960年以来的利率水平，20世纪60年代为每年3%左右、70年代成为负数（通货膨胀率很高）、80年代上升到接近9%、90年代稳定在5%左右。而使用的资本总量是增加的，1998年比1960年的水平上升了175%。

所以，利率并不是不断上升，而是上下波动的。

（三）资本的供求变动

利率水平由市场上资本的供求共同决定，现在我们分别考察资本的需求和供给的变化。

1. 资本需求的变动

企业如何决定使用多少资本量？一个因素是价格，即利率；另一个因素是资本的边际收益，即投资能够带来的收益。

如果利率上升，导致投资的成本增加，那么企业可能减少对资本的需求；如果预期资本收益高，资本的需求就会增加。

改变资本边际收益并引起资本需求变动的两个主要因素是：

（1）人口增加。人口增加使所有物品与劳务的需求增加，从而导致生产这些物品与劳务的资本需求也增加了。

（2）技术进步。技术进步增加了一些类型资本的需求，当然也可能减少另一些类型的资本需求。例如，个人电脑和计算机技术的广泛应用，增加了办公室电脑设备的需求，并增加了整个资本的需求。

2. 资本的供给

资本的供给来源于人们的储蓄。哪些因素决定了家庭储蓄与否、储蓄多少呢？

（1）收入。第一个影响因素当然是收入，收入越高，可能储蓄越多。一般人是把收入当中一个固定的比例储蓄起来。

（2）预期收入。如果预期未来10年内的收入水平将由现在的每年3万元增加到5万元，你是储蓄更多还是更少呢？

或许这是一个很难回答的问题。人们为什么要储蓄？大多数都是为了满足未来消费的需要。如果预期未来收入增加，那么现在很有可能减少储蓄。

（3）利率。利率是资本的价格，而家庭作为资本的提供者，通常认为人们会在利率变动的时候调整自己的储蓄量。

如果利率水平由5%提高到10%（实际利率），你是不是一定会增加储蓄？如果反过来，利率下降，你是不是就会减少储蓄？

1998年，为了刺激人们的消费，中央银行数次降低银行利率，希望人们减少储蓄，把钱用于各种消费，拉动经济增长，结果却收效甚微。

事实上人们很少仅仅为了获得利息而储蓄。对于大多数中国家庭而言，常常是为了某种大宗消费而储蓄——子女上学、购房、养老或预防疾病支出等。比如为了子女上学准备4.4万元，在利率为10%的时候，需要存4万元；如果利率降低到5%，家庭不仅不会减少储蓄，反而会增加储蓄额大约 4.2 万元。

因此，利率对储蓄的影响较小，如果用资本的供给曲线来表示储蓄和利率水平之间的关系，可以认为供给曲线是缺乏弹性的（如图 8.3 所示）。

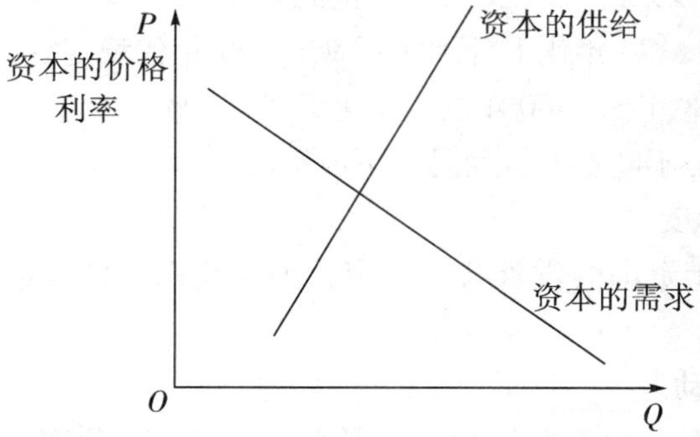

图 8.3　资本市场的均衡

资本市场的均衡通过利率来进行调节，当一方发生变动时，可能导致利率的上下波动。

表 8.4　　美国联邦基金利率自 2006 年以来变动一览表

（1 基点等于 0.01 个百分点）

时间	调整幅度	调整后水平
2008 年 12 月 16 日	调降至少 75 基点	0-0.25
2008 年 10 月 29 日	调降 50 基点	1.00
2008 年 10 月 8 日	调降 50 基点	1.50
2008 年 4 月 30 日	调降 25 基点	2.00
2008 年 3 月 18 日	调降 75 基点	2.25
2008 年 1 月 30 日	调降 50 基点	3.00
2008 年 1 月 22 日	调降 75 基点	3.50
2007 年 12 月 11 日	调降 25 基点	4.25
2007 年 10 月 31 日	调降 25 基点	4.50
2007 年 9 月 18 日	调降 50 基点	4.75
2006 年 6 月 29 日	调升 25 基点	5.25
2006 年 5 月 10 日	调升 25 基点	5.00
2006 年 3 月 28 日	调升 25 基点	4.75
2006 年 1 月 31 日	调升 25 基点	4.50

资料来源：中国证券网，www.cnstock.com.

表 8.5　中国 1995 年以来金融机构基准贷款利率变动详细表

时间	1 年期（%）	1~3 年（%）	3~5 年（%）	5 年以上（%）
2006-04-28	5.85	6.03	6.12	6.39
2006-08-19	6.12	6.3	6.48	6.84
2007-03-18	6.39	6.57	6.75	7.11
2007-05-19	6.57	6.75	6.93	7.2
2007-07-21	6.84	7.02	7.2	7.38
2007-08-22	7.02	7.2	7.38	7.56
2007-09-15	7.29	7.47	7.65	7.83
2007-12-21	7.47	7.56	7.74	7.83
2008-09-16	7.2	7.29	7.56	7.74
2008-10-16	6.93	7.02	7.29	7.47
2008-10-30	6.66	6.75	7.02	7.2
2008-11-27	5.58	5.67	5.94	6.12
2008-12-23	5.31	5.4	5.76	5.94

资料来源：中国证券网，www.cnstock.com.

三、土地市场

土地广泛代表自然资源，包括可再生资源，比如湖泊、木材等；也包括不可再生的自然资源，比如煤炭、天然气和石油等。

土地的均衡价格仍然是由市场供求决定，特别之处在于土地的供给总量不变，因此供给曲线是一条垂直于横轴的线（如图 8.4 所示）。

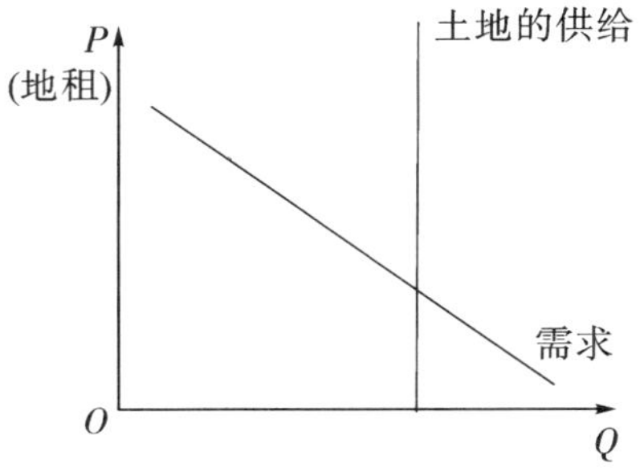

图 8.4　土地市场的均衡

土地等不可再生资源的总量是固定不变的，但在某个时期提供的产量却是可变的。比如沙特阿拉伯可以决定今年提供 10 亿桶石油，并用得到的美元来购买美国的债券，但也可以选择暂时把这 10 亿桶石油保留在地下，并在明年出售。对于沙特阿拉伯这样得天独厚的自然资源所有者，石油的供给量是完全弹性的，也可以表现为图 8.5 中的形状。

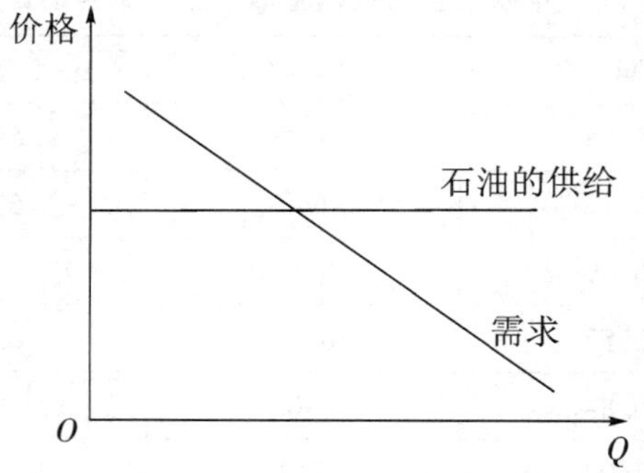

图 8.5　完全弹性的供给

第二节　劳动收入差别

统计局数据显示，2017 年城镇非私营单位中，收入最高的信息、金融、科技行业分别为年平均工资 13.3 万元、12.3 万元和 10.8 万元，而私营单位年平均工资只有 4.6 万元左右。这说明在经济中收入差距是非常普遍的。这些差距解释了为什么一些人住高级公寓、开豪华轿车、到欧洲度假，而另一些人住小房子、乘公共汽车。

为什么会产生这么大的差距呢？一个解释就是我们上一节提到的边际产量值的差距，即对生产和社会的贡献不同，人们的收入水平存在差距。但是，这只是分析收入现象的起点，我们还需要考察更多的情况。

最明显的持久的收入差别体现在男女之间的收入差别上。在美国，白人男子的收入比黑人男子和白人妇女多三分之一，而黑人男子、白人妇女的收入水平又比黑人妇女和拉丁美洲裔的收入水平高。

另外，一般来说，教师的工资低于受教育水平相同的律师、医生。

一、超级巨星的“超级”收入

在福布斯 2017 年明星收入排行榜上，成龙以 3.3 亿元人民币高居榜首，范冰冰和周杰伦分别以 3 亿元和 2.6 亿元紧随其后。这样的超级巨星无疑赚到了远远高于平均水平的收入，虽然这主要因为他们是行业内的佼佼者，但一个顶尖的水电工能够获得比其他水电工高得多的收入吗？

并不是所有市场上都能产生超级巨星，最好的水电工通常不为大多数人所知。超级巨星市场具有两个特征：

（1）不同产品的差别很大，因此人们都想享受最优生产者提供的产品；

（2）最优生产者有可能向所有人（或绝大多数人）提供产品。

明星出演电影、电视剧，参加综艺节目，开巡回演唱会并进行网络直播，每个消费者都只想看最“火”的明星，最顶尖的表演，市场需求巨大；另一方面，更广泛的传播是能够实现的——电视转播可以到达全世界的大多数地方，还有网络传播。所以，明星可以把作品卖给所有人，占领整个市场。

现在我们可以说明，为什么水电工就不太可能成为超级巨星——任何一个水电工都只能为有限的顾客服务，只能把他们的产品提供给少数的人。如果所有人都等着最好的水电工来服务，就永远存在排队，这时顾客或许会觉得虽然别的水电工技术差一些，但可以节省等待的时间，也愿意接受别的水电工的服务。因此，最好的水电工的需求也是有限的。

思考一下：

你能举出其他的超级明星的例子吗？他们的产品市场具有什么样的特点？

二、受教育水平

大学教育的费用逐年上升，但每年都有几百万高中毕业生为了上大学而参加高考。上大学的激励主要体现在什么地方？

许多研究表明，高技能工人和低技能工人的收入差距一直在扩大。根据美国劳工部的数据，从 1975 年到 1995 年，用图 8.6 中的曲线上的点来表示高技能工人与低技能工人收入的比例。

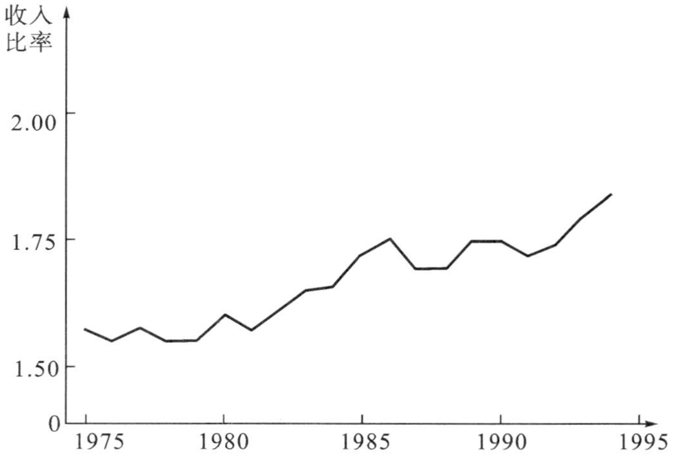

图 8.6　高技能工人与低技能工人收入的比率

从总体趋势上看，这个比例逐年上升，因此鼓励人们成为高技能的工人，并且为此投资，而教育和培训可以显著提高工人的技能水平。

（一）人力资本提升

随着信息时代的到来，资本的范围不再只是机器、工厂或者原材料这样的物质资本，还包括另一种重要形式的资本——人力资本。

人力资本的形成依靠对人的投资来积累，最重要的投资类型是教育。读大学的人越来越多，就从一个侧面表现出人们对人力资本的重视。

如果大学毕业比高中毕业的人平均每年多挣 1 万元，那么工作 20 年时间，大学毕业生就能多挣 20 万。只要读大学的成本低于 20 万元，选择读大学就是有利的。

（二）信号作用

随着大学扩招，越来越多的大学毕业生成为普通劳动者，而不再是原来的“精英”阶层。如果大学教育不能提高人们的劳动生产率，我们还需要读大学吗？

另一种关于教育的观点是强调教育的信号作用，即把教育状况作为区分高技能工人和低技能工人的一种方法。

根据这种观点，企业都希望在市场上雇用到高技能的工人。但怎么区分呢？一个明确而简单的办法就是按照受教育水平来区分——不管怎么说，能够通过考试进入大学，并获得学位，也是能力的一种体现。

换句话说，即使教育没有提高工人的劳动生产率，至少也提供了一种能力证明的信号，因此还是有很多人上大学。

当然，如果受教育仅仅是提供一种信号作用，不能提高劳动生产率的话，那么对于企业来说就是一种成本高昂的做法。上大学需要四年时间，不过提供了工人能力的一种信号；如果进行3个月或者6个月的试用工作，还能够得到更准确的关于工人能力的信息。因此，上大学的收益肯定不只是提供信号，也必然在一定程度上提高了劳动者的生产率水平。

三、先天优势

或者在找工作的过程中，或者在生活中，大家会发现漂亮的人更受欢迎。这会转化为收入差别吗？劳动经济学家丹尼尔·哈莫米斯与杰夫·比德尔在发表于1994年12月的《美国经济评论》上的一篇研究文章中考察了美国和加拿大个人调查的资料。这项调查要求调查者对每个接受调查者的具体外貌评分，然后哈莫米斯和比德尔考察被调查者的工资在多大程度上取决于标准决定因素（教育、工作经验等），以及在多大程度上取决于他们的具体长相。结果发现，那些肯定更有吸引力的人（比如布拉德·皮特）比相貌平常的人平均收入高5%，相貌平常的人比被认为比一般人吸力小的人收入高5%~10%。

漂亮的人赚得更多，不是因为更努力，不是因为受教育水平高，仅仅是因为漂亮！你会觉得困惑吗？

人皆有爱美之心，但在追求漂亮的过程中却小心翼翼，似乎认为外表漂亮的人通常都是比较浅薄的。事实上，漂亮也是一种天赋，我们可以大大方方地惊叹运动员的速度，当然也可以理直气壮地欣赏漂亮。

对所有的人，天赋能力都是重要的，甚至是决定性的。由于先天遗传、后天培养和机遇，一些人在某个行业中特别出众，强壮、聪明等因素决定了工人的生产率，因此决定了他们的收入水平。

在工资决定中机遇的作用也不可忽视。比如一个人在大学学习了四年，花费大量时间、精力和金钱考得了注册会计师证。但是在毕业的时候，因为全球金融危机的影响，四大会计师事务所都决定裁员减薪，结果他只能达到预期的三分之二的收入水平。这就是机遇对工资的影响。经济学虽然承认这些影响，但显然是难以量化考察的。

四、补偿性工资差别

煤矿工人的工资高于同等能力的其他工人，工厂中夜班工人的工资高于同类白班工人，法定假日加班有权要求得到平时的三倍工资……为什么呢？

工资只是工作差别的货币表现，不同的工作还有劳动强度、工作环境等其他非货币特征。

一些工作安全、轻松，比如办公室文员；另一些工作更辛苦、枯燥，比如仓库库管员。如果同样的能力要求、同样的工资水平，人们更愿意选择办公室文员的工作——劳动者的供给量大，结果就是均衡价格（工资）更低一些。

经济学家用补偿性工资差别来指不同工作的非货币特征引起的收入差别。换句话说，为了补偿工作环境、工作强度以及工作内容方面的不足，比如煤矿工作的危险、库管员工作的枯燥，市场往往为此支付较高的工资。

五、歧视

工资差别的另一个根源是歧视。当市场向那些仅仅是种族、宗教、性别、年龄或其他个人特征不同的个人提供了不同机会时，就出现了歧视。歧视反映了某些人对某个社会群体的偏见。虽然歧视是一个经常引起激烈争论的情绪化话题，但经济学家力图客观地研究这个题目，以便把假象与真实分开。

美国白人与黑人的收入广泛存在差别，但谁应该对此负责呢？比如，1988 年发表于《劳动经济学杂志》上的一篇文章研究考察了篮球运动员的薪水。发现黑人运动员的收入比能力相当的白人运动员低 20%。应该归咎于球队老板吗？该研究进一步指出一个现象：在篮球比赛中，白人运动员居多的球队受到更多观众的青睐。因此，很可能不是球队老板，而是球迷的歧视导致了黑人运动员的收入更低。

与此相比，性别差异导致的工资差别并不完全是因为歧视，比如男性比女性工资水平高的一个可能的原因是女性可能承担更多的家庭劳务并要抚养小孩，结果在工作时不那么集中精力，劳动生产率较低；另一个可能的原因来自于补偿性工资差别——男性更可能从事艰苦繁重的工作，比如野外作业和长期出差的工作，而女性更可能从事比较轻松的文员等工作。

第三节 效率与平等

经济中个人和企业需要解决的问题非常明确——如何实现效率。个人在收入约束下追求效用最大化的消费，企业在技术约束下进行利润最大化的生产。市场经济在调节个人和企业行为的时候是有效率的，使得资源尽可能实现最优配置，但市场经济并不能保证所有人都能够平等地得到产品。

事实上，市场经济的结果是出现了分配的不平等。有些人天赋极高，抓住机遇，就成为富可敌国的大富豪，比如比尔·盖茨、索罗斯；而另一些人因为各种原因只能挣扎在贫困的深渊中。因此，政府作为经济管理者和调节者，还需要解决另一个问题：如何在整个社会实现平等，这就是基本经济问题中的“如何分配”的问题。

收入分配涉及两个问题：效率和平等。效率是分析如何把“蛋糕”做大，而平等是讨论如何把“蛋糕”分得更为平均。

中国传统文化强调“民不患寡而患不均”，以为大家都分到相同的产品就是公平的，于是在新中国成立之后实行了“大锅饭”的绝对平均分配制度。

事实已经证明，绝对平均主义对于效率的损害是巨大的。无论能力如何、是否努力，所有人都得到相同的产品，那么人们都不愿意更努力，结果就是总产品减少了。因此，有评论说：“如果想要把蛋糕分得平均，结果就是蛋糕变小了。”

考虑到人们能力高低不同，努力程度也不一样，存在收入差距是合理的。所谓公平，并不是一味要求绝对平均地分配产品，而是提供一个公平竞争的环境，即让所有的市场参与者站在同一起点上。比如“杂交水稻之父”袁隆平，通过实验找到了提高水稻产量的方法，为技术进步做出巨大贡献，他获得国家高额奖励。这难道不公平吗？

当然，收入差距过大的负面影响也是显著的。因此，所有政府都设法采取收入分配政策来缩小收入差距。下面我们首先考虑如何对社会的不平等现象做出评价。

一、不平等的衡量

要讨论不平等问题，我们首先要衡量在社会中不平等程度究竟有多大。由于统计方法和统计手段不同，这里主要采用美国的数据来说明。

（一）洛伦茨曲线（Lorenz Curve）

衡量收入分配状况常用的一个指标就是洛伦茨曲线。

1. 收入分配表

一个简单的衡量经济不平等的办法是列出收入分配表，考察不同人群的收入在总收入中所占的比例（如表 8.7 所示）。

表 8.7　　美国的收入分配：1994 年

家庭年收入（美元）	家庭百分比（%）
10 000 以下	8.7
10 000~14 999	6.9
15 000~24 999	15
25 000~34 999	14.3
35 000~49 999	18
50 000~74 999	19.9
75 000 及以上	17.2

资料来源：U. S. Bureau of the Census。

表 8.7 列出了美国家庭中不同收入的人所占的比例，有 8.7%的家庭收入在 10 000 美元以下，对应的高收入家庭（75 000 美元及以上）则占到 17.2%。

另一个更直接的办法是列出相同数量的家庭集团的收入在总收入中所占的比例。把家庭按照收入水平分为五个集团，每个集团的家庭数量占总家庭数的 20%，然后考察每个集团的收入在总收入中所占的比例（如表 8.8 所示）。

表 8.8　　美国的收入分配

年份	一	二	三	四	五	最高 5%
	20%	20%	20%	20%	20%	
1994	4.2	10	15.7	23.3	46.9	20.1
1990	4.6	10.8	16.6	23.8	44.3	17.4
1980	5.2	11.5	17.5	24.3	41.5	15.3
1970	5.5	12.2	17.6	23.8	40.9	15.6
1960	4.8	12.2	17.8	24	41.3	15.9

表8.8(续)

年份	一	二	三	四	五	最高5%
	20%	20%	20%	20%	20%	
1950	4.5	12	17.4	23.4	42.7	17.3
1935	4.1	9.2	14.1	20.9	51.7	26.5

资料来源：U. S. Bureau of the Census。

注：这个表表示收入分配中每五分之一家庭和收入最高的5%家庭得到的税前收入在总收入中的百分比。

从表8.8中可以看到，如果分配是平等的，每个集团都应该占到收入的20%，事实上却有差距：一些集团占的比例高，比如最高的20%家庭收入占总收入的40%左右；而另一些集团占的比例低，最低的20%家庭收入不足总收入的6%。

表8.8最后一栏表示最富有的5%家庭的收入，在1935年，这些富人的收入占总收入的26.5%，而1994年这个比例降到了20.1%。

其他国家的收入分配状况如何呢？用同样的办法，考察不同家庭集团的收入比例（如表8.9所示）。

表8.9　　世界各国的收入不平等

国别	最低	第二个	中间	第四个	最高
	五分之一	五分之一	五分之一	五分之一	五分之一
日本	8.7	13.2	17.5	23.1	37.5
韩国	7.4	12.3	16.3	21.8	42.2
中国	6.4	11	16.4	24.4	41.8
美国	4.7	11	17.4	25	41.9
英国	4.6	10	16.8	24.3	44.3
墨西哥	4.1	7.8	12.3	19.9	55.9
巴西	2.1	4.9	8.9	16.8	67.5

资料来源：World Development Report：1994, pp. 220-221。

注：表中数据说明每个五分之一家庭在收入分配中得到的税前收入的百分比。

根据各个国家的收入分配状况，日本最平等，而巴西最不平等，美国和英国则非常相似，这两个国家经济的相似度决定了收入分配状况也非常相似。

2. 洛伦茨曲线

如果把收入分配表中的数据转变为图形，用横轴表示家庭所占百分比，纵轴表示收入百分比，那么根据表8.8中1994年美国的收入分配，可以得到表8.10中的数据。

表8.10　　家庭收入分配

	家庭		收入	
	百分比	累计	百分比	累计
a	20	20	4.2	4.2
b	20	40	10	14.2
c	20	60	15.7	29.8
d	20	80	23.3	53.1
e	20	100	46.9	100

根据表 8.10 中的数据，可以得到洛伦茨曲线，即表示收入分配状况的一条曲线（如图 8.7 所示）。

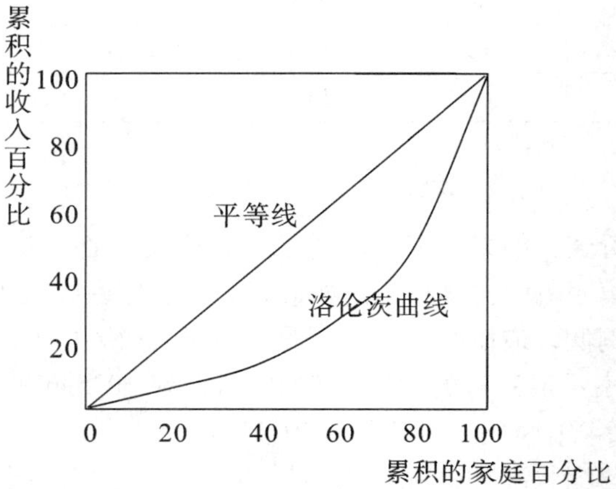

图 8.7　洛伦茨曲线

如果每个家庭得到相同的收入，那么累积的家庭百分比得到累积的收入百分比将沿着平等线移动，而洛伦茨曲线表示实际的收入分配。洛伦茨曲线离平等线越近，分配越平等。

3. 基尼系数

基尼系数等于洛伦兹曲线与对角线之间的面积与对角线下的面积之比。比值越大，表明收入分配不平等的程度越大，其取值范围在 0（收入分配完全平均）到 1（收入全部归一人所有）之间。

（二）贫困率

最常用的收入分配判断标准是贫困率。贫困率是家庭收入低于贫困线标准的绝对水平的人口百分比。

由于贫困线是绝对标准而不是相对标准，因此随着人们收入水平的普遍提高，贫困线标准也提高了。比较而言，随着时间推移，贫困率有所下降。

二、如何对待不平等

市场经济条件下追求资源的有效配置，不可避免地产生了收入不平等。这时我们应该寻求政府的帮助吗？

这不仅仅是一个经济问题，更多的是一个政治哲学问题。对待不平等的态度并不是统一的，我们这里主要介绍两种观点。

（一）功利主义

思考一下：

大多数国家实行边际税率递增的所得税制度，即收入越高，税率越高。为什么？

政治哲学中一个重要的学派是功利主义，其奠基人是英国哲学家吉米·边沁（Jeremy Benthan，1748—1832）和约翰·斯图亚特·穆勒（John Stuart Mill，1806—1873）。在很大程度上，功利主义的目的是要把个人决策的逻辑运用于道德与公共政策的问题。

功利主义的出发点是功利或效用的概念，他们声称，政府的正确目标是使社会每一个人的效用总和最大化。

功利主义者支持收入再分配是根据边际效用递减的假设。1 元钱收入给穷人带来的效用大于对富人的效用。因此，如果把富人的 1 元钱转移给穷人的话，虽然富人的满足程度减少，但穷人的满足程度会增加，并且增加得更多，对整个社会来说，总的满足程度会提高。

这种推论是简单的。设想 A 和 B 两人除了收入分别是 8 万元和 2 万元之外，其他完全相同，在这种情况下，可以通过某种政策将 A 的 1 元钱转移给 B，这种收入再分配增加了总效用。这是功利主义者的目标。

要把 A 的钱给 B，政府就应该实行收入再分配政策，例如个人所得税和社会保障制度。在这些政策之下，收入高的人支付高税收，而收入低的人得到收入转移。这种制度的负面影响在于会改变人们努力工作的激励——收入越高缴税越多，人们就不再那么努力地追求高收入了。

一个有名的寓言说明了功利主义者的逻辑。设想杨帆和张文是在沙漠上不同地方的饥渴旅行者。杨帆的绿洲有许多水，张文的地方水很少。如果政府可以无成本地把一个绿洲的水转移到另一个地方，就可以通过使两个地方的水量平等化而使水带来的总效用最大。但假设政府只有一个漏水的桶——在运输过程中有一些水损失了，在这种情况下，功利主义的政府仍然可能进行再分配，但不会使得两边水量相等。同样的道理，税收是有无谓损失的，就像一个漏水的桶一样，所以即使是功利主义的政府，也不会把收入均等作为政策目标。

（二）自由主义

考虑不平等问题的第二种态度是所谓的自由主义。哲学家约翰·罗尔斯（John Rawls）在他的著作《正义论》中提出了这种观点。

罗尔斯从一个社会的制度、法律和政策应该是公正的这个前提开始，认为如果一个人并不了解自己处于社会的哪个阶层，会特别关注处于收入分配最低层的可能性。因此，在设计公共政策时，我们的目标应该是提高社会中最差的人的福利。这就是说，不是像功利主义者所主张的使每个人效用的总和最大化，罗尔斯要使最小效用最大化。罗尔斯的规则被称为最大化标准。

罗尔斯的观点启发了社会保险制度的建立。拥有轿车的人并不知道是否会出车祸，但为了避免车祸导致的损失，所以购买保险。同样，对高收入的人征税也可以理解为保险，人们并不知道自己明天是否会成为穷人，但现在交税就像购买保险一样，如果自己明天不幸成为穷人，还有得到政府补助的可能——政府补助支出就来自于税收。

思考一下：

你购买过某种形式的保险吗？为什么购买？

（三）自由意志主义

我们目前讨论的功利主义和自由主义都认为，政府有权利和义务采取某种措施来调节收入分配的结果。

与此不同，自由意志主义则认为政府不应该为了实现任何一种目的而进行收入再分配。

哲学家罗伯特·诺齐克（Robert Nozick）在他 1974 年的名著《无政府、国家与乌托邦》中就提出了自由意志主义的观点。他们更关注经济结果产生的过程，比如一个人以欺诈或者武力掠夺的方式获得了收入，是非正义的，那么政府有权利也有义务纠正这个结果；反过来，只要取得收入的过程是公正的，那么不论结果的差距有多大，都是公正的，政府不应该进行调整。

比如买彩票，同样花2元钱购买一张彩票，有的人最终得到500万元，有的人却一无所得。这样的结果当然是差距巨大，但只要抽奖过程是公正的，那么自由主义者就认为这个结果是公正的。

思考一下：

你认为政府应该实行收入再分配政策吗？

三、收入再分配政策

虽然经济学家对于政府应当对收入分配不平等采取什么样的态度没有一致意见，但现实中各国政府都制定了各种收入再分配政策，试图得到更平等的经济结果。主要的政策手段包括税收、社会保障和各种补贴——这部分内容属于公共财政理论的重点研究范围。

（一）所得税制度

如果每月收入5 000元，在现行的所得税制度下，需要向政府缴纳多少个人所得税？如果收入水平是7 000元，缴税的比率有什么不同？

大多数国家都实行累进的所得税制度，即收入越高，缴税的比率越高。

除了累进的所得税制度，还有累退和单一的所得税制度。其中累退的所得税是指收入越高，税率越低；单一的所得税制度是不管收入水平如何，都按照统一的比率交税。

累进的所得税有助于缩小收入差距，但负面影响也是明显的：打击了人们获得高收入的努力。税率越高，人们努力工作的激励越小。因此，有的时候也把税率的调整作为调节经济的重要手段，通过降低税率激励人们工作，或者通过提高税率抑制生产的积极性。

（二）社会保障制度

天有不测风云，人有旦夕祸福，所以人们总是需要为将来的不确定性做准备，拿出一部分钱预防不测。对低收入者的保障也是对自己未来的保障。

主要的社会保障制度包括老年人保障、残疾人保障、丧失劳动能力人的保障以及医疗保障。比如年老的时候，不能依靠工作取得收入，其生活来源就只能是养老金，所以工人需要从工资中拿出一部分来缴纳养老保险；由于绝大多数人都有失业的风险，所以就业的时候还需要从工资中拿出一部分缴纳失业保险，可以在失业的时候领取津贴；另一个难以避免的可能的支出是医疗费用，所以还需要缴纳医疗保险。

（三）各种补贴

大量的再分配是以补贴的形式产生的，比如政府以低于生产成本的价格提供产品或服务，或者政府对低于成本提供产品的企业进行财政补贴。

一个明显的例子是义务教育。小学、初中九年义务教育期间，学校培养每个学生的成本是多少？在免收学杂费的情况下，这部分资金就只能由政府以财政补贴的形式支付给学校。

即使到了大学，公立学校也有财政补贴。如果每年培养一个学生的成本是10 000元，收取的学费为5 000元，那么差额部分就要由政府来补贴。

政府有的时候还以实物转移支付的形式帮助低收入者或者生活暂时遇到困难的人。在 2008 年 5 月汶川大地震之后，灾区人们的生活遇到困难，这时候政府就从各地调拨帐篷、棉被以及生活必需品到灾区，免费发放给受灾群众。

政府还可能发放购物券改善贫穷家庭的生活。2009 年春节，为了帮助家庭困难的人抵抗全球金融危机的影响，各地政府都采取了不同办法进行补贴，其中一种办法就是发放超市购物券。

本章小结

生产要素（劳动、资本、土地）按照其边际产量值决定获得报酬，均衡价格由其供求状况决定。由于能力、天赋、受教育程度和工作内容不同，人们的工资水平也不相同，这在很大程度上决定了个人和家庭的收入差别。歧视也可能造成收入差别，但歧视难以衡量。

收入分配数据表表明社会中经济结果存在不平等，通常用洛伦茨曲线和贫困率来衡量收入分配的不平等状况。

政府往往通过税收、社会保障和各种补贴来进行收入再分配。这些政策虽然事实上改善了低收入者的生活状况，但也可能减少对穷人依靠自身力量脱贫的激励，抑制了人们的生产积极性。因此，这些追求平等的政策降低了效率水平。

第九章 市场失灵与微观经济政策

内容提要：

本章是从微观经济学部分向宏观经济学过渡的一章。主要介绍市场失灵的含义及表现形式；垄断、信息不对称、外部效应及公共物品等导致市场失灵的原因；最后简单介绍政府校正市场失灵的政策措施。

重点掌握：

1. 市场失灵的原因和类型；
2. 政府公共政策的作用及其局限。

微观经济学分析的中心理论——价格理论认为，在完全竞争市场上，通过市场机制形成价格调节，经济社会就能够实现资源的最优配置，社会福利就能够达到帕累托最优状态。然而，在现实经济生活中，几乎无法满足实现“帕累托效率”的条件。也就是说，虽然在商品经济条件下，没有市场是万万不能的，但市场也不是万能的，由于多种因素，存在着市场失灵的现象，即市场机制不能完全按照人们的意愿有效地配置经济资源。

市场失灵有广义和狭义之分。狭义的市场失灵是指完全竞争市场所假定的条件得不到满足，而导致的市场配置资源的能力不足，从而缺乏效率的表现，包括市场垄断、信息不对称、外部效应、公共产品等方面。广义的市场失灵则包括市场机制在配置资源过程中，所出现的经济波动以及按市场分配原则而导致的收入分配不公平现象。通常我们是在狭义的范畴上使用市场失灵的概念。

市场失灵主要表现在：

（1）不完全竞争。现实经济中有大量不同程度的垄断存在。电信、供水、供电、交通运输、天然气等，是众所周知的垄断（或寡头垄断）行业。在这些行业中，价格不等于边际成本，而是远远高于边际成本。

（2）信息不对称。在现实的市场经济中，买卖双方所获取的信息是不对称的。这样，信息优势方就很可能利用自己的信息优势来损害信息劣势方的利益。这样，最后达成的均衡就不是最优水平。

（3）外部效应。外部效应的存在使得私人成本小于社会成本，或者私人收益小于社会收益，从而最终的均衡产量不是社会最优产量。

（4）公共物品。公共物品是那些具有非竞争性和非排他性的产品，这些产品私人部门一般不愿意提供，从而这些产品市场不存在。

第一节　不完全竞争与市场失灵

不完全竞争的市场包括垄断、寡头垄断和垄断竞争，我们这里用广义上的“垄断”——存在市场势力来代表不完全竞争市场的情况。

“垄断”一词来源于孟子的“必求垄断而登之，以左右望而网市利”，意思是站在市集的高地上操纵贸易。这跟我们现代意义上的垄断的意思是一致。现代意义上的垄断是这样一种状态，即垄断者能保持在市场上的唯一或者少数卖者的地位，其他竞争者不得进入，或者难以进入市场与之竞争。在这样一种情况下，垄断者就能操纵产品的价格或者产量，从而获取超额利润。垄断者制定的价格一般远远高于边际成本，不符合经济效率的要求。

垄断导致的低效率以及政府可能采取的反垄断措施在第六章已经有详细描述，这里就不再讨论了。

第二节　信息不对称与市场失灵

一、信息不对称的含义

在完全竞争市场，我们假定无论在商品市场还是要素市场，市场参与者掌握的与其决策相关的信息都是充分的。然而，现实的情况是，不论在商品市场还是要素市场，不论是商品生产者还是消费者，掌握的信息都是不充分的，同时也是不对称的。

信息不对称是指在相互对应的个体之间的信息呈现不均匀、不对称的状态。

比如，购买牛奶的时候，作为消费者，对于该牛奶的销售状况、真实营养价值等信息知道得比生产厂商少得多。在劳动力市场，应聘者对自己的真实能力、勤奋、性格等关键信息比招聘者了解得多得多。因此，参与市场的双方，很多情况下，都是一方比另一方了解的信息多。典型的例子是治病和买保险。在治病时，医生掌握着更多的专业知识，对于病症本身以及药品选择都更为了解，而病人则未必能够准确了解这方面的信息，这就是一种信息不对称；在保险市场上则正好相反，消费者比保险公司掌握更多的信息。

信息不对称之所以引起我们重视，是因为信息不对称会导致效率损失，主要体现在逆向选择和道德风险两种情况上。

二、信息不对称的低效率与解决

（一）逆向选择

1. 逆向选择的效率损失

“逆向选择”（Adverse selection）是指由于交易双方信息不对称和市场价格下降产生的劣质品驱逐优质品，进而出现市场交易产品平均质量下降的现象。

“逆向选择”的研究主要源自美国经济学家阿克洛夫（G·Akerlof）1970年提出的旧车市场模型。

在旧车市场上，卖方和买方关于旧车的信息是不对称的。卖方清楚地知道旧车的性能、真实质量等信息，而买方顶多能通过试驾、外观等了解一些表面信息。在这样一种情况下，卖方即使是因资金周转不灵，而不得不忍痛割爱，卖掉自己9成新的车，买方也会将高质量的旧车当“旧车”看待，不会对其做出高于市场平均状况的评价。因为买方会想，你这么新的车，更可能的是存在从外观看不出的质量问题，而不会相信卖方提供的“自己资金周转不灵，不得不忍痛割爱”的信息。在这样的情况下，买方为防止自己上当，只会愿意出比卖方预期低的价格。而卖方因得不到自己预期的价格，而放弃出售质量好的旧车。

比如，某个旧车市场有1 000辆待售旧车，其中50%是高质量的，50%是低质量的。在这个市场上，买方并不能获取每一辆旧车的真实信息，只能估计高质量和低质量的各占一半。那么，如果高质量的旧车要价20万元，低质量的旧车要价10万元，买方不会相信自己所买旧车就是高质量的，因此不愿意出价20万元，而是按照平均质量来出价，即将$20\times50\%+10\times50\%=15$万元的价格作为愿意出的价格。这样，高质量的旧车卖方因卖价离自己的预期价格较远而退出市场，于是只有另外50%的低质量旧车存在于市场上。过了一段时间后，买方会发现，旧车市场上的平均质量下降了，按照前面的一个决策过程，买方所愿意出的最高价格也会下降，那么预期售价高于这个价格的较好质量的旧车又会退出市场。如此循环往复，最后留在市场上的都是最劣质的旧车。这个过程就是“劣质旧车”把“优质旧车”赶出了市场，与人们理想的“优胜劣汰”正好相反，因此被称为“逆向选择”。

“逆向选择”不仅存在于上述的旧车市场，还存在于劳动力市场、保险市场等。

比如，在劳动力市场上，招聘者不能获取有关应聘者的详细信息，只能了解其学历、所学专业、过去所做工作以及业绩等信息，而对于其性格特征、过去工作的详细情况、工作态度等重要信息无法在短时间内获取。因此，现实情况是，在大部分企业里，相同岗位相同学历的人，工资水平都差不多，至少在进入企业时是差不多的。优秀的人才不愿接受低价，就会退出。

又比如在保险市场，购买保险者对有关自己健康状况的信息显然比保险公司了解得多，如体质、遗传、生活习惯等。这样，在特定的保费下，健康的人就不愿意投保，投保的人很可能都是患病的人。一段时间后，保险公司会发现，这项业务损失比较大。为了减少损失，保险公司会提高保费。在更高的保费下，患病可能性一般的投保者退出，留下的是高风险的投保者。

2. 逆向选择问题的解决

首先，可以通过增加市场信号的方式来缓解逆向选择。比如在旧车市场，高质量的旧车卖方为让买方相信自己的旧车的质量优于市场平均质量，可以通过签订合同，在合同条款中注明，提供两年的免费维修服务。在劳动力市场，应聘者为证明自己比其他应聘者更胜任工作，可以提供与工作密切相关的一些证书，如注册会计师证、优秀教师的奖励证书、精品课程培训证书等。这就可以向招聘者传递更多与工作相关的信息。

其次，信息劣势一方也可以通过信息鉴别来获取更真实的信息。信息鉴别的手段很多，很灵活。比如，招聘者可以通过设置一些测试题，来了解员工的耐心、性格、智力水平等信息，也可以通过设置有利于掌握应聘者信息的工资制度。比如招聘销售人员，仅仅通过笔试和面试难以了解详细信息，那么设置基本工资+提成的工资制度就可以了解更多的信息。因为应聘者更了解自己的销售能力，销售能力强的就愿意接受低基本工资加高提成的工资制度，而销售能力弱的更愿意接受高基本工资加低提成的工资制度。

（二）道德风险

1. 道德风险的效率损失

“道德风险”是指从事经济活动的人，利用自己的信息优势，在追求自身利益最大化的同时，损害了信息劣势方的利益。因此，道德风险跟我们通常情况下所说的道德败坏不是一个含义，它只是作为经济人的一种正常选择。

道德风险通常发生在交易双方签订契约后，信息优势方在不违背契约条款的情况下，做出有利于自身而有害于对方的行为。所以叫“道德”风险，跟法律责任无关。

斯蒂格里茨在研究保险市场时，发现了这样一个典型例子：美国一所大学学生的自行车被盗比率约为10%，几个有经营头脑的学生发起了一个针对自行车的保险，保费为保险标的的15%。按道理讲，这几个有经营头脑的学生应获得5%左右的利润。但该保险运作一段时间后，这几个学生发现自行车被盗比率迅速提高到15%以上。为什么会这样？这是因为投保以后，学生防范自行车被盗的积极性明显下降了。

同类型的例子广泛存在于我们的经济生活中。比如一家公司为自己购买了消防险。在购买保险之前，公司的保安时常巡逻，以确保火灾隐患被扼杀在摇篮中。公司的每个通道也都放有灭火器，房间都安装了喷水系统，公司还时常给员工举办消防讲座。当公司购买了保险以后，如果没有强制要求，公司会从节约成本的角度来考虑，通道中的灭火器会减少，并不是每个房间都安装喷水系统，消防讲座也取消了。这很显然会增加火灾的风险，从而损害保险公司的利益。

道德风险问题广泛存在。

公司从债权人那里募集来的资金，会被股东用来投资一些高风险的项目，这些高风险的项目带来的额外收益归股东所有，而一旦发生亏损，债权人要和股东共同来承担。

员工与企业签订了劳动合同后，员工会在不违反公司规章的情况下，追求闲暇的最大化。因为他努力工作或偷懒，工资都是合同签订的数额。比如，高校教师的课时费如果是70元/课时，那么他在课堂下努力备课，课堂上认真授课，其课时费是70元；而他在课堂下将更多的精力放在玩乐上，课堂上敷衍了事，课时费仍然是70元。在这样的情况下，授课者更可能的是不认真备课和授课。

医院的医生在医治病人的时候，会开一些不会恶化病人病情，但也对病情的控制毫无帮助的药，这无疑损害了病人的利益。

2. 道德风险的解决

之所以会出现道德风险，是因为契约双方一方掌握的信息比另一方充分，信息充分的一方利用自己的信息优势来损害信息劣势方的利益。那么，要解决道德风险就可以从两个方面着手：一方面，增加信息优势方损害劣势方的损害成本；另一方面，想方设法增加信息劣势方的信息，即信息疏通。

（1）增加损害成本

减少信息优势方对信息劣势方的损害的方法之一是，使信息优势方与信息劣势方有更多的共同利益。比如给予员工期权，这样员工的未来利益和企业紧密相连，员工为了自己未来利益的最大化，会更努力地工作。或者给予员工以较高的工资、更好的工作环境，这样，一旦其偷懒行为被发现、被解雇，他将难以找到同等条件的工作，其偷懒的成本就高了。再比如，保险公司可以采用按比例赔付的方式，使得投保者一旦发生应赔付事件，自己也有损失。

（2）信息疏通

解决道德风险的另一方式就是增加信息劣势方的信息。比如可以通过要求上市公司披露信息，来减少债权人的损失。通过政务公开，增加广大人民对政府官员的了解。

随着社会的不断进步，信息量越来越大，信息不对称的问题也就更加广泛地存在着，人们不仅想方设法获取更多的信息，拥有私人信息的一方也可能为传递信息而苦恼。比如在劳动力市场上，应届毕业生为了向可能的雇主传递信息，不得不花费更多的心思来设计简历和包装自己，还要通过各式各样的证书和奖状来展示自己的能力方面的信息。

第三节　外部效应与市场失灵

一、外部效应的含义

在实现帕累托效率的完全竞争市场上，我们假定所有的成本和收益都以市场价格的方式反映，消费者购买产品的成本和收益只影响他自身，生产者也一样。然而，经济生活的现实是，有的成本和收益无法以市场价格的形式反映，消费者或生产者的行为也不仅仅影响他们自身，还可能对第三方造成正面的或者负面的影响。这就是外部效应。

萨缪尔森对外部效应这样定义："外部效应（Externalities）或溢出效应指的是企业或个人向市场之外的其他人所强加的成本或利益。"那么，对于资源配置要求最优的经济学来讲，出现外部效应，说明市场机制相对于交易主体有非效率的一面。

且看我们身边这样一些例子：

（1）一个住着四个学生的寝室里，有个学生爱抽烟。他在寝室抽烟显然损害了其他三个学生的福利，然而其他三个学生也无法让这个抽烟的学生为消耗了他们的新鲜空气付费。

（2）一条小河的上游有家造纸厂，每天造纸厂将产生的大量废水排放在河里，使得下游的居民无法用河里的水洗衣服，然而下游的居民无法要求上游的造纸厂就其排污水的行为支付相应的费用，因为河流也不属于下游居民所有。

（3）"满园春色关不住，一枝红杏出墙来"，这出墙的红杏给墙外的路人带来了无限的遐想和愉悦，而路人是不需要为得到了愉悦付出任何成本的。

（4）邻居家播放着优美的音乐，这让住在隔壁的我身心舒畅，而我不需要因为这而向邻居支付一定费用。

上面这些问题说明，像清新的空气、干净的河水、愉悦的心情等是无法在市场上找到相应的价格的，也无须付出任何代价。在这些方面，市场无法体现它资源配置的效率。

而上面这几个例子也说明，外部效应可能是正面的，比如给第三人带来愉悦的心情，也可能是负面的，比如污染了河水使得下游居民的福利下降。企业或者个人向市场之外的第三方带来收益的外部效应是正外部效应；相反，企业或者各人向市场之外的第三方带来额外成本的外部效应是负外部效应。

二、外部效应的低效率

之所以说外部效应的存在使得市场失灵，是因为负的外部效应使得私人成本低于社会成本，从而导致提供过度，比如，在没有管制的情况下，污染会过度；正的外部效应使得私人收益低于社会收益，从而导致提供不足，比如在没有激励的情况下，绿化环境会提供不足。

具体地讲，在完全竞争条件下，私人成本和私人收益都能以价格得以体现。然而，如上面例子所述，抽烟的学生污染了清新空气，这不仅仅给他自身带来负面效应，也会给室友带来负面效应，而给室友带来的负面效应就是除私人成本之外的外部成本。优美的音乐不仅仅能给自己带来正面效应，也能给邻居带来正面效应。在这里，给邻居带来的收益就是外部收益。社会成本就是私人成本和外部成本的总和。社会收益就是私人收益和外部收益的总和。

在存在外部效应的情况下，价格只能反映私人成本和私人收益，而不能反映外部成本和外部收益。不能用价格反映的那部分成本，是私人无须承担的。在负的外部效应条件下，按照 $P=MR=MC$ 确定的私人最优产量要大于社会最优产量（如图 9.1 所示）。

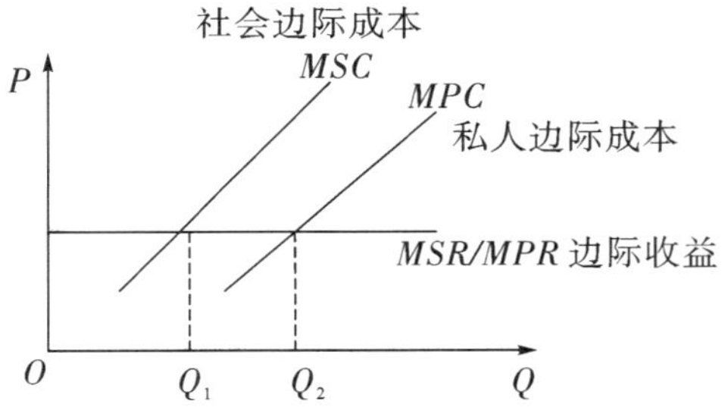

图 9.1　负的外部效应导致供给过度

图 9.1 中 MPC 和 MSC 分别表示私人边际成本和社会边际成本，MPR 和 MSR 分别表示私人边际收益和社会边际收益。这里，私人边际成本小于社会边际成本，因此 Q_2 大于社会最优产量 Q_1，即存在负的外部效应的产品，市场提供会过度。

同样的道理，因为不能用价格反映外部收益，私人就无法获取这部分外部收益。在正的外部效应的条件下，按照 $P=MR=MC$ 确定的私人最优产量要小于社会最优产量（如图 9.2 所示）。

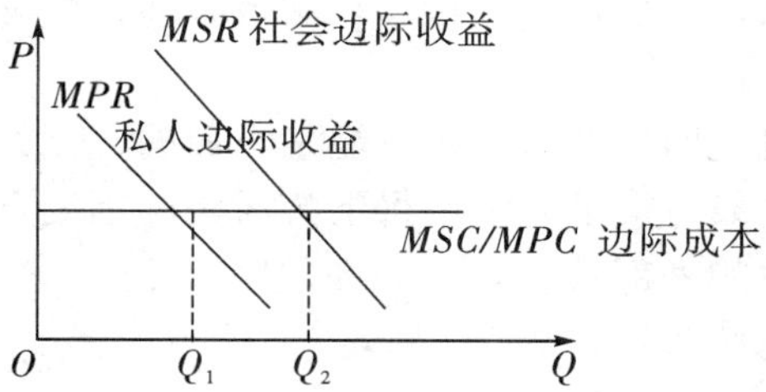

图 9.2　正的外部效应导致供给不足

在图 9.2 中，私人边际收益小于社会边际收益。因此，最终的供给量 Q_1 小于社会最优的提供量 Q_2，即存在正的外部效应的产品，市场会提供不足。

三、外部效应的解决

如上所述，外部效应是市场失灵的表现，要解决外部效应带来的低效率，寄希望于市场是徒劳的。因此，在寻求解决外部效应时，我们就将眼光放到了市场之外，即政府。

外部效应之所以会产生，主要是基于以下两个原因：

第一，产权不清晰。外部负效应通常与产权不清晰密切相关。如造纸厂排污问题，是因为下游的居民无河流的产权，所以无权限制上游造纸厂排污。

第二，政府管制不力。在市场经济条件下，私人部门都是以利益最大化为目标，如果对其行为不加管制，那么私人部门就会尽可能将内部成本外在化，比如增加污染。

因此，要解决外部效应，可以通过明晰产权和加强政府管制来实现。

（一）明晰产权

从明晰产权的角度来寻求解决外部效应问题归功于科斯定理。

科斯认为，外部性是因为产权界定不明晰造成的。如果将资源的产权界定清楚，那么所有与资源使用有关的个体可以通过市场交易的方式达到平衡。在这样的情况下，就可以将外部成本内部化。比如，如果我们能将河流的产权划归下游居民，那么上游的造纸厂想要排污，就必须向下游居民付费。当必须付费的时候，即排污成为造纸厂的成本的一部分的时候，造纸厂在利润最大化的驱使下，会尽可能节约成本，尽可能减少污染。其污染的一部分是有价格的，从而使得私人成本与社会成本相等。

（二）政府管制

纠正外部性的另外一条途径，就是政府管制。市场在这里是失灵的，那么我们就让政府来发挥作用。政府管制的手段有许多种，法律的、行政的、经济的都可以利用。

1. 征税或补贴

对于负的外部效应，政府可以通过征税或者罚款的方式来纠正。比如可以对污染行为进行罚款，或者征收污染税，从而弥补社会成本大于私人成本的损失。

对于正的外部效应，政府可以对带有正的外部性的物品或服务的生产者，按照该物品或服务的外部边际效益的大小进行财政补贴，使得补贴物品或服务的私人收益接近社会收益，比如通过免费疫苗让大家接种，减少传染疾病的发生。

2. 公共管制

对于负的外部效应，政府可以通过强制措施来遏制。比如通过制定排污标准，超过排污标准的予以罚款处罚。

3. 一体化

私人部门可通过扩大企业规模，组成一个足够大的经济实体来将外部成本或收益内部化，从而纠正外部效应的效率损失。如果一个企业的行为造成了外部不经济，损害了第三方的利益，可以将受损的第三方和该企业进行合并，那么该企业造成的损失就成为它自己的损失，它进行决策的时候会将这种成本纳入决策。

第四节　公共物品与市场失灵

一、公共物品的含义及特征

公共物品是和私人物品相对应的。私人物品具有绝对的排他性和竞争性，即某个物品归我所有，未经我允许，任何其他人无权使用和占有这个物品，这是排他性；而竞争性是指某一物品，一个人的使用或占有，会影响他人的使用或占有。比如，我买了汽车，未经我允许，其他人不得使用和占用，如果某人强行占有，就犯了抢劫罪。我买了一瓶可乐，如果被另一个人喝了，我就无法再喝这瓶可乐。

有的物品是不具有排他性和竞争性的。比如，大学校园里的路灯，A 同学可以借用其灯光看书，如果 B 同学也想利用这灯光看书，A 同学无权驱赶 B 同学，路灯的使用不具有排他性。一个国家一旦建立了一定规模的国防，100 万人消费国防和 200 万人消费国防的成本是一样的，即新增加一个人消费，增加的成本为零。

公共物品是指那些具有非排他性和非竞争性，不能通过市场交易实现资源有效配置的产品。非排他性和非竞争性是公共物品的两个最重要的特征。

（一）非排他性

非排他性是指公共物品具有消费的共享性，要限制一个人对其消费不可能或者成本高昂。比如，国防一旦建立，要排除任何人消费就不具有可行性。要排除一个人消费路灯也不具有可行性或者要花费很大成本。

（二）非竞争性

非竞争性是指在给定的公共物品产出水平上，新增加一个消费者不会引起产品成本的任何增加，即产品的边际成本为零。例如，海上灯塔的数量既定，新增加船只通行不会增加成本；国防支出既定，新增加一个国民消费国防，不会增加国防的成本。

二、公共物品与资源配置

公共物品因其有非排他性和非竞争性，如果仅由市场提供，其产量会低于社会最优产量，从而导致资源配置低效率。

首先，公共物品具有非排他性，从而任何人不能阻止其他人对该物品的消费。如果由私人部门来提供这种物品，因为他不能通过收费的方式阻止新的消费者对其产品的消费，或者找到了收费的方式，但是找到这种方式本身要花费很大的成本，其提供产品的成本得不到补偿，私人部门就不能有效提供公共物品。

在这种情况下，所有人都希望他人提供这种物品，而自己可以免费获取，因为对方无法阻止消费这种物品，这种行为称为“搭便车”。“搭便车”行为使得消费者会隐瞒自己对公共物品的真实需求，从而表现出的市场需求会小于真实市场需求。由此，具有非排他性的公共物品的提供数量会远远低于社会最优产量，或者其提供数量甚至为零（如图9.3所示）。

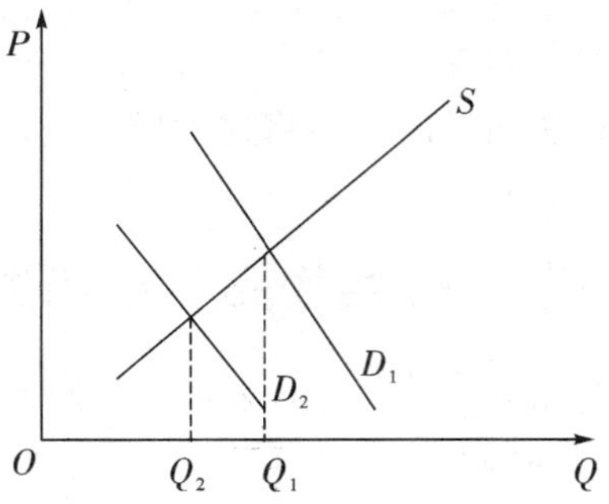

图9.3　公共物品的供给

如图9.3所示，D_1是社会真实需求，D_2是"搭便车"时人们所反映出来的虚假需求。因此，在存在"搭便车"行为的情况下，社会所表现的需求小于真实需求，从而导致公共物品的提供数量Q_2低于社会最优数量Q_1。

其次，公共物品具有非竞争性，即新增加一个人消费该物品，不会引起成本的增加，即边际成本为零。那么，如果由私人部门提供，按照边际收益等于边际成本处定价，价格应为零。而价格为零显然无法补偿企业的成本，因此，其提供的数量也会低于社会最优产量。

上述的这些具有完全的非排他性和非竞争性的物品叫纯公共物品。除了纯公共物品，还存在这样一些物品，它们具有一定程度的非排他性或一定程度的非竞争性，这类物品叫准公共物品。比如，高速公路在车流量小的时候，新增加一辆车进入高速公路不会影响已有的在高速公路上行驶的车辆，但是当车辆越来越多，达到拥挤程度的时候，新增加一辆汽车对高速公路的消费的边际成本就不再为零了。这就是具有一定的非竞争性的物品。而高速公路是可以通过在高速路口设收费站的形式使其具有排他性的。再比如教育资源、球场、旅游景点等，都具有类似高速公路的特征，属于准公共物品。

三、公共物品的提供方式

（一）政府提供纯公共物品

因为公共物品私人提供无效率或者低效率，即市场在提供公共物品上是失灵的，那么由政府介入是合理的。因为公共物品由私人部门提供无法补偿其成本，那么政府因拥有征税的权利，可以通过征税来弥补提供公共物品的成本。

那么，政府提供的公共物品在什么产量上是最优的呢？理论上，政府可以通过边际收益等于边际成本的原则确定公共物品的数量。

这里的边际收益是公共物品使用者整体获取的边际收益，而边际成本是新增加一个公共物品的成本。当然，边际收益的确定在现实中是很难实现的。比如，我们无法知道每增加一个单位的国防产量，给国防的使用者带来的收益。一是因为国防使用者数量众多，我们无法具体知晓每一个使用者的收益；二是国防给使用者带来的收益通常表现为安全感的增加、能在更和平的环境中生产，可是具体数量是无法用市场价格的形式来衡量的。

（二）准公共物品的提供方式

1. 授予经营权

对于准公共物品，因其可以通过收费的方式来弥补成本，所以由市场提供是可行的。只是一般来说，准公共物品的初始投入数额很大，而一旦投资建成后，边际成本呈下降趋势。即准公共物品一旦提供，在特定的产量范围内，新增加一个使用者，增加的成本很低，甚至为零。因此，准公共物品很容易形成垄断。准公共物品可以由政府授予特定企业经营权，但同时为避免垄断造成的价格过高，政府对这些企业应该加强监管。

2. 财政补贴

如上所述，准公共物品的边际成本很低，如果要求其按照边际成本等于价格的规则来定价，那么企业很难弥补初始成本。在这样的情况下，政府可以通过财政补贴的方式来保证企业对成本的弥补。财政补贴通常出现在这些领域，如教育、医疗卫生、图书馆、博物馆等。

3. 政府参股

对于某些准公共物品，还可以通过政府参股的形式来混合提供，如桥梁、水坝、高速公路、铁路等。

第五节 政府失灵

一、政府的经济职能

政府的资源配置职能是指政府作为资源配置的主体来配置社会资源的活动。在强调政府的资源配置职能的时候，我们必须记住，现代市场经济是市场机制和政府机制共同作用的经济，而其中市场作为资源配置的方式是占主导地位的，政府对资源的配置只是在那些市场进行资源配置无效或无力的领域。

政府的资源配置职能主要在于纠正市场的失灵。比如：对垄断行业实行政府管制、国有化、鼓励竞争；对因信息不对称而市场提供不足或者没有提供的，政府可以通过提供权威认证、疏通信息渠道等辅助市场来解决；对于外部性的存在，政府可以通过明晰产权、罚款、征税、补贴或者管制等方式来纠正外部性；对于公共物品，政府可以直接提供，或者通过授权经营、财政补贴、参股等形式来实现资源配置的优化。这些内容在前面几节中都有详细叙述。

二、政府失灵

在市场经济条件下，政府干预经济是为了弥补市场机制功能的缺陷，然而政府的干预也不一定就有效，政府干预也会失灵。

（一）政府失灵的表现

政府失灵主要表现在：

政府本身机制或者行为能力导致的政府干预偏离最优目标；

政府干预达到了最优目标，但是本身的行政成本高；

政府干预也存在信息不充分，从而在实现一个目标的同时损害了社会集体福利。

（二）政府失灵的原因

政府失灵主要由以下情况导致：

1. 政府决策的无效或低效

公共决策的主要方式是投票，一般可以全民投票或代表投票，或者政府有关机构的官员投票。很多情况下，全民投票不可行。比如决定国防的产量，若采用全民投票，不仅决策成本很高，最终也不一定能找到最优的产量，因为大部分公民并不了解到底多少产量才是最优的。更多的情况是代表投票。

（1）投票规则的缺陷导致政府决策无效率

投票规则有两种，一是一致同意规则，二是多数票规则。常用的投票规则是多数票规则，如五分之三多数规则、三分之二多数规则、过半数的多数票规则等。

多数票规则有时候也不一定能得到最优决策。

首先，在政策决策超过两个以上时，会出现循环投票，投票不可能有最终结果。

比如对于有 A、B、C 三方案，由甲、乙、丙三人按多数票规则进行投票决策。其偏好顺序如下：

甲	乙	丙
A	B	C
B	C	A
C	A	B

在 A 和 B 方案中进行选择，按照多数票规则，甲和丙都优先选择 A，那么社会偏好顺序是 A；然后在 B 和 C 中进行选择，按多数票规则，甲和乙都优先选择了 B，所以社会偏好是 B；再在 A 和 C 中进行选择，按多数票规则，乙和丙都优先选择 C，所以社会偏好是 C。

所以，最后的结果是 A 优于 B，B 优于 C，C 又优于 A，这样，任何均衡都不能找到。这就是投票悖论。

其次，如果为了消除投票悖论，可以规定特定的投票程序。但是在这里谁确定投票程序，最终结果就对他有利，所以最终的结果也不是合意的结果，而是体现了投票程序决定者的偏好。

（2）政治家的个人利益最大化动机导致的低效率

政府是由政府官员组成的。我们没有理由相信，作为经济人的政府官员，到政治市场上就会谋求集体利益最大化。因此，在进行公共决策时，决策者往往以个人利益最大化作为追逐的目标，比如政绩最大化、权力最大化等。当决策者以个人利益最大化为目标的时候，很容易导致决策偏离社会最优目标。

（3）利益集团的存在导致政府决策无效率或者低效率

利益集团是指那些有某种共同的目标并试图对公共政策施加影响的有组织的团体。这种共同目标可以是因为同样的收入来源，比如都是来源于资本或者来源于劳动；可以是因为大约相同的收入规模；也可以是因为就业于相同的产业、相同的地区，或者人口特征或各人特征相同。这些方面的相同都可能形成利益团体来影响公共决策。比如，在对于是否对高尔夫球及球具征收消费税的公共决策中，如果参与决策的高收入阶层多，那么这项议案很可能被否决，如果参与决策的低收入阶层多，就很可能被通过。所以，决策的最终结果并不是代表了大众的偏好，而是仅仅代表了利益集团的偏好。

例如，1992 年美国在讨论降低政府开支与财政赤字的过程中，国会却通过了一项议案，批准拨出数百万美元在西弗吉尼亚州的一个闭塞地区修建一条四车道的高速公路。为什么？一个重要的原因是西弗吉尼亚是参议员罗伯特·伯德（Robert Byrd）的家乡，而伯德又是参议院拨款委员会主席，其他人为了讨好他提出了该项议案。

2. 政府机构的低效率

政府机构本身因缺乏竞争和激励而容易导致低效率。

（1）缺乏竞争

政府部门对于同类型工作的工作人员往往支付同样的报酬，而不像私人部门那样容易和工作绩效挂钩，从而干多干少一个样。公务员更多的是尽量不犯错误，而不是提高工作效率。

（2）缺乏降低成本的激励

作为经济人的我们都有这样的思维，只有花自己口袋里的钱才懂得节约，花别人口袋里的钱就没有节约的激励。而政府活动的经济来源是税收，每个政府部门只是总体政府的一个分支机构，其支出的多少跟政府官员的个人利益没有冲突，从而政府部门都有扩大开支的冲动，导致浪费。

3. 政府干预的低效率

在纠正市场失灵方面，我们可以通过发放许可证、特许经营权等方式来实现。在这里，掌握有发放许可证或特许经营权权力的部门或者个人，就可能以权谋私，即利用掌握的这个资源来谋求自身利益的最大化。所以，在纠正市场失灵的时候，产生了额外的负效应。

本章小结

完全竞争市场最后能实现帕累托最优。然而，完全竞争的一些假设条件是不成立的。市场在垄断、信息不对称、外部效应以及公共物品等领域是失灵的。

垄断厂商在利润最大化的驱使下，会在边际收益等于边际成本处定价，产量低于社会最优产量，从而市场在垄断行业失灵。

信息不对称是指市场参与双方对于与自己决策相关的信息的了解程度不一致。那么，处于信息优势的一方就会做出损害信息劣势方的决策。

外部效应有正的外部效应和负的外部效应。在正的外部效应的情况下，因私人收益小于社会收益，从而具有正外部效应的产品会提供不足；在负的外部效应的情况下，因私人成本小于社会成本，从而具有负外部效应的产品会提供过度。

公共物品具有非竞争性和非排他性，因此，私人部门不会有提供或提供不足。

市场失灵是政府干预的理由，政府的经济职能就是弥补市场的失灵。然而，政府也不是万能的，政府干预经济中会有失效的地方。

资料延伸

为什么鲸鱼有灭绝危险，而鸡没有？

一个美国人每年平均消费牛肉 73 磅，猪肉 59 磅，鸡肉 63 磅，但是谁也没有听说过这种消费可能导致牛、猪或鸡的灭绝。相对而言没有多少美国人吃鲸肉；然而在日本等一些国家，鲸肉被视为佳肴。1986 年，由于担心鲸可能灭绝，一项暂停商业猎鲸的国际法规出台。为什么同样一个市场系统可以保证产出足够的牛、猪和鸡，却偏偏威胁到某些种类的鲸的生存呢？

经济学家从财产权着手进行分析。农民拥有他所养殖的食用牲畜，将这些动物视为自己的财产，因此觉得有必要好好照看它们，增加存栏数量。与此相反，鲸不属于任何国家或个人，换言之，它是世界共有的财产。于是，一方面大家都知道捕鲸可以赚大钱，不少人蜂拥而上；另一方面，保护和繁殖鲸类则由于缺乏直接经济利益而无人问津。这个模式称为“共有财产的悲剧”。如果一样东西属于大家，例如海洋，每个人都有经济上的激励去加以开发利用，却没有人有经济上的激励去保护。如果是这样，鲸将从海洋中消失。

当然，不仅鲸面临这样的问题。在美国，共有草原上的著名的美洲野牛濒于灭绝就是另外一个例子。要解决这一问题，许多情况下需要全社会联合起来，制定经济激励或法规保护资源，避免过度开发而导致破坏。

有时甚至法规也不足以产生作用。就在限制商业捕鲸法规通过的 1986 年，某些国家似乎一夜之间出现了动物学研究的热情，急切希望对鲸加以“研究”。1987 年，日本宣布增加其“科研用鲸”的数量，几乎是该国原有商业消费量的一半！同时，在日本的高额悬赏吸引下，本身并不属于鲸类消费国的冰岛也跃跃欲试，准备将其大部分的“科研用鲸”制成冻肉运往日本。

第十章
宏观经济基本问题及国民收入核算

"GDP 是 20 世纪最伟大的发明之一，与太空中的卫星能够描述整个大陆的天气情况非常相似，它能够提供经济状况的完整图像，帮助总统、国会和联邦储备委员会判断经济是在萎缩还是在膨胀，是需要刺激还是需要控制。没有像它一样的灯塔般的总量指标，政策制定者就会陷入杂乱无章的数字海洋而不知所措。"

——保罗·萨缪尔森

内容提要：

本章主要介绍宏观经济研究的基本问题和国民收入总量及其核算，在此基础上深入理解并掌握衡量宏观经济运行情况的最重要的指标——GDP 的核算方法。

重点掌握：

1. 宏观经济学研究的基本问题；
2. GDP 含义的理解及其局限；
3. 名义 GDP、实际 GDP 及 GDP 缩减指数的含义和计算；
4. 运用支出法、收入法计算 GDP。

第一节　宏观经济基本问题

宏观经济学是在经济萧条的背景下产生的，所以，多年来人们普遍的做法是关注短期的国民经济总量的波动和失业。

当然，经济学理论研究的重点总是根据现实的发展而改变。当 20 世纪 70 年代出现滞胀现象时，如何实现长期经济增长就成了首要问题；到了 20 世纪 80 年代，当美国和其他主要工业国家增长放慢而东亚崛起时，经济学家又把他们的精力转向经济增长的影响因素，试图考察各种因素对经济增长的贡献；在 20 世纪 90 年代，随着信息技术的发展，国家之间的经济联系更为紧密，世界变得越来越小，国际宏观经济问题就变得尤为突出。

于是，我们发现宏观经济学范围相当广泛，不仅研究经济增长、失业和通货膨胀，还要研究政府预算和国际收支平衡。

一、经济增长

（一）收入水平与生活质量

如果任你自由选择，你愿意生活在欧美发达国家还是原始的非洲部落？在美国，人们享有很高教育水平，生病之后受到良好的医疗照顾，大多数家庭拥有轿车和家用电器；而在落后地区，人们往往不得不为了温饱而奔波忙碌，在疾病面前更是束手无策。不同的收入水平意味着不同的生活质量。表 10.1 为一些国家的人均收入、寿命和识字率。

表 10.1　　人均收入、寿命和识字率

国别	人均收入	预期寿命	成人识字率
	（1993 年，美元）	（岁）	（%）
美国	24 680	76	99
日本	20 660	80	99
德国	18 840	76	99
墨西哥	7 010	71	89
巴西	5 500	67	82
俄罗斯	4 760	67	99
印度尼西亚	3 270	63	83
中国	2 330	69	80
巴基斯坦	2 160	62	36
尼日利亚	1 540	51	54
孟加拉国	1 290	56	37
印度	1 240	61	51

资料来源：Human Development Report 1996，United Nations.

虽然并不完全一致，但人们的寿命、文化教育水平等生活质量指标与收入指标是密切相关的——收入水平越高，生活质量越高。

美国等发达国家的人均收入水平是中国和其他很多国家的人均收入的十倍甚至更多，这样巨大的差距正是因为不同国家有着不同的经济增长率。

（二）经济增长与收入水平

经济学最关注的问题就是经济增长。韩国、新加坡、中国台湾等国家和地区在 20 世纪的几十年间从贫穷变为富裕，就是因为经济增长速度非常快。表 10.2 列示了不同国家的经济增长经历。

表 10.2 不同国家的经济增长经历

国别	时期(年)	期初人均 GDP(美元)	期末人均 GDP(美元)	增长率（%）
日本	1890—1990	842	16 144	3
巴西	1900—1987	436	3 417	2.39
加拿大	1870—1990	1 330	17 070	2.15
德国	1870—1990	1 223	14 288	2.07
美国	1870—1990	2 244	18 258	1.76
中国	1900—1987	401	1 748	1.71
墨西哥	1900—1987	649	2 667	1.64
英国	1870—1990	2 693	13 589	1.36
阿根廷	1900—1987	1 284	3 302	1.09
印度尼西亚	1900—1987	499	1 200	1.01
巴基斯坦	1900—1987	414	885	0.88
印度	1900—1987	378	662	0.65
孟加拉国	1900—1987	349	375	0.08

从表 10.2 中的数据可以看到，在 1900 年，中国和巴基斯坦人均收入水平相近（分别为 400 美元和 414 美元），然而到了 1987 年，中国的人均收入（1748 美元）几乎是巴基斯坦人均收入（885 美元）的 2 倍——其原因就在于中国的经济增长速度高于巴基斯坦。

如果经济增长速度快，那么随着时间推移，人均收入增加的就越多，比如日本，在 1890—1990 年的 100 年收入增加了十几倍。而孟加拉国在 1900—1987 年的 87 年间，收入水平几乎不变——期初 349 美元，到期末不过增加了 26 美元。

所以，宏观经济学研究的第一个核心问题就是：经济增长受到哪些因素的影响。什么因素决定了一些亚洲国家和地区（中国香港、新加坡）每年 7%左右的经济增长率，而什么因素导致一些非洲国家上百年间几乎没有经济增长？

（三）经济周期性波动

与此相关的一个问题就是经济增长并不是平滑的，即使是同一个国家，不同年份也有不同的经济增长率，表现为经济的周期性扩张和收缩。

经济波动的原因多种多样，比如 OPEC 组织维持石油高价的行为导致了 1973—1975 年主要工业国家的衰退，而信息技术的发展使美国在 20 世纪 90 年代保持长期增长。20 世纪 90 年代苏联解体和中欧国家转型（由计划经济转变为市场经济）使得这些国家经济严重衰退，但同样的经济转型使中国在 20 世纪 90 年代创造了惊人的 8%以上的经济增长率。

所有政府都把保持高的、平稳的经济增长率作为宏观政策目标，但如何实现这个目标是个难题。

思考一下：

调查一下祖父母、父母和你自己的生活水平，你发现了什么样的变化？是什么原因导致了生活水平的变化？

二、工作与失业

当你毕业的时候，就不得不面对就业问题。不得不说，大学毕业生需要很多机遇。2009 年，全球金融危机深入影响实体经济，经济不景气的预测影响着方方面面，当然也影响劳动市场。比如，众多外企放弃或削减了招聘计划，国内几家国有银行也宣布不招新人，中小企业也因为融资困难和订单减少而削减开支，直接导致市场营销、会计和管理等工作岗位减少以及工资水平降低。

凡事都有两面性，金融危机也给一些人带来了机会。更精打细算的企业和家庭都希望降低成本削减开支，于是节能产品受到空前的重视，比如意大利政府就宣布对个人换购节能型轿车进行财政补贴，那么节能型轿车的生产企业会因此受益，可能增加对技术工人的需求；再比如中国政府宣布将铁路建设作为此后几年的发展重点，投入巨额财政资金建设高速铁路，那么这类技术型人才必然“走俏”——工作机会增加，工资水平可能大幅度上升。

（一）失业率

不管怎样，总有一些人想要工作却得不到机会——失业，尤其是对于中国这样有着大量劳动力的国家而言，是带来长期困扰的问题。

我们用失业率来描述失业问题。失业率等于失业人口在总劳动人口中所占的比率——注意，分母是总劳动人口而不是总人口，丧失劳动能力的人、未成年人或者老年人，不在考核范围之内。如果中国有 2 亿劳动人口，而其中 1 000 万人找不到工作，那么失业率就等于 5%。

失业率并不是衡量劳动力资源没有得到充分利用的一个完美的指标。第一，它并不包括那些丧失信心而放弃了找工作的人；第二，失业率衡量没有找到工作的人，而并不衡量没有得到雇佣的时间。比如一个人愿意在 10 元/小时的工资水平下每天工作 8 小时，但是企业却只雇用了其中的两个小时。也就是说，在工作岗位上但没有能够全力工作的人，从资源利用上来看也是一种闲置，但失业率并不衡量这个。

我国统计的失业率还有另外一个问题：官方统计的一般是“城镇登记失业率”或“城镇调查失业率”，统计的范围并不完整。比如一个农民，每年只有大约 5 个月的农忙时期从事生产，其他时间都在家无所事事，这种闲置就没有反映在失业率中。

（二）失业的危害

研读我国政府经济工作报告，不难发现如何降低失业率一直是一个重点。

失业不仅是一个经济问题，还是严重的社会和个人问题。它的影响主要体现在两个方面：

1. 失去收入和生产

失去工作直接引起收入和生产损失，这种损失打击了每一个承担损失的人，并对其他劳动者形成威胁。

对于失业者来说，即使有失业保障，也不可能提供像有工作时一样的生活水平；对于整个社会来说，劳动力资源没有充分利用起来，整体产出水平下降。不仅如此，在职工作者也可能感受到更大的压力，当老板要求加班或者降低工资水平时，不得不考虑大量失业者的存在意味着找一份新工作是困难的，于是只能接受加班要求或者得到更低的工资。

2. 对人力资本的影响

长期失业会影响人力资本积累。

例如，一个电脑操作者失业了，不得不接受餐馆服务员的工作。一年之后，他会发现已经无法再承担电脑操作的工作——原有知识和技能不再适应新工作的需要。于是，这个人失去了自己的一些人力资本。

最近几年，我国大学毕业生失业率上升，其结果不仅是这些毕业生可能放弃自己的专业，不得不接受更低的工资水平，还有可能影响人们进行教育投资的信心。在一些农村地区，更多的高中毕业生选择去沿海地区打工，而不是上大学，结果整个社会的人力资本积累减少了。

三、通货膨胀

在微观经济学中，我们关心大米的价格上升或者下降，关心商品房的价格将会如何变动，这是个别价格的变动。宏观经济学更关心总体物价水平，或者物价指数，它直接反映了货币的购买力。2007 年，我国整体物价水平上升，假如上升了 8%，这意味原来 100 元钱能够购买到的物品现在需要花 108 元钱才能购买到。

通货膨胀是在一段时期内，物价总水平持续上升的现象。通货膨胀率等于物价水平变动的百分比。

如果人们关心的是实际购买力，那么只要收入和物价水平同比例上升，通货膨胀就不是什么大问题；反过来，如果通货膨胀率为 10%，而收入却基本不变，那么就意味着能够买到的东西更少了，通货膨胀就是一个问题。

如果是可预期的通货膨胀，那么人们会采取各种办法来抵消它的影响，通货膨胀也没有太大的影响。但如果是不可预期的，那么通货膨胀就使经济行为有点像赌博，有人赚有人赔。比如，张文向李武借了 5 500 元钱，现在通货膨胀率为 10%，即物价普遍上涨 10%，那么这 5 500 元钱的购买力下降，只相当于原来的 5 000 元钱，对张文有利而对李武不利——通货膨胀有利于债务人，不利于债权人。类似的还有工人和雇主，如果物价上涨而工资数额不变，则有利于雇主而不利于工人——雇主出售的产品价格更高，但支付的工资成本不变，利润增加；工人的收入不变，但物价上升使得他能够买到的东西更少了。

大多数时候物价水平变动较小，但也有时候通货膨胀率高达 50% 以上，这被称为超级通货膨胀。除了一战后 20 世纪 20 年代期间和二战后 20 世纪 40 年代期间，一些欧洲国家经历过超级通货膨胀，近代也有一些例子：1994 年，非洲的扎伊尔曾经有过一个月 76% 的通货膨胀率；1994 年，巴西的通胀率也达到 40%，1980 年价值 15 克罗兹的一杯咖啡在 1994 年为 220 亿克罗兹。

严重的通货膨胀对经济的负面影响是明显的，但摆脱通货膨胀的政策也可能有成本：一般认为，降低通货膨胀率的政策提高了失业率。

思考一下：

中国政府持有大量美元债券，如果美国通货膨胀率上升，那么中国政府会受益还是受损？

四、盈余与赤字

当个人的收入小于支出时，需要借款来消费或投资，这个人就处于负债状态。如果政府的支出大于收入，会出现什么状况呢？如果一个国家要向其他国家购买更多的商品（进口大于出口），这又是什么状态呢？

（一）政府收支

政府的收入来源于税收及其他非税收入，如果收入总额小于政府支出，政府就有赤字——政府预算赤字；如果收入总额大于政府支出，政府就有盈余——政府预算盈余。

为了实现各种政策目标，政府需要扩大支出水平，有可能使得支出大于收入。比如在2008年，为了消除雪灾的影响，政府调拨人力物力来恢复运输和供电，产生了大量支出；到了5月份汶川大地震之后，为了进行救灾和灾后重建，政府从其他地区调拨救灾和灾后重建所需的物资，还要进行财政拨款，又产生了大量支出。因此，在整个2008年，税收因为雪灾、地震和金融危机而减少，而支出又大量增加，结果就必然产生政府预算赤字。

在衰退时期，政府需要采取各种手段刺激经济，财政支出增加，同时因为衰退时经济产出规模缩小，税收会减少，结果就是赤字增加。反之，在繁荣时，政府收入增加而支出减少，可能产生盈余。

财政赤字会有什么影响？如果政府支出大于收入，就只能发行政府债券，而债券是需要支付利息的，因此赤字增加会加重财政负担——必须在未来年份拿出一部分收入来支付利息。

那么赤字就一定是坏事吗？这主要取决于借款的用途，如果借款产生了更大的收益，那么支付利息之后仍然有利可图；如果借款被挥霍浪费，结果当然就是亏损。因此虽然我们的政府常常处于赤字状态，但由于财政支出极大地刺激了经济发展，最终有利于长期发展。

（二）国际收支

当我们购买波音飞机时，我们向美国人付钱；当我们向美国出口服装时，我们得到美国人支付的美元。

如果我们进口额（向外国人的支付）小于出口额（取得外国人的支付），我们有国际收支盈余——贸易顺差；如果我们进口额大于出口额，我们有国际收支赤字——贸易逆差。

贸易顺差好还是逆差好？白宫政治家们常常以中国巨大的贸易顺差为理由提出人民币升值等要求。一般认为，美国的贸易逆差意味着美国人消费了更多的中国产品，可能造成了同类美国产品滞销，的确是不利。但贸易顺差就一定是好事吗？贸易取得盈余意味着中国国内生产的物品和劳务超过消费，生产能力过剩，如果不能在国际市场上找到销路，就会导致积压，因此中国经济对外贸的依存度很高。2008年美国次贷危机引起了全球性的金融危机，欧美发达国家的消费需求急剧萎缩，使得中国的很多外贸企业订单减少，甚至破产。

因此，虽然有时候政府也把扩大出口作为拉动经济发展的重要方式，但普遍认为保持国际收支平衡是更为有利的目标。

通过对上述问题的研究，我们发现宏观经济学实质是为了解决宏观经济运行中的问题而出现的，低经济增长、失业、通货膨胀以及国际收支不平衡是宏观经济运行中的四大疾病，宏观经济政策的目标就是要实现经济增长、充分就业、物价稳定和国际收支平衡。

第二节　国民收入总量及其核算

导入：

2011 年国民经济统计公报

初步核算，全年国内生产总值为 471 564 亿元，比上年增长 9.2%。其中，第一产业增加值为 47 712 亿元，增长 4.5%；第二产业增加值为 220 592 亿元，增长 10.6%；第三产业增加值为 203 260 亿元，增长 8.9%。第一产业增加值占国内生产总值的比重为 10.1%，第二产业增加值比重为 46.8%，第三产业增加值比重为 43.1%。

全年全社会固定资产投资为 311 022 亿元，比上年增长 23.6%，扣除价格因素，实际增长 15.9%。全年社会消费品零售总额为 183 919 亿元，比上年增长 17.1%，扣除价格因素，实际增长 11.6%。全年货物进出口总额为 36 421 亿美元，比上年增长 22.5%。其中，出口额为 18 986 亿美元，增长 20.3%；进口额为 17 435 亿美元，增长 24.9%。进出口差额（出口减进口）为 1 551 亿美元，比上年减少 264 亿美元。

资料来源：中华人民共和国国家统计局 2012 年 2 月 22 日统计数据。

一、国民收入总量

如果要判断一个人是否成功，首先就要看他的收入或者财富，讨论一个国家的经济状况也是如此——首先衡量这个国家的总收入。最常用的一个指标就是国内生产总值（Gross Domestic Product，GDP）。2011 年世界各国（地区）GDP 排名如表 10.3 所示：

表 10.3　　2011 年世界各国（地区）GDP 排名

名次	国家（地区）	GDP（亿美元）
1	美国	150 944
2	中国	73 011
3	日本	58 685
4	德国	35 786
5	法国	27 781
6	巴西	24 746
7	英国	24 212
8	意大利	21 996
9	俄罗斯	18 496
10	印度	18 393

国内生产总值（GDP）是在某一既定时期内，一个国家或地区生产的所有最终物品与劳务的市场价值总和。

这个定义看起来比较简单，真正理解起来却不是那么容易的事情。

（一）GDP 的含义

1. GDP 考察国土范围内的经济总量

只要是一国范围之内，不管是本国企业、合资企业还是外资企业，其产值都要计入该国的 GDP 中。可口可乐在中国的分公司取得的产出不是美国 GDP 的一部分，而是中国 GDP 的一部分。

与此相对的一个概念是国民生产总值（Gross National Product，GNP），它是一国国民生产的价值，即指在某一既定时期一国国民所生产的所有最终物品和劳务的市场价值。当一个日本居民在中国工作时，他的产出计入中国的 GDP，同时也可计入日本的 GNP。

在国际经济交往越来越密切的现在，大多数国家都使用 GDP 的概念来衡量本国产出。当然，由于大多数国家都主要是由国内居民从事大部分国内生产，因此 GDP 和 GNP 的数值非常接近。

思考一下：

中国人在美国工作创造的产出计入哪个国家的 GDP 呢？也计入这个国家的 GNP 吗？

2. GDP 是市场价值的总和

GDP 衡量的是一个国家或地区生产出来的各种各样的产品，比如大米、服装、汽车和医疗、旅游等，为了把这些不同的产品的价值加总起来得到一个总量，就要使用它们的市场价值。

因此进行 GDP 核算的时候不是说生产了 100 辆汽车和 50 万件服装，而是说生产了价值 1 000 万元的汽车和 500 万元的服装，二者总和为 1 500 万元。

市场价值的另一个含义是：如果产品的价值没有在市场上得到实现，那么也不成为 GDP 的一部分。比如杨帆自己做家务，这部分劳务就不计入 GDP；但是如果她把家务活交给家政公司，每月支付 400 元，这就要计入 GDP。

3. GDP 核算最终物品

GDP 衡量的是最终物品的市场价值，而不包括中间物品的市场价值。最终物品和中间物品的区别在哪里呢？简单来说，最终物品是最后供人们使用的产品，中间产品是在以后的生产阶段中作为投入的物品。下面我们通过一个例子来了解二者的区别。

如果周林生产 5 万元的小麦，张文用这些小麦生产 7 万元的面粉，然后李武用这些面粉做出 10 万元的面包。这些产品以多大的价值计入 GDP 呢？

在这个从小麦到面包的生产过程中，小麦和面粉是中间物品，而面包是最终物品。GDP 只计算最终物品的价值，因为面粉已经包括了作为原料的小麦的价值，而面包又包括了作为原料的面粉的价值，如果把小麦、面粉和面包的价值相加，就会重复计算小麦和面粉的价值。因此，GDP 核算的时候，这些产品只计算面包的价值，也就是 10 万元。

如果难以区分最终产品和中间产品，就使用增加值法计算，即用产出减去投入得到的增加值来计算。小麦的 5 万元都是增加值；面粉的增加值就是 7-5=2 万元；面包的增加值=10-7=3 万元，那么总产出就是 5+2+3=10 万元。

4. GDP 核算当期产出

GDP 衡量的是当期的产出，即总的生产能力。如果当期生产出来但尚未售出的产出该如何核算呢？

例如，假设 2017 年共建房屋价值为 1 000 亿元，其中 600 亿元的房屋在 2017 年售出，其余 400 亿元房屋在 2018 年售出，那么 GDP 核算时应该怎么处理这部分价值？

我们注意到，GDP 核算当期产出，那么这 1 000 亿元房屋都是 2017 年生产的，所以计入 2017 年的 GDP。其中有 400 亿元房屋在 2017 年没有卖出去，那么就称为存货投资，而 2018 年把这 400 亿元房屋卖出去的时候，就是存货投资的减少，而与 2018 年的 GDP 无关。

思考一下：

2018 年拍卖出齐白石的一幅画，价值 100 万元，拍卖手续费 5%，这部分产出如何计入 2018 年的 GDP？

（二）GDP 的局限

GDP（或者 GNP）是衡量一国或地区经济总量最重要的指标，但并不是一个完美的指标。罗伯特·肯尼迪①说：“GDP 衡量一切，但并不包括使我们生活有意义的一些东西。”他虽然不是经济学家，但这句话被认为是对 GDP 的一个中肯的评价。

1. GDP 只衡量市场经济活动

GDP 衡量所有的市场活动，所以未经市场交易的家务劳动以及走私等非法经济活动就不包括在内。而这些活动对于人们的生活显然是有影响的。

2. GDP 并不能准确地反映福利状况

一些生产行为对提高人们的生活水平没有好处，比如军火，它的产出也是 GDP 的一部分；还有一些生产行为的成本没有得到准确衡量，比如造纸带来 500 万的收益，同时造成的污染可能需要 1 000 万去治理，但是核算 GDP 时只是计算这 500 万的收益，却没有衡量这 1 000 万的成本。

另一方面，对人们有益的闲暇、安全等却没法反映出来。同样是 GDP 产出 1 万亿元，如果工作时间从平均 10 小时减少到 8 小时，那么人们的生活质量明显提高，却没有反映出来。

近年来，有人提出了“绿色 GDP”的概念，即用环境质量等福利指标来对 GDP 进行修正，以期更为准确地描述一国的经济总量。

3. 不同国家的 GDP 难以比较

同样是 10 千克小麦，在中国价值 15 元人民币，在美国可能价值 2 美元（按汇率折合为 13. 58 元人民币），其价格并不相同，那么同样的实物产出在各国 GDP 中表现出来的数值也就有所不同。

比如，1992 年，美国的人均 GDP 是 24 451 美元，而国际货币基金组织（IMF）发表的中国官方统计结果认为，当年中国的人均 GDP 是 2 402 元人民币，按照当时的汇率（1 美元约等于 5. 762 元人民币），中国的人均 GDP 就是 417 美元——美国的人均

① 罗伯特·肯尼迪（1925-1968），美国总统约翰·肯尼迪的弟弟，1968 年竞选总统时被暗杀，引用的这句话就是他在竞选演讲时对 GDP 这个指标的评价。

GDP 是中国的 59 倍。但美国的 GDP 是用美国现行的价格衡量的，中国 GDP 用中国的物价水平来衡量——二者差距巨大。宾州大学国际比较中心的经济学家罗伯特·萨默斯和艾伦·赫斯顿用购买力平价标准构建了 100 多个国家的实际 GDP 数据（PWT），根据这些数据，用 1985 年美元进行衡量，1992 年美国的人均 GDP 是中国的 12 倍，而不是官方公布数据的 59 倍。

尽管如此，由于目前并没有更好的替代，GDP 仍然是衡量一国经济总量最常用的指标。

（三）名义 GDP 与实际 GDP

如果 2011 年的 GDP 是 2010 年的两倍，是不是就说明生活水平提高到原来的两倍呢？

假定经济中只生产两种产品：面包和牛奶，其价格如表 10.4 所示，那么各年的 GDP 如何计算呢？

表 10.4　　不同年份的产出水平

年份	面包		牛奶	
	价格	产量	价格	产量
2009	1	100	2	50
2010	2	150	3	100
2011	3	200	4	150

1. 名义 GDP

如果用产品当年的价格乘以当年的产量计算得到 GDP，就得到名义 GDP。

2009 年的名义 GDP = 1×100+2×50 = 200

2010 年的名义 GDP = 2×150+3×100 = 600

2011 年的名义 GDP = 3×200+4×150 = 1 200

从 2009 年到 2011 年，名义 GDP 的值从 200 增加到 1 200，其中一个原因是产量增加（面包增加了 100 单位，牛奶增加了 100 单位），另一个原因是价格上升（面包价格变为原来的 3 倍，牛奶价格变为原来的 2 倍）。

2. 实际 GDP

为了剔除价格变化对 GDP 的影响，我们可以用某一个固定年份的价格来核算 GDP，这个作为比较基础的年份就叫作基年。用基年价格乘以当年产量计算出来的 GDP 就是实际 GDP。

我们选定 2010 年作为基年，那么在核算 GDP 的时候面包和牛奶的价格都以 2010 年的价格为标准——面包价格为 2，牛奶价格为 3。

2009 年实际 GDP = 2×100+3×50 = 350

2010 年实际 GDP = 2×150+3×100 = 600

2011 年实际 GDP = 2×200+3×150 = 850

剔除价格影响之后，实际 GDP 能够更为准确地表示出产出水平的变化。比如从 2009—2010 年，实际 GDP 从 350 增加到 600，增长了大约 71%；如果考察的是名义 GDP，从 200 增加到 600，增长了 200%，并不完全是产出增加的影响，还有价格的影响。

3. GDP 缩减指数

考虑到实际 GDP 和名义 GDP，我们引入 GDP 缩减指数这个概念来衡量相对于基年物价水平的现期物价水平，即名义 GDP 的变化在多大程度上是受到物价的影响。

$$\text{GDP 缩减指数}=\frac{\text{名义 GDP}}{\text{实际 GDP}}\times 100$$

比如 2011 年 $\text{GDP 缩减指数}=\frac{\text{名义 GDP}}{\text{实际 GDP}}\times 100=\frac{1\ 200}{850}\times 100=141$，表示从 2010—2011 年，GDP 缩减指数从 100 上升到 141，我们可以说物价水平上升了 41%。

（四）其他的收入衡量指标

除了 GDP 和 GNP，我们还会用到其他的一些收入概念，主要包括国内生产净值、国民收入、个人可支配收入等。

1. 国内生产净值（Net Domestic Product）

国内生产净值（NDP）表示一个国家一年内新增加的产值。

$NDP=GDP-$固定资产折旧

固定资产在使用过程中可能发生磨损，比如卡车生锈，这就是折旧，在考察新增产值的时候需要扣除。一国的折旧额可以用总投资和净投资之间的差额来表示。

2. 国民收入（National Income）

广义的国民收入泛指各种衡量国民经济的指标，也可以指国民生产总值，但狭义的国民收入 NI 表示一个国家一年内所有用于生产的要素取得的全部收入，即工资、利润、利息和地租的总和。由于企业间接税（比如营业税）和企业转移支付计入了产品价格，但却不是由生产要素取得的收入，因此应从国民收入中扣除；而政府对企业的补助金并未计入产品价格，但却是生产要素收入，因此应当加上。

$NI=NDP-$（间接税+企业转移支付）+政府补助金

3. 个人收入（Personal Income）

个人收入 PI 表示个人和非公司企业得到的所有收入，不包括企业保留收入，但是包括个人获得的政府转移支付。

$PI=NI-$企业未分配利润-企业所得税-社会保险税+政府转移支付+国债利息

4. 个人可支配收入（Disposable Personal Income）

个人可支配收入 DPI 表示完全归个人支配的那部分收入，要从个人收入中扣除税收和非税收支付（比如交通罚单）。

$DPI=PI-$个人所得税

在分析个人的消费和储蓄等行为时，最有意义的就是个人可支配收入。因为个人可支配收入是由个人消费和个人储蓄两部分构成，对于市场需求、企业投资的影响是最为直接的。

二、GDP 的核算

GDP 同时衡量收入和支出，我们这里先从支出的角度来看，有哪些内容构成了一国经济总量。

（一）支出法核算 GDP

经济中的支出有各种形式，比如：

朋友相聚去饭店吃一顿晚餐，上海一汽汽车公司决定新建一个工厂，财政拨款 50 亿元购买救灾物资，南方航空公司向波音公司购买一架飞机……

分别考察这些支出形式，我们把个人或者家庭用于物品和劳务的支出叫作消费（不包括新购住房，用 C 表示）；而企业增加或更换资本资产（包括厂房、住宅、机械设备、存货）的支出就是投资（用 I 来表示）；地方政府和中央政府购买物品和劳务的行为叫作政府购买（用 G 表示）；另外还用净出口 NX 表示本国向外国出售的物品和劳务的价值净值，等于出口额减去进口额，净出口的值可能为正，可能为负，也可能为 0。

所以 $GDP=C+I+G+NX$

其中，消费主要包括耐用品、非耐用品和劳务消费，但不包括购买住房和二手货物。投资主要包括两个方面，一是固定资产投资（包括厂房、住宅、机械设备等），一次购买，长期消耗；二是存货投资，包括工厂使用的原材料、燃料、零部件、在产品、半成品和尚未售出的库存产品。政府购买为政府对最终产品和劳务的购买支出，不包括政府的转移支付支出。表 10.5 为使用支出法核算的国内生产总值。

表 10.5　　**支出法核算的国内生产总值**　　单位：亿元

年份	国内生产总值	消费支出	投资支出	政府购买支出	货物和服务净出口
2005	182 321	67 177	88 604	25 521	1 019
2006	216 314	79 145	109 998	25 396	1 775
2007	265 810	93 572	137 324	32 270	2 644
2008	314 045	114 830	172 828	23 406	2 981
2009	340 903	132 678	224 599	−18 331	1 957
2010	401 513	156 998	278 122	−35 423	1 816
2011	471 564	183 919	311 022	−24 928	1 551

数据来源：根据 2005—2011 年《国民经济与社会发展统计公报》计算得出。

数据说明：由于存货投资数据在统计公报中难以获得，所以本表投资支出数据仅为固定资产投资额，因此本表数据存在误差，仅作教学范例使用。

（二）收入法核算 GDP

收入法是从收入的角度出发，把生产要素在生产中得到的收入相加，来核算国民生产总值，主要包括以下项目：

①工资、利息和租金等生产要素报酬；

②非公司企业主收入，即不受雇佣的独立生产者的收入；

③公司税前利润；

④企业转移支付及企业间接税；

⑤资本折旧。

GDP=工资+利息+利润+租金+间接税和企业转移支付+折旧

其中，间接税指的是对商品和劳务征税，特点是可以转嫁出去，并不由纳税人直接承担。

（三）简单的练习

1. 假设一个生产服装的行业生产情况如表 10.6 所示，试用不同方法计算 GDP。

表 10.6　　某生产服装的行业生产情况　　单位：百万元

生产单位	原料采购	产品销售	当年存货
棉农	0	1.0	0.8
纱厂	1.0	1.2	2.1
布厂	1.2	1.5	0.5
制衣厂	1.5	1.8	4
专卖店	1.8	1.9	0
消费者	1.9	0	—

解：

①根据定义，GDP 为当年所有最终产品的总价值，而最终产品包括消费者支付和企业存货，因此

$GDP=1.9+4+0.5+2.1+0.8=9.3$（百万元）

②根据支出法，$GDP=C+I+G+NX$，这个例子中没有政府购买和进出口，这里的投资又没有厂房等资本设备，只有存货投资，所以

$GDP=C+I=1.9+(4+0.5+2.1+0.8)=9.3$（百万元）

③如果用收入法来计算，本题并没有直接区分出各要素的收入，只有假定企业的销售收入都用来支付工资，而存货就是企业的利润，其他收入都为 0，因此仍然可以得到

$$\begin{aligned} GDP &= \text{工资}+\text{利润等} \\ &= [(1.9-1.8)+(1.8-1.5)+(1.5-1.2)+(1.2-1)+(1-0)]+(4+0.5+2.1+0.8) \\ &= 9.3\ (\text{百万元}) \end{aligned}$$

2. 如果一国经济满足表格 10.7 中所示数据，试计算国内生产净值 *NDP*、净出口 *NX*、净税收和个人可支配收入 *DPI*。

表 10.7　　GDP 各部分组成

国内生产总值	480
总投资	80
净投资	60
消费	300
政府购买	90
政府预算盈余	10

解：

①根据 $NDP=GDP-$折旧，而折旧=总投资-净投资，我们可以得到：

$NDP=GDP-$（总投资-净投资）=480-（80-60）=460

②由于 $GDP=C+I+G+NX$，其中 I 代表总投资，所以

净出口 $NX=GDP-(C+I+G)=480-(300+80+90)=10$

③由于政府预算盈余=税收-（政府购买+政府转移支付）

所以净税收=税收-政府转移支付=政府购买+政府预算盈余=90+10=100

④个人可支配收入=国民生产净值-净税收=460-100=360

比较而言，收入法比支出法核算 GDP 更为复杂，但支出法核算时由于中间产品和最终产品的区分困难，常常不够准确，因此两种方法都是常用的核算办法。

思考一下：

下列活动会影响 GDP 的哪一部分（如果有影响的话）？

1. 家庭购买了一台洗衣机；
2. 叔叔买了一座新房子；
3. 一汽公司从其存货中出售了一辆轿车；
4. 你购买了一张 CD；
5. 政府新修一条高速公路；
6. 你购买了一瓶法国红酒。

三、基本恒等式

由于市场交易都是双方行为，甲的收入就是乙的支出，所以对一个整体经济而言，收入必定等于支出。GDP 同时衡量两件事：经济中所有人的总收入和用于经济中物品与劳务产量的总支出。

如果经济中只有两个主体：家庭和企业。那么家庭从企业购买一般商品，企业用销售得到的钱来支付工人的工资、土地的租金和企业所有者的利润。GDP 等于家庭在市场上为产品支付的总量，等于企业的收入，也等于企业向工人、土地所有者和企业所有者支付的要素价格总量。比如，企业生产了 100 亿元产品，在市场上将它们卖给家庭，就取得 100 亿元收入（同时家庭支出 100 亿元），然后支付工人工资 60 亿元，支付土地租金 20 亿元，企业所有者得到 20 亿元的利润。这时的 GDP 总量就是 100 亿元，既等于家庭的支出总额，也等于企业的支出总额。

因此，无论是用支出法还是收入法计算的 GDP 应当是一致的，这一点可以用来说明国民经济中的一个基本平衡关系：国民总收入=国内生产总值=国民总支出。

一方面，总支出代表着社会对最终产品的总需求，因为如果人们对电脑、旅游等产品或劳务有需求，就会在实际消费中产生相应的支出，把它们加总起来就可以得到支出法核算的 GDP；另一方面，当人们提供要素或者产品的供给时，就能以此取得相应的收入，因此总收入也代表了社会对最终产品的总供给，把这些收入加起来就可以得到收入法核算的 GDP。因此，在国民收入核算中收入与支出一致可以推广得到恒等式：

总需求=总供给

这个恒等式是国民收入决定理论的基本出发点。需要注意的是，这是一种事后的

恒等关系，即满足相应条件后，经过一年的生产和消费，在国民收入核算表中反映出来的一种关系。事实上，经济中常见的一种现象是有些产品卖不出去，供给大于需求，总支出小于总产值。但是因为国民收入核算时，我们把没有卖出去的产品作为存货计入投资，所以仍然构成了总支出的一部分，使得恒等式存在。

用 Y 表示总需求，AE（Aggregate Expenditure）代表总支出，C 表示消费（家庭的支出），I 表示投资（企业的支出），G 表示政府购买，S 表示储蓄，T 表示税收。那么不考虑对外经济交往的情况下，基本恒等式转化为：

$Y=AE=C+I+G$……①

另一方面，从供给和收入法核算的角度看，总供给 $=GDP=$ 消费+储蓄+税收，即：

$Y=GDP=C+S+T$……②

其中 S 表示储蓄，T 表示税收。

①②两式联系起来，有：

$I+G=S+T$

本章小结

宏观经济学的研究范围包括经济增长、失业与通货膨胀、国际收支平衡。经济增长是经济学最关注的问题之一，我们可以用 GDP 来衡量一国经济增长的水平。失业率、通货膨胀率、贸易顺差和逆差分别是衡量失业、通货膨胀和国际收支的指标。

GDP 是反映一国经济状况的最常用的指标。它是在某一既定时期内，一个国家或地区生产的所有最终物品和劳务的市场价值。用当年价格核算的 GDP 因不能排除价格因素的影响被称为名义 GDP；用某一固定年份的价格来核算的 GDP 可以剔除价格变化的影响，被称为实际 GDP；而 GDP 缩减指数则是用来衡量相对于基年物价水平的现期物价水平，成为一个用名义 GDP 和实际 GDP 比值来衡量的物价指数。

GDP 同时衡量收入和支出。而用支出法和收入法衡量的 GDP 是一致的，因而可以推导出基本的恒等式：总需求 = 总供给；$I+G=S+T$。

第十一章 总需求与宏观经济政策

“这些昆虫生活于斯，宛如人类，微缩地表演人类的一切行为。在这个蜜蜂的国度里，每只蜜蜂都在近乎疯狂地追求自己的利益，虚荣、伪善、欺诈、享乐、嫉妒、好色等恶德在每只蜜蜂身上表露无遗。令人惊异的是，当每只蜜蜂在疯狂追逐自己的利益时，整个蜂巢呈现出一派繁荣的景象。后来，邪恶的蜜蜂突然觉悟了，向天神要求让他们变得善良、正直、诚实起来。主神终于愤怒地发出誓言：使那个抱怨的蜂巢全无欺诈。神实现了誓言……接着，在整个蜜蜂的王国中，一磅贬值为一文，昔日繁忙的酒店渺无人迹，不再有人订货，全国一片萧条景象。”

——【荷】曼德维尔：《蜜蜂的寓言》

内容提要：

本章从需求管理的角度出发，分别介绍宏观经济政策中的货币政策和财政政策是如何通过影响总需求来实现政策目标的。

重点掌握：

1. 总需求量的构成；
2. 货币政策影响总需求的机制；
3. 财政政策影响总需求的途径。

导入：

经济活动每年都有波动，一些年份扩张，一些年份收缩。是什么原因导致了这样的波动呢？下面以美国 1965—1995 年按季度列示的经济数据为例，观察经济中的主要变量，如图 11.1、图 11.2、图 11.3 所示。

虽然经济波动没有什么规律，但突出的特点是：多数宏观经济数量同时波动——投资和产量具有类似的趋势，而失业率具有相反的变动趋势。

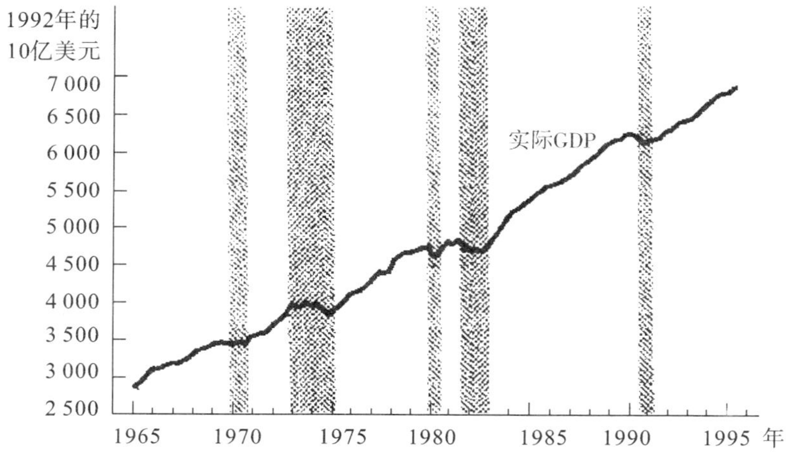

图 11.1　实际 GDP

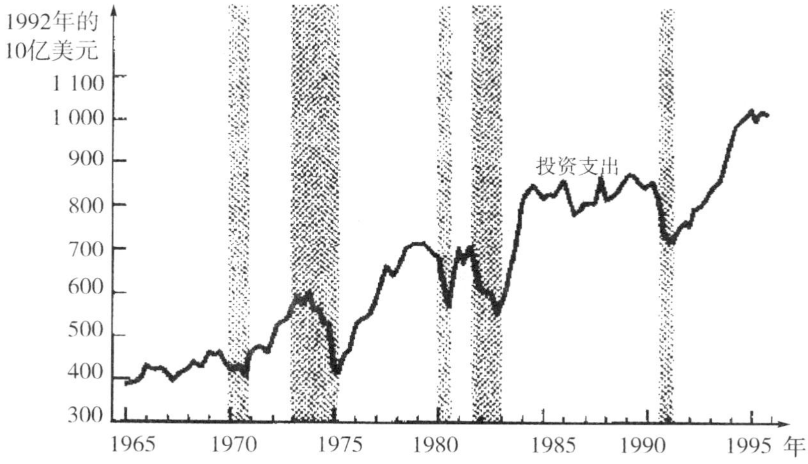

图 11.2　投资支出

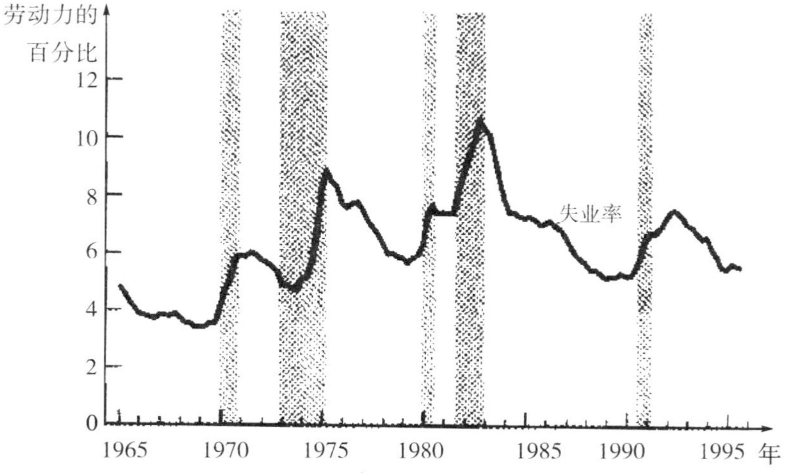

图 11.3　失业率

第一节　总需求量及其构成

一、总供求模型

为了分析整个经济的波动，我们使用总需求与总供给模型。其中，总需求曲线表示在任何一种物价水平时，家庭、企业和政府想要购买的物品与劳务量；总供给曲线表示在任何一种物价水平时企业选择生产并销售的物品与劳务量（如图 11.4 所示）。

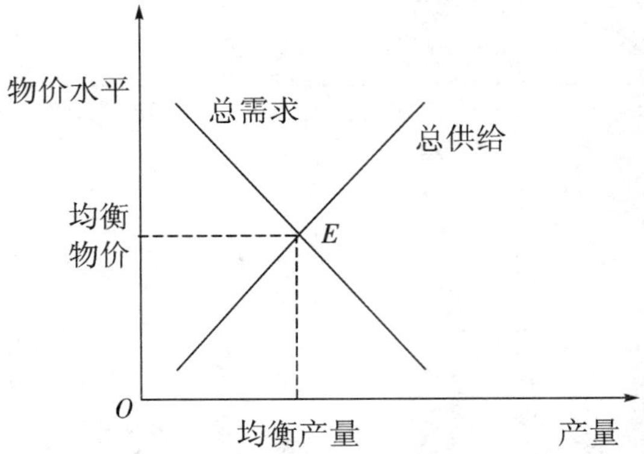

图 11.4　总供求曲线

总供求模型与第二章供求理论中的市场均衡模型非常相似。在微观市场上，价格是人们配置资源的信号，引导人们将某种资源使用于特定用途。价格变动就会改变这种激励，从而改变资源的配置。比如，面包价格上升使得生产面包更有利可图，于是供给量增加，供给曲线向右上方倾斜；而价格上升也促使人们将收入花在其他用途上，减少对面包的需求量，需求曲线向右下方倾斜。

在宏观市场上，总的生产要素和总收入是固定的，不可能产生资源的转移。但总需求曲线仍然向右下方倾斜，而总供给曲线向右上方倾斜。

二、总需求量及其影响因素

总需求表示家庭、企业和政府想要购买的物品与劳务量之和，即整个社会对产品和劳务的需求总和，等于人们的总支出，即用支出法核算的 GDP。

人们的支出计划受到许多因素的影响，其中一些主要的因素是物价水平、对未来的预期、政府的政策，我们这里主要考虑物价水平变动对总需求的影响。

（一）总需求与物价水平

从图 11.4 中可以看到，总需求曲线向右下方倾斜，意味着其他因素不变的情况下，物价水平上升会使得人们的总需求减少。

1. 财富效应

阿瑟·庇古认为人们的消费不是由名义收入决定的，而是由实际收入和实际财富水平决定。当物价水平下降时，同样的 100 元钱就更值钱了，能够买到更多的产品。

因此，物价水平下降使消费者感到自己更富裕了，这就鼓励他们花钱，于是支出增加。消费支出增加意味着整个社会对物品与劳务的总需求增加了。这就是庇古强调的财富效应。

2. 利率效应

当物价水平下降时，购买同样的商品只需要更少的货币，家庭可能减少货币持有量，把超额货币用于购买债券或者储蓄，然后由银行将这些资金用于贷款。这时，市场上货币供给量增加，使得利率下降。考虑到企业融资的成本，较低的利率又鼓励企业进行投资。

也就是说，物价水平下降会降低利率，进而鼓励企业进行投资，从而增加了物品与劳务的需求量，使总需求增加。凯恩斯强调这种利率效应，所以有时候也把它称为凯恩斯效应。

3. 汇率效应

较低的物价水平会降低利率，于是一些国内投资者就转而投资于外国以获得更高的收益率。

比如，美国政府债券利率下降时，投资者就会卖出美国政府债券，以购买他国债券，比如中国债券。当投资者转向外国资产时，就增加了外汇市场上的美元供给，使得美元相对于其他货币（比如人民币）贬值。这时，中国出口的产品（以人民币计价）相对于美国产品（以美元计价）更昂贵了，于是美国出口增加而进口减少，净出口增加。

于是，美国较低的物价水平引起美国利率下降，进而引起美元汇率贬值，刺激美国的出口增加，结果就是增加了美国国内商品的总需求。这就是经济学家罗伯特·蒙代尔（欧元之父）和马库斯·弗莱明强调的汇率效应。

总结起来，这就从三个方面说明了物价水平变动对总需求的影响，包括财富效应、利率效应和汇率效应。需要注意的是，这是在一定假设条件下进行的讨论：货币供给量不变。如果市场上货币供给总量变化，则结论也会发生变化。

（二）总需求曲线的移动

总需求曲线表明实际 GDP 与物价水平之间的关系，如果物价水平变化，总需求曲线不动，只是实际 GDP 的量与物价水平发生反方向变动，表现为同一条总需求曲线上点的移动。

然而，当物价水平之外的其他一些因素发生变化时，总需求曲线会移动。

比如：

电脑的应用越来越广泛，企业决定投资购买更多的电脑；

政府决定，为了支持地震灾区的重建工作，增加对节能建筑产品的购买；

政府增加了困难群众的生活补助标准以及养老补贴的水平，于是这些人决定购买更多产品。

在这些例子中，在同样的物价水平下，扩大了总需求的数量，使得需求曲线向右移动。

不同的是，第一个例子是企业改变了投资计划；第二和第三个例子是政府改变了政策决定。因此，总需求曲线的移动有时产生于私人行为（个人和企业），有时候产生于公共政策。

概括起来，导致需求曲线移动的因素就是除了物价水平以外影响总需求的因素：

对未来的预期、宏观经济政策和国际经济交往。

1. 对未来的预期

对未来收入、通货膨胀和利润的预期都会影响当期的购买计划，从而影响总需求。

如果预期明年会因为政府征地得到20万元安置补贴，那么今年可能决定按揭购买一辆小轿车——增加了总需求。

如果预期明年通货膨胀率会上升到20%，也就是预期物价水平会普遍上升20%，那么家庭可能在现在较低的物价水平下购买新的电脑——增加了总需求。

如果预期未来新能源产业利润会上升，那么企业现在可能增加投资——增加了总需求。

2. 宏观经济政策

总需求的构成包括了政府购买，如果政府投资修建铁路，或者修建抗震住房，都会直接增加总需求。

另一方面，如果政府增加政府转移支付或者减少税收，就能够增加个人可支配收入，从而增加消费，并最终导致社会总需求增加。假如原来收入6 000元，需要缴税145元，那么他的可支配收入就是5 855元，在边际消费倾向为0.8时，他将消费4 684元；如果税收减少为0元，那么他的可支配收入增加为6 000元，消费额也增加到4 800元。

政府还能通过中央银行的政策影响利率。如果利率降低，那么企业投资成本降低，其他条件不变的情况下，投资总额增加，社会总需求也增加了。

3. 国际经济交往

在经济全球化趋势下，国家之间的经济往来越来越多，影响一国需求的主要因素是国外收入和汇率。

假设1美元换7元人民币，IBM电脑（美国产）价值1 100美元，相同的联想电脑（中国产）价值7 200元人民币——按美元，联想电脑价值大约是1 029美元，所以人们都购买便宜的联想电脑。现在假如汇率变为1美元换6元人民币，那么按美元，联想电脑价格变为1 200美元——比IBM更贵，于是人们转而购买稍便宜的IBM电脑。结果导致美国的出口增加而中国的出口减少，美国的总需求增加而中国的总需求减少。

如果美国人收入增加，那么他们可能购买更多的中国产品，从而增加中国的需求。事实上，2008年金融危机正好提供了一个反例：美国人收入减少，于是大幅度削减开支，结果导致中国的出口减少，总需求也减少了。

思考一下：

哪些因素导致总需求减少？哪些因素导致总需求增加？

第二节　货币政策与总需求

当个人取得收入的时候，可能拿出一部分存入银行，另外一部分以现金形式持有。

一个国家也是这样，中央银行所做的一件事就是管理整个国家的货币，一部分是银行存款，还有一部分是流动现金。国家的货币总量十分巨大，是什么决定了现在的现金量和银行存款量呢？

一、货币和商业银行

人们常说“金钱不是万能的，但没有金钱是万万不能的”，对于一个经济整体而言也是如此。金钱并不是只有纸币或者硬币这样的形式，北美的印第安人用念珠（贝壳做的珠子），斐济人用鲸鱼的牙齿，早期美洲殖民者用烟草，而埃塞俄比亚人还使用盐巴作为货币。随着电脑和网络技术的发展，我们有时候直接使用储蓄卡或者信用卡。比特币之类的加密货币，Q币、游戏币的金币等数字货币也在货币圈中风靡一时。

（一）什么是货币

念珠、鲸鱼的牙齿、烟草、盐巴和纸币、硬币都是货币。马克思对货币有一个本质性的描述：货币就是固定充当一般等价物的特殊商品。

作为货币流通的物品必然是被普遍接受的支付手段，也可以用来结清债务。不仅如此，货币还有三种职能：交换媒介、计价单位和价值贮藏手段。

1. 交换媒介

作为一个小麦生产者，你如果想要购买一双球鞋，那么怎样实现这个愿望呢？

很难想象你直接用自己拥有的小麦去换一双球鞋，因为球鞋销售者很可能不需要小麦。因此，在你和球鞋销售者之间需要一个媒介以达成交易，于是你卖掉小麦，取得货币，然后用货币去购买球鞋。

2. 计价单位

一台电脑值多少钱？通常我们不会说它价值5 000千克小麦或者500千克猪肉。为了衡量不同商品的价格，我们需要确定一个统一的标准，这就是货币单位。

一台电脑5 000元，1千克小麦2元，而1千克猪肉20元……在超市里看看琳琅满目的商品架，不同的物品都是用货币量来表示价格的。

3. 价值贮藏手段

任何一种可以保存并在以后交换的商品或者符号都可以成为价值贮藏手段，货币能够在一定程度上起到价值贮藏的作用。

但是在金本位制被废除后的现在，当存在通货膨胀时，货币的价值一直在下降，因此作为价值贮藏的作用逐渐被削弱。

人们拥有的资产可以分为两大类：一是实际资产（Real Assets）或物质资产（Physical Assets），包括房地产、各种机器设备、半成品、原材料、各种生活用品等一切有实际使用价值的物品；二是金融资产（Financial Assets），包括各种以价值形式存在的财产，如货币、银行存款、各种债券、股票和其他有价证券等。从这个意义上说，货币是一种金融资产。但金融资产却不一定都是货币，只有具备以上三种职能的金融资产才是货币。因此，货币是指各国法定的货币，如人民币、美元、日元、欧元等。

（二）货币的种类

现在大多数国家，货币分为现金和银行及其他金融机构的存款。

其中现金包括纸币和硬币，是以政府名义和国家强制力保证发行的货币，可以用于结清债务。

在银行这类金融机构的存款也是货币，因为它们可以很方便地变为现金，然后用于结清债务。

各国对于货币的范围有不同的规定，主要分为M_1，M_2，M_3。

1. M_1

M_1 主要包括个人与企业拥有的现金和可以开支票提取现金或转账的活期存款，这种活期存款可以不必通过提取现金，而以开支票或刷卡转账的方式来直接作为商品交换媒介，与现金起着完全相同的作用，因此被看作与现金等同的货币。

M_1＝现金+支票账户存款

2. M_2

M_2＝M_1+小额定期存款+短期定期储蓄+货币市场互助基金

小额定期存款是指零星存入的定期存款，短期定期储蓄包括一年以下的所有定期存款，货币市场互助基金是指商业银行之间的准备金贷款。前两项是由于流动性较强（即变现能力较强）而被包括在较宽的货币 M_2 中，最后一项则是由于对银行的“货币创造”有重大影响而被包括在 M_2 中。它们没有被包括在 M_1 中是因为它们不能直接起交换媒介的作用。

3. M_3

M_3＝M_2+大额定期储蓄等流动性较差的金融资产

在上述三种货币形式中，M_1 是经济学家和政府经常使用的货币计量形式，各国对 M_1 的内涵定义也都大致相同。至于 M_2 和 M_3 的内涵，不同国家则不尽相同。本书所使用的货币概念仅指 M_1。

支票和信用卡是货币吗？都不是。支票使货币发生转移，但本身并不是货币；信用卡的使用更像是短期贷款，帮助完成支付，但信用卡本身不是支付手段，也不是货币。

（三）商业银行

你对商业银行应该不陌生，无论是交学费，还是每个月从父母那里取得生活费，都可能与商业银行打交道——父母把钱存进商业银行，而你把钱取出来花掉。

从家庭或企业吸收存款并向其他家庭和企业提供贷款的企业被称为金融中介机构。三种类型的金融中介机构的存款组成一国的货币，包括商业银行、储蓄机构和货币市场共同基金。其中，储蓄机构主要指储蓄银行、信用社；货币市场共同基金指通过出售股份得到资金，并且投资于政府债券这类流动性资产的金融中介机构。这里我们主要以商业银行作为研究对象，考察金融中介机构的经济职能。

1. 商业银行的资产负债

商业银行的资产负债表列出了它的资产、负债和净值，其中资产是银行所拥有的，负债是银行所欠的，净值等于资产减去负债，是银行对股东的价值。

资产＝负债+净值

如果银行吸收 1 000 元存款，那么这就增加了银行的负债——只要储户决定从银行取出存款，银行就必须偿还。

（1）风险与盈利

商业银行的经营总是在风险与盈利之间寻求一个平衡。为了实现盈利，银行的贷款利率必须高于存款利率，但是贷款是有风险的——贷款者可能因破产而还不了贷款。银行越是把储户存款用于高风险、高利率的贷款，它不能偿还其储户的可能性就越大；若储户感到银行可能偿还不了，就更加急于提出自己的资金，并引发银行危机。

2008 年，美国就发生了“次贷危机”，然后引起连锁反应，引发了全球性金融危机。次贷就是次级贷款的意思。美国的金融机构按照贷款者的信用等级将贷款分为不同级别，次级贷款就是还款能力较低、风险较高的贷款。一些低收入者本来并不具有贷款还款的能力，但金融机构在扩张业务的过程中，鼓励这些人贷款买房——如果房产价格上升，那么贷款者就可以从中获利赚取差价，然后还贷。如果房产一直涨价，那么这个结果是美好的，但当房屋价格不变或者下降时，这些低收入者不能还贷，宣布破产，而商业银行也收不回贷款，陷入危机。

（2）准备金

如果商业银行吸收了 1 000 元存款，它能够把这 1 000 元完全贷出去吗？答案是不能。银行需要把这 1 000 元存款分为两部分，一部分交给中央银行，满足储户随时提款的需要，另一部分作为贷款贷出去。

为了降低银行存款的风险，中央银行要求商业银行按照一定比例缴纳准备金，这个比例叫作法定准备金率。当然，商业银行可以根据自己的经营状况和风险判断多缴纳一些准备金，这多出来的部分就叫作超额准备金。

如果中央银行规定的法定准备金率为 20%，那么商业银行至少需要存 200 元在中央银行，最多能贷出 800 元。如果商业银行决定多存一些，比如 300 元，那么它就只能贷出 700 元——风险降低，盈利也随之减少。

思考一下：

商业银行会把所有存款都作为准备金吗？

（3）银行的资产

如果商业银行把所有存款都作为准备金，那么就赚不到钱，还会亏损。事实上，每个商业银行都只会把一小部分资金作为准备金，并把其他资金贷出去。商业银行的资产有三种：

①流动性资产。所谓流动性资产，就是很容易转变为现金的资产，比如短期债券，尤其是短期政府债券。一旦商业银行需要现金，那么就可以没有什么损失地卖出这些债券，兑换为现金。流动性资产变现容易，风险低，而风险和盈利是成正比的，这些资产利率（收益率）也非常低。

②投资的有价证券。有一些债券可以迅速出售并换为现金，但价格有波动，因此风险性大于流动性资产，收益率当然也较高，比如政府长期债券和其他一些商业债券。

③贷款。贷款是银行风险最大的资产，当然利率也是最高的。大多数银行的贷款提供给企业购买设备和投资，或者为家庭购买汽车这类耐用消费品，信用卡账户上未清偿的余额也是银行贷款。

贷款风险主要在于到还款期之前都不能变为现金，而且一些贷款人可能拖欠，或者因为经营失败而丧失还款能力。

思考一下：

商业银行能够直接投资股票等高风险、高收益的金融产品吗？

2. 金融中介机构的经济职能

所有金融中介机构都从存款、贷款之间的利率差别中获取利润。为什么人们愿意接受金融中介机构的低存款利率，同时支付高贷款利率呢？

金融中介机构在四个方面起作用：

（1）创造流动性

人们存钱的时候可能有随时提款的需要，存款是短期的；而企业贷款的时候往往是半年或者更长期限。金融中介机构通过吸收短期存款和提供长期贷款，创造了流动性，满足存贷双方的需要。

（2）降低借款成本

除了银行，你还可能向谁借到20万元购买商品房？

如果没有银行，借款将是成本高昂的业务，尤其是对于有着大量资金需求的企业来说。比如企业需要借到100万元投资一条新的生产线，如果从各个有钱人手里借钱，可能需要找好几个甚至几十个债主，并且分别签订借款合同。

而金融中介机构向大量的人借款（吸收存款），把资金集中起来，然后贷给有需要的企业或家庭，降低了借款者的成本。

（3）降低监督债务人的成本

贷款是一项有风险的业务，如果有剩余资金的家庭或者企业直接贷款给别的家庭或企业，就需要监督这个家庭或企业的财务状况——这是一项专业要求很高的工作。

如果无法监督，那么有钱的家庭和企业也许宁愿将资金闲置起来也不借给别人，结果就是丧失了获得利息的机会。金融中介机构通过利用专业化资源进行监督，就大大降低了监督成本。

（4）分摊风险

借款是一种有风险的行为——债务人可能拖欠，也可能丧失还款能力。如果是家庭和企业一对一的债权债务关系，那么一旦发生风险，其影响就是100%。

有了金融中介机构之后，同样是100万元的资金，可能来自于100个储户（每个1万元），贷给了10个家庭或企业（每个10万元）。其中一个债务人不能还款的时候，其损失是10万元，由100个储户承担，则每个储户损失1 000元，只是所提供资金的10%。这就降低了储户提供贷款的风险。

3. 金融管制、金融创新和金融风险

美国金融市场高度发达，我们这里主要以它为例来简单讨论一下金融市场的发展。

（1）管制

为了控制商业银行的风险，政府从两个方面进行管制：金融保险和资产负债表规定。

政府要求商业银行等金融中介机构为自己吸收的存款购买强制性保险，一旦金融机构破产，储户的资产可以得到保护。但是，这也形成了反向激励——商业银行知道自己的资产有保险，就更倾向于开展高风险的投资业务。对于银行而言，高风险的贷款意味着高收益率，如果贷款得到偿还，它赚到更多的利润；如果贷款不能偿还，导致银行破产，那么它的债务（对储户的义务）由保险公司承担。

政府对商业银行资产负债表的规定就主要体现于对银行的法定资本、法定准备金率和提供不同类型贷款比例的规定。比如1980年以前，美国只有商业银行可以进行商业贷款，而储蓄银行主要提供住房抵押贷款。

然而，随着经济的发展，强调自由市场的美联储主张取消管制，国会立法允许更多的银行开展同样的业务，形成竞争，使得银行业结构发生重大变化，出现了大量银行合并案件。美国出现了一些重要的国际银行，比如花旗银行，使得美国银行业更有效率。

（2）金融创新

新的借款、贷款方式不断出现，新的金融产品也不断被开发出来，这就是金融创新。

金融创新的目的是降低存款的成本或增加贷款的收益，其最终目的是增加金融中介机构的利润。

比如，20世纪60年代，苏联想要安全而方便地以美元持有资金，却又不愿意把钱放在美国的银行里，于是主要在欧洲国家持有美元账户，产生了“欧洲美元”。随着信用卡使用范围的扩大和国际金融市场的发展，“欧洲美元”的重要性加强了。

除了技术和经济发展的影响，管制也是促使金融创新的一个力量。比如为了逃避Q条例中不允许银行对支票存款支付利息的管制，金融中介机构设计了可以开支票和支付利息的新存款类型，从而摆脱了管制。

金融衍生产品主要的积极作用是“对冲”投资损失，或者说规避风险，但并不是消除风险，只不过把一部分人的风险转移到另一部分人头上。比如美国商业银行为居民提供住房贷款，就面临着居民违约的风险；为了转移风险，商业银行将这些贷款合同卖给房地美、房利美和投资银行等机构；投资银行当然不能成为最终的风险承担者。它一方面将贷款处理成债务抵押债券CDO（Collateralized Debt Obligation），卖给包括商业银行、保险公司、养老金、对冲基金等在内的全球投资者，让债券持有者来分担房贷的风险；另一方面，投资银行创造出“信用违约保险”CDS（Credit Default Swap），让保险公司如AIG等为这种次级贷款债券提供担保。

（3）金融风险

取消管制促进了美国金融市场的发展，涌现出大量金融创新产品，然而在促进效率的同时增大了金融风险。

2008年9月集中爆发了被称为“华尔街风暴”的金融危机，其影响之大、波及范围之广，使得人们将之与1929—1933年的资本主义经济大萧条相提并论。

2008年9月7日，曾占据美国房贷市场半壁江山的房利美和房地美被美国政府接管；2008年9月15日，美国第四大投资银行雷曼兄弟申请破产保护，第三大投资银行美林被美国银行收购；2008年9月21日，美国第一大投资银行高盛和第二大投资银行摩根士丹利转型为银行控股公司，加上2008年3月第五大投资银行贝尔斯登被摩根大通收购，至此，美国前五大投资银行已“全军覆没”。其他的金融巨头也未能幸免：2008年9月16日，世界最大保险公司——美国国际集团（AIG）告急；2008年9月25日，美国最大储蓄银行华盛顿互惠银行被美国联邦监管机构接管；2008年9月29日，美联银行被花旗银行收购……金融机构纷纷倒闭不仅意味着“华尔街模式”的覆灭，而且引发了人们对于金融市场的深刻反思。

“把钱借给能还钱的人”，是世界上第一间银行大门柱上刻的一句话。可是在高利润的引诱下，世界顶尖的银行家们竟然集体把钱借给低收入者（次级贷款），投资银行把这样的贷款做成债券（金融创新）并且给予很高的等级，保险公司甚至为这种债券担保，结果就像一条食物链，发生还贷风险之后就波及整个金融市场。

（四）货币创造

如果中央银行发行50亿元人民币，那么经济中的货币供给总量就是50亿元吗？

经济中主要的货币是存款而不是通货，经过商业银行运转之后，货币总量超过其发行量，这就是商业银行的货币创造职能。

1. 货币创造过程

假如张文存了 1 000 元到银行，那么银行得到 1 000 元存款，然后拿出一部分作为准备金，另一部分成为贷款。假设法定存款准备金率为 10%，而银行并不准备超额储备，于是银行贷出 900 元。此时的货币量是多少？存款和通货一样都是货币，所以张文的 1 000 元存款和企业提供的 900 元贷款都是货币，此时的货币量为 1 900 元。

如果得到贷款的李武也把钱存入银行（当然，现实中没有人贷款来存，这只是为了简化而进行的假设），那么银行还能够提供 900×（1−10%）= 810 元贷款，货币量增加 810 元。

这个过程一直进行下去，一笔 1 000 元的存款就能够创造出若干倍的货币供给。

$$\begin{aligned}\text{货币总量} &= 1\,000+1\,000\times(1-10\%)+1\,000\times(1-10\%)^2+\cdots+1\,000\times(1-10\%)^n+\cdots \\ &= 1\,000\times\frac{1}{1-0.9} \\ &= 10\,000\ (\text{元})\end{aligned}$$

2. 货币乘数

如果银行只按照法定存款准备金率进行储备，而把其他所有资金用于贷款，并且个人或企业把所有现金都存入银行，我们把最终增加的货币供给量与最初银行存款增加量的比例叫作货币乘数。

$$\text{货币乘数}=\frac{1}{\text{法定准备金率}}$$

当然，必须满足的一个条件是所有的贷款都转化为银行存款，而没有变为通货流出银行体系。如果存贷款过程中有现金流出，则乘数将缩小。

思考一下：

个人手中现金越多，货币供给量越多吗？

二、货币供给量、实际 GDP 与物价水平

我们已经知道了什么是货币，以及银行如何创造货币，现在我们需要讨论货币量对现实经济的影响。一个国家能够仅仅通过增加货币量来增加自己的实际 GDP 吗？

（一）货币量变动的短期效应

为了解释货币在短期中如何影响实际 GDP 和物价水平，我们可以使用总供求模型来分析这个问题（见图 11.5）。

如图 11.5 所示，初始的均衡是 AD_0 与短期总供给曲线 *SAS* 的交点（物价水平为 107，而实际 *GDP* 是 6.8 万亿元）。

那么，当市场上货币总量（存款和贷款）更多的时候，人们计划增加自己的消费支出，企业也计划增加自己的投资，于是总需求增加了。总需求曲线向右移动到 AD_1，新的均衡点出现了，此时物价水平上升到 110，而实际 GDP 水平增加到 7.2 万亿元。

当然，这个 7.2 万亿元不能超过整个经济的最大生产能力，也就是说没有实现充分就业。

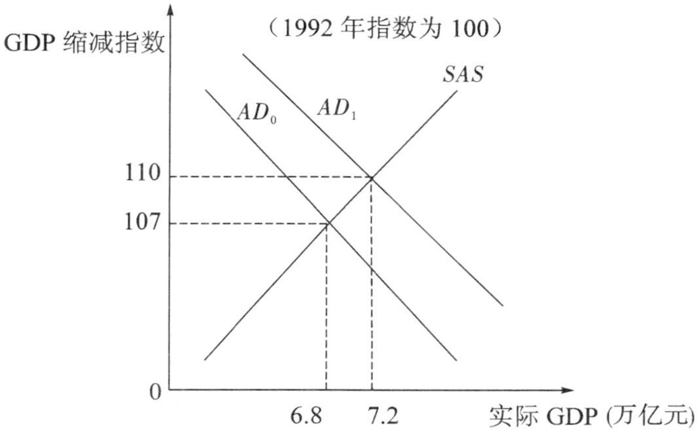

图 11.5　货币量变动的短期影响

反过来，如果货币量减少，家庭和企业都会减少支出，于是总需求减少，总需求曲线向左移动，导致物价水平下降，而实际 GDP 减少。

（二）货币量变动的长期效应

在长期，总供给曲线是由充分就业水平决定的潜在 GDP 水平，是一个固定的水平。关于这一点，下一章我们再来分析原因。

此时改变货币量，对经济中的物价水平和实际 GDP 的影响就略有不同。因为短期中均衡的变动只有总需求曲线的移动，供给是相对确定的水平；随着时间延长，企业能够充分调整产量，因此总供给曲线会对物价变化有所反映（见图 11.6）。

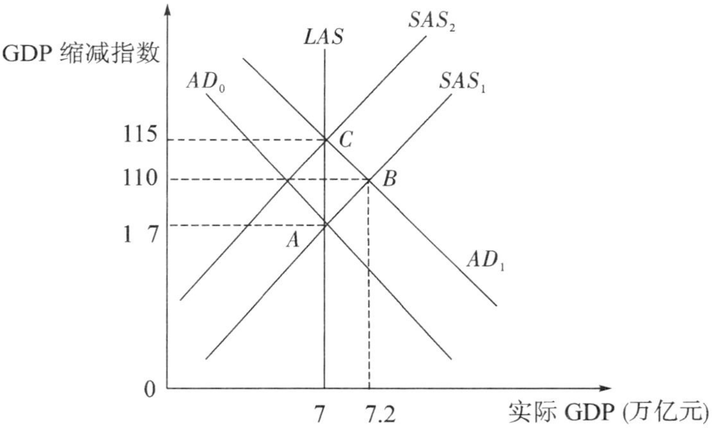

图 11.6　货币量变动的长期影响

如图 11.6 所示，如果潜在 GDP 为 7 万亿元，那么当货币供给量增加之后，首先推动总需求曲线向右移动，从 AD_0 移动到 AD_1，均衡点从 A 移动到 B，实际 GDP 从 7 万亿元增加到 7.2 万亿元，而物价水平从 107 上升到 110。

这时由于实际 GDP 高于潜在 GDP（充分就业时的产出），那么失业率下降到自然失业率以下，劳动短缺会使得货币工资率上升——企业将会减少供给，于是短期总供给曲线从 SAS_1 向左移动到 SAS_2，均衡点也从 B 点移动到 C 点。

随着短期总供给的减少，实际 GDP 回到潜在 GDP 的水平——7 万亿元，而物价水平进一步上升到 115。

因此，在充分就业水平下，货币供给量的增加使得均衡点从一种充分就业均衡 A 点移动到新的充分就业均衡状态 C 点，只是提高了物价水平，并不影响实际 GDP。

这就是说：货币量增长最终导致通货膨胀。

（三）货币数量论

货币数量论提出这样一种观点：在长期，货币量增加引起物价水平同比例上升。

1. 货币流通速度

如果经济总量是 4 万亿元，那么需要多少货币来完成交易？需要 4 万亿元吗？事实上 1 元货币能够实现的交易总量并不止 1 元，还与它的流通速度紧密相关。比如这 1 元钱每年完成 4 次交易，那么它就实现了 4 元的交易量。

如果 GDP 是 4 万亿元，而货币量是 2 万亿元，货币流通速度就是 2——平均而言，每 1 元钱两次用于购买 GDP。

2. 交易方程式

在商品交易中，买者支出的货币总额总是等于卖者收入的货币总额。如果用 M 表示货币供应量，以 V 代表货币流通速度，以 P 代表物价水平，以 Q 代表交易的商品总量，那么就有：

$$MV=PQ$$

这就是费雪提出的交易方程式，表明货币量乘以货币流通速度等于 GDP。当然，在这个式子中我们假设货币流通速度不受影响，是一个相对固定的数值，潜在 GDP 即总产品数量 Q 不受货币量影响。

如果货币供应量为 4 万元，流通速度为 2，市场上的商品总量为 5 000，那么物品的价格为：

$$P=\frac{MV}{Q}=\frac{40\ 000\times2}{5\ 000}=16$$

如果货币供应量变为 5 万元，那么新的价格就变为 $P=20$。

我们发现，货币供应量增加了 25%，而总体物价也就上升了 25%——按照相同比例变化。

三、货币需求与利率

我们希望得到的货币量越多越好，比如工资，这是一种流量。但我们钱包里或者银行账户上持有的货币量（一种存量）是有限制的，也许拿出一部分购买债券或股票，也许投资于住房。

人们选择持有的货币量取决于四个主要因素。

（一）物价水平

用货币衡量的货币量称为名义货币量，在其他条件不变的情况下，名义货币需求量与物价水平是成比例的。

按照马歇尔等人提出的剑桥方程式，$M=kPy$。

其中，M 表示人们持有的货币量，k 为货币量与国民收入或国民生产总值之比，取决于人们的收入和财富，是一个比较固定的比例，P 为最终产品和劳务价格的指数，y 等于为按固定价格计算的国民收入或国民生产总值。

如果 k 为 0.25，实际 GDP 即 y 为 400 万元，那么当物价指数 P 为 1 时，货币需求量为 100 万元；如果物价指数上涨 10%变为 1.1，那么货币需求量就是 110 万元。

（二）利率

以货币形式持有资产，你失去了什么？如果不是以货币而是以债券形式持有 100 万元资产，那么在利率 10%的情况下，债券可以带来 10 万元利息，这就是持有货币的机会成本。

1. 利率与货币需求量

现金能够带来的利率为 0，而活期存款利率也非常低，因此持有货币的机会成本是债券或者国库券这些资产能够带来的利息。如果债券利率上升，那么持有货币的机会成本就上升，人们会更多地持有债券，而不是货币。

2. 利率的决定

利率是债券或者股票这类金融资产收益与价格的百分比，在其他条件不变的情况下，一种金融资产的价格越高，利率就越低。

假如政府出售债券，并承诺每年支付 10 元利息，如果债券的价格是 100 元，那么利率就是 10%；如果债券的价格是 50 元，利率是 20%。

利率由货币的供求决定，而货币供给量是由银行体系和中央银行的行为共同决定的。在任何一天（极端时期），货币供给是一个固定的量，而除利率以外的影响货币需求的因素都是不变的，利率越低，实际货币需求量（货币需求量与物价水平之比）越大。

3. 利率的变动

当实际货币供给量等于实际货币需求量时，货币市场实现均衡（见图 11.7 中的 A 点），而均衡是通过利率变动实现的。

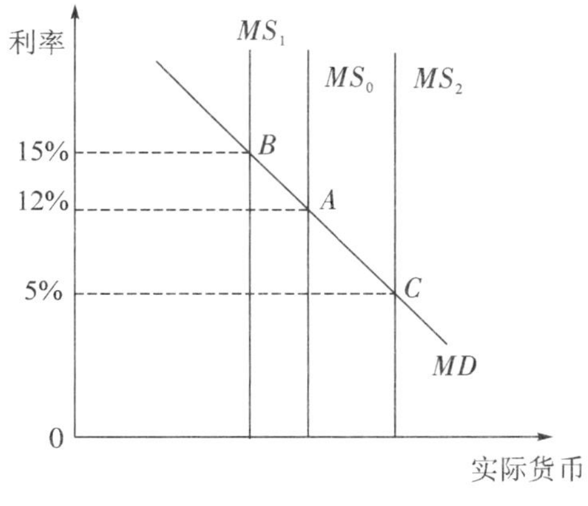

图 11.7 利率的变动

如果利率较高（见图 11.7 中的 B 点），表示人们对货币的需求小于供给量 MS_0，这时人们发现持有货币量太多，于是他们努力通过购买债券来抛出货币。如果很多人都抛出债券，那么债券价格会上升，而利率将下降回到均衡点 A。

相反，如果利率太低（见图 11.7 中的 C 点），表示人们对货币的需求大于供给量 MS_0，持有货币太少。同时，利率低时债券价格较高，于是人们卖出债券持有更多货币，结果就是债券价格下降，利率将上升回到均衡点 A。

思考一下：

如果预期利率将上升，人们买进还是卖出债券？

（三）实际 GDP

人们持有货币最根本的原因还是在于满足支出的需要，包括个人的消费支出和企业的投资支出，因此整个经济的货币需求量取决于总支出——实际 *GDP*。

根据剑桥方程式，$M=kPy$。

如果 k 为 0.25，物价指数 P 为 1，实际 GDP 即 y 为 400 万元时，货币需求量为 100 万元；如果实际 *GDP* 变为 500 万元，那么货币需求量就增加为 125 万元。

（四）金融制度

如果可以使用信用卡完成所有必要的支付，你会持有多少现金？相反，如果在偏远而缺少自动提款机的地区，你一个月持有多少现金？

显然，金融制度越发达，转账和支付越方便，人们为了满足交易需要而持有的货币需求就越小。在剑桥方程式中，金融制度影响了货币与收入（或财富）的比例 k。

随着存款种类的增加，自动提款机越来越普及，信用卡支付方式也逐渐深入人心，人们的货币需求不断下降。在微信、支付宝等移动支付方式变得普及后，越来越多的人步入了“无现金交易时代”。

四、中央银行与货币政策

中国的中央银行是中国人民银行。美国的中央银行是联邦储备体系，简称美联储。也许你并不知道，多数西方发达国家的中央银行都是私人所有的——比如美联储、英国的英格兰银行。美联储由私人银行拥有股份，而董事由总统任命。

中央银行被称为“银行的银行”，起着监管一国金融机构与市场的作用。作为公共权力机构，中央银行向商业银行及其他金融中介机构提供银行服务，比如融资，但并不面向普通民众提供一般性的银行服务。

（一）政策目标

中央银行代表政府制定并执行各种货币政策，调节流通中的货币量。

中央银行的目标是维持经济平稳发展，控制通货膨胀，追求充分就业，平稳经济周期和实现经济长期增长。

追求这些目标的完全成功是不可能的，中央银行更适当的目标是改善经济状况。当然，经济学家对于中央银行有没有发挥这样的作用仍有异议。

（二）政策工具

中央银行有许多责任，我们这里只考察它最重要的任务：调节流通中的货币量，主要通过三大政策工具以及道义劝告来实现。

1. 法定准备金率

中央银行要求所有存款机构都要把存款的一部分作为准备金，这个比例就叫作法定准备金率。法定准备金率对货币量的影响是双方面的。

（1）当中央银行提高法定准备金率时，商业银行必须缴纳更多的准备金，而另一方面可用于贷款的资金就减少了，于是货币量减少。当中央银行降低法定准备金率时，商业银行可以减少准备金数额，可用于贷款的资金增加，于是整个社会的货币量增加。

（2）法定准备金率的变动改变了货币乘数，从而影响货币供给量。

2. 再贴现率

再贴现率是商业银行向中央银行取得准备金贷款时必须支付的利率。

如果中央银行提高再贴现率，意味着商业银行向中央银行贷款时必须支付更高的价格，银行会尽量少向中央银行借钱。为此，商业银行需要减少贷款，结果就是市场上货币供给量减少。

如果中央银行降低再贴现率，商业银行可以按较低的价格取得借款，银行愿意借更多的钱，也有能力提供更多的贷款，于是，货币供给量增加。

3. 公开市场业务

公开市场业务是指中央银行在公开市场上买卖政府有价证券，即国债。当中央银行开展市场业务时，它与商业银行或者其他企业进行交易，但并不与政府进行交易。

当中央银行在公开市场上购买有价证券时，如果向商业银行购买，比如 100 万元的国债，那么商业银行增加了 100 万元资金。不仅如此，商业银行获得资金后可以进行货币创造，如果此时货币乘数为 4，那么整个市场上的货币供给量会增加 400 万元。

如果中央银行向私人购买价值 100 万元的国债，而私人将这 100 万元全部存入商业银行，那么仍然可以进行货币创造，成倍增加货币供给量；如果私人完全以现金形式持有这 100 万元，那么货币供给量增加 100 万元，没有货币创造。

4. 道义劝告

有时候，中央银行也会利用自己比较特殊的身份，对商业银行的信贷规模、信贷方式和风险控制等方面进行权威指导。虽然不具有强制性，但可以算是专业指导。

思考一下：

搜集最近一年中央银行行使货币政策工具的相关内容，分析这些政策的目标是什么。如果可能，探讨一下政策效果如何。

五、货币政策与总需求

如果中央银行增加货币供给量，对于实体经济有什么影响？这就要同时考虑货币市场和商品市场的均衡。

（一）货币供给与利率

如果中央银行在公开市场上买进债券，增加货币供给量，那么货币市场上的利率将会发生什么样的变动？

如图 11.8 所示，在一个确定的物价水平下的货币需求曲线 MD 比较固定，当货币供给量从 MS_1 增加到 MS_2 时，利率水平从 R_1 降低到 R_2。

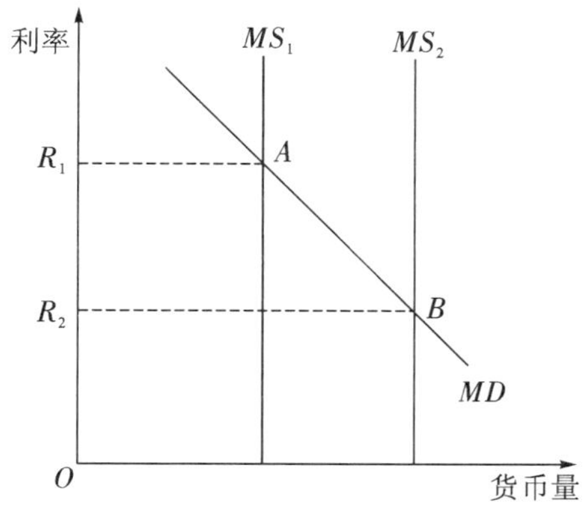

图 11.8　货币供给量增加

（二）总需求的变动

较低的利率意味着企业投资成本下降、家庭储蓄收益减少，于是企业会增加计划投资，而私人减少储蓄、增加消费支出，于是在既定的价格水平下，社会产出水平增加。

如图 11.9 所示，价格水平固定为 P，由于利率下降使得总需求从 Y_1 增加到 Y_2 水平，总需求曲线向右移动（从 AD_1 到 AD_2）。

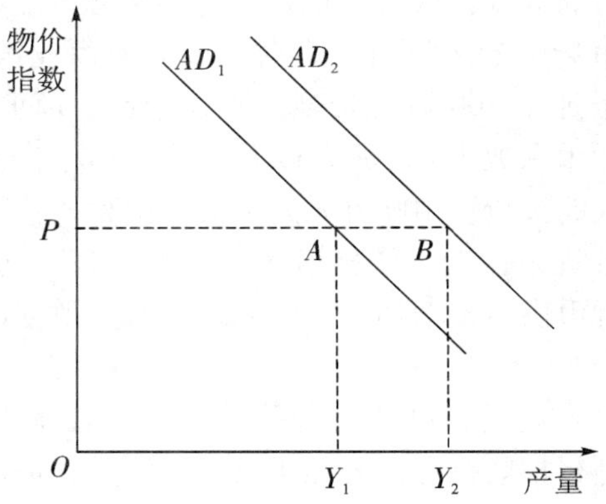

图 11.9 总需求曲线

（三）货币政策的局限

货币政策通过调整货币供给量影响市场利率，然后通过市场利率的变化来影响储蓄和投资，最后改变总需求和就业。

1. 时滞

货币政策间接作用于总需求，可能需要一个较长时间才能发挥作用，时滞较长，影响了货币政策的效果。

2. 政策单向

在通货膨胀时期，实行紧缩的货币政策（提高法定准备金率，卖出国债等）效果比较明显，但是在经济衰退时期，实行扩张的货币政策效果不明显。

主要原因在于：经济衰退时期，家庭和企业对于未来的预期比较悲观，即使降低利率，也不愿意进行投资。

3. 货币流通速度

货币供给量受到货币流通速度的影响，货币流通速度是一个常量吗？

在通货膨胀时期，货币购买力下降，贬值风险较大，人们不愿意持有货币。于是，在交易时，人们会尽量加快货币转手率，使得货币流通速度加快。而反通胀的政策的主要目标在于减少货币供给量，结果因为货币流通速度加快，政策效果被削弱。

在通货紧缩时期，中央银行采取各种措施增加货币供给量，但是不能改变货币流通速度变慢的事实，结果政策效果也非常有限。

资料延伸

历史回顾：货币政策十年路[①]

从 1993 年开始，中国经济出现过热现象，中央银行开始采取适度从紧的货币政策，严重的通货膨胀由 1995 年开始得到了抑制。

人民币利率调整表　　单位:%

	调整前利率	调整后利率
金融机构人民币存款基准利率		
活期存款	0.72	0.36
三个月	2.88	1.98
半　年	3.24	2.25
一　年	3.6	2.52
二　年	4.14	3.06
三　年	4.77	3.6
五　年	5.13	3.87
金融机构人民币贷款基准利率		
六个月	6.03	5.04
一　年	6.66	5.58
一年至三年	6.75	5.67
三年至五年	7.02	5.94
五年以上	7.2	6.12
个人住房公积金贷款利率		
五年以下（含）	4.05	3.51
五年以上	4.59	4.05

1998—2002 年

稳健的货币政策：1997 年，我国经济开始出现国内需求不旺的情况，加上受亚洲金融危机爆发的影响，我国形成通货紧缩的局面。基于此，从 1998 年起开始正式实施稳健的货币政策。

2003—2007 年

稳中从紧的货币政策：2003 年开始，我国进入新一轮经济增长周期的上升期。在此期间，货币政策虽然名义上仍维持“稳健”的基调，但内涵已逐步表现出适度从紧的趋向。截至 2007 年底一共加息 8 次，上调准备金率 14 次。

2007—2008 年 10 月

从紧的货币政策：为防止经济增长由偏快转为过热，防止价格由结构性上涨演变为明显通货膨胀，2007 年底的中央经济工作会议明确提出从 2008 年起货币政策由“稳健”改为“从紧”。至此，我国实施 10 年之久的“稳健”货币政策正式被“从紧”货

① 资料来源：新华网。

币政策所取代。

2008 年 11 月以后

适度宽松的货币政策：11 月 5 日召开的国务院常务会议提出，为抵御国际经济环境对我国的不利影响，必须采取灵活审慎的宏观经济政策，当前要实行适度宽松的货币政策。这次也是中国 10 多年来货币政策中首次使用“宽松”的说法。适当宽松的货币政策意在增加货币供给，在继续稳定价格总水平的同时，要在促进经济增长方面发挥更加积极的作用。

第三节　财政政策与总需求

2007 年第二季度以来，中央政府针对经济增长、资金流动性以及股票市场的调控措施有所加强，先后采取了减少出口退税、上调印花税、连续加息、批准发行特别国债、向个人投资者开放“港股直通车”业务、加快 H 股回归等一些措施来进行调控。

2007 年第四季度中央银行对冲基础货币被动性投放的举措仍会继续：一方面，中央银行使用发行定向票据、提高存款准备金率，以及使用手中的特别国债进行公开市场操作等“组合拳”来收紧流动性；另一方面要通过窗口指导、“道义劝说”等行政手段来控制信贷增长。

从现实经济世界中的例子可以看到，政府不仅使用货币政策手段（提高存款准备金率、公开市场操作等），还使用税收等手段来调节经济，后者属于财政政策的内容。

一、有效需求不足

政府为什么要干预经济？凯恩斯提出，短期内经济总是处于有效需求不足的状态。在资本主义制度下，经济危机的产生是必然的，为了拯救资本主义制度，政府就有必要采取一些政策手段刺激经济。

1929—1933 年经济大萧条

1929 年 10 月初一周之内，美国人在证券交易所内失去的财富高达 100 亿美元；到 11 月中旬，纽约证券交易所股票价格下降 40% 以上，证券持有人的损失高达 260 亿美元；三年内，有 5 000 家银行倒闭，至少 13 万家企业倒闭，汽车工业下降了 95%；到 1933 年，工业总产量和国民收入暴跌了将近一半，商品批发价格下跌了近三分之一，商品贸易下降了三分之二以上；占全国劳工总数四分之一的人口失业。

“罗斯福新政”（复兴、改革、救济）

1933 年 3 月 9 日，美国国会通过《紧急银行法》，决定对银行采取个别审查颁发许可证制度，对有偿付能力的银行，允许尽快复业。

4 月 5 日，宣布禁止私人储存黄金和黄金证券，美元停止兑换黄金；4 月 19 日，禁止黄金出口，放弃金本位；6 月 5 日，公私债务废除以黄金偿付。

1934 年 1 月 10 日，宣布发行以国家有价证券为担保的 30 亿美元纸币，并使美元贬值 40.94%。

先后通过了《农业调整法》和《全国工业复兴法》，要求资本家们遵守“公平竞争”的规则，制订出各企业生产的规模、价格、销售范围；给工人们订出最低工资和最高工时。

1933 年 5 月，美国国会通过《联邦紧急救济法》，成立联邦紧急救济署，将各种救济款物迅速拨往各州，第二年又把单纯救济改为“以工代赈”，给失业者提供从事公共事业的机会。在罗斯福的第二个“百日新政”结束后，政府至少提供了 600 多万个工作岗位，失业人数比 1933 年初减少了 400 万。

1935 年农民的全部现金收入从 1932 年的 40 亿美元上升到近 70 亿美元；1936 年工商业界倒闭企业数目只有 1932 年的三分之一；各保险公司资产总额增加了 30 多亿美元，银行业早已渡过了难关，道·琼斯股票指数上升了 80%。

翻看世界经济史，1929—1933 年这样的大萧条虽然并不多见，但危机常常发生，其表现为产品卖不出去，市场有效需求不足。

在不考虑国际经济交往的情况下，国内有效需求是由投资需求和消费需求共同组成的，因此有效需求不足也就是消费不足和投资不足。

（一）边际消费倾向递减导致消费不足

如果你每个月取得 1 000 元收入，会拿出多少钱来消费？也许是把 1 000 元全部花掉，也就是消费占支出的 100%。如果你的收入增加到 3 000 元，是不是还会全部花掉？

凯恩斯提出，由于心理因素的作用，随着收入的增加，消费支出在收入中所占的比例越来越小——这就是边际消费倾向递减。也就是说，收入 3 000 元的时候，也许你会考虑储蓄，那么消费占收入的比例就会下降，比如降为 80%。

边际消费倾向递减对总需求有什么影响？由于边际消费倾向递减，收入水平越高，消费所占的比例就越小，也就是说富人比穷人的消费倾向小一些。因此，在分配不均的资本主义社会，富人钱越来越多，消费却越来越少，于是总需求减少，不能自动实现供求均衡。

（二）资本的边际收益率下降导致投资不足

只有当投资的边际收益率 MEC 大于利率 R 时，企业才会进行投资。但是，随着投资的增加，MEC 是逐渐下降的：一方面，投资增加使得资本品价格上升；另一方面，投资增加制造出更多的产品，产品价格下降，导致收益减少。

MEC 下降要求利率 R 也同时下降，但是由于存在流动性陷阱，所以利率下降是有限的，对投资的鼓励作用也非常有限。结果就是最终会出现 $MEC<R$，企业不再投资生产，总需求减少。

什么是流动性陷阱？

当利率降低到一定程度时，货币需求就会变得无限大，即人们只愿意持有货币而不愿意持有债券。即使增加货币供给量，也全部被人们以现金或活期存款的形式持有，不会用于投资债券改变利率，结果就是无论货币供给量增加多少，都不会使利率继续降低。人们的“流动性偏好”得到最充分的体现，它能最大限度地吸收流通中增加的货币量。这种现象被称为“流动性陷阱”。

于是，在消费倾向递减和投资不足的双重作用下，自由的市场经济只会因为有效需求不足而最终陷入生产过剩、失业增加的危机，因此需要政府干预。

二、财政政策工具

总需求 $GDP=C+I+G+NX$，其中，政府购买直接构成了总需求的一部分，可以通过增加或减少政府购买来影响总需求；另一方面，政府还可以通过税收或转移支付手段影响家庭和企业的收入，从而影响他们的支出，最后作用于总需求。因此，财政政策主要是调整政府的收入和支出，直接或间接影响总需求。

财政政策工具主要包括税收、公债、政府购买、转移支付和其他收入政策。

（一）税收

政府收入从何而来？税收是政府最主要的收入来源，也是主要的财政政策工具。

2001—2002 年，英国政府共征收到 3 950 亿英镑税收。其中，个人所得税 1 080 亿英镑；国民保险分担额 650 亿英镑；增值税 610 亿英镑；公司税 340 亿英镑。其他数目较大的还有燃油税 220 亿英镑；酒精烟草税 145 亿英镑；营业税 175 亿英镑；市政税 150 亿英镑。

对照一下，你可能缴了哪些税？哪些税是可以避免的？

税收包括财产税、所得税、货物税等种类，有时候也分为直接税、间接税。税收来自于家庭和企业的收入，纳税意味着家庭和企业的可支配收入减少；反之，减税则会增加家庭和企业的可支配收入。

比如，2009 年初，为了鼓励人们购买轿车，政府降低了轿车购置税——1. 6 升以下排量的轿车由原来的统一的 10%税率降为 5%。比如购买一辆价格 6 万元的 1. 6 升的轿车，原来需要缴税 6 000 元，现在只需要 3 000 元，购车总成本降低了 3 000 元，当然就可能使得轿车消费增加，从而增加总需求。

再比如，鉴于国际经济形势并不乐观，政府提高了一些产品的出口退税比例，意味着出口货物收益增加，可能使得出口型企业扩大生产，增加总需求。

（二）公债

当政府支出大于收入时，就产生了预算赤字，预算赤字相当于政府借贷。在中国的传统观念里，借贷消费似乎并不是一种美德。那么，政府借贷呢？

公债对经济的影响首先表现在它挤占了私人借贷资金。经济整体中可借贷资金是有限的，主要来自于储蓄，如果政府借贷太多，那么私人就没有那么多钱可以借。从这个意义上来说，公债对于经济长期发展可能有不利影响。

但另一种观点提出“公债无害论”。因为公债的债权人是公众，债务人是政府，而政府还债也是通过向公众征税来实现，可以说是自己欠自己的钱，只要作为债务人的政府长期存在，就能确保债务兑现——于是英国发行了“永久公债”，即不还本但保证每年付息的公债。

事实上，公债产生的影响主要在于它的用途。如果政府花钱是为了刺激经济增长，产生了很高的收益，那么公债就是安全和值得的；如果政府把钱用于战争或者浪费，付出了成本（公债利息、挤占私人投资等）却没有取得收益，公债就是不值得的。

思考一下：

搜集中美等国的统计数据，看看各国政府的财政是赤字还是盈余。

（三）政府购买

除了收入，政府还可以通过调整支出方式和支出额来影响总需求。政府支出有两种方式，一种是政府购买，一种是转移支付。

1. 政府购买的形式

政府购买是政府直接支出，购买某种物品或劳务，主要包括军需品、警察装备、机关办公品和公务员薪金等。

政府购买直接构成总需求的一部分，当政府购买增加时，就增加了总需求。比如随着办公自动化的发展，政府需要增加对电脑和网络设备的购买，增加了这些产品的总需求。或者政府决定雇用更多高素质人才，每年公务员选拔都意味着更多人成为公务员，这部分支出也增加了对于高素质或者高技能人才的需求。

2. 乘数效应

如果政府购买增加 1 000 万元，社会总需求会增加多少呢？我们来看一个简单的例子。

假设国防部门决定向飞机制造商购买价值 1 000 万元的飞机，这笔订货首先增加了对飞机的需求 1 000 万元。

产品需求量增加，于是企业决定雇用更多的工人（或者雇用更多的劳动时间），并购买更多的原材料进行生产。

工人收入增加，于是增加消费——虽然消费倾向递减意味着消费在支出中所占的比例下降，但消费支出总额却是增加的。这就增加了对其他产品（轿车、旅游等）的需求。

1 000 万元的订单使得企业利润增加，于是可能购买更多更新的机器设备，形成了对这些产品的需求。

因此，我们看到一笔 1 000 万元的政府购买，对总需求的影响可能是成倍的。这就是政府购买的乘数效应。

3. 挤出效应

政府增加了 1 000 万元的政府购买，使得企业和工人的收入增加，消费需求增加，因此对货币的需求也上升。

由于短期内货币供给量是相对固定的，因此在供给不变、需求增加的情况下，市场均衡利率上升。

利率上升意味着家庭和企业的借款成本上升，于是家庭会减少对商品房等投资品的需求，企业也会尽量减少贷款投资的计划，结果就是整个社会的私人投资都在减少。

因此，政府购买支出增加导致私人投资减少。这就是政府购买的挤出效应。

正是因为政府购买有着挤出效应，所以经济学家一致认为政府应该谨慎地使用财政政策工具。

（四）政府转移支付

2009 年，我国农民获得总额 867 亿元的农资补贴，这些钱由谁支付？家庭生活困难的低收入者有可能获得最低生活补贴，这些钱又从何而来？

政府支出的另一种形式就是政府转移支付，主要包括社会保障和社会福利支出、政府对农业的补贴、公债利息、中央政府对地方政府的拨款。

政府转移支付与政府购买有什么不同呢？政府购买是政府对物品和劳务的直接购买，主要为了提供公共产品；而转移支付是对企业或家庭的补贴，增加他们的收入，并没有直接购买产品，主要是为了提供必要的社会保障。

比如我国政府补贴农业，主要就是通过提高农民的收入来实现的。通过提高农民的消费能力，可以间接增加对电视机、洗衣机等产品的需求。

三、财政政策的作用

财政政策是主要的经济政策手段，它能对经济产生哪些影响呢？

（一）自动稳定器

自动稳定器，也叫作内在稳定器，即财政制度本身会自动产生缓和经济波动、维持经济稳定发展的作用。

自动稳定器制度主要包括三个方面：累进所得税制度、政府转移支付制度、农产品价格维持制度。

在经济萧条期间，总产出水平较低，实际GDP较低，失业使人们收入减少。那么，根据财政转移支付制度，为了维持人们的生活水平，政府转移支付增加；取得政府的转移支付之后，家庭的可支配收入增加，提高了消费能力，于是总消费支出增加；消费支出增加的同时也就增加了社会总需求，于是实际GDP将上升——经济由萧条走向复苏。

在经济高涨期间，产出和GDP较高，家庭和企业的名义收入都增加。此时，根据累进的所得税制度，税收增长超过GDP增长速度，于是人们要缴更多的税；由于消费取决于缴税之后的可支配收入，所以税收增加导致消费量减少；消费支出减少意味着总需求下降，于是实际GDP水平将下降——遏制经济高涨。

另一个大多数政府都采用的政策是维持农产品价格。在萧条期间，所有产品价格都趋于下降，这时候维持农产品的价格就可以增加农民的可支配收入以及农业投资，从而扩大总需求。在经济高涨期间，所有产品的价格都趋于上升，维持农产品的价格稳定可以帮助降低企业成本（农产品是重要的原料），从而遏制经济膨胀。

（二）财政政策的局限

在衰退期，政府采用减税、增加转移支付等扩张性的财政政策增加实际GDP，并且降低失业率。如果经济过热，政府就可以通过增加税收、减少转移支付等紧缩性的财政政策降低实际GDP并遏制通货膨胀。

但是财政政策并不是万能的，否则宏观经济问题就不会如此令人困扰。

1. 政策时滞

税收等政策工具的使用通常是以立法方式确定下来的，如果要采取财政政策，立法过程是缓慢的，因此政策往往落后于现实经济的发展。

2. 经济形势难以判断

我们要判断经济是低迷还是高涨或许比较容易，比如观察物价指数、失业率等，但是要确定潜在GDP的水平却非常困难。因为如果总需求变动使实际GDP有背离潜在GDP的趋势，比如高于潜在GDP，那么扩张性的财政政策只会导致通货膨胀，而不会影响实际GDP的长期变动趋势。

同时，要确定政策幅度也是困难的。比如，经济衰退时可以通过增加政府购买来扩大总需求，刺激经济。但是应该增加多少政府购买呢？应该投资于哪些行业、哪些地区呢？这些都是实际运用中难以回避的问题。

本章小结

市场经济是配置资源、组织生产的有效方式，但无法解决供求失衡、收入分配差距、失业这类问题，于是短期内经济总表现出时而扩张时而收缩的波动，1929—1933年的经济大萧条更是促使人们重视生产过剩和失业率上升的经济危机问题。

我们使用总供求模型来分析短期经济波动。根据GDP的核算，实际GDP的需求量由消费C、投资I、政府购买G和净出口NX组成，即总需求是个人、企业、政府和外国人对本国最终产品的需求决定的。而人们的需求受到许多因素的影响，其中一些主要的因素是物价水平、对未来的预期、政府的政策影响、世界经济形势。总需求曲线用来描述物价水平和实际GDP之间的关系。

本章主要讨论政府的公共政策对总需求的影响，包括货币政策和财政政策。

货币政策影响货币市场上货币的供求量和利率水平，从而间接影响总需求；而财政政策是较为直接的需求管理方式，主要包括税收、转移支付和公债，直接影响总需求或者人们的收入水平。但政策的效果受到多方面的影响，所以宏观经济调控是长期困扰政府的难题。

资料延伸

金融危机冲击实体经济，美国、中国制订刺激经济计划

（Ⅰ）美国参众两院达成经济刺激计划最终文本①

美国国会参众两院11日经过协商，就经济刺激计划最终文本达成一致意见，确定该项计划的总额为7 890亿美元。

此前，众议院和参议院各自批准了不同数额的刺激经济计划。共和、民主两党对有关条款存在极大分歧。共和党主张救助经济的主要措施应该是减税，但执政的民主党则坚持增加基建方面的投资，刺激经济复苏。

参众两院议员从昨晚便开始磋商，经过激烈的讨价还价，现在两党在基建投资和减税等方面达成妥协，保留了参众两院不同版本中的主要内容，确定最终文本的资金总额为7 890亿美元，低于参众两院曾经各自批准的资金数额。

根据达成的协议，在7 890亿美元开支中，35%用于减税，65%用于增加政府投资。据此，每个美国纳税人将可望拿到400美元的退税。按照相关程序，最终文本还将递交参众两院表决、通过后送奥巴马总统签字才能成为法律。参议院民主党领袖里德说，这个法案生效后，将创造350万个就业机会。

美国股市当日对此做出了积极反应，金融类股引领股市反弹，华尔街三大股指收盘各自上扬约1%。分析师指出，股票市场已感到这项法案将会推动未来的经济增长，有助于缓解美国经济的衰退。

---

① 资料来源：光明网，2009年2月13日（http：//www. gmw. cn/）。

（Ⅱ）国务院出台扩大内需十项措施确定4万亿元投资计划①

国务院总理温家宝5日主持召开国务院常务会议，研究部署进一步扩大内需促进经济平稳较快增长的措施。

会议认为，近两个月来，世界经济金融危机日趋严峻，为抵御国际经济环境对我国的不利影响，必须采取灵活审慎的宏观经济政策，以应对复杂多变的形势。当前要出台积极的财政政策和适度宽松的货币政策，实行更加有力扩大国内需求的措施，加快民生工程、基础设施、生态环境建设和灾后重建，提高城乡居民特别是低收入群体的收入水平，促进经济平稳较快增长。

会议确定了当前进一步扩大内需、促进经济增长的十项措施：

一是加快建设保障性安居工程。加大对廉租住房建设支持力度，加快棚户区改造，实施游牧民定居工程，扩大农村危房改造试点。

二是加快农村基础设施建设。加大农村沼气、饮水安全工程和农村公路建设力度，完善农村电网，加快南水北调等重大水利工程建设和病险水库除险加固，加强大型灌区节水改造，加大扶贫开发力度。

三是加快铁路、公路和机场等重大基础设施建设。重点建设一批客运专线、煤运通道项目和西部干线铁路，完善高速公路网，安排中西部干线机场和支线机场建设，加快城市电网改造。

四是加快医疗卫生、文化教育事业发展。加强基层医疗卫生服务体系建设，加快中西部农村初中校舍改造，推进中西部地区特殊教育学校和乡镇综合文化站建设。

五是加强生态环境建设。加快城镇污水、垃圾处理设施建设和重点流域水污染防治，加强重点防护林和天然林资源保护工程建设，支持重点节能减排工程建设。

六是加快自主创新和结构调整。支持高技术产业化建设和产业技术进步，支持服务业发展。

七是加快地震灾区灾后重建各项工作。

八是提高城乡居民收入。提高明年粮食最低收购价格，提高农资综合直补、良种补贴、农机具补贴等标准，增加农民收入。提高低收入群体等社保对象待遇水平，增加城市和农村低保补助，继续提高企业退休人员基本养老金水平和优抚对象生活补助标准。

九是在全国所有地区、所有行业全面实施增值税转型改革，鼓励企业技术改造，减轻企业负担1 200亿元。

十是加大金融对经济增长的支持力度。取消对商业银行的信贷规模限制，合理扩大信贷规模，加大对重点工程、“三农”、中小企业和技术改造、兼并重组的信贷支持，有针对性地培育和巩固消费信贷增长点。

初步匡算，实施上述工程建设，到2010年底约需投资4万亿元。为加快建设进度，会议决定，今年四季度先增加安排中央投资1 000亿元，明年灾后重建基金提前安排200亿元，带动地方和社会投资，总规模达到4 000亿元。

① 引自新浪网新浪财经栏目（http://finance.sina.com.cn/g/20081109/19215484791.shtml）。

第十二章
总供给与经济增长

“对经济成长来说，最重要的是如何将自己拥有的资源发挥到极致，外在事件只是次要的因素。”

——阿瑟·刘易斯

内容提要：

对于经济整体而言，资本与资源总量是有限的，如何充分利用这些资源获得最大产出，并长期保持下去，是宏观经济研究的重要问题。本章研究在资源稀缺的背景下，分析经济增长的源泉，介绍促进经济增长的政策和三种主要的经济增长理论。

重点掌握：

1. 总供给与潜在 GDP 水平；
2. 经济增长的源泉；
3. 三种主要的经济增长理论。

导入：

石油冲击

1973—1975 年，有大量石油储藏的中东国家组成了卡特尔——欧佩克，决定减少生产以提高石油的价格。结果石油价格几乎翻了一番，世界石油进口国都经历了同时出现的通货膨胀和衰退——总供给曲线向左移动。在美国，按 CPI 衡量的通货膨胀率几十年内第一次超过了 10%，失业率从 1973 年的 4.9%上升到 1975 年的 8.5%。

几年后又发生了几乎完全相同的事件。1978—1981 年，欧佩克再次减产，石油价格翻了一番还多，结果又是滞胀。通货膨胀率再次上升到 10%以上，失业从 1978 年、1979 年的 6%左右上升到 10%左右。

完全相反的情况也不是没有。1986 年欧佩克成员之间发生了争执，成员国违约增加石油供给，世界原油市场上价格下降了一半左右。结果减少了美国企业的成本，这又使总供给曲线向右移动，带来了滞胀的反面：产量迅速增长，失业减少，而通货膨胀率达到了多年来的最低水平。

从这个意义上说，中东国家的团结对于石油进口国而言似乎并不是一件好事。

第一节　总供给量与 GDP

在第二次世界大战最激烈的 1943 年，美国的总产量比前四年增加了 83%。什么原因导致了生产在如此短的时间内有这么大的提高呢？

美国人有更多的钱，拥有更多的家电、轿车，享受更好的生活环境……这是因为美国拥有更高的生产水平。而中国在改革开放以来的 40 年间获得了飞速发展，虽然仍远远落后于美国等发达国家，但是产出和收入都有了快速增长。

为了找到引起经济增长的原因，我们首先来看看如何描述一国的产出水平。

一、潜在 GDP 水平

在既定的技术状况和人口规模条件下，一国能够达到而不至于发生通货膨胀的产出水平是确定的，这就是潜在 GDP，也叫作充分就业的实际 GDP。也就是说，在最低的可持续失业率下的产出水平。

为了生产出更多的产品，我们必须使用更多的投入要素，可以通过雇用更多的劳动、增加资本量，或者开发出提高劳动生产率的技术来实现实际 GDP 的增长。

在短期分析中，资本量和技术水平都是确定不变的，此时实际 GDP 就取决于所雇用的劳动量——不是劳动人数，而是劳动时间总量。

（一）劳动供给

劳动供给量是经济中所有家庭计划工作的劳动时间。在其他条件不变时，我们用劳动供给曲线表示劳动供给量与实际工资率之间的关系。

什么是实际工资率？2018 年某人的工资是 5 000 元/月，这是直接用货币数量表示的货币工资率。如果用货币工资率除以物价指数再乘以 100，就得到实际工资率。假如以 2018 年为基年，它的物价指数为 100，那么这个人的实际工资率就是 5 000 元/月。

劳动供给量随着实际工资率的上升而增加，表现为工人工作更长时间或者劳动力参加工作的比率提高。

（二）劳动需求

劳动需求量是经济中所有企业雇用的劳动总量。在其他条件不变的情况下，我们用劳动需求曲线来表示劳动需求量与实际工资率之间的关系。

追求利润最大化的企业会雇用多少劳动取决于劳动边际产量。当企业支付的实际工资率和劳动的边际产量值相等时，它的利润最大。

由于边际产量递减，所以随着劳动数量的增加，实际工资率下降。

（三）劳动市场均衡

当劳动需求曲线与劳动供给曲线相交时，劳动市场实现了均衡（如图 12. 1 所示），表示在实际工资率为 5 000 元/月时，实现了充分就业，整个市场上的劳动总量为 200 万小时。此时既不存在过剩（更多的失业），也不存在短缺。

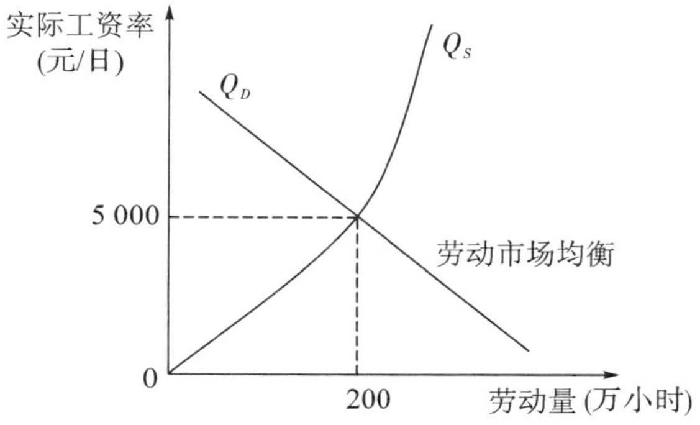

图 12.1　**劳动市场均衡**

在短期内产出水平取决于劳动数量，用生产函数可以表示在一定劳动投入下，可以生产出来的最大的产量（如图 12.2 所示）。

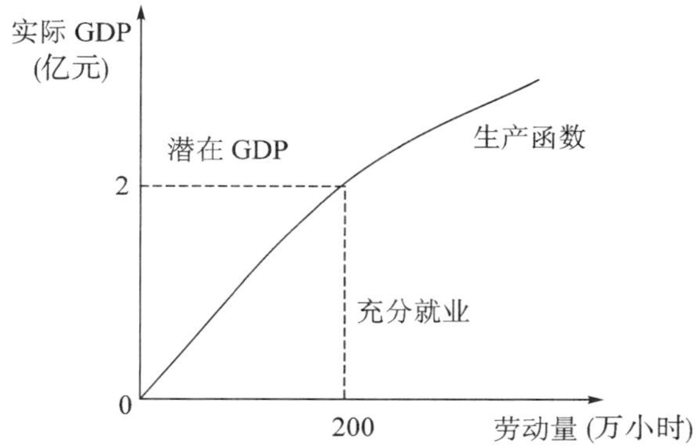

图 12.2　**生产函数曲线**

在充分就业的水平下，对应的实际 GDP 是 2 亿元，这个实际 GDP 就是潜在 GDP。

(四) 总供给曲线

总供给曲线表示其他条件不变时，实际 GDP 供给量（总产出）与物价水平之间的关系。物价水平与总供给量之间的关系取决于时间的长短（如图 12.3 所示）。

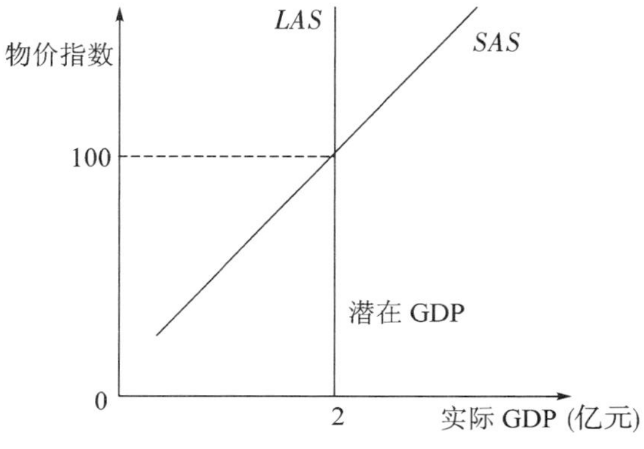

图 12.3　**总供给曲线**

用 *LAS* 表示长期总供给曲线，它是由潜在 GDP 水平决定的一条垂线；用 *SAS* 表示短期总供给曲线，它是一条向右上方倾斜的直线。

二、长期总供给曲线

在长期，经济体的生产能力取决于资本、劳动的供给，以及用来把资本和劳动变为产品的生产技术。

（一）为什么长期总供给曲线保持垂直

随着物价水平的上升，货币工资率上升但实际工资率不变，所以劳动市场的均衡就业水平也不变，总供给由潜在 GDP 决定，是一个固定的数额。

因此，长期总供给曲线不受物价水平变动的影响，是一条垂直的线，并且这个实际 GDP 等于潜在 GDP。

（二）*LAS* 的移动

如果潜在 GDP 发生变化，那么长期总供给曲线也会移动（如图 12.4 所示）。

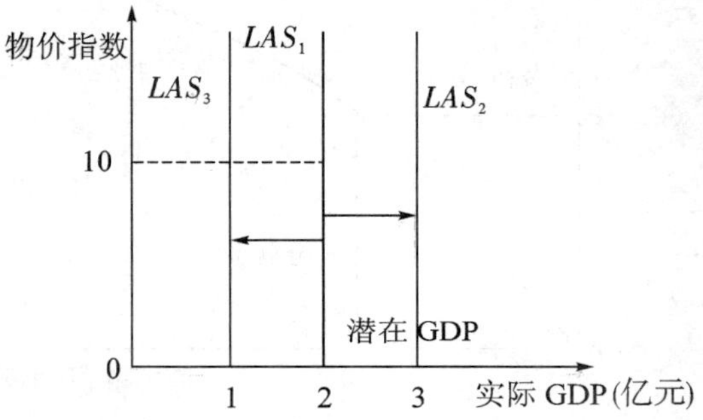

图 12.4　长期总供给曲线

如果潜在 GDP 从 2 亿元增加到 3 亿元，那么长期总供给曲线就向右移动，从 LAS_1 移动到 LAS_2；如果潜在 GDP 从 2 亿元减少到 1 亿元，那么长期总供给曲线就向左移动，从 LAS_1 移动到 LAS_3。

潜在 GDP 增加意味着生产能力提高。哪些因素会使潜在 GDP 增加呢?

1. 人口增长

人口增长使劳动供给曲线向右移动，于是实际工资率下降，而就业增加（如图 12.5 所示）；就业增加又使得潜在 GDP 增加，于是长期供给曲线向右移动。

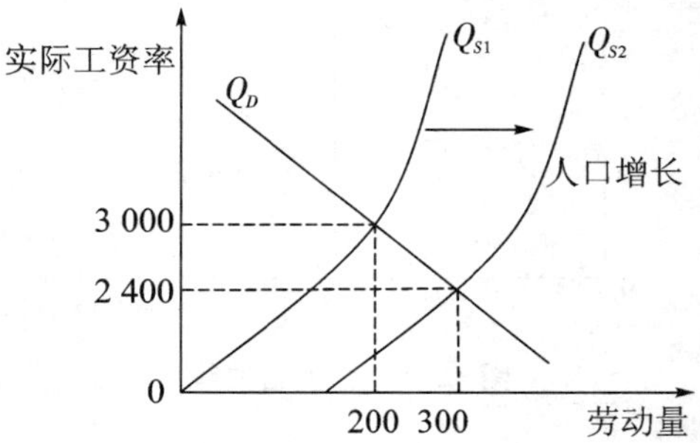

图 12.5　劳动市场均衡变动

2. 劳动生产率提高

当我们谈论劳动生产率时，通常是指每个小时劳动的实际 GDP，主要受到物质资本、人力资本和技术进步的影响。

（1）物质资本。一个使用镰刀、锄头进行耕种的农民可以生产出能够养活几个人的谷物；如果他使用无人驾驶机器等智能方式进行生产，也许他就能够种出养活上百人的谷物。

如果物质资本增加，劳动生产率将会提高，每单位劳动能够生产的产品更多。

比如电脑的大量使用，替代了原来的打字机等机器，也减少了对打字员这类劳动的需求，但是同时增加了电脑使用、维修和销售等劳动的需求——劳动需求增加得更多一些。因此，劳动市场上劳动需求曲线向右移动，结果，实际工资率上升、均衡就业量增加（如图 12.6 所示）。

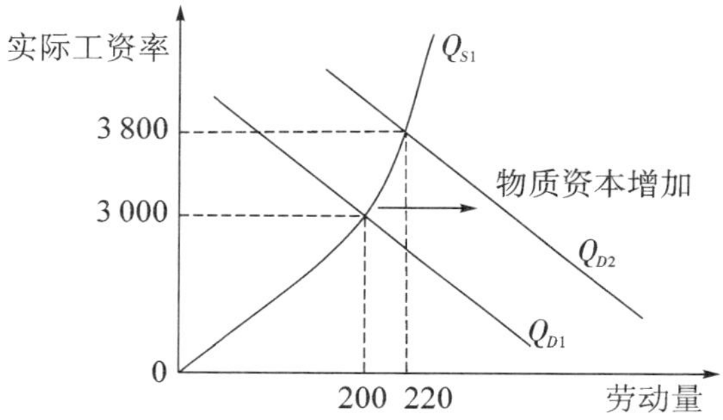

图 12.6　劳动市场均衡变动

由于潜在 GDP 是由就业量决定的，因此潜在 GDP 增加，长期总供给曲线向右移动。

（2）人力资本。人力资本增加意味着单位时间内劳动的产量增加，因此人力资本增加对均衡就业和实际 GDP 的影响方式相同——生产可能性边界上升，潜在 GDP 增加，于是长期总供给曲线向右移动（如图 12.7 所示）。

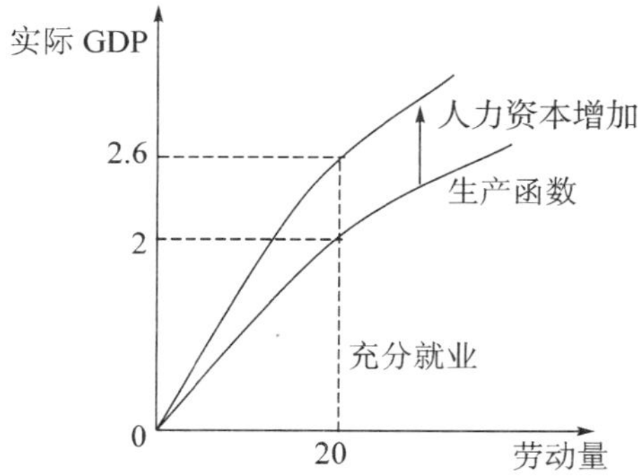

图 12.7　生产函数曲线

（3）技术进步。随着技术进步，劳动生产率提高，促使产生了物质资本增加和人力资本增加的效果：一方面，劳动需求增加，实际工资率从 5 000 上升到 6 800，均衡就业从 200 增加到 220；另一方面，生产可能性边界扩大，潜在 GDP 从 2.6 进一步增加到 2.8（如图 12.8 所示）。

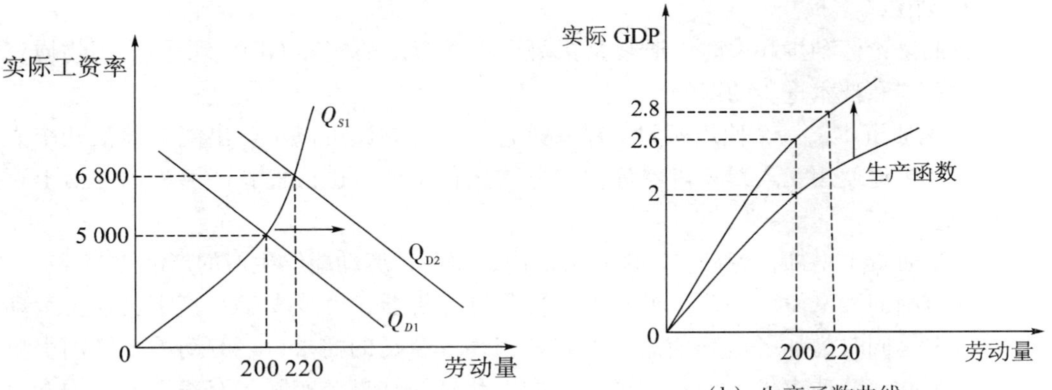

（a）劳动市场均衡变动

（b）生产函数曲线

图 12.8　技术进步

思考一下：

移民会如何影响一国的长期总供给曲线？

三、短期总供给曲线

短期内，人口规模、资本和技术都是不变的，此时潜在 GDP 水平相对固定。为了简化现实，我们假设货币工资率也不变。此时，用短期总供给曲线表示实际 GDP 总供给量和物价水平之间的关系，它是一条向右上方倾斜的直线（如图 12.9 所示）。

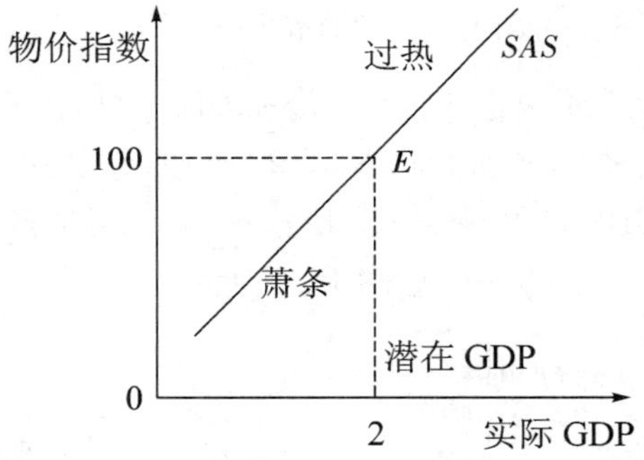

图 12.9　短期总供给曲线

对于短期总供给与物价水平同向变动的关系，经济学家提出了三种解释。

（一）错觉

一种关于短期总供给曲线的理论是以经济学家米尔顿·弗里德曼和罗伯特·卢卡斯的著作为基础的错觉理论。根据这种理论，物价总水平的变动会在短期内误导企业对市场价格的判断，做出调整生产的反应。

比如，假设一个经济中有面包和小麦两种产品，现在面包和小麦价格同比例下降。但是面包生产者在认识到小麦价格下降之前，首先了解到的是他的产品——面包的价格下降了，因此会认为生产面包的成本不变（事实上小麦降价降低了成本），而销售价格降低，于是判断生产面包不那么有利可图，减少了面包的生产。

同样，小麦的生产者首先注意到他的产品降价了，于是减少了小麦的供给。

这就是说，低物价水平（物价总水平）下降引起生产者的错觉，然后根据他们错误的判断做出减少产出的反应，于是总供给量减少了。

（二）粘性工资理论

对短期总供给曲线的另一种解释是凯恩斯及其追随者提出的粘性工资理论。根据这种看法，短期总供给曲线向右上方倾斜是因为名义工资的调整缓慢，在短期内是“粘性”的。这主要是因为工会的力量和劳动合同总是有一定期限的，不能随时调整。

此时，由于名义工资不变，物价水平下降意味着实际工资率上升，于是企业对劳动的需求量减少，结果就是产出减少，总供给量减少。换句话说，由于名义工资不能根据物价水平迅速调整，较低的物价水平就降低了企业的生产积极性，结果使得总供给量减少。

（三）粘性价格理论

近年来，一些经济学家提出了第三种解释：粘性价格理论。根据这种理论，一些物品与劳务的价格对经济状况变动的调整也是缓慢的，在短期内是“粘性”的。

比如我们看到餐馆的菜单上，各种菜品后面都标明价格，如果面粉、蔬菜的价格发生变化，餐馆会随时更改菜品的价格吗？不会，因为更改价格会产生印刷和分发目录的成本，传递价格信息需要一段时间。所以，我们也把更改价格产生的成本叫作菜单成本。

如果经济中发生了没有预期到的衰退，货币紧缩要求所有企业都降低产品价格，但仍然有一些企业不愿意调整价格，结果就使得该产品相对较贵，会减少该产品的需求量，销售减少——企业只好减少生产，社会总供给减少。

无论是因为错觉、粘性工资还是粘性价格，都强调了总供给的变化是暂时的——短期行为。另一点需要注意的是，它们都强调一点：如果价格水平背离了人们的预期，产出水平就偏离潜在 GDP 的水平，就业也偏离充分就业状态。

思考一下：

最低工资法的实施对总供给有什么影响？

四、总供给曲线的移动

2008 年春，一场突如其来的大雪袭击了中国南方，不仅造成了交通阻断、旅客滞留及供电设备损坏等问题，而且直接导致了当年油菜产量下降。这对经济会产生什么影响？

当美国与伊拉克战争爆发时，中东一些原油运输中断，生产石油产品的成本上升。这又会产生什么样的影响？

当成本上升时，在任何一个价格水平下，企业愿意提供的产品数量更少了，因此，短期总供给曲线向左从 SAS_1 移动到 SAS_2（如图 12. 10 所示）。

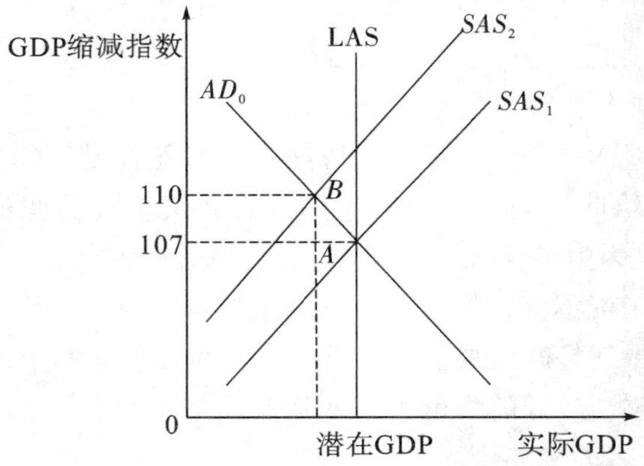

图 12.10　总供给的变动

由于短期总供给曲线向左移动，于是物价水平上升，均衡产出水平减少（从 A 移动到 B）。这就是人们常说的“滞胀”——经济停滞（产量下降），同时伴随着通货膨胀。

当总供给曲线从 SAS_1 移动到 SAS_2 时，经济出现了滞胀。政府可能采取政策抵消这种不利影响，常见的做法是扩大总需求，使总需求曲线从 AD_1 向右移动到 AD_2，那么均衡产出水平直接从 A 点移动到 C 点，这样保持产量在充分就业的潜在 *GDP* 水平上，但物价上升更多，从 P_1 上升到 P_3（如图 12.11 所示）。

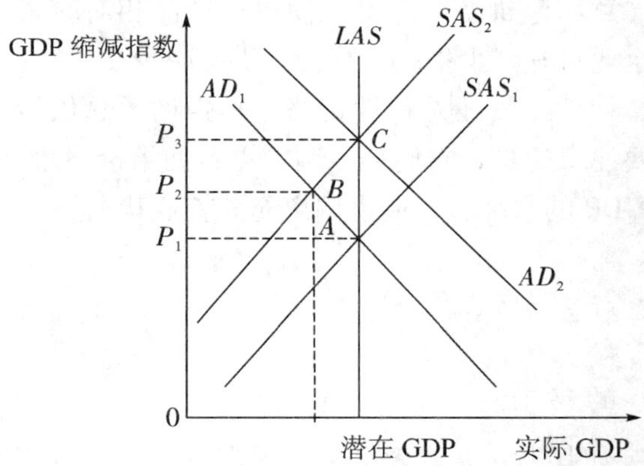

图 12.11　抵消总供给移动的影响

因此，总供给曲线向左移动可能引起滞胀。政府可以采取一些措施抵消总供给曲线移动的影响，但无法同时消除这两种不利影响。

第二节　经济增长

从 1960 年到 1998 年，美国的人均实际 GDP 增长了两倍多。这个速度快吗？同样的时间段内，亚洲一些国家和地区经历了经济奇迹：中国香港地区和台湾地区，以及韩国的实际 GDP 翻了三番（是原来的 8 倍）。为什么这些国家和地区的经济增长如此迅速?

一、经济增长规律

各国和各地区在人均收入上存在巨大差距，其主要原因在于劳动生产率不同。

表 12.1 世界各国和各地区的收入水平

国家和地区	人均 GDP	单位劳动 GDP	劳动力参与率	年平均增长率	翻番年限
	1990 年美元			1960—1990 年	
富裕国家					
美国	18 073	36 810	0.49	1.4	51
联邦德国	14 331	29 488	0.49	2.5	28
日本	14 317	22 602	0.63	5.0	14
法国	13 896	30 340	0.46	2.7	26
英国	13 223	26 767	0.49	2.0	35
贫穷国家					
中国	1 324	2 189	0.6	2.4	29
印度	1 262	3 230	0.39	2.0	35
津巴布韦	1 181	2 435	0.49	0.2	281
乌干达	554	1 142	0.49	-0.2	-281
出现“增长奇迹”的国家和地区					
中国香港地区	14 854	22 835	0.65	5.7	12
新加坡	11 698	24 344	0.48	5.3	13
中国台湾地区	8 067	18 418	0.44	5.7	12
韩国	6 665	16 003	0.42	6.0	12
出现“增长灾难”的国家和地区					
委内瑞拉	6 070	17 469	0.35	-0.5	-136
马达加斯加	675	1 561	0.43	-1.3	-52
马里	530	1 105	0.48	-1.0	-70
乍得	400	1 151	0.35	-1.7	-42

经济增长有规律可循吗?

(1) 观察表 12.1 中的数据，我们发现世界各国和地区的长期增长率差别很大——从 1960—1990 年的 30 年间，韩国的人均 GDP 平均每年增长 6.0%，而最低的是乍得，人均 GDP 平均每年下降 1.7%。

(2) 不同的经济增长率意味着什么?韩国的人均 GDP 大概 12 年就翻一番，而津巴布韦需要 281 年。所以，韩国、新加坡、中国的香港和台湾地区在几十年间迅速从贫穷国家和地区变为富裕国家和地区，而津巴布韦、乌干达等非洲国家则长期挣扎在贫困的深渊中。

(3) 一个国家在世界人均收入分布中的相对位置并不固定，可能由“穷”变“富”，也可能反向变动——苏联解体前后的一段时间内，东欧多数国家都经历了由“富”变“穷”的过程。

经济增长问题的提出源于第二次世界大战之后，大多数国家都面临着恢复经济、实现增长的问题。此时，主要资本主义国家都出现了经济发展停滞的问题，失业严重，经济危机频频出现；而以苏联为代表的主要社会主义国家都获得了快速的经济增长。因此，殖民地、附属国及刚刚获得独立的国家都面临这样一个问题：向谁学习以及发达国家有哪些经验是值得借鉴、能够借鉴的。

二、长期增长的源泉

> 一个国家的经济增长，可以定义为给居民提供种类日益繁多的经济产品的能力的持续上升，这种不断增加的能力建立在先进技术以及所需要的制度和思想意识相应调整的基础之上。
>
> ——西蒙·库兹涅茨①

库兹涅茨对于经济增长的定义被认为是经典，经济增长不仅依赖于资本、劳动和技术，还需要具备一些制度前提。

（一）增长的前提

经济增长最基本的前提就是适当的激励制度。一个教训是中国曾经尝试过的"大锅饭"制度：所有生产要素都是全民或集体所有，政府或集体直接经营企业，产品平均分配。在这样的制度下，劳动者的生产积极性很低，中国经济也陷入低谷。

有三种制度对创造激励是至关重要的，包括市场、产权和自由交易。

1. 市场

市场将所有的买者和卖者集中在一起，人们可以更方便地搜集和传递信息，然后进行交易。买方和卖方行为决定的需求和供给相互作用，形成均衡价格，而价格作为市场信号，能够起到引导人们决策以及实现资源优化配置的作用。

市场可以方便人们买到自己需要的商品、卖出自己提供的产品，所以每个人都专注于自己擅长的领域，促进了专业化的发展。

市场决定了人们能够得到自己想要的产品，但是只能通过出价购买而不是强取豪夺。这就产生了一个问题：谁来制定规则、维护规则。

所以，维持市场运行需要另外两个制度相辅相成，这就是产权制度和自由交易制度。

2. 产权

产权是决定资源和产品被人占有、使用和处置的社会安排，包括物质财产、金融财产和知识财产的权利。

比如土地归谁所有？在中国，土地归国家所有，但是农民拥有租用土地并取得收益的权利。最近的土地改革进一步明确了农民对土地的收益权，并且允许特定条件下的土地自由流转，即土地使用权可以转让。

产权还决定了拥有债券的人有权向债务人索取利息，拥有股票的人可以获得股利分红。

如果一个人通过自己的努力发明了新产品，他的权利也将得到保护，可以凭借专

① 西蒙·库兹涅茨（1901—1985），美国经济学家，1971年诺贝尔经济学奖获得者。他建立了现代国民收入核算体系，被称为"GNP之父"，他对经济增长的研究为现代经济增长理论奠定了基础。

利获取收益，并且排除他人无偿使用的可能。比如网络小说的版权归作者所有，其他人不能任意转载。

建立并且明确实施的产权可以划分个体的权利范围，明确人们可以做什么，不可以做什么。比如，拥有土地的人可以种粮食或蔬菜，但是不能种大麻；政府可以依据法律收税，但是不能无故没收他人财产。

中国国有企业长期存在的一个问题就是产权不明晰。国有企业理论上来说是全民所有，但不可能每个人都参与经营。于是，由政府代表所有个人来实施对国有资产的占有和管理。这时，政府的利益就一定代表社会全体的利益吗？另一方面，政府委派的管理者也有自己的利益，企业家负责经营企业，却并不对收益或亏损负完全责任。如何能够确保他会努力经营，争取所有者的利益最大呢？所以，国有资产没有一个明确的产权主体，导致了一系列管理和效率问题。

3. 自由交易

第三个重要的激励制度就是自由交易，物品和劳务、产权，都需要在自由交易的前提下有序地从一个人转移到另一个人。

如果限定产品只能卖给谁，只能向谁买，那么就可能扭曲价格。只有在自由交易的前提下，每个产品才能得到最高的评价。

比如你有一张周杰伦签名的 CD，准备转让出去，而市场上有 A、B、C、D 四个人，他们愿意为这张 CD 支付的价格分别是 100 元、80 元、60 元、10 元——显然，D 也许并不是周杰伦的歌迷。如果在自由交易的市场上，当然最终由 A 得到这张 CD，因为他的评价最高。如果规定只能卖给 C，那么你就只能得到 60 元；如果规定只能卖给 D，你就只能得到 10 元。非自由的市场不仅扭曲了价格，让产品得不到最高评价，而且也因此打击了生产者的积极性——如果 CD 卖到 100 元，你或许会努力去取得另一张签名 CD；如果只能卖到 10 元，你可能干脆就不卖了，至少不会再去努力地争取另一张签名 CD。

因此，为了给经济增长创造条件，需要建立起以法治基本原则为基础的政治制度，它为产权的建立和实施提供了一个坚实的基础。

当适当的激励制度存在时，人们开始专门从事自己擅长的活动，然后从专业化和相互交易中获益，整个社会的生产和消费增长了，人均实际 GDP 也就增长了。

（二）经济增长的源泉

但是仅有前提是不够的，要使经济增长持续下去，人们还必须按照激励从事相应的活动，这是过去 200 年间世界各国生产率大幅提高的主要源泉。

1. 储蓄和新资本投资

如果你要投资装修一个蛋糕店，可能需要 5 万元，这 5 万元钱可能来自于你的储蓄，也可能是你向亲朋好友借的，或者向银行申请短期贷款——不管哪一种，事实上都来自于人们的储蓄。

因此，储蓄是进行投资的前提。储蓄和新资本投资增加了每个工人的资本量，并增加了每小时劳动的实际 GDP——劳动生产率。

纺织厂、铁矿和钢铁厂、建筑工地、化工厂、银行以及航运业等企业的资本积累为提高劳动生产率创造了条件，稳定地提高了人均 GDP。

在看古装电视剧的时候，仔细观察一下背景中出现的少量资本，努力设想一下在这样的环境中你能生产出什么，有多高的劳动生产率。

2. 人力资本投资

二十年前，上大学还是少数人能够实现的梦想，今天，越来越多的人把上大学作为必须接受的教育。

人力资本的积累是经济增长最基本的源泉，是提高劳动生产率和技术进步的源泉。以文字记录和传播技术为例，如果所有文字只存在于记忆中，那么从事一种商业活动将是多么困难；假设没有印刷术，所有书本只能靠手抄流传，那么读书也只能是少数人拥有的权利。

有时候人力资本积累只是通过分工来实现的，数百万人学习及反复从事简单的生产任务，熟能生巧，于是提高了这些任务的生产率。

第二次世界大战期间，1941—1944 年，美国造船厂生产了一些按照标准化设计的 2 500 吨位的货船，这些船被称为“自由之舰”。在 1941 年，生产一艘船需要 120 万个人工小时，到 1942 年，需要 60 万个人工小时，到了 1943 年，只需要 50 万个人工小时。这些年所用的资本并没有发生多少变化，但数千名工人和管理者从经验中学习，并积累了人力资本，这使得生产率在两年中提高了 2 倍多。

3. 发现新技术

科学技术是第一生产力，这句话虽然简单，但明确指出发现并运用新技术和新物品的技术进步对经济的贡献非常大。

只能使用马车运输货物的时代，地区之间的贸易往来非常少，很难想象大多数北京人能够便宜地买到海南出产的椰子和香蕉。蒸汽机、内燃机的发明，提高了运输业的劳动生产率。随着发动机和运输设备的改进，运输业也不断发展，提高了整个社会的生产能力，高铁就实实在在地缩短了城市之间的距离。

技术进步对经济增长的另一个贡献是突破了自然资源的限制，页岩气、可燃冰的开采无疑为能源总量提供了新的极限。

4. 自然资源

自然资源是自然界提供的投入，包括土地、河流、矿藏等，分为可再生的自然资源和不可再生的自然资源。河流是可再生的，而石油是不可再生的自然资源。

自然资源的差别导致了世界各国生活水平的一些差别。美国拥有大量适于耕种的土地，农业机械化程度很高；中国很多土地是山坡和丘陵，很难推广机械化生产，劳动生产率较低；中东多数国家之所以富有，是因为他们正好处于世界石油储藏丰富的地区。

自然资源是影响经济增长的重要因素，但并不是决定性的。众所周知，日本是一个资源贫乏的国家，需要进口许多重要资源，例如石油，但他们对进口原料进行技术加工，并把制成品出口到其他国家。事实上日本是世界上最富有的国家之一，突破了自然资源的限制。在东京，空间的压力是如此巨大，以至于在一些居民区，一个停车位每个月要 1 700 美元。为了经济地利用这些昂贵的地段，本田、尼桑和丰田这三家汽车公司开发出了停车机——它可以使两辆汽车只占用一个停车位。

石油、煤炭等不可再生资源在经济中起着重要作用。你担心它们有一天会被消耗殆尽吗？1980 年，经济学家朱利安·西蒙与生态学家保罗·艾力克打赌，艾力克认为人口增长会对不可再生的自然资源形成压力，导致这些资源价格上升；而西蒙认为更多的人口并不会形成对自然资源的巨大压力，因为人总会找到更有效的利用自然资源的方法，因此提出五种金属——铜、铬、镍、锡和钨的价格在20世纪80年代会下降。结果是西蒙赢了！

与50年前相比，今天的汽车油耗更低，而且石油开采技术的进步也减少了石油在采集过程中的浪费。另外，人们不断开发风能、核能、太阳能等能源，新技术生产出更多的替代能源，减少了对石油的需求。

我国把新能源放在“十一五”规划中的重要位置，制定了一系列政策，鼓励生产消费可再生能源，使其在一次能源生产总量中的比例由2006年末的7%，提高到2010年的10%，进而到2020年的16%，14年内提高9个百分点。

总之，维持长期经济增长并不容易，需要建立适当的激励制度，并且要求人们在激励下进行相应的经济活动，从根本上提高劳动生产率和人均实际GDP水平。

（三）经济增长的核算

增长核算的目的是考察各个因素对经济增长的贡献的大小，计算实际GDP增长有多少来自于资本增长，多少来自于劳动增加，多少来自于技术进步。

生产函数是衡量经济增长的工具，用Y表示实际GDP，L表示劳动量，K表示资本量，A表示技术，N代表自然资源，这样可以写出：

$$Y=AF(L,K,N)$$

需要注意的是，劳动量的增加不一定是因为劳动者数量的增加，还有可能是因为人力资本的积累。

如果投入要素扩大，比如变为原来的两倍，总产出会变成多少？

麻省理工学院的罗伯特·索洛用美国的数据估算了生产函数。他发现，平均而言，在没有技术变革时（A是一个常量），每小时劳动的资本增加百分之一，使得劳动生产率（每小时劳动生产的实际GDP）提高百分之一的三分之一，这就是“三一规律”。用这个规律，可以计算每小时劳动的资本增加和技术变革对实际GDP的贡献。

假如每小时劳动的资本一年增加了3%，每小时劳动的实际GDP（劳动生产率）提高了2.5%，那么我们可以计算出技术变革对劳动生产率的贡献。由“三一规律”可以知道，每小时劳动的资本一年增加3%，那么它引起劳动生产率提高1%，而实际GDP增加了2.5%，说明其中有1.5%是由于技术变革引起的。

三、促进经济增长的政策

生产函数告诉我们，为了实现更快的经济增长，我们可以从两个方面着手：一是提高每小时劳动的资本增长率，二是提高技术进步的速度。

（一）刺激储蓄

由于资本来自于投资，投资引起资本积累，而储蓄为投资筹资，因此，刺激储蓄可以刺激经济增长。东亚地区经济增长率和储蓄率最高，一些非洲国家经济增长率和储蓄率最低。当然，对于中国政府而言，面对的问题往往是相反的方面：居民储蓄率很高，结果导致现期消费需求不足。

如何刺激储蓄？比如建立个人养老金账户，以社会保障方式强制人们为未来消费而储蓄。还有一些经济学家主张，对消费征税而不对收入征税，也能够鼓励人们储蓄——储蓄等于收入减去现期消费，消费减少则储蓄会增加。

1960—1991 年，新加坡和日本的投资占到 GDP 的 30%以上，而对应的经济增长为 6%~7%；孟加拉国和卢旺达的投资不到 GDP 的 10%，而经济增长率也在 1%上下徘徊。

（二）鼓励研究与开发

一百年来，电话、内燃机、电脑等新产品的出现引起了劳动生产率迅速增长。虽然大多数技术进步来自于企业和个人的研究，但所有人都可以利用这些技术知识的结果，并且从中获利。在很大程度上，技术知识是公共物品，尤其是关于数学、物理等方面的基础知识。

正如政府在提供国防、治安、法律等公共物品方面起作用一样，它也应该采取措施鼓励研究与开发。

政府可以直接赞助研究与开发，比如为大学或者专业研究院提供津贴，或者设立国家奖励基金。但这种方法并不简单易行，评定一项具体的研究成果的贡献并奖励研究者，是一件困难的事情。

政府还应当建立保护知识产权的制度——专利制度。当企业或个人发明了一种新产品时，可以通过专利制度的保护，在一定年限内享有排他性的生产该产品的权利。在本质上，专利给予发明者的保护，把他的成果从公共物品变成了私人物品，这种制度提高了对私人研究与开发的激励。当然，这种制度的消极影响就是部分降低了成果对经济增长的作用。试想一下，如果对袁隆平的水稻杂交技术给予专利，该技术就不能免费推广到全国甚至全世界，那么水稻产量的增加就会减少，人们的生活水平当然也会降低。

（三）鼓励国际贸易

自由的国际贸易能够带来什么好处？正如本书最后一章将要讨论到的，贸易可以改善每个国家的处境。

一些处于成长期的国内企业有时候也宣称它们需要保护以避开外国企业的竞争，这种幼稚产业保护论与对外国人的普遍不信任结合在一起，有时会使发展中国家决定实行关税和其他贸易限制措施。

事实上，我们考察中国最近 50 年的经济发展历程，可以看到进出口贸易对经济增长是多么重要。中国出口服装而进口飞机，原因在于中国在生产服装上具有比较优势，而生产飞机的技术比不上美国等高科技国家。在国际贸易中处于什么样的状况还受到地理位置的影响：纽约、旧金山和香港都位于海边，发展国际贸易更加容易。

也许你会觉得生产服装的利润率比不上生产飞机的利润率，中国在这样的国际贸易中更“吃亏”——这是大多数发展中国家都面临的问题。但是比较一下中国自己投资于技术研究和开发，然后生产飞机这种方式，我们就会发现国际贸易事实上缩短了中国技术进步的时间，带来了很高的收益。

思考一下：

如果中国一直依靠“自力更生”的方式生产产品，既不进口也不出口，你的生活会受到什么影响？

（四）改善教育质量

人力资本积累主要通过教育来实现，长期中对于经济增长的影响至少和资本积累同样重要。在人力资本特别稀缺的发展中国家，受过教育的工人与未受过教育的工人之间的工资差距很明显。

由于教育（尤其是基础教育）具有很强的公共物品的性质，所以政府提高人力资本的一种方法是提供良好的学校，并鼓励人们利用这些学校。

人力资本投资和物质资本投资一样也有机会成本，当学生上学时，他就失去了工作取得收入的机会。在我国的一些贫困地区，尽管有九年义务教育的规定，而且人们也能够认识到接受正规教育的收益非常高，但仍然有很多青少年小小年纪就退学了，这主要是因为家庭需要他们的劳动收入。

发展中国家面临的另一个问题是人才外流——受过高等教育、具有较高人力资本的人更容易移民到发达国家去，因为发达国家的收入和生活水平都更高。一方面，美国等发达国家有最好的高等教育制度和教育水平，送一些人去国外留学是积累人力资本的一个好办法；另一方面，这些在国外生活过一段时间的学生可能选择不回国，这种外流反而进一步减少了发展中国家的人力资本存量。

（五）控制人口增长

世界最贫穷国家经常面临这样一个问题：饥荒。饥荒是因为人口过多吗？

英国经济学家托马斯·罗伯特·马尔萨斯（1766—1834）提出过这样的观点，他在1798年出版的《人口学原理》中预言，人口增长将超过食物生产。原因在于人口将按照几何级数增长（1，2，4，8，16……），而食物产量将按照数学级数增长（1，2，3，4，5……）。当人口增长与食物增长矛盾发展到一定程度时，就可能周期性地爆发战争、灾难和疾病，强制性减少人口。

然而事实上，非洲的饥荒更多的不是因为人口过多，而是在于政治不稳定和分配不均——食物是有的，但是需要它的人却无法得到。比如在20世纪90年代初，索马里的饥荒就主要是因为战争，内战中对立派别之间的战斗阻止了运送食物的卡车到达饥荒地区。

中国最能感受到人口过多对经济增长造成的压力，即使GDP总量已经达到世界第二的水平，但人均GDP却使中国仍然只能算是一个低收入国家。为了降低人口增长率，中国实行计划生育制度，普通家庭只能生育一个小孩——这一点在近年略有放松，转向鼓励生二胎。另一个影响人口增长的办法是影响机会成本，鼓励人们做出期望的反应。一个获得了良好教育并得到合意的就业机会的妇女倾向于少生孩子——养孩子的机会成本高。因此，鼓励平等对待妇女的政策是发展中国家降低人口增长率的一种方法。

思考一下：

德国等国家人口增长率降低，甚至是负增长，对经济产生了什么影响？政府可能采取什么样的措施？

（六）产权和政治稳定

思考一下：

以色列和巴勒斯坦在加沙地区的冲突一直不断，2009年更是爆发了大规模武装冲突。在这个地区的巴勒斯坦人会投资兴建旅馆吗？

除了中东，另一个常常因为战争或政治冲突在新闻中出现的地区是非洲。1978—1987年，非洲人均产量下降了0.7%，1987—1994年又下降了0.6%。

非洲国家更倾向于采取“自给自足”的政策，限制国际贸易，因为这些国家经历了长期殖民统治，把对外开放看作对国家主权的威胁。

殖民统治遗留的另一个问题是政治冲突，革命和政变变得很普遍，因此私人产权得不到有效保护，人们也就缺乏投资的激励。如果政府更替，革命政府可能没收一些企业的资本，其后果就是国内居民减少储蓄、投资，倾向于去外国发展。

因此，经济繁荣部分取决于政治繁荣，“稳定压倒一切”。一个有着廉洁高效的政府和稳定状况的国家的生活水平明显高于战乱国家。

思考一下：

中国未来的经济增长会是什么样的情形？政府有办法改进吗？

第三节　经济增长理论

经济增长是经济学家最关注的问题之一。亚当·斯密在《国富论》中探讨国民财富是什么，以及如何增加国民财富，这就是研究的经济增长问题。

这里主要介绍三种主要的增长理论。

一、古典增长理论

古典增长理论由斯密、马尔萨斯和李嘉图等古典经济学家的思想综合而来，有时被称为马尔萨斯主义理论。

（一）基本思想

古典增长理论认为，当人均实际 GDP 增加到高于维持生存的水平时，人口爆炸最终使人均实际 GDP 回到维持生存的水平。因此，有经济学家提出，如果全球人口从 60 亿增加到 110 亿（估计在 2200 年达到），我们就将耗尽资源并回到原始生活状态。

为什么会产生这样的结果呢？

我们曾经推导过，经济中技术进步引起新资本投资，新资本投资使劳动生产率提高；企业雇用生产率更高的劳动；对劳动需求的增加提高了实际工资率水平；实际工资率水平的提高增加了就业和潜在 GDP。

在这个阶段，经济增长了，每个人都从中获益。但是古典经济学家认为这个过程不能维持下去，因为它将引起人口爆炸。经济学家引入维持生存的实际工资率 W_0 的概念来说明这个问题。

如果实际工资率低于 W_0 水平，一些人就无法生存，人口减少；如果实际工资率高于 W_0 这个水平，人口增长——家庭能够抚养的小孩更多了，而人口增长增加了劳动量，由于劳动的边际产量递减，因此劳动生产率最终下降。

这种悲观的含义使得经济学被称为“忧郁的科学”，认为无论发生多少技术变革，实际工资率总是要被推回到维持生存的水平 W_0。

（二）经验基础

当古典经济学家提出人口爆炸理论时，现实有着相同的趋势。

在英国和其他西欧国家，营养和卫生条件的改善降低了死亡率，而出生率仍然很高。在几个世纪的相对稳定之后，英国 1750—1800 年间人口增加了 40%，而 1800—1830 年间又增加了 50%。

同时，估计共有 100 万人（1750 年总人口大约 500 万）在 1800 年离开英国到美国和澳大利亚，而且在整个 19 世纪外流的移民一直保持类似规模。

（三）含义

古典增长理论集中于劳动市场和人口增长，认为技术变革和资本积累是经济增长的“发动机”，但最终却因为人口增长而使人均 GDP 回落。

二、新古典增长理论

与古典增长理论不同，新古典增长理论降低了劳动市场的地位，把资本、投资、储蓄和利率放在中心地位，它揭示了这些资本市场变量与实际 GDP 水平和增长率之间的相互作用。

（一）基本观点

新古典增长理论提出人均实际 GDP 的增长是由于技术变革引起储蓄和投资水平变化，然后增加人均资本，从而促进经济增长。

（二）经验背景

20 世纪 50 年代中期，美国经历了第二次世界大战之后的繁荣。美国人口增长为每年 1%左右，人们把 20%左右的收入用于储蓄和投资，但人均收入增长并不快。

这一时期技术进步很快：半导体使新兴的电子行业发生了革命性变化，喷气式飞机开始代替螺旋桨发动机飞机，并促进了运输业的发展。

这样的技术进步带来新的利润机会，企业增加投资扩大生产，经济享受着繁荣和增长。新古典增长理论认为，繁荣可以持续下去——也就是人们可以持续获得高收入，除非出现了新的进步，否则增长不能持续。

事实上，美国 20 世纪 60 年代经历了最高的经济增长，人均实际 GDP 水平也保持高水平，但之后并没有维持 6%以上的高增长。

（三）索洛模型

索洛在 20 世纪 50 年代提出了新古典增长理论最普及的形式：新古典增长模型，也叫索洛模型。这一模型强调了经济增长取决于三个因素：劳动增长率、资本增长率和技术进步率。

如果生产函数的形式是 $Y=AK^aL^b$，表示技术、资本和劳动对产出 Y 的影响。

用 G 表示经济增长率，$G=\frac{\Delta Y}{Y}$，而资本增长率为$\frac{\Delta K}{K}$，劳动增长率为$\frac{\Delta L}{L}$，技术增长率为$\frac{\Delta A}{A}$。

$$G=a\left(\frac{\Delta K}{K}\right)+b\left(\frac{\Delta L}{L}\right)+\frac{\Delta A}{A}$$

根据这个模型，在长期中实现均衡的条件是储蓄全部转化为投资，长期稳定增长的条件就是经济增长率与资本存量增长率必须相等。

$$\frac{\Delta Y}{Y}=\frac{\Delta K}{K}$$

（四）关于人口增长的观点

欧洲 18 世纪的人口爆炸最终结束了，出生率下降，人口的增长速度也下降了。

现代观点认为，尽管人口增长率与经济因素相关，但主要是影响到妇女的机会成本。随着妇女工资率上升、就业机会增加，抚养小孩的机会成本增加了，于是家庭选择少要孩子，导致出生率下降。

另外，技术进步不仅引起生产率提高和收入增加，而且会降低死亡率，医疗服务水平提高能够延长平均寿命——与出生率降低产生相反的作用，几乎互相抵消。

因此，新古典经济学家认为，经济状况的变化几乎不会改变人口增长率。

（五）含义

新古典增长理论意味着资本将在全球自由流动以寻求可以得到的最高实际利率，结果就是世界各国的经济增长率和人均收入水平趋同。

这一点在富有国家（美国、日本）能够得到证实，但是趋同的过程非常缓慢。而在不同发展水平的国家，这一趋势并不明显。

三、新增长理论

新增长理论试图解释技术进步率是如何决定的。

（一）基本观点

新增长理论认为人均实际GDP增长是因为人们在追求利润中所做出的选择，而且，增长可以无限地持续下去。

斯坦福大学的保罗·罗默在20世纪80年代提出了新增长理论，但其源头要追溯到20世纪30至40年代约瑟夫·熊彼特①的经济思想。

1. 发现与选择

当人们发现一种新产品或新技术时，他们是幸运的，但技术进步的速度并不由机遇决定，它取决于激励——激励可以促使更多人寻求新技术并为此努力。机遇不可捉摸，但是是否为寻找新技术而努力是可以选择的。

2. 利润与竞争

技术进步引起了利润，但随之而来的竞争将消灭利润。因此，为了增加利润，人们一直在寻找低成本的生产方法，这种努力将引发下一次的技术进步。

3. 增长的持续

在新古典理论中，资本收益递减，因此随着资本积累增加，实际收益率下降，增长将会停止。但是，在新增长理论中，只要企业追逐利润的行为不停止，技术进步就一定会发生，经济增长会一直持续下去。

新增长理论把经济作为一种永动机制。人的欲望永无止境，这种欲望驱使人们做出寻找创新的努力，结果就能够发现新的更好的生产和管理方式，提供更新更好的产品。

（二）增长率的决定

新增长理论认为，经济增长的速度取决于两个因素：企业的创新能力和资本的实际收益率。

① 熊彼特（1883—1950）是发展经济学的先驱。他提出了创新理论，主要贡献在于把经济学家的注意力吸引到长期经济增长的问题上来。他的代表作是《经济发展理论》，着重研究了资本主义经济发展的根本原因及其动态发展的过程，强调创新、企业家等非经济因素对资本主义健康、繁荣和发展的重要性。

比如，对基因的深入了解引起发展中的生物技术行业的利润，各种转基因产品从实验室走向生产线、走向市场，引起企业利润增加。

本章小结

总供给曲线表示其他条件不变时物价水平与实际 GDP 之间的关系。长期总供给曲线是一条垂线，由潜在 GDP 决定，与物价水平无关。短期总供给曲线是一条向右上方倾斜的直线，表示物价水平与总供给量同方向变动。

由于各种原因，不同国家经历了不同的经济增长过程。为了实现长期经济增长，需要建立适当的激励制度，主要包括市场、产权和自由交易制度。长期经济增长的主要源泉包括新资本投资、人力资本积累、技术进步和自然资源的广泛替代。

生产函数是常用的核算经济增长的工具。根据生产函数，政府可以通过刺激储蓄、鼓励研究与开发、鼓励国际贸易、改善教育质量、控制人口增长、保护产权和维护政治稳定等政策促进增长。

随着经济的发展，增长理论也得到了发展，主要有古典增长理论、新古典增长理论和新增长理论，从不同角度解释增长现实、分析增长原因。

第十三章 失业和通货膨胀

"通货膨胀与失业之间总存在着暂时的权衡取舍，但并不存在持久的权衡取舍。暂时的权衡取舍并非来自通货膨胀本身，而是未预期的通货膨胀。一般而言，这也意味着来自通货膨胀率上升。通货膨胀率上升可以减少失业，而高通货膨胀率并不可行。"

——米尔顿·弗里德曼

内容提要：

本章主要介绍宏观经济运行中难以回避的两种现象——失业和通货膨胀，并通过菲利普斯曲线说明二者之间在短期内存在此消彼长的关系。

重点掌握：

1. 理解失业的定义，并计算失业率；
2. 失业的类型；
3. 奥肯定理；
4. 通货膨胀的衡量；
5. 通货膨胀的影响；
6. 短期菲利普斯曲线。

第一节 失业与奥肯定律

即使你并不关心宏观经济形势，也不太可能漠视失业率。每当相关统计结果表明失业率较高的时候，总会引起人们或多或少的忧虑：就业者担心工资会下降，正在找工作的人或即将找工作的人担心自己将面临更加激烈的竞争。

导入：

2009 年 2 月 15 日，据埃及媒体报道，因经济不景气，失业率增加，埃及青年因没有工作而自杀的人数逐年增加。

埃及《接班人报》引用协商议会议员祖哈兰的话说："2005 年，埃及有 1 160 人自杀，2006 年这一数字增加到 2 355 人，到 2007 年，自杀人数达到了 3 700 人，去年的自杀人数猛增加到 1.2 万人，而自杀者中绝大多数是年轻人，自杀原因都是没有工作。”

祖哈兰还强调，过去政府公布的失业率是不真实的，一些政府机构发布的报告都说埃及失业率没有超过 9%，而中央统计局发布的数字说是 12%，国际货币基金组织发表的有关报告显示，埃及的失业率是 18%，世界银行公布的数字是 22%，阿拉伯劳工组织发表的报告说埃及的失业率是 23%，但祖哈兰坚持认为是 30%。

一、失业的衡量

从本质上来说，失业就是劳动力市场失衡——劳动力供给大于需求。即使是市场实现了均衡，也就是充分就业，也有可能存在失业，因为总劳动人口数量可能超过被雇用的劳动者的数量（如图 13.1 所示）。

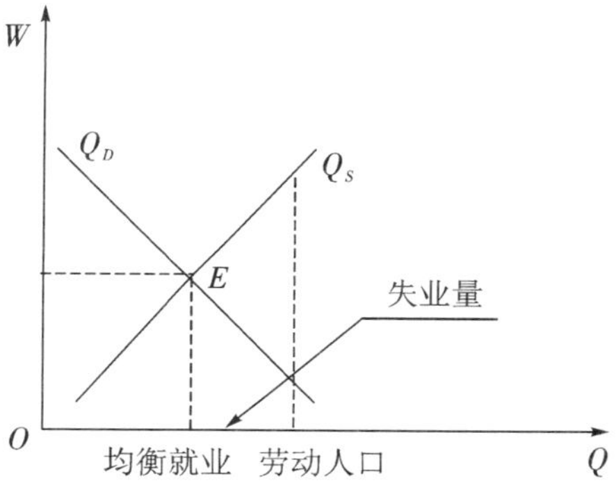

图 13.1　充分就业的失业

（一）失业的定义

失业主要包括未被雇用而正在主动寻找工作的人，或者正在等待重返工作岗位的人——也许是主动离职换工作，也许是被辞退。

你现在正在大学学习，没有工作，可并不是失业人口中的一员，因为你并没有打算进入劳动市场，没有寻找工作的意愿。但是，如果大学毕业后经过一段时间，仍然未能就业，你就会成为失业人口中的一员。

所以，失业一般考虑三个因素：年龄、劳动能力、劳动意愿。

国际劳工组织对失业的定义是：16 岁以上，有劳动愿望、在调查时点前两周工作时间少于 1 小时的人员。

美国对失业的定义是：年龄在 16~65 岁，第一次找工作及重新加入劳动力队伍找工作达四周以上的人、被暂时辞退在等待重返工作岗位而连续 7 天未得到工资的人、被企业解雇而且无法回到原工作岗位的人、为寻找其他工作而离职在找工作期间作为失业者登记注册的人。

（二）失业率

我们用失业率来衡量劳动市场的就业状况，失业率 $=\dfrac{\text{失业人口}}{\text{总劳动人口}}$。

失业率越高，表示就业状况越差，通常认为失业率为 4% 是比较能够接受的水平。

到目前为止，中国还没有经济意义上的失业率统计，政府主要从劳动保障的角度出发，统计城镇登记失业人口，因为这部分人口主要依靠政府发放的最低生活保障而生活。所谓城镇登记失业人口，顾名思义，应该是非农人口、16~50（45）岁、有劳动能力、无业而要求工作、在当地就业服务机构登记求职的人。根据统计局的数据，我国城镇登记失业率长期保持在4%左右。

很明显，城镇登记失业率并不能准确反映我国实际的就业状况，因为农村人口占总人口的大部分，而且随着城市化进程的推进，失地农民以及外出打工的人口急剧增加，这部分未就业人口不应该被忽视。

为了弥补城镇登记失业率的不足，2005年年底我国开始统计“城镇调查失业率”，统计对象包括16岁以上城镇常住人口（半年以上）、有劳动能力和劳动愿望、没有工作、调查时点前3个月内找过工作、有工作即可上班的人员。

二、不同类型的失业

按照不同的标准，可以将失业分为不同类型，从工作意愿来说可分为自愿失业和非自愿失业。

（一）自愿失业

失业的人很多，但并不是所有人都对此感到焦虑，可能有一些人是“自愿”失业的。

有的人可能是因为对工资不满意而没能找到工作，比如本科毕业要求起薪6 000元，在西部地区就不容易找到工作。这种失业人员就是自愿失业。其他失业都是非自愿的失业（如图13.2所示）。

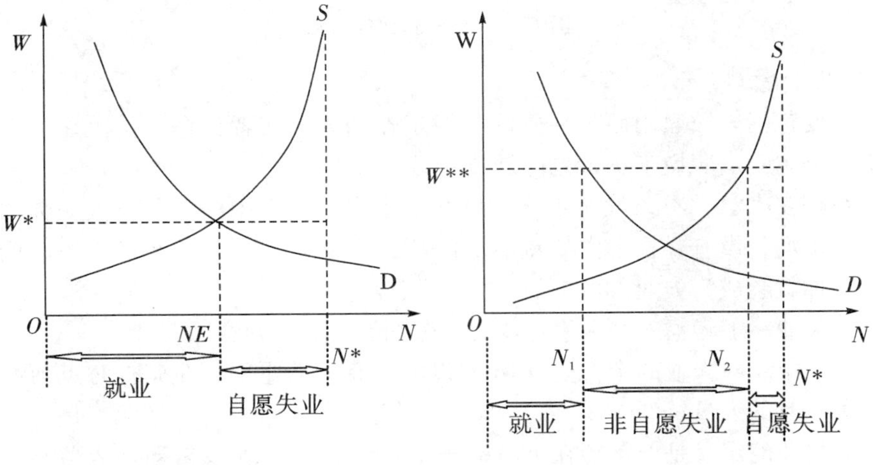

图13.2　自愿失业与非自愿失业

（二）非自愿失业

1. 摩擦性失业

有一些人为了寻找更好的工作机会而辞职，但是因为信息等原因，找到新工作是需要时间的，在这段时间内的失业叫作摩擦性失业。在我国目前的劳动力市场上，一方面有大量企业急需营销人才，另一方面有很多大学毕业的营销专业学生没有找到工作，即同时存在职位空缺和失业的人。当然，这种摩擦性失业不会持续太久，等信息传递比较充分之后，就能够使供需双方达成一致。

自愿失业和摩擦性失业合起来就叫作“自然失业”，这是不可避免的，也是必然存在的。但是对于自然失业率是多少，经济学家没有形成统一的意见。在第二次世界大战期间，美国的失业率为1%，因此估计自然失业率为1%；20世纪50年代在1.5%~2%；20世纪60年代估计小于4%；20世纪70年代估计不到5%；20世纪80年代则估计在6%~7%——随着时间推移，估计的自然失业率水平不断上升。

2. 季节性失业

新疆大面积种植棉花，在收成季节就需要雇用大量工人帮助采收，但一年中的大部分时间内都没有棉花可采收，不需要雇用工人。所以，对棉花工人的需求是季节性的，在非收成季节，这些工人就处于失业状态。

有些行业或部门对劳动力的需求随季节的变动而波动，如受气候、产品的式样、劳务与商品的消费需求等季节性因素的影响，使得某些行业出现劳动力的闲置，从而产生失业，主要表现在农业部门或建筑部门，或一些加工业如制糖业。这就叫作季节性失业。

思考一下：

你能够举出一些季节性失业的例子吗？有没有办法可以解决？

3. 结构性失业

结构性失业是指由于经济结构、体制、增长方式等的变动，使劳动力在包括技能、经验、工种、知识、年龄、性别、主观意愿、地区等方面的供给结构与需求结构不相一致而导致的失业。

结构性失业也是一种摩擦性失业，但并不是出于劳动者的自愿。与前面提到的情况不同，结构性失业虽然也是空缺职位与失业者并存，但空缺职位所要求的技能与失业人员具有的技能并不相同。比如企业需要的是高级技术人才，失业人员却只具备初级技术水平。

为什么会产生结构性失业呢？原因可能比较多，这里我们列举常见的几种。

（1）经济结构调整。随着城市化进程的发展，国家产业结构也迅速调整，第一产业、传统产业的劳动力需求逐渐减少，而第三产业、新兴产业对劳动者的需求增加。但是不同产业对于劳动者本身的能力素质有不同要求，比如一个长期从事农业劳动的人就很难在短期内成为电脑技术人才。

我国现在结构性失业问题就比较突出，据人力资源和社会保障部门提供的数据显示，2016年我国技能型劳动者数量只占全国就业人员总量的19%左右，高技能人才的数量还不足5%。

资料延伸

从“民工荒”到“失业潮”①

无论是对数以万计的沿海出口企业，还是数以亿计离家谋生的农民工，抑或是政府官员或者专家学者，2008年显然是一个令人难忘的转折点。

① 资料来源：《伊犁晚报》，2009.1.22。

2008年年初时，自2003年年初现端倪的“民工荒”还在延续，沿海企业尚在慨叹“招工难”，新实施的《劳动合同法》更导致用工成本攀升。意想不到的是，一场肇始于大洋彼岸的金融危机，在短短几个月内，使中国延续几年的“民工荒”，转眼之间变为“失业潮”。

美国次贷危机先是变成全球金融危机，再变成全球性的经济萧条袭入中国。长三角、珠三角等地大批出口导向型企业订单骤减。从《财经》记者的调研结果看，最早大约自2008年8月起，企业的用工需求便开始减少；之后，沿海省份的机械制造、服装纺织、电子电器等行业陆续出现大规模裁员。部分地区企业主逃逸、欠薪事件屡有发生。

随着企业开工不足蔓延，沿海各地就业市场容量一再收紧。其中，除因企业倒闭或裁员而失业，也有不少工人因工资及福利待遇走低自动辞职，还有不少人被企业以提前放假等方式遣散。年关将至，相当数量失去工作的农民工，很难再找到合适的工作，只得提前返乡。

在中国第一劳务输出大省河南省，记者从省劳动保障厅了解到，截至2008年12月20日，河南省回流农民工已达377万人，其中受经济危机影响回流人数占总数的60%。预计到2009年春节前，河南省将总计有800万农民工回流，比2007年同期的560万人，增加了200多万人。

随着时间的推移，提前返乡农民工数量不断刷新。《财经》记者获得了人力资源和社会保障部（以下称人保部）2008年12月初完成的一份《金融危机对就业影响最新数据调查报告》。该报告显示，截至11月底，十省市返乡农民工总计485万人，占2008年9月底外出务工人员的5.4%。这十个省市是四川、重庆、河北、安徽、江西、河南、湖北、湖南、广西、甘肃劳动力输出大省（市）。

农业部政策法规司司长张红宇对《财经》记者透露，这一轮农民工回流的现象明显比往年要提前两三个月。往年农民工是春出冬回，2008年则从10月起就开始回流。他说，就农业部门所掌握的情况看，2008年12月底前提前返乡的农民工，大概占外出农民工总数的10%。农业部农村经济研究中心课题组根据2008年发布的全国农业普查数据推算，至2008年，全国共有外出农民工约1.37亿人。据此，10%接近1 400万人。

由于缺乏一份完整的全国性统计，《财经》记者只能逐省采访、调查。通过对14个省、区、市劳动保障部门提供的数据及媒体的公开报道的汇总整理，《财经》记者得出判断：截至2008年12月底，返乡农民工数量已超过1 000万人。

且根据《财经》记者在各地调研所见，尚有大批农民工失业后并不返乡。由此，农民工失业人数应远高于返乡人数。

事实上，自20世纪70年代末以来，随着农村联产承包制的实行，加之农业生产资金以及技术投入增加，农村大量“富余”劳动力的存在已是不容忽视的事实。农业部曾经估算，农业生产率每提高1%，就将有近300万农村劳动力进入失业大军。

借助国际市场而发展起来的外向型工业化提供了大量的岗位，这一规模庞大的“富余”劳动力隐形于城乡之间不断地迁徙。此番经济突然失速，终于使他们以失业者的形象出现在公众眼前。

（2）技术进步。技术进步对于整个社会而言是好事，但对于个人的影响就很难说了。

技术进步可能导致劳动者的需求结构发生变化，如果供给结构不能相应调整，就会出现结构性失业。

英国《焦点》月刊2004年的一篇文章提出："在今后的15~20年中，将出现一股巨大的科技浪潮，它将像工业革命给我们的祖先造成的影响那样对我们的工作方式产生深远的影响。就像农业工人在工业革命时期曾经从事制造业一样，那些先前曾经在制造业工作的人员现在正投身到新的服务经济和科技信息世界中。""未来经济将由理念、信息和技术组成，到2015年，据估计大约有多达95%的工作将要求就业者掌握信息技术。"如果不能适应科技革命，无法跟上技术进步，就无法胜任新的工作，这些劳动者必然会被抛入结构性失业队伍。

举例来说，随着自动投币机以及公交磁卡的普及，公交售票员的主要任务不再是售票，而是为乘客提供必要的服务。如果他们不能迅速改变自身素质和工作态度，就有可能成为失业大军中的一员。

（3）地区供求不对称。根据调查分析，上海、北京和广东是应届毕业生最愿意去工作的地区（地区按省、直辖市、自治区分），其次为浙江省和江苏省。虽然这些地区经济发达，劳动力需求较多，但远远比不上供给量——不仅有众多的国内各大高校毕业生，还有一些海外留学生和外国毕业生都到这些地区寻找机会。而广阔的中西部地区高素质人才极为缺乏，因为供给量小。

这种劳动力的供给与需求在地区上有差异而造成的失业，也是结构性失业。其根本原因在于地区间经济发展水平存在差距。

在我国，东部地区经济发达，西部地区较为落后。因此，高素质人才向东部地区流动，造成西部地区人才短缺；另一方面，西部地区劳动力素质相对较低，而低素质人才更容易在经济发展过程中被淘汰，于是这些地区失业率偏高。

据对1996年失业状况的调查，高失业率地区均为西部地区，同时西部地区也是城镇从业人口中不识字率最高的地区。青海、贵州、甘肃、宁夏、陕西的城镇登记失业率分别为7.2%、6.2%、5.5%、5.2%、5.2%，不识字率高达41.6%、28.7%、30.5%、22.5%、16.3%，均高于全国平均水平（13%）。

另一个引起结构性失业的原因是人口流动的限制，比如户籍政策，限制着劳动者的自由流动。

4. 周期性失业

周期性失业又称为总需求不足的失业，是由于有效需求不足而引起的短期失业，它一般出现在经济周期的萧条阶段。

这种失业与整体经济水平的周期性波动是一致的——在复苏和繁荣阶段，各企业都努力扩大生产，就业人数普遍增加；在衰退和萧条阶段，由于社会有效需求不足，前景暗淡，各企业纷纷压缩生产，大量裁员，使得失业人口增加。

周期性失业是可以避免的，也是人们不愿意看到的一种失业。由于就业水平取决于国内生产总值，而国内生产总值GDP短期内取决于由投资、消费和出口形成的总需求。当总需求不足时，经济不能达到充分就业水平，因此对劳动力需求不足，导致失业。

2008 年全球性金融危机爆发的时候，世界各国普遍出现了失业率上升的现象，最根本的原因就在于金融危机使实体经济走向衰退和萧条，人们的消费减少，企业的投资也下降，于是总需求不足。尤其是汽车行业，据《中国日报》环球在线消息，美国通用汽车公司 2009 年 2 月向美国财政部提交了重组报告，这个在全球拥有 24.4 万员工的汽车公司将在年底之前裁员 4.7 万人，其中美国国内共裁员 2 万人；此外，福特公司也在 2008 年 8 月就开始执行减产、裁员的计划；日产北美公司 2008 年 6 月宣布，其在密西西比州的坎顿工厂将转而生产艾尔蒂玛轿车，并将减少皮卡产量，皮卡和 SUV 生产线的工人将减少 1/2。

三、失业的影响及对策

失业的影响表现在很多方面，一般分为社会影响和经济影响。

（一）社会影响

失业的社会影响虽然难以准确估计，但容易理解和接受。

1. 家庭不稳定

当户主失去收入或者收入减少时，家庭的消费需要就得不到满足，家庭关系就会受到损害。

据调查，未成年犯罪嫌疑人中 30%的父母是无业，33%的父母下岗在家待业，34%的父母在企业工作，只有 3%的父母在国家机关或公司工作。其中 60%以上的父母没有固定的职业和稳定的收入，为了家庭的生活及孩子的成长，父母承担着工作和生活的双重压力，在压力下往往忽视了对孩子的思想教育。

2. 丧失信心

哪些人容易失业？一是青年；二是 45 岁以上的低学历者和长期失业者；三是没有什么专业技能的妇女。这些人承担着失业的损失，而他们本身又是市场上的弱者，失业之后很容易被边缘化。

心理研究表明，解雇造成的创伤不亚于亲友去世或学业失败，失业者因为失去收入或者收入降低，很容易丧失社会影响力，地位上被边缘化，最终情感上遭受巨大打击，对生活失去信心。

英国《每日电讯报》2008 年 10 月 17 日报道，日本是发达国家中自杀率最高的国家之一，每年大约有 3 万人自杀。由于对全球经济衰退以及失业率将上升的担心，自杀率还将继续攀升。据日本警察厅的统计，1998 年金融危机期间，日本自杀率相比前一年增加了 34%。

根据研究，1997 年亚洲金融危机时，日本、韩国和中国香港地区男性自杀率上升 40%，女性自杀率上升了 20%。

3. 影响社会稳定

在我国经济体制改革过程中，大量国有企业职工下岗，这些下岗人员由于年龄、知识技能等原因成为就业困难群体。随着城市化进程的推进，大量农民工出现在城市，从事最基础的工作，他们也是最容易失业的人群。尤其是大量中年失业，引发了多种社会问题。

（二）经济影响

失业的经济影响可以用机会成本的概念来理解。当失业率上升时，原本可以由失业工人生产出来的产品和劳务就消失了。衰退期间的损失，就好像是将众多商品——汽车、房屋、衣物和其他物品销毁掉了。从产出核算的角度看，失业者的收入总损失等于生产的损失。因此，丧失的产量是计量周期性失业损失的主要尺度。

失业的损失=潜在 GDP-实际 GDP

20 世纪 60 年代，美国经济学家阿瑟·奥肯根据美国的数据，提出了经济周期中失业变动与产出变动的经验关系，这也被称为奥肯定律。

奥肯定律的内容是：失业率每高于自然失业率 1%，实际 GDP 将低于潜在 GDP 2%。换一种方式说，相对于潜在 GDP，实际 GDP 每下降 2%，实际失业率就会比自然失业率上升 1%。

奥肯定律揭示了产品市场与劳动市场之间极为重要的关系，它描述了实际 GDP 的短期变动与失业率变动的联系。根据这个定律，可以通过失业率的变动推测或估计 GDP 的变动，也可以通过 GDP 的变动预测失业率的变动。

例如，实际失业率为 10%，高于 6%的自然失业率 4 个百分点，则实际 GDP 就将比潜在 GDP 低 8%左右；如果实际 GDP 比潜在 GDP 低 2%，那么失业率就会比自然失业率高 1%。当然，确定自然失业率、潜在 GDP 水平本身就是难题，所以这个定律通常是用来估计、表示一种变动趋势。

（三）扩大就业的措施

1. 建立信息交流平台

摩擦性失业主要是由于信息传递不充分导致的，如果能够在劳动者和企业之间建立起信息交流平台，就能够帮助供需双方达成一致。

近年来，政府、各大高校还有中介机构开办了各种招聘会，为劳动者和企业提供了大量有用的信息。随着电脑和网络技术的广泛应用，教育部每月召开两场网络招聘会，不仅能够有效传递信息，而且节省了时间和差旅费用。

2. 加强劳动者技能培训

针对供需双方技能不对口引起的结构性失业，可以通过对劳动者的技能培训来减少。

比如，针对沿海地区加工型企业急需机修工和钳工的情况，政府和社会开办了专门的就业培训机构，通过提高劳动者的劳动技能，适应企业的需要。

3. 逐步消除流动限制

2009 年 1 月，为促进就业，国务院总理温家宝宣布了七大支持就业的措施，其中一条就是取消四个直辖市以外城市的落户限制，原本要求本科或专科以上学历才能落户，现在则取消了这一限制。

取消落户限制的政策主要针对地区供求不对称引起的结构性失业，在没有流动限制的情况下，劳动者可以在更广泛的地区范围内寻找工作，企业也可以招收更广泛区域内的劳动者。

4. 需求管理政策

针对经济周期性波动引起的需求不足的失业，最主要的办法就是通过各种政策扩大有效需求，增加就业。

2009 年，中央经济工作会议提出，为了应对金融危机以及国内经济进入下滑周期的影响，政府将实施积极的财政政策，包括扩大政府公共投资，实行结构性减税，调整国民收入分配格局，优化财政支出结构，推进财税制度改革，支持科技创新和节能减排。通过这些措施，力争促进经济增长、结构调整和地区协调发展，保障和改善民生。

还有一些相关的措施，比如加强就业指导，鼓励大学生到基层工作，或者自主创业等。

第二节　通货膨胀现象

与失业类似，通货膨胀也是让政府感到为难的宏观经济问题之一。什么是通货膨胀？它可能产生哪些影响？我们首先从一些现实的例子来了解通货膨胀现象。

资料延伸

津巴布韦通货膨胀

上图中左边的男子抱着一大摞钱，如果不看说明，你会以为他刚刚中了大奖！不幸的是，他手中的钱的票面价值或许还不如制造这些货币的纸的价值。看看右边，钞票的面额是多少？10 万，20 万……这就是津巴布韦 2004 年以来的通货写照。

物价越来越高，钱却越来越贬值，通货膨胀让许多人大喊吃不消。一张面额 1 000 万津巴布韦币的纸钞，只能换到美金 1.5 元，而在津巴布韦买一只鸡要 1 300 万津巴布韦币，游民至少要捡两个月的垃圾，加上不吃不喝才能买到一只鸡。2008 年 8 月，津巴布韦中央银行宣布去掉钞票后的 10 个零，但由于恶性通货膨胀又涨了回来。

2009 年 1 月 16 日，津巴布韦发行了一套世界上最大面额的新钞，这套面额在万亿以上的新钞包括 10 万亿、20 万亿、50 万亿和 100 万亿津元四种。而 100 万亿津元甚至不够买一个面包！2 月 2 日，津巴布韦中央银行决定，从其发行的巨额钞票上去掉 12

个零，这样一来，原来的1万亿津巴布韦钞票现在相当于1元。现阶段，津巴布韦通货膨胀率已经达到百分之十亿，1美元可兑换250万亿津巴布韦元。该国中央银行行长迪恩·戈诺（Gideon Gono）正要求印刷厂生产7套面额不同的新津元，面值自1至500津元不等。外界广泛认为，津巴布韦中央银行行长戈诺是目前最倒霉的行长。

（资料来源：《津巴布韦通货膨胀率已达100500%》，网易新闻中心，2008年3月7日。）

一、基本概念

（一）什么是通货膨胀

通货膨胀（Inflation）一般是指一段时间内价格总水平持续而普遍上涨的现象。其实质是过多的货币追求少量商品，因此一般归结为一个货币现象。

通货膨胀只有在纸币流通的条件下才会出现，如果是在足值的金银货币流通的条件下，就不会出现这种现象。因为金银货币本身具有价值，拥有作为贮藏手段的职能，可以自发地调节流通中的货币量，使它同商品流通所需要的货币量相适应。而在纸币流通的条件下，因为纸币本身不具有价值，只是代表金银货币的符号，不能作为贮藏手段，因此，纸币的发行量如果超过了商品流通所需要的数量，就会贬值。

例如，商品流通中所需要的金银货币量不变，为500万元，而纸币发行量超过了金银货币量的一倍，是1 000万元。单位纸币就只能代表单位金银货币价值量的1/2。在这种情况下，如果用纸币来计量物价，物价就变成原来的两倍，这就是通常所说的货币贬值。此时，流通中的纸币量比流通中所需要的金银货币量增加了一倍，这就是通货膨胀。

通货膨胀，是指经济运行中出现的全面、持续的物价上涨的现象。纸币发行量超过流通中实际需要的货币量，是导致通货膨胀的主要原因之一。在宏观经济学中，通货膨胀主要表现为价格和工资普遍上涨。

需要注意的是，通货膨胀并不一定意味着生活水平下降，如果收入和物价成比例增加，那么物价上涨就不会对人们的生活造成太大的影响。

（二）通货膨胀的衡量

人们通过观察经济中大量的物品和劳务的价格变化来衡量通货膨胀。这些数据通常是基于统计部门调查搜集的信息，一些研究机构也会做类似的调查。

1. 消费者物价指数（CPI，即Consumer Price Index）

CPI主要考察普通消费者购买的物品和劳务的价格变动。

如果上个月需要花100元购买的物品，在这个月需要花105元去购买，我们就说物价水平上升了5%，即CPI等于5%。虽然考察对象并没有囊括所有的物品和劳务，我们仍然常常直接用CPI来表示通货膨胀率。

统计局通常会定期发布CPI的信息，这个指标可以用在员工与雇主的工资谈判上，因为雇员通常要求名义收入（工资）的增长幅度能等于或高于CPI。有时双方签订的合同中会包含按生活指数调整的条款，表示名义工资会随CPI的升高自动调整，当然，这个调整通常都是在通货膨胀发生之后进行，调整幅度也会比实际通货膨胀率更低一些。

CPI并不是一个准确的衡量通货膨胀的指标，但它便于统计，因此CPI是关于通货膨胀率的重要的政策参考指标。

CPI考察哪些物品和劳务的价格变动呢？见图13.3所示。

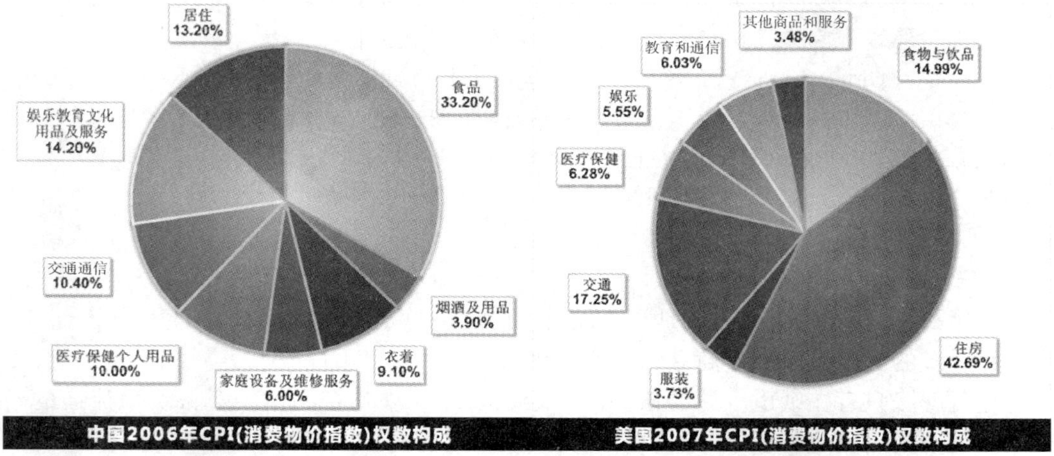

图 13.3　消费者物价指数的权数构成

思考一下：

波音公司决定对其生产的飞机提价 20%，会影响美国的 CPI 吗？

2. 生产者价格指数（PPI，即 Producer Price Indexes）

另一个受到关注的指标是生产者价格指数，即 PPI。它测量生产者购买原料或中间产品的价格变化，导致企业成本发生变化。一般来说，如果 PPI 上升，那么迟早会反映在企业产品的价格上，最终影响 CPI。

PPI 的变动通常领先于 CPI，所以人们常常把 PPI 看作价格变动的一个风向标。

3. GDP 缩减指数（GDP deflator）

衡量通货膨胀率最全面的指标是 GDP 缩减指数，表示相对于基年的物价，当年物价变动对 GDP 数值产生的影响。如果名义 GDP 是 1.09 亿元，实际 GDP 是 1 亿元，那么：

$$\text{GDP 缩减指数} = \frac{\text{名义 GDP}}{\text{实际 GDP}} \times 100 = \frac{1.09}{1} \times 100 = 109$$

由此可以得到与基年相比，当年的通货膨胀率是 9%。

GDP 缩减指数的优点是能够衡量出总体物价水平的变动，贴近通货膨胀率的本意，但缺点是必须依赖于对实际 GDP 的准确计算，每年统计一次，难以用于短期政策指导。

多数时候，CPI 和 GDP 缩减指数具有类似的变化趋势，但也可能并不完全相同。GDP 缩减指数包括了经济中所有物品和劳务的价格变动，不同产品比例不同；而 CPI 考察的是选定的一些产品——主要是普通消费者消费的产品，并且按照固定比例计算。

假如一个经济 2005 年和 2006 年生产的物品只有面包和牛奶，产量和价格见表 13.1 所示。

表 13.1　不同年份的产量和价格

年份	面包		牛奶	
	产量	价格	产量	价格
2005	5	1	3	2
2006	6	1.5	4	2.5

首先，计算 CPI。

先确定消费者购买的产品以及不同产品的数量。假如消费者购买 2 个面包和 1 单位牛奶——这是一个确定的消费组合，我们把它叫作消费的一篮子物品。同时，以 2005 年作为基年，它的物价指数为 100。

2005 年，购买一篮子物品需要支付 $2\times1+1\times2=4$

2006 年，购买一篮子物品需要支付 $2\times1.5+1\times2.5=5.5$

2005 年物价指数为 100，则 2006 年物价指数为$\frac{5.5}{4}\times100=137.5$

$$CPI=\frac{137.5-100}{100}\times100\%=37.5\%$$

其次，计算 GDP 缩减指数。

2005 年名义 $GDP=5\times1+3\times2=11$

2006 年名义 $GDP=6\times1.5+4\times2.5=19$

以 2005 年为基年，那么：

2005 年实际 $GDP=5\times1+3\times2=11$，GDP 缩减指数$=\frac{11}{11}\times100=100$

2006 年实际 $GDP=6\times1+4\times2=14$，GDP 缩减指数$=\frac{19}{14}\times100=135.7$

据此，2006 年物价水平上升了 35.7%。

比较之下可以发现，由于考察物品的数量比例不同（CPI 考察固定比例，GDP 缩减指数考察的是实际比例），对物价上升程度的判断也不同——CPI 得到的结果是物价上升了 37.5%，而根据 GDP 缩减指数得到的结果是上升了 35.7%。

很难说哪一个指标更好，政府在制定政策的时候通常只能综合考虑多种指标来对物价水平的变动进行评判。

（三）通货膨胀的类型

根据不同标准，我们可以将通货膨胀分为不同种类。

1. 按照严重程度

我们可以根据通货膨胀率的大小不同，把通货膨胀分为三类。

（1）温和的通货膨胀。通常是指低于每年 10%的通货膨胀，货币流通速度大致稳定，整个货币体系尚能正常运行。特别是在通货膨胀率低于每年 4%的水平上时，人们一般并不太关注物价上涨。

（2）奔腾式的通货膨胀。通常是指两位数的通货膨胀，货币流通速度明显加快，货币体系已经被扭曲。

人们在签订契约的时候，通常会根据通货膨胀进行矫正，比如工资与通货膨胀率挂钩、产品价格与通货膨胀率挂钩，结果就导致整个经济形成通货膨胀惯性，更加难以停止。

（3）超速通货膨胀。货币流通速度极快，相对价格极不稳定，通常是通货膨胀率超过三位数，比如本章开头提到的津巴布韦的通货膨胀。

超速通货膨胀通常与政治斗争、战乱等联系在一起，经济难以正常运转，低收入者生活更加困难。

2. 按照人们的预料程度

如果经济长期处于一个相对稳定的通货膨胀水平，人们可能预期到通货膨胀率，因此叫作预期的通货膨胀。如果是没有预料到的，就叫作未预期的通货膨胀。

3. 按对价格的影响

有时候所有商品的价格都按照差不多的比例上升，这就是平衡的通货膨胀。如果不同产品价格变化的幅度差距较大，就是非平衡的通货膨胀。

4. 按照表现形式

在价格机制能够充分发挥作用的经济中，物价上升，这是公开的通货膨胀；在价格传导存在某种障碍的时候，可能就不会完全以官方物价指数上涨，是隐蔽的通货膨胀；在有政府干预的时候，虽然有通货膨胀压力，但是因为有价格管制，物价没有上升，这就叫作抑制的通货膨胀。

在中国，由于受到政府干预的价格还比较多，比如电力、土地等的价格，因此通货膨胀不一定是以公开的官方数据表现出来的。

二、通货膨胀的原因

（一）需求拉动的通货膨胀

需求拉动的通货膨胀是指总需求过度增长所引起的通货膨胀，即“太多的货币追逐太少的货物”。按照凯恩斯的解释，如果总需求上升到大于总供给的地步，此时由于劳动和设备已经充分利用，要使产量再增加已经不可能，过度的需求只会引起物价水平普遍上升，而不会引起产出的增加。

如图 13.4 所示，原来的均衡在总需求曲线 AD_1 与总供给曲线的交点 A 点，此时物价水平为 P_1，而实际 GDP 等于潜在 GDP，生产要素——机器和劳动力都已经得到充分利用。当总需求由 AD_1 增加到 AD_2 水平时，由于生产能力不能扩大，总供给量不变，仍然是潜在 GDP 水平，所以新的均衡在 B 点实现，此时物价水平上升为 P_2。

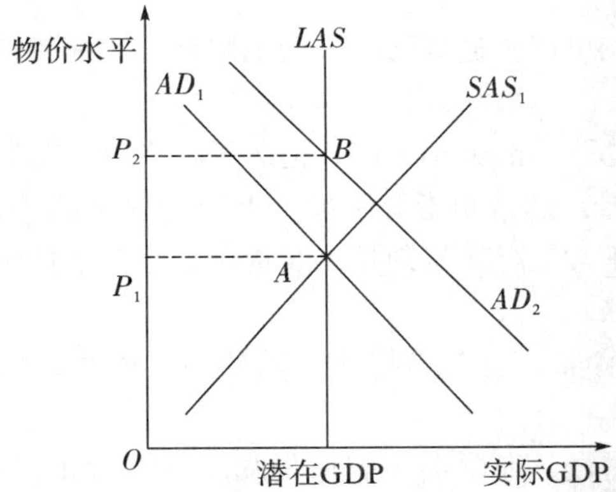

图 13.4　需求拉上型通货膨胀

因此，当需求增加时，由于生产能力有限，流通中货币量过多的结果就是一般物价水平上升，即出现需求拉动型通货膨胀。

（二）成本推进的通货膨胀

成本或其他供给方面的因素变动也可能形成通货膨胀，这就是成本推进的通货膨胀，又称为供给型通货膨胀。这种通货膨胀主要是由企业生产成本增加而引起的一般物价水平的上涨，造成成本向上移动的原因包括工资过度上涨、利润过度增加、进口原材料价格上涨。

1. 工资推进的通货膨胀

工资推动通货膨胀是因为工资过度上涨引起成本增加，进而推动价格总水平上涨。因为大多数企业的工资都是生产成本的主要部分，工资上涨使得生产成本增加，在既定的价格水平下，厂商愿意并且能够供给的数量减少，从而使得总供给曲线向左上方移动。

在完全竞争的劳动市场上，工资率完全由劳动的供求均衡所决定，但是在现实经济中，劳动市场往往是不完全的，存在各部门互相攀比的现象。

当个别企业（比如高科技产业）因为劳动生产率提高而工资上涨的时候，其他行业也会要求提高工资待遇，但并没有相应提高劳动生产率。因此，从社会整体来说，工资增加（全面上升）超过了劳动生产率的提高（部分行业），提高工资就会导致成本增加，从而导致一般价格总水平上涨。

而且，这种通货膨胀一旦开始，还会引起“工资—物价螺旋式上升”，工资、物价互相推动，形成严重的通货膨胀。

在图 13.5 中，原来的均衡点 A 处，物价指数为 100，实际 GDP 等于潜在 GDP 为 20。现在因为工资上升导致企业成本增加，短期总供给曲线向左上方移动，从 SAS_1 移动到 SAS_2，物价指数上升到 115，而实际 GDP 减少到 16——滞胀出现了。为了刺激经济，中央银行可能增加货币供给量，结果总需求曲线向右移动，实际 GDP 回到原来的水平，但是物价指数继续上升到了 120。随着这样的螺旋式上涨的过程持续下去，物价不断上升，最终导致严重的通货膨胀。

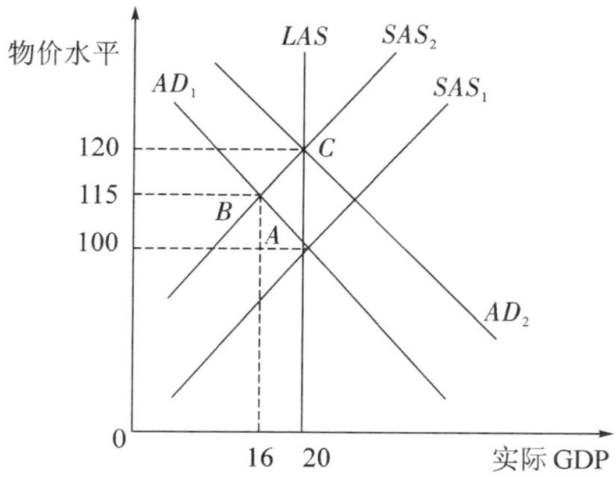

图 13.5　工资推进螺旋式通货膨胀

2. 利润推进的通货膨胀

利润推进的通货膨胀是指企业为谋求更大的利润导致的一般价格总水平的上涨。一般而言，只有垄断企业或者具有市场势力的企业才有可能按照自己的利润要求来定价，最终通过价格传导机制导致物价总水平上升。

通常认为，利润推进的通货膨胀比工资推进的通货膨胀要弱。原因在于，企业由于面临着市场需求的制约，提高价格会受到自身要求最大利润的限制，而工会推进货币工资上涨则是越多越好。

3. 进口成本推进的通货膨胀

造成成本推进的通货膨胀的另一个重要原因是进口商品的价格上升。如果一个国家生产所需要的原材料主要依赖于进口，那么进口商品的价格上升就会造成成本推进的通货膨胀，其形成的过程与工资推进的通货膨胀是一样的。

典型的例子是20世纪70年代的石油危机。由于OPEC组织的成立和影响，石油价格急剧上涨，以进口石油为原料的大量企业的生产成本也大幅度上升，从而引起严重的通货膨胀。

（三）供求混合推进的通货膨胀

在实际中，造成通货膨胀的原因并不是单一的，因各种原因同时推进的价格水平上涨，就是供求混合推进的通货膨胀。

情形类似于我们前面讲到的工资推动的螺旋式通货膨胀——首先是工资上升导致总供给曲线移动，然后政策干预，总需求对此做出反应，结果就是物价不断上升。

（四）预期和通货膨胀惯性

在实际中，一旦形成通货膨胀，便会持续一段时期，这种现象被称为通货膨胀惯性，对通货膨胀惯性的一种解释是人们会对通货膨胀做出的相应预期。

预期是人们对未来经济变量进行估计，预期往往会根据过去的通货膨胀的经验和对未来经济形势的判断，做出对未来通货膨胀走势的判断和估计，从而形成对通胀的预期。

预期对人们的经济行为有重要的影响，人们对通货膨胀的预期会导致通货膨胀具有惯性。如人们预期的通胀率为10%，在订立有关合同时，厂商会要求价格上涨10%，而工人与厂商签订的合同中也会要求增加10%的工资，在其他条件不变的情况下，每单位产品的成本会增加10%，从而使通货膨胀率按10%持续下去，必然形成通货膨胀惯性。

三、通货膨胀的影响

（一）通货膨胀的经济效应

温和的通货膨胀影响不大，超速通货膨胀则必然产生巨大的破坏，因为急剧变化的物价水平会扭曲资源配置——企业不知道该不该投资生产，因为不知道将来的产品价格。

预期的通货膨胀不会影响分配，因为个人和企业都会根据通货膨胀率做出调整，比如约定工资随着通货膨胀率自动调整。未预期到的通货膨胀则必然要影响分配格局，一些人受损，另一些人受益。

1. 财富再分配效应

（1）在债权人和债务人之间，如果是按照货币量约定债务，那么通货膨胀有利于债务人而不利于债权人。因为同样数量的货币购买力下降，也就没那么值钱了。因此，在通货膨胀率较高的时候，储蓄者（债权人）可能得到负利率，存款的实际收益小于0。

（2）在雇主与工人之间，有利于雇主而不利于工人。因为通货膨胀首先表现为价格上升，只有当雇主出售产品的收入增加、利润增加之后，才可能考虑扩大生产、调整工资，而工人已经因为所购买生活物品的价格上升而受到了损害。

（3）在政府与公众之间，有利于政府而不利于公众。因为在通货膨胀时，人们名义收入增加，税收也就增加；而另一方面，按照固定数额领取养老金、抚恤金的人受到损害。

总的来说，未预期到的通货膨胀不利于固定货币收入者、债权人和货币资产持有者。

2. 产出（就业）效应

需求拉动的通货膨胀使产出（实际GDP）水平上升，就业增加；成本推进的通货膨胀则可能导致滞胀——产出下降，失业增加；超速通货膨胀则可能导致经济崩溃。

思考一下：

你认为通货膨胀还有哪些影响？对你来说是有利的还是不利的？

（二）对于通货膨胀的评价

不同类型的通货膨胀所造成的影响是不同的，通货膨胀对经济整体是有利还是不利的争论并没有停止。

1. 有利论

由于通货膨胀通常是有利于雇主而不利于工人，因此会增加利润，刺激投资，最终推动整个经济的发展。

另外，通货膨胀可以增加税收，增加政府支出，从而刺激经济发展。

即使通货膨胀可能加剧收入分配不平等，但是因为富人比穷人的储蓄倾向高（消费倾向低），更有可能进行投资，因此对于资金缺乏的发展中国家，利用适度的通货膨胀来发展经济是比较有利的做法。

2. 不利论

无论是有没有预期到的通货膨胀，随着通货膨胀率的上升，其负面作用都会不断扩大。

（1）菜单成本。

在餐馆里，菜单上列出所有菜品对应的价格，如果他想要改变其中几种菜品的价格，就需要重新印菜单——这就是菜单成本最基本的含义。

菜单成本不仅包括印刷新菜单的成本、讨论决定新价格的成本、传递新价格信息的成本，还包括广告宣传，以及处理顾客怨言的成本，甚至还有可能因此失去一部分顾客。

思考一下：

当面粉涨价的时候，餐馆的老板会立即改变拉面的价格吗？为什么？他可能如何抵消这种价格上升的影响？

（2）皮鞋成本。通货膨胀不利于货币持有者，因此人们拿到货币的时候首先就会想办法把它换成价值更稳定的美元或者黄金，为此需要更频繁地去银行或者交易所。这种为了减少货币持有量而产生的成本被称为通货膨胀的皮鞋成本。

一般情况下，通货膨胀的皮鞋成本基本上可以忽略不计，但是在超速通货膨胀期间则非常明显。

比如，在物价稳定时，你每月去一次超市购买日用品。如果通货膨胀率达到每周100%，那么你每次取得收入后都会首先根据最新的物价购买物品，然后立刻把所有的货币换成黄金。不仅如此，你可能还会经常奔波于各种商店，只为了获取最新的价格信息，结果产生大量皮鞋成本。

（3）税收扭曲。税收会改变人们的行为，并且产生福利损失，通货膨胀会强化这种扭曲。

在通货膨胀为 0 时，如果你在银行存了 10 万元。在名义利率 10%的情况下，实际利率也是 10%，你每年得到 1 万元利息，按照 20%的税率缴税之后，你实际得到 8 000 元利息，即税后实际利率变为 8%。

如果通货膨胀率为 5%，那么为了弥补通货膨胀的影响，银行的名义利率变为 15%（实际利率 10%加上通货膨胀率 5%），你得到的利息为 15 000 元，同样按照 20%的税率缴税，最后实际得到 12 000 元，那么税后名义利率为 12%，税后实际利率为 7%。

比较之下，我们可以看到，通货膨胀使得储蓄的收益下降，因为税收针对的是名义收入。与此类似的还有股票和债券投资，比如经过 5 年，微软公司的股票上升了 20 美元，当你出售股票时就取得了 20 美元的收益——这是征税对象；但事实上，考虑到不同年份的物价指数，可能实际价格只上升了 15 美元，这才是你的实际收益，以及应当缴税的基础。所以，通货膨胀扩大了投资的收益规模，增加了税收负担，结果就可能抑制投资。

为了抵抗通货膨胀抑制投资积极性的影响，美国财政部 1997 年初就第一次发行了收益水平根据物价指数调整的债券，以保证债券的利息和本金都能够保证未来的实际购买力。

当然，超速通货膨胀还可能导致经济混乱，最终破坏一国的经济基础。比如在亚洲金融危机期间，由于物价迅速上涨，金融体系遭到破坏，许多亚洲国家几十年的经济努力都付之东流。

四、抑制通货膨胀的政策

针对不同类型的通货膨胀，政府可以采取不同的措施。

（一）紧缩的财政政策

针对需求拉动的通货膨胀，常用的措施是采取紧缩的政策，包括紧缩的财政政策和货币政策，可以通过提高税率、减少政府购买等政策减少总需求，从而抑制物价上涨。

当然，紧缩性财政政策的消极影响也非常明显，抑制总需求的做法会降低产出水平，并且增加失业。

（二）收入政策

收入政策是指政府直接控制物价和工资水平，从而影响人们的收入。

通过抑制总供给曲线的移动，使之不能上升甚至下降，可以抑制成本推进的通货膨胀。但这类政策只能短期使用，副作用明显——比如价格上限管制可能导致短缺，最后产生一系列消极影响。

美国尼克松时代曾经采用过这种做法，另外在战争时期采取这类措施也是非常必要的。

（三）利率政策

中央银行，如美联储，可以通过设定利率及其他货币政策来有力地影响通货膨胀率。高利率是中央银行反通胀的典型手法，以降低就业及生产来抑制物价上涨。

然而，不同国家的中央银行对控制通货膨胀有不同的观点。例如，有些中央银行密切注意对称性通货膨胀目标，而有些仅在通货膨胀率过高时加以控制——欧洲中央银行就是这样。

第三节　菲利普斯曲线

在前两章的内容中，我们谈到失业主要受到实际工资率、劳动生产率等因素的影响，而通货膨胀率主要由货币供给量决定，两者似乎并不相关。但是在短期中，它们息息相关：减少失业的政策往往导致物价上升，而抑制通货膨胀的政策通常会使失业率上升。

因此，短期失业率与通货膨胀率存在着交替关系，可以用一条曲线来表示这种关系，这就是菲利普斯曲线。

一、短期菲利普斯曲线

菲利普斯曲线由英国经济学家 W. 菲利普斯于 1958 年在《1861—1957 年英国失业和货币工资变动率之间的关系》一文中最先提出。此后，经济学家对此进行了大量的理论解释，尤其是萨缪尔森和索洛将原来表示失业率与货币工资率之间交替关系的菲利普斯曲线发展成为用来表示失业率与通货膨胀率之间交替关系的曲线。

1958 年，菲利普斯根据英国 1861—1957 年的统计资料发现，失业率和货币工资变动率之间存在交替关系：当失业率较低时，货币工资增长率较高；反之，当失业率较高时，货币工资增长率较低，甚至是负数。

根据成本推动的通货膨胀理论，货币工资变动率可以表示通货膨胀率。因此，这条曲线就可以表示失业率与通货膨胀率之间的交替关系。即：失业率高表明经济处于萧条阶段，这时工资与物价水平都较低，从而通货膨胀率也就低；反之，失业率低，表明经济处于繁荣阶段，这时工资与物价水平都较高，从而通货膨胀率也就高。失业率和通货膨胀率之间存在着反方向变动的关系（如图 13. 6 所示）。

菲利普斯曲线提出了如下几个重要的观点：

第一，通货膨胀是由工资成本推动所引起的，这就是成本推动通货膨胀理论。正是根据这一理论，把货币工资增长率同通货膨胀率联系了起来。

第二，失业率和通货膨胀存在着交替的关系，它们是可能并存的，这就提出了政府宏观调控可能产生的后果。

第三，当失业率为自然失业率时通货膨胀率为 0，因此可以把自然失业率定义为通货膨胀为 0 时的失业率。

第四，由于失业率和通货膨胀率之间存在着交替关系，因此可以运用扩张性的宏

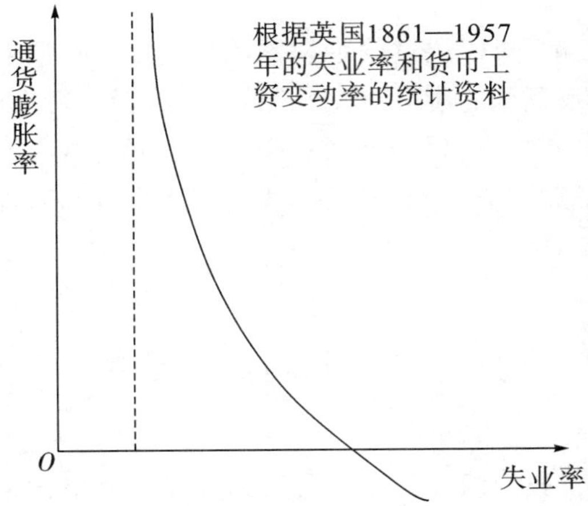

图 13.6　菲利普斯曲线

观经济政策，用较高的通货膨胀率来换取较低的失业率，也可以运用紧缩性的宏观经济政策，以较高的失业率来换取较低的通货膨胀率。这就为宏观经济政策的选择提供了理论依据。

二、自然率假说——长期菲利普斯曲线

我们知道，长期中失业率并不取决于通货膨胀率，而是由实际工资率等因素决定的。那么，它和失业率还有这种相互交替的关系吗？

1968 年，经济学家米尔顿·弗里德曼在《美国经济评论》上发表了一篇文章《货币政策的作用》。他认为，在长期，货币政策不能在菲利普斯曲线上实现通货膨胀与失业的一种组合，即增加货币供给量在短期内能够通过提高通货膨胀率来增加就业，但长期，失业率将回到自然失业率水平，并不能实现交替。

因此，长期菲利普斯曲线是一条垂直的线（见图 13.7）。

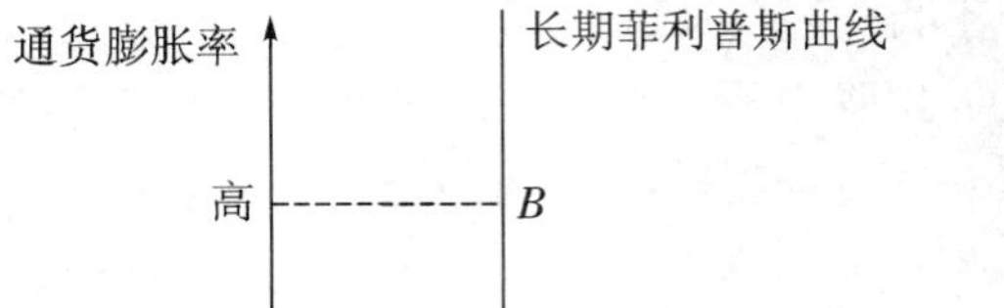

图 13.7　货币政策的长期影响

如图 13.7 所示，如果中央银行缓慢地增加货币供给量，经济在 A 点，通货膨胀率较低；如果中央银行迅速地增加货币供给量，短期内或许会降低失业率，但长期只会导致物价上升，即经济在 B 点——失业率不变，通货膨胀率高。

因此，弗里德曼提出了自然率假说，无论通货膨胀率如何，失业率最终要回到自然失业率水平。如果政府想要通过增加货币供给量，以高通货膨胀率为代价来换取失

业率降低，只可能在短期内取得成功，长期则不可能。

根据美国20世纪60年代初到70年代初的数据（如图13.8所示），弗里德曼等人的假说得到了验证。

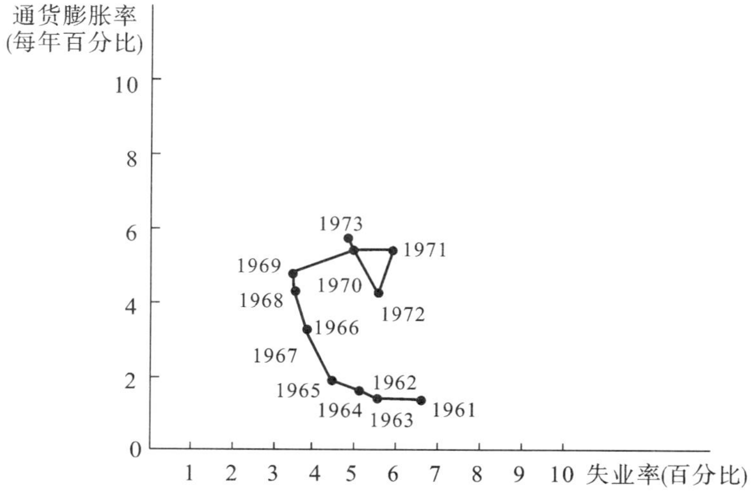

图 13.8　菲利普斯曲线的破灭

从这个图形中看到，在1961—1969年间，美国的失业率和通货膨胀率还是比较符合短期菲利普斯曲线的，但到了20世纪70年代初，就可以发现失业率和通货膨胀率不再具有交替关系。

从20世纪60年代末，美国政府开始实行扩大物品与劳务的总需求的政策，因为在越战期间，政府支出增加。而美联储希望在实行扩张性财政政策的时候同时压低利率，货币量迅速增加——每年13%，结果通货膨胀率一直高达每年5%~6%（对比于20世纪60年代初的1%~2%），按照短期菲利普斯曲线的预测，失业率应当较低，但事实是这一时期的失业率也很高。菲利普斯曲线破灭，弗里德曼等人的预言是正确的。

本章小结

失业率是那些想要工作而又没有工作的人在总劳动人口中所占的比例。不同国家对于失业的定义有所不同。失业的类型和原因多种多样，其中非自然失业包括摩擦性失业、季节性失业、结构性失业和周期性失业。其中，周期性失业与经济周期紧密相关，是可以避免的，也是政府宏观政策的主要调控对象。失业的经济影响可以用奥肯定律来表示。

通货膨胀是物价水平持续上涨、货币价值不断下降的过程，通常使用CPI、PPI和GDP缩减指数等指标来间接衡量通货膨胀率。产生通货膨胀的原因多种多样，主要考察的是需求拉动的通货膨胀、成本推动的通货膨胀以及两者相互作用产生的通货膨胀。当通货膨胀不可预期时，通货膨胀会产生消极影响，可能引起财富再分配和税收扭曲，以及增加菜单成本和皮鞋成本，严重的通货膨胀甚至会引起混乱。

短期菲利普斯曲线表示当预期的通货膨胀率和自然失业率不变时，通货膨胀与失业之间存在着交替关系。垂直的长期菲利普斯曲线表示，随着时间的推移，通过提高通货膨胀率来降低失业率的政策可能难以达到目的，因为失业率最终会回到自然失业率水平，不受通货膨胀率的影响。菲利普斯曲线表明政府干预经济的政策努力同时带来了不可避免的负面影响。

资料延伸

宏观经济政策的挑战

人们对宏观经济学总是存有敬畏之心，不仅很难制定出行之有效的宏观政策，而且也很难对宏观经济形势进行准确判断。

20 世纪美国最伟大的经济学家之一——阿尔文·费雪对货币数量论、利率和通货膨胀有深刻的研究，但是他在 20 世纪 20 年代末美国股市上扬的时候，通过大量借债购买股票，结果在 1929 年的崩溃中损失了大约 1 000 万美元！

无论是否具有专业的经济学知识，人们常常对宏观经济发表看法：政府应该增加或减少政府支出以影响总需求，中央银行应该放松或紧缩银根，政府应当促进财富更平等分配等。但事实上，宏观经济政策并不像表面上那么简单。

①政府应当努力稳定经济吗？

当经济处于衰退或萧条时，普遍认为应当采取扩张性政策刺激需求，比如增加政府支出、减税或者降低利率等。

问题在于：政策并不能立即影响经济，其作用需要一个很长的时滞。决策者需要准确把握经济形势，并根据不同的原因来制定针对性的政策。现实问题是很难对经济有一个准确的预期，因为经济随时都在发生变动，人们只能使用各种方法来加以猜测，结果可能使得政策起到相反的作用。

②中央银行应该追求零通货膨胀率吗？

一般情况下，通货膨胀带来的负面影响远远大于正面影响，那么中央银行就应当追求零通货膨胀率吗？

支持者认为，从长期来看，通货膨胀率与失业率无关，因此降低通货膨胀率并不会导致产出下降、失业率上升，因此是一项长期有利的政策。

反对者认为，即使零通货膨胀不会影响就业，降低通货膨胀率的政策也会产生成本，会降低产出。通过估算表明，放弃 1%的通货膨胀率要求放弃一年产量的 5%左右。

从这个角度看，反通货膨胀成本高昂，而且降低通货膨胀导致产出减少时，这种损失并不是平均分摊在每个人身上，因此会加剧不平等。

其他引起争论的宏观经济问题还有：应该以什么作为货币政策的目标，如何对待财政赤字，是否应当为了长期增长而鼓励储蓄等。

就像治疗疾病需要对症下药一样，制定宏观经济政策也需要对经济形势有准确的把握，而这正好是困难的甚至是不可能的，因此宏观经济学中充满了争议和话题。

第十四章 开放经济

与在荒岛漂流的鲁宾逊不同，现实中的人们生活在不同国家和地区，彼此之间通过贸易互通有无。从古至今，人类总是在技术允许的范围内尽可能扩大交往的范围——早在13世纪，欧洲和中国就通过丝绸之路联系在一起。今天，美国和其他国家的人消费越来越多的“Made in China”的产品，同时中国人在沃尔玛购物、吃着肯德基快餐、用着微软的操作系统……不仅如此，我们还关注人民币对美元、欧元、日元等主要货币的汇率，美国等国家不断提出人民币升值的要求。

内容提要：

经济学意义上的开放经济是与封闭经济相对立的概念，它是指一国经济与外国经济之间存在着密切的经济往来关系。在开放经济条件下，要素、商品和服务可以比较自由地跨国界流动，从而实现资源的最优配置和较高的经济效率。本章主要介绍了开放经济中两种重要的经济往来形式，即国际贸易与国际金融以及开放经济条件下经济全球化这一当代世界经济发展的明显特征。

重点掌握：

1. 国际贸易理论基础知识；
2. 国际金融理论的基础知识；
3. 经济全球化的含义。

第一节　国际贸易理论

在商业完全自由的制度下，各国都必然把它的资本和劳动用在最有利于本国的用途上。这种个体利益的追求很好地和整体的普遍幸福结合在一起。由于鼓励勤勉、奖励智巧并最有效地利用自然所赋予的各种特殊力量，它使劳动得到最有效和最经济的分配；同时，由于增加生产总额，它使人们都得到好处，并以利害关系和相互交往的共同纽带把文明世界各民族结合成一个统一的社会。正是这一原理，决定葡萄酒应在法国和葡萄牙酿制，谷物应在美国和波兰种植，金属制品及其他商品则应在英国制造。

——大卫·李嘉图①

李嘉图的这一段话论述了著名的比较优势理论，这个原理奠定了国际贸易自由化的理论基础，促进了世界经济的繁荣。世界正是沿着李嘉图指出的这一道路实现着全球经济一体化，也就是我们常说的经济全球化。

在日益开放的今天，经济学当然要走出一国的界限，研究各种国际经济问题，而各国经济的联系是通过商品市场、劳务市场和资本市场的相互交往来实现的。我们首先来讨论商品和劳务市场，即国际贸易的问题。

一、国际贸易理论的发展

第二次世界大战之后，国际贸易有了突飞猛进的发展，在过去的七十多年间，世界贸易总额增长了几十倍——中国的出口总额增长得更快。现在，已经很难找到真正意义上的民族工业产品了，比如一直强调民族品牌的联想电脑，不仅主要硬件之一的芯片由英特尔等外国企业生产，软件方面也大量使用进口产品——微软操作系统、office 办公软件等。

国际贸易理论的发展大致经历了古典、新古典、新贸易理论和新兴古典国际贸易理论四大阶段。

（一）古典国际贸易理论

古典国际贸易理论产生于18世纪中叶，是在批判重商主义的基础上发展起来的，主要包括亚当·斯密的绝对优势理论和大卫·李嘉图的比较优势理论。古典贸易理论从劳动生产率的角度，说明了国际贸易产生的原因、结构和利益分配。

1. 绝对优势理论

18世纪末，重商主义一味追求顺差以及金银流入的贸易观点受到古典经济学派的挑战，亚当·斯密在生产分工理论的基础上提出了国际贸易的绝对优势理论。

在《国民财富的性质及原因的研究》中，斯密指出，国际贸易的基础在于各国商品之间存在劳动生产率和生产成本的绝对差异，而这种差异来源于自然禀赋和后天的生产条件。比如，由于美国和中国工人劳动生产率的差距，在同样花费300小时的情况下，美国能够生产3辆汽车，而中国只能生产2辆汽车；如果耗费同样的要素和时间，美国可以生产6 000件衬衣，而中国能够生产10 000件衬衣。那么，美国生产汽车就具有绝对优势，而中国生产衬衣具有绝对优势（如表14.1所示）。

表14.1　　绝对优势

	汽车（辆）	衬衣（件）
美国	3	6 000
中国	2	10 000

① 李嘉图发展了斯密的国际分工和自由贸易学说，提出独创性的国际贸易学说，即比较优势理论。该理论是围绕当时英国议会是否取消谷物法的争论形成的，中心是要求取消谷物法，实行自由贸易。比较优势理论现在仍然是国际贸易理论的基础。

亚当·斯密认为在国际分工中，每个国家应该专门生产自己具有绝对优势的产品，并用其中一部分交换其具有绝对劣势的产品，这样就会使各国的资源得到最有效率的利用，更好地促进分工和交换，使每个国家都获得最大利益。在这个例子中，美国应当生产汽车，而中国生产衬衣，然后美国出口汽车，与中国出口的衬衣进行交换。

然而在现实中，很可能一国具有生产两种以上产品的绝对优势，比如美国既擅长生产汽车，也擅长生产电脑、飞机等，那么它是不是就不必再和其他国家进行交易了呢。这是绝对优势理论的局限。

2. 比较优势理论

鉴于绝对优势理论的局限性，李嘉图在《政治经济学及赋税原理》中继承和发展了斯密的理论，提出了比较优势理论。

李嘉图认为国际贸易分工的基础不限于绝对成本差异，即使一国在所有产品的生产中劳动生产率都处于全面优势或全面劣势的地位，只要有利或不利的程度有所不同，该国就可以通过生产劳动生产率差异较小的产品参与国际贸易，从而获得比较利益。

如表 14.2 所示，在这个例子中，美国无论生产汽车还是生产衬衣，都具有绝对优势，但差异不同：生产汽车，美国的劳动生产率是中国的 1.5 倍，而生产衬衣则是 1.2 倍——在生产汽车方面的优势更大，因此美国应该集中精力生产汽车，而让中国生产衬衣。

表 14.2　　**比较优势**

	汽车（辆）	衬衣（件）
美国	3	6 000
中国	2	5 000

关于这一点，也可以用机会成本的概念来理解。对美国而言，生产一辆汽车需要放弃 2 000 件衬衣，即生产汽车的机会成本是 2 000 件衬衣；对中国而言，生产一辆汽车的机会成本是 2 500 件衬衣。因此，美国具有生产汽车的比较优势。另一方面，美国生产 1 000 件衬衣的机会成本是 0.5 辆汽车，中国生产 1 000 件衬衣的机会成本是 0.4 辆汽车，因此中国生产衬衣的机会成本更低，具有比较优势。

思考一下：

什么原因导致美国擅长生产汽车，而中国擅长生产衬衣呢？

（二）新古典国际贸易理论

19 世纪末 20 世纪初，新古典经济学逐渐形成，在新古典经济学框架下对国际贸易进行分析的新古典贸易理论也随之产生。

1. 要素禀赋理论

1919 年，瑞典经济学家埃利·赫克歇尔提出了要素禀赋论的基本观点；1930 年，这一论点被他的学生伯尔蒂尔·俄林所充实、论证，其代表作《地区间贸易和国际贸易》进一步发展了生产要素禀赋理论，因而这一理论又被称为 H-O 理论，即赫克歇尔—俄林理论。

根据该理论，国家之间进行贸易的根本原因在于商品的价格差异，比如汽车在中国价格高，而在美国价格低，那么中国进口汽车；同理，衬衣在中国价格低，而在美国价格高，那么中国出口衬衣。

导致同类商品（汽车、衬衣）出现价格差异的原因是多方面的，但关键因素在于各国生产要素充裕度不同，使得要素相对价格不同。比较而言，美国拥有大量资本和技术，而中国的资本和技术较少，物以稀为贵，所以资本和技术在美国的价格相对较低，而在中国的价格相对较高。由于生产汽车需要更多的资本、技术，因此美国生产汽车的成本更低，价格也较低。

各国应该集中生产并出口那些充分利用本国充裕要素的产品，以换取那些密集使用其稀缺要素的产品。这样的贸易模式使参与国的福利都得到改善。

2. 列昂惕夫之谜

按照要素禀赋论，美国是一个资本丰裕而劳动力相对稀缺的国家，其对外贸易结构应该是出口资本、技术密集型产品，进口劳动密集型产品。事实果真如此吗?

20 世纪 50 年代初，美籍苏联经济学家列昂惕夫根据 H-O 理论，用美国 1947 年 200 个行业的统计数据对其进出口贸易结构进行验证，结果却得出了与 H-O 理论完全相反的结论——美国大量进口资本、技术密集型产品，出口的是劳动密集型产品。这一结果被称为列昂惕夫之谜，也叫列昂惕夫悖论。

列昂惕夫悖论虽没有形成系统的理论观点，但它对原有国际分工和贸易理论提出了严峻的挑战，引发了对国际贸易主流思想的反思，推动了第二次世界大战后新的国际贸易理论的诞生，包括不完全竞争市场理论、人力资本说等。

（三）国际贸易的当代理论——新贸易理论

第二次世界大战结束以后，国际贸易的产品结构和地理结构出现了一系列变化，发达工业国家之间的贸易量大大增加，而且同类制成品贸易量大大增加。欧盟成员国的外贸在这方面表现得最为突出。1960 年，欧盟成员国相互贸易以及与其他发达国家间的贸易占其外贸总额的 79%，1980 年为 78%，1986 年为 70.7%。美国的这一比重也一直保持在 60%~70%。

比如，日本、欧洲和美国在汽车生产领域展开了激烈角逐。一方面，美国向欧洲和日本大量出口汽车；另一方面，美国也从这些国家大量进口汽车。在这样的经济环境下，传统的国际贸易理论受到挑战，新贸易理论应运而生。

1. 新生产要素理论

新生产要素理论扩大了生产要素的内涵，除了土地、劳动和资本以外，还包括自然资源、技术、人力资本、研究与开发、信息、管理等新型生产要素，从新要素的角度说明国际贸易的基础和贸易格局的变化。

比如，1959 年美国学者凡涅克提出了以自然资源的稀缺解释列昂惕夫悖论的观点，认为美国进口的自然资源在开发或提炼过程中已经耗费了大量资本，使得进口产品中的资本密集度上升。扣除资源的影响，美国资本密集型产品的进口就会小于其出口。

2. 偏好相似理论

1961 年林德在《论贸易和转变》一书中提出了偏好相似理论，第一次从需求方面寻找贸易的原因。

他认为，要素禀赋学说只适用于解释初级产品贸易，工业品双向贸易的发生是由相互重叠的需求决定的。无论是在美国、日本还是欧洲，都有一些人喜欢豪华漂亮的跑车，而另一些人喜欢经济实用的节油车，因此各国对于汽车有相似的需求结构，需要生产出不同类型的汽车。

但另一方面，在汽车市场上，只有具备一定规模才能具有研发创新的能力，实现成本最低的生产，并运用各种手段加强竞争——简言之，在这种市场上规模经济特别重要。

同时，考虑需求的多样性以及规模经济，发达国家同类制成品之间大量进行贸易：美国和欧洲生产更多跑车和豪华型轿车，而日本主要生产节油型轿车，然后三个国家之间进行相互贸易，以满足国内消费者的不同需求。

3. 产品生命周期理论

雷蒙德·弗农（Raymond Vernon）将市场营销学中的产品生命周期理论与技术进步结合起来阐述国际贸易的形成和发展。1966 年他在《产品周期中的国际投资与国际贸易》一文中指出，美国企业对外直接投资与产品生命周期有密切关系。

这一产品生产的国家转移理论，假设国家间信息传递受到一定的限制、生产函数可变以及各国的消费结构不同，指出产品在其生命周期的不同阶段对生产要素的需要是不同的，而不同国家具有的生产要素富饶程度决定了该国的产品生产阶段和出口状况。以移动电话为例，在产品引入阶段，由于顾客了解少，需要大量营销广告配合宣传，同时前期研发投入很高，此时该产品的生产需要大量资金和技术，主要在最发达的国家进行生产，比如美国；但是随着推广成功，产品进入成长期，需求量和销售量大幅度上升，生产成本下降，对资本和技术的要求逐步降低，可以扩大到其他发达国家生产，比如欧洲；然后产品进入成熟期，走上大批量生产的道路，就可以在原材料或者劳动力丰富的国家进行生产，比如中国。于是，在产品生命周期的不同阶段，移动电话的产地由美国扩大到欧洲，然后由摩托罗拉、诺基亚等跨国公司将其转移到中国。

产品生命周期理论将比较优势论与资源禀赋论动态化，很好地解释了战后一些国家从某些产品的出口国变为进口国的现象。

4. 动态比较优势理论

动态比较优势理论就是指在全球化的发展战略下重新配置资源，国际化和主导产业协调发展，充分利用跨国公司的科技条件和自身的市场条件和资源优势，实现产业结构升级。

林毅夫等经济学家提出，一个国家的产业和技术结构从根本上取决于国内要素禀赋，通过发挥比较优势能够较快地实现资源结构的升级，可以加快产业结构升级。

（四）新兴古典贸易理论

20 世纪 80 年代以来，以杨小凯为代表的一批经济学家用超边际分析法将古典经济学中关于分工和专业化的经济思想形式化，将消费者和生产者合二为一，发展成新兴古典贸易理论。

该理论使研究对象由给定经济组织结构下的最优资源配置问题，转向技术与经济组织的互动关系及其演进过程，力图将外生的比较利益因素引入基于规模报酬递增的新兴古典经济学的贸易理论模型中，把传统贸易理论和新贸易理论统一在新兴古典贸易理论框架之内。

此理论的内生分工和专业化新兴古典贸易模型（Sachs，Yang and Zhang，1999）表明，随着交易效率从一个很低的水平提高到一个很高的水平，均衡的国际和国内分工水平从两国都完全自给自足增加到两国均完全分工，在转型阶段，两种类型的二元结构可能出现。

经济发展、贸易和市场结构变化等现象都是劳动分工演进过程的不同侧面，贸易在交易效率的改进过程中产生并从国内贸易发展到国际贸易，两者之间有一个内在一致的核心。

综合起来看，古典和新古典国际贸易理论以完全竞争市场等假设为前提，强调贸易的互利性，主要解释了产业间贸易；第二次世界大战后，新贸易理论从新生产要素、偏好相似、产品的生命周期等角度解释了新的产业内贸易现象；新兴古典国际贸易理论则以专业化分工来解释贸易，力图将传统贸易理论和新贸易理论统一在新兴古典国际贸易理论的框架之内。

二、国际贸易的形式

（一）物品和劳务的进出口

当我们购买韩国的手机或者法国的红酒时，就是在消费外国产品，它们来自于我国的进口——当然，对于韩国和法国来说，这是它们的出口。

也许人们不太容易理解如何进口或出口“劳务”。当你在法国旅游时，乘坐法航的飞机，住法国的酒店，为法国大厨的厨艺付钱……这一系列行为都是在购买法国的劳务，产生了劳务的进口。反过来，当法国人在北京奥运会期间来观看比赛、到名胜古迹游玩时，他需要为此支付，由此产生了中国对法国的劳务出口。

中国向其他国家的人购买的物品与劳务称为进口，我们卖到其他国家的物品与劳务称为出口，而净出口就是出口减去进口。如果净出口为正数，表示出口额比进口额更大，意味着我们在国际市场上更多的是一个卖方——中国是典型的卖方，所以净出口又叫作贸易余额；如果净出口为负数，则表示出口额小于进口额，这意味着一国在国际市场上更多的是一个买方，这时可以说它有贸易赤字——美国在与中国的贸易交往中长期处于赤字状态；如果净出口为零，表示出口额与进口额完全相等，可以说这个国家有平衡的贸易。

（二）资本流动

英特尔公司一方面通过出口把芯片卖到世界各地去，另一方面也在各处建立自己的分公司和生产基地，以直接投资的方式来追逐利润。前一种方式代表物品流动，后一种方式代表资本流动。

本国居民购买的外国资产减去外国人购买的国内资产，就得到国外净投资。与净出口一样，国外净投资可能为正，也可能为负，或者等于零。比如中国企业购买美国国债，就增加了国外净投资；如果麦当劳在中国新开一些快餐店，就减少了中国的国外净投资。

随着经济的发展，中国不再只是单方面吸收外资的资本流入国，开始向其他国家和地区输出资本，比如购买美国债券，截至2008年底，中国政府和企业购买的美元债券估计达到了1.2万亿美元之多。

目前，以中国、俄罗斯、巴西和印度为代表的新兴经济体，受到了国际资本的青睐，吸引到大量外国资本。哪些因素会影响一国的国外净投资呢？主要的因素包括：

1. 国外资产支付的实际利率与国内资产支付的实际利率比较

比如1996年，俄罗斯政府发行政府债券的时候，由于利率高达9.25%，而同时期美国政府债券支付的利率不到6%，结果当然是大量美国投资者选择购买俄罗斯的债券（购买了当时俄罗斯政府发行债券的41%）。

2. 政治与经济风险

当人们考虑购买哪种债券的时候，由于债券事实上是发行者的借据，所以与收益率同样重要的问题是发行者的信用以及偿债能力。如果在政局不稳的国家，投资者抱有政权能否持久的疑虑，显然会对购买债券持更加谨慎的态度。

另一种风险是经济上的。当2009年深受金融危机影响的美国政府向其他国家推销自己的政府债券时，由于存在大幅度贬值的风险，投资者都不得不小心翼翼地加以权衡。

（三）净出口与国外净投资相等

对外经济交往同时存在于两个不同的市场上：一个是物品和劳务市场，另一个是金融市场。净出口和国外净投资分别衡量这两个市场上的不平衡状态。

然而对整个经济而言，这两种不平衡将会相互抵消，即净出口总是等于国外净投资。

举例来说，海尔集团向一家美国企业出售了一些洗衣机，作为交换，这家美国企业向海尔集团支付美元——这两件事情同时进行。出售洗衣机使得中国的净出口增加了，同时中国获得了一些美国资产（美元），于是国外净投资也相应增加，并且与净出口增加相等。

所以，国际物品与劳务的贸易和资本流动是同一枚硬币的两面，都是国际经济交往的常见模式。

三、国际贸易的收益

国际贸易对交易双方有什么影响呢？能够带来什么好处？

考虑前面提到的比较优势的例子，美国和中国都能生产汽车和衬衣这两种物品，美国生产1 000件衬衣的机会成本是0.5辆汽车，如果它能够以中国的价格买到衬衣——每1 000件衬衣的价格是0.4辆汽车，它就能够从这样的交易中获得好处，因此美国有进口衬衣的需求。

与此同时，中国生产1辆汽车的机会成本是2 500件衬衣，如果能够以美国的价格买到汽车——每辆汽车2 000件衬衣，那么就能从交易中得到好处，因此中国有进口汽车的需求。

那么，美国和中国会按照什么样的价格进行国际贸易呢？

（一）贸易条件

以汽车为例，中国向美国进口1辆汽车必须支付的衬衣数量就是中国的贸易条件，这个条件就是不会高于中国自己生产汽车的成本——2 500件衬衣。当然，中国能够进口到汽车的前提是美国有出口汽车的供给。那么美国供给的条件是什么呢？最后达成的交易价格是多少呢？

和一般商品的价格相同，国际贸易中商品的价格也取决于供求。

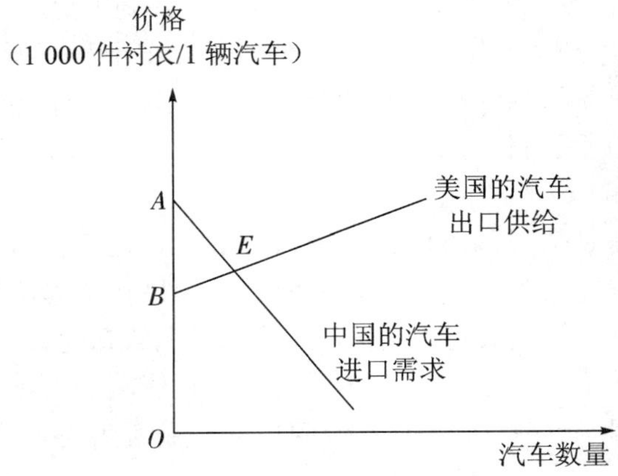

图 14.1　国际贸易条件

在无贸易时，中国的汽车价格为 2 500 件衬衣/1 辆汽车（图 14.1 中的 A 点），如果国际市场上汽车价格低于这个水平，中国就存在进口汽车的需求；无贸易时，美国的汽车价格为 2 000 件衬衣/1 辆汽车（图 14.1 中的 B 点），如果国际市场上汽车的交易价格高于这个水平，美国就愿意出口汽车，并且价格越高，供给量越大。

当国际市场上汽车供求实现均衡时（图 14.1 中的 E 点），就决定了国际贸易中汽车的价格，假定为 2 300 件衬衣/1 辆汽车，此时汽车贸易量为 1 辆。

很容易发现，贸易条件（为每 1 辆汽车支付 2 300 件衬衣）低于中国的最初水平，但高于美国的最初水平。

（二）生产和消费的变动

在没有贸易的情况下，中国生产 2 辆汽车，或者 5 000 件衬衣，或者 1 辆汽车和 2 500 件衬衣；美国生产 3 辆汽车，或者 6 000 件衬衣，或者 1 辆汽车加 4 000 件衬衣，或者 2 辆汽车加 2 000 件衬衣。

按照比较优势理论，中国生产 5 000 件衬衣而美国生产 3 辆汽车。在国际贸易过程中，中国用 2 300 件衬衣与美国的 1 辆汽车进行交换，结果就是中国可以消费 1 辆汽车加 2 700 件衬衣（比自己生产的所有可能都更高），而美国可以消费 2 辆汽车加 2 300 件衬衣（比自己生产的更多）。

（三）贸易的收益

从中国和美国的消费变动来看，中国和美国能够消费的产品都更多，都从国际贸易中获益了：中国能够多消费 200 件衬衣，而美国可以多消费 300 件衬衣（与自己生产相比）。

所以，在国际贸易中，没有赢家和输家的区别，可以说是实现了“双赢”。

思考一下：

为什么国际贸易可以实现“双赢”？

四、国际贸易的限制

虽然从理论上来说自由化的国际贸易可以实现最大可能的收益，但世界各国的政府都或多或少的采取了贸易限制的措施，这些工具包括关税和非关税壁垒。

（一）关税

关税（Tariff）是政府对进口物品或劳务征收的税。政府征收关税的诱惑是巨大的，一方面，关税给政府带来收入；另一方面，关税可以给一些特定集团带来减少竞争的好处。比如对进口汽车征收较高的关税，那么国内汽车企业面临的竞争压力减小，需求增加。

但征收关税的负面影响也很明显，它将减少国际贸易带来的好处。

关税的影响与国内税收的影响类似（如图 14.2 所示），不仅会减少市场交易量，而且会导致无谓损失。

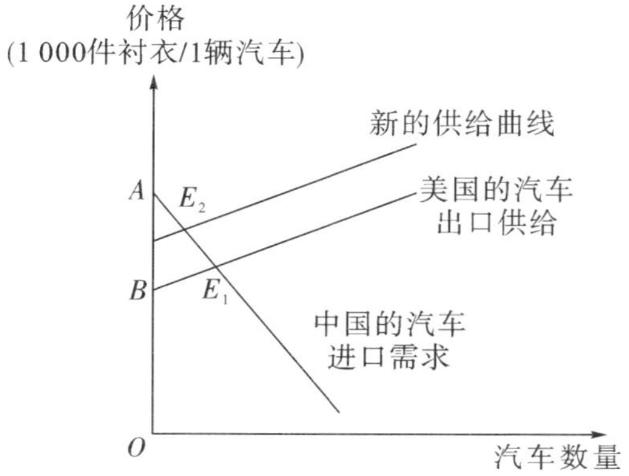

图 14.2　关税的影响

1. 汽车的进口数量减少

在征收关税的情况下，中国市场上汽车供给曲线向上平移，移动的垂直距离就是关税额。此时市场均衡点由 E_1 移动到 E_2，汽车价格上升，而交易数量减少。

当然，这一点对中国国内汽车企业是有利的，进口汽车相对更加昂贵了，人们就可能转而选择国产汽车，于是国内企业汽车的生产规模扩大。

2. 关税收入

中国消费者为美国汽车支付的价格分成了两部分，一部分归美国企业，另一部分作为关税由政府获得。

3. 市场效率

存在关税的情况下，中国消费者只能消费更少的汽车，使得贸易的收益减少。

限制进口汽车虽然减少了消费者的收益，但是明显对中国的汽车企业有利。所以应该支持这一政策吗？我们还需要考虑中国的衬衣生产。

事实上，对进口汽车征收关税会伤害到中国自己的衬衣生产。首先，中国衬衣的生产和销售依赖于美国的进口，关税减少了美国的汽车出口，它的收入减少，自然也会减少对衬衣的进口；其次，中国的汽车企业不断扩张，对生产衬衣的企业形成了资源的竞争——比如导致更高的工资水平和更高的资本价格等。

因此，设立关税或者提高关税不一定能够增加贸易余额，因为关税虽然减少了进口，但也会同时减少出口。

（二）非关税壁垒

非关税壁垒（Nontariff Barrier）是除了关税以外，限制国际贸易的任何一种行为，典型的例子是配额和自愿出口限额（如图 14.3 所示）。

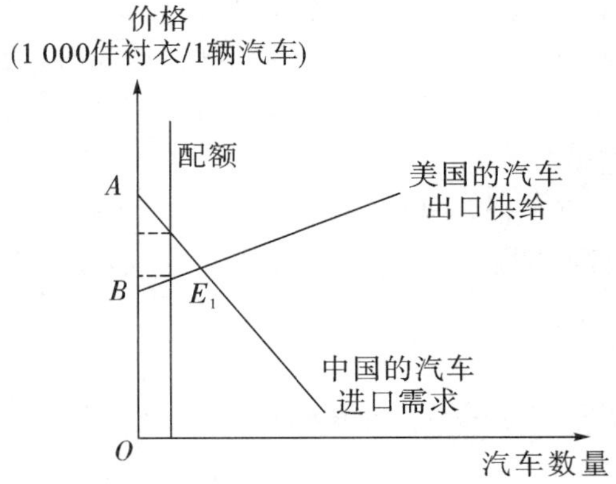

图 14.3　配额的影响

配额（Quota）是对某种物品的进口数量的限制，它规定某一时期内可以进口的这种物品的最大数量。

自愿出口限额（Voluntary Export Restraint，VER）是两国政府之间的协定，根据这个协定出口国自愿限制自己的出口数量。

配额是强制性减少进口产品的数量，结果就是供不应求，市场价格远远高于供给价格，因此取得进口权的企业可以从中获利——以较低的价格买到美国的汽车，然后以高得多的价格在中国市场上出售。

因此，自愿出口限额、配额与关税的影响类似，差别在于由谁得到需求与供给之间的价格差额。在征收关税时，进口国政府得到这部分价值；存在配额限制时，取得进口权的企业或集团得到这部分价值；而存在自愿出口限额的情况下，出口者占有这部分价值。因此，出口国政府需要在众多的出口者之间制定相应的程序进行分配。

（三）贸易限制的理由

即使限制贸易的消极影响非常明显，人们仍然常常提出各种限制贸易的政策，主要的理由包括国家安全论、幼稚产业论和反倾销。

1. 国家安全论

考虑到国家安全，许多人提出应当保护具有战略意义的产业，比如国防工业依赖的原料和技术，以及农业等。

当然，关系到国家安全的产业数量较少，而且可以改用财政补贴的方式来支持其发展，所以这并不是设立关税或者非关税壁垒的有力支撑。

2. 幼稚产业论

所谓幼稚产业论，指的是必须保护新兴行业，以使它能成长为一个可以参与激烈国际竞争的成熟行业。这种观点主要根据动态比较优势理论而形成。

比如，中国的金融产业起步晚，远远落后于美欧等发达国家，金融机构的管理水平也比较低。如果直接与经验丰富的国际金融寡头竞争，就像小孩与大人比拳击，结果可能是不堪一击。因此，我国政府的态度是逐渐放开金融市场，而不是全面开放——正是因为这样的政策，中国的金融机构才幸运地避开了 2008 年国际金融危机的直接冲击。

当然，保护幼稚产业只是暂时的，最终仍然不可避免地要参与国际竞争。因此，关键在于如何让幼稚产业发展壮大，而不是一味地为它遮风挡雨。

3. 反倾销

当外国企业以低于生产成本的价格在本国市场上出售产品时，就出现了倾销，这是一种不正当的竞争手段。

为了获得垄断地位，企业有时候会以低于成本的价格出售产品，依靠雄厚的实力将本国企业赶出市场，然后依据垄断地位收取高价。

反倾销常常被用来证明暂时征收关税的正确性，但也存在问题——倾销的判断非常困难。中国企业在国际市场上经常遭到反倾销投诉，并且败多胜少。难道真的有那么多中国企业企图谋取垄断地位而以低于成本的价格出售产品吗？其实不然。事实上，企业的生产成本是难以核算的，于是欧美国家往往以中国产品在不同市场上的价格不同为由，或者根据自己对产品成本的“估计”来判断是否倾销。但我们知道，企业在需求弹性较大的市场上收取低价、在需求弹性比较小的市场上收取高价是合理的，而且中国劳动成本、销售环境与欧美国家不同，产品成本怎么能够直接比较呢？

所以，反倾销常常并不是贸易限制的好理由，因为倾销本身难以判断，而且采用贸易限制的手段更容易导致国家之间的贸易摩擦，甚至引发关税报复。

4. 其他理由

还有一些支持贸易保护的理由，比如减少失业、保护本国文化、防止被发达国家剥削等。

贸易保护并不能实现这些目标，相反贸易保护容易引起报复并引发贸易战。典型的例子发生在20世纪30年代大萧条时期，美国通过了哈里关税法案，欧洲、日本等主要国家都先后提高关税进行报复，在短期中，世界贸易几乎消失了，所有国家都丧失了国际贸易和参与国际分工可能带来的收益。

第二节　国际金融理论

国际金融（International Finance）是指国家和地区之间由于经济、政治、文化等联系而产生的货币资金的周转和运动。

国际金融与一国的国内金融既有密切联系，又有很大区别。国内金融主要受一国金融法令、条例和规章制度的约束，而国际金融则受到各个国家互不相同的法令、条例以及国际通用的惯例和通过各国协商制订的各种条约或协定的约束。由于各国的历史、社会制度、经济发展水平各不相同，它们在对外经济、金融领域采取的方针政策有很大差异，这些差异有时会导致十分激烈的矛盾和冲突。

一、国际金融的构成

国际金融由国际收支、国际汇兑、国际结算、国际信用、国际投资和国际货币体系构成，它们之间相互影响，相互制约——国际收支必然产生国际汇兑和国际结算，国际汇兑中的货币汇率对国际收支有着重大影响，国际收支的许多重要项目同国际信用和国际投资直接相关，等等。

（一）国际收支

按照国际货币基金组织的定义，国际收支即一国和其他国家之间的商品、债务和收益的交易以及债权债务的变化。

一国的国际收支不但反映它的国际经济关系，而且反映它的经济结构和经济发展水平。

长期以来，国际收支的主要问题是：许多国家国际收支不平衡。

一国国际收支不平衡是经常现象，要做到收支相抵、完全平衡十分困难。但是，无论是逆差还是顺差，如果数额巨大且又长期持续存在，都会引起一系列不良后果。因此，各国政府大都会采取各种干预措施，力求改善国际收支不平衡状况。然而，一国采取措施往往会引起其他有关国家相应采取对抗和报复行动，从而减弱或抵消该国调节措施的作用，而且有时调节国际收支的办法又同发展国内经济的要求背道而驰。比如提高利率，负面影响是提高了国内融资成本，降低了投资积极性，可能还会影响国际贸易的增长。

（二）国际汇兑

国际汇兑是指因办理国际支付而产生的外汇汇率、外汇市场、外汇管制等安排和活动的总和。

外汇一般是指充当国际支付手段、国际流通手段和购买手段的外国货币以及外币支付凭证。金银成为货币后，作为国际支付的主要手段是贵金属。票据出现后，作为信用工具也可用来办理国际支付。

汇率是以一国货币表示的另一国货币的价格。实行金本位制时，各国货币汇率波动不大，处于相对稳定状态。

1929—1933 年世界经济危机后，金本位制彻底崩溃，从此开始实行不能兑换黄金的纸币制度。由于通货膨胀长期存在，纸币不断贬值，各国汇率不稳定的状态日趋严重。第二次世界大战后，主要资本主义国家建立了以美元为中心的国际货币体系，美元与黄金挂钩，各国货币与美元挂钩，据此订出各国货币的固定汇率。固定汇率制对战后世界经济的发展起到了一定的积极作用。

1973 年，以美元为中心的固定汇率制完全解体，各国纷纷实行浮动汇率制。此后，由于不再有固定汇率制的限制，汇率波动频繁，对各国的对外贸易影响极大。为此，世界各国均对本国汇率的动态实行某种程度的控制或干预。

外汇管制是一个国家为维护本国经济权益和改善国际收支，对本国与外国的国际汇兑、国际结算等实施的限制和管理。当代几乎所有国家都不同程度地实行有利于本国的外汇制度，只是方式、方法和具体内容有所不同而已。

（三）国际结算

国际结算是指国际办理货币收支调拨，以结清不同国家中两个当事人之间的交易活动的行为。它主要包括支付方式、支付条件和结算方法等。

国际结算所采用的方式方法是在各国经济交往中自发产生的，汇款、托收、信用证等主要国际结算方式都是历史的产物。20 世纪 60 年代以后，由于电子计算机的广泛应用，现代化手段不断出现，结算的技术水平大大提高。

国际结算是一项技术性很强的国际金融业务，且涉及许多复杂的社会、经济问题。为了采取对本国最为有利的结算方式，各国之间还经常发生各种矛盾和冲突。

（四）国际信用

国际信用是国际货币资金的借贷行为。

最早的票据结算就是国际上货币资金借贷行为的开始，经过几个世纪的发展，现代国际金融领域内的各种活动几乎都同国际信用有着紧密联系。没有国际借贷资金不停地周转运动，国际经济、贸易往来就无法顺利进行。

国际信用有国际商业信用和国际银行信用两种形式。

国际信用同国际金融市场关系密切。国际金融市场是国际信用赖以发展的重要条件，国际信用的扩大反过来又推动国际金融市场发展。

（五）国际投资

各国政府和私人对外国进行的投资都属于国际投资的范畴。

国际投资是货币资本从一国转移到另一国，以获取更多利润为目的的活动。第二次世界大战前，国际投资几乎全都是发达资本主义国家的资本输出。战后，苏联、东欧国家开始对发展中国家进行投资。与此同时，一些发展中国家也开始参加对外投资活动，其中主要是石油输出国。到20世纪80年代初，对外投资较多的发展中国家已有40余个。中国也抓住一切机会向非洲和南美等国家进行投资。

（六）国际货币体系

国际货币体系是自发或协商形成的有关国际交往中所使用的货币以及各国货币之间汇率安排的国际制度。这是国际金融领域的重要组成部分。

20世纪60年代以来，国际社会多次讨论国际货币体系的改革问题，并于1969年和1978年两次修改国际货币基金协定。但由于各国间的矛盾和冲突，国际货币制度存在的困难和缺陷始终未能得到解决。

二、汇率

当我们在欧洲旅游时，需要用欧元去购买商品和服务，为此必须首先用一些人民币交换欧元，交换的比率就叫作汇率，是由外汇市场决定的。

汇率就是一种通货与另一种通货进行交换的价格。例如，2009年的某一天，美元对人民币的汇率为1美元对6.9元，表示1美元的价格是6.9元人民币。

当用人民币表示的美元价格由8元人民币下降到7元，那么就出现了通货贬值，美元对人民币贬值了12.5%。反过来，如果用人民币表示的美元价值上升了，就出现了美元对人民币的通货升值。

作为被普遍接受的国际货币，美元在大萧条之后出现了第一次大幅贬值，在石油危机之后出现了第二次贬值，而2008年金融危机之后将有可能再次大幅度贬值。

（一）汇率的决定

经济学家建立了许多模型来解释汇率的决定，这里我们介绍最简单的一种：购买力平价。

根据购买力平价理论，一定数量的通货应该在所有国家买到等量的物品，这一观点主要应用于理解长期中汇率的决定。

1. 购买力平价的含义

如果1千克大米在中国的价格是3.5元钱，而在美国价值0.5美元，那么名义汇率就是3.5元人民币=0.5美元，即1美元兑换7元人民币。

假设中国物价水平是 P_1，那么 1 元人民币的购买力就是 $1/P_1$；而美国物价水平是 P_2，那么 1 美元的购买力是 $1/P_2$。为了保持货币购买力不变，1 元人民币等于 e 美元，其购买力在中国为 $1/P_1$，在美国是 $e\times1/P_2$，则 $1/P_1=e\times1/P_2$，即 $e=P_2/P_1$。

因此，名义汇率（用外国通货表示的本国通货的价格）等于外国物价水平（用外国通货表示）与本国物价水平（用本国通货表示）之比。

从这一点我们可以得到的启示是：如果一国物价水平上升（存在通货膨胀现象），那么该国通货的名义汇率将下降，即出现通货贬值。因此，如果一国中央银行大量发行货币，引起了通货膨胀，无论是从货币能够买到的物品来看，还是从它能够换到的外国通货来看，它的价值都下降了。

2. 购买力平价的局限

购买力平价理论为我们理解汇率的长期变动趋势是有帮助的，但并不总能成立。

一个原因是不同国家生产的同类物品并不能完全互相替代，即使不同国家存在价格差，也很难通过国际贸易来形成一致的价格。比如，地道的中国菜在美国比在中国更贵，虽然国际旅游者可以尽量减少在美国消费中国菜，或者中国厨师可以更多地到美国开店，但这种流动毕竟是有限的，难以完全消除价格差。

因此，虽然有购买力平价的力量，但汇率仍然会因为各种原因产生波动。

（二）汇率的变动

1. 物价水平

根据购买力平价，如果本国或者外国的物价水平发生了变动，那么汇率也将相应发生变动。如果中国的物价相对于美国物价上升得更快，那么汇率就会下降；如果中国物价相对于美国的物价上升得更慢，那么汇率就将上升。

2. 利率

除了作为流通手段和支付手段，货币还是一种重要的资产，可以用来投资。因此，货币价值与它能够赚到的东西相符，即汇率与利率水平相关。

假如把美元存入美国的银行，每年得到 4% 的利率，而把人民币存到中国的银行，每年可以得到 6% 的利率。那么是什么原因阻止一些人把美元换成人民币存到中国的银行呢？因为汇率预期，假如人民币每年贬值 2%，那么在中国存钱的实际利率就要从 6% 中扣除通货膨胀的影响，实际利率是 4%。换句话说，无论把钱存在美国的银行还是中国的银行，其收益都是相同的，这就是利率平价。

根据风险调整之后，利率平价总是存在的，因为资本总是尽可能流向收益最高的地方。如果在中国的收益率（实际利率）更高，人们就会向中国注资，人民币的需求增加，汇率（以外币表示的人民币的价格）也就上升，直到各国预期利率相等为止。

3. 外汇市场的干预

汇率与利率相关，一国通货的利率是由货币供求决定的，而中央银行可以通过货币政策调整供求，因此汇率最终与一国的货币政策相关。

当中国货币的实际利率相对于其他国家的利率水平上升得更快时，对人民币的需求增加，而供给减少，于是汇率上升。

由于汇率上升不利于出口，中央银行可以通过买卖人民币，直接干预外汇市场，从而平稳汇率的波动。如果人们抛售美元资产，转而以人民币形式持有货币，那么人民币需求增加，结果就是人民币相对于美元的汇率上升。此时，中央银行可以在外汇市场上卖出人民币，增加供给，从而保持原来的汇率。

当然，中央银行卖出人民币的时候，就增加了持有美元的数量，如果美元贬值，就有可能承担更大的风险。

第三节　经济全球化

一、经济全球化的内涵

什么是经济全球化?

经济全球化出现于20世纪80年代中期，20世纪90年代得到认可，但目前没有统一概念。国际货币基金组织（IMF）在1997年5月发表的一份报告中指出："经济全球化是指跨国商品与服务贸易及资本流动规模和形式的增加，以及技术的广泛迅速传播使世界各国经济的相互依赖性增强。"而经济合作与发展组织（OECD）认为："经济全球化可以被看作一种过程，在这个过程中，经济、市场、技术与通信形式都越来越具有全球特征，民族性和地方性在减少。"

我们可以从三个方面理解经济全球化：

一是世界各国经济联系的加强和相互依赖程度日益提高；

二是各国国内经济规则不断趋于一致；

三是国际经济协调机制强化，即各种多边或区域组织对世界经济的协调和约束作用越来越强。

总的来讲，经济全球化是指以市场经济为基础，以先进科技和生产力为手段，以发达国家为主导，以最大利润和经济效益为目标，通过分工、贸易、投资、跨国公司和要素流动等，实现各国市场分工与协作，相互融合的过程。

目前，经济全球化已显示出强大的生命力，并对世界各国的各个方面，甚至包括思维方式，都产生了巨大的冲击。这是一场深刻的革命，任何国家也无法回避，唯一的办法是去适应它，积极参与经济全球化，在历史大潮中接受检验。

二、经济全球化的表现

（一）贸易自由化

随着全球货物贸易、服务贸易、技术贸易的加速发展，经济全球化促进了世界多边贸易体制的形成，从而加快了国际贸易的增长速度，促进了全球贸易自由化的发展，也使得加入到WTO组织的成员以统一的国际准则来规范自己的行为。

（二）生产国际化

生产力作为人类社会发展的根本动力，极大地推动着世界市场的扩大。以互联网为标志的科技革命，从时间和空间上缩小了各国之间的距离，促使世界贸易结构发生巨大变化，促使生产要素跨国流动。它不仅对生产超越国界提出了内在要求，也为全球化生产准备了条件，是推动经济全球化的根本动力。

（三）金融全球化

世界性的金融机构网络，大量的金融业务跨国界开展，跨国贷款、跨国证券发行和跨国并购体系已经形成。世界各主要金融市场在时间上相互接续、价格上相互联动，几秒钟内就能实现上千万亿美元的交易，尤其是外汇市场已经成为世界上最具流动性和全天候的市场。

（四）科技全球化

它是指各国科技资源在全球范围内的优化配置，这是经济全球化最新拓展和进展迅速的领域，主要表现为先进技术和研发能力的大规模跨国界转移，跨国界联合研发广泛存在。以信息技术产业为典型代表，各国的技术标准越来越趋于一致，跨国公司巨头通过垄断技术标准的使用，控制了行业的发展，获取了大量的超额利润。

经济全球化的四个主要载体都与跨国公司密切相关，或者说跨国公司就是经济全球化及其载体的推动者与担当者。

三、经济全球化的发展

经济全球化是第二次世界大战以来，特别是20世纪90年代以来，世界经济发展的重要趋势。

经济全球化是一个历史的过程，其萌芽可以追溯到17世纪中叶。工业革命以后，资本主义商品经济和现代工业、交通运输业迅速发展，世界市场加速扩大，世界各国间的贸易往来大大超过历代水平。

20世纪90年代以来，经济全球化得到了迅速发展，现已发展成为以科技革命和信息技术发展为先导，涵盖了生产、贸易、金融和投资各个领域，囊括了世界经济和与世界经济相联系的各个方面及全部过程。其主要表现为：国际分工从过去以垂直分工为主发展到以水平分工为主的一个新阶段；世界贸易增长迅猛和多边贸易体制开始形成；国际资本流动达到空前规模，金融国际化的进程加快；跨国公司对世界经济的影响日增；国际经济协调的作用日益加强。

经济全球化的形成和发展有其客观必然性。这是因为：

第一，新科技革命和生产的高度社会化为经济全球化提供了物质条件；

第二，国际贸易的高度发展为经济全球化提供了现实基础；

第三，国际金融的迅速发展成为经济全球化的重要推动力；

第四，国际相互投资的发展加速了经济全球化的进程。

四、经济全球化对中国经济的影响

经济全球化这一不可阻挡的历史浪潮，到底能给我们带来什么？衡量经济全球化的利弊与得失，最关键的问题是要研究经济全球化给我国提供了哪些机遇，带来了哪些风险和挑战。

经济全球化给我国带来的机遇主要表现在以下几个方面：

第一，有利于吸引和利用外资，引进世界先进管理理论和经验并实现管理的创新。在过去20年，中国吸引的外国直接投资，占所有发展中国家吸引外国直接投资的30%。由于经济全球化实现了人才、资本、信息、知识和物质在全球范围内的流动，我国能够引进、吸收世界上的先进管理理论和经验，并根据我国的国情进行管理创新。事实上，进入我国的跨国公司在经营管理方面已经给了我们很多启迪和借鉴。

第二，有利于加快我国工业化进程，提升产业结构。经济全球化使我国能更快地纳入世界经济体系之中，充分利用发达国家进行产业结构调整的机会，将其技术相对先进的劳动密集型产业或生产环节转移过来，加快我国工业化进程。根据国内和国际市场的需要，不断调整和优化产业结构及出口商品结构，增强经济竞争力。

第三，有利于深入参与国际分工，发挥本国现实和潜在的比较优势，拓展海外市场。经济全球化为我国企业提供了在更广泛的领域内积极参与国际竞争的机会，可以通过发挥比较优势实现资源配置效率的提高，拓展海外市场，增强企业的竞争力。

第四，可以抓住新技术革命带来的机遇，发挥后发优势，发展高新技术产业，实现经济的跨越式发展。经济全球化使各国科技人才、跨国公司、国家之间以及民间的全球性科技活动日趋活跃，如能加以有效利用和积极参与，就能有效地促进我国技术水平的提高。我国企业可以利用国外的技术或在外国产品的技术基础上进行创新，建立和发展高新技术产业，实现经济的跨越式发展。

但是，经济全球化是在不公平、不合理的国际经济旧秩序没有得到根本改变的条件下形成和发展起来的。在经济全球化中占据主导地位和绝对优势的是西方发达资本主义国家，在经济全球化中资本主义的内在本质和规律性特征会得到充分体现；资本主义发展不平衡规律的作用会更加突出，使国家之间的市场竞争和民族冲突更加激烈和尖锐；少数大国一手操纵世界经济事务，使平等互利原则和国际的合作屡遭破坏；局部地区的民族摩擦、经济危机以及政治经济的震荡也极易在全球范围内传播和扩展，增加了国际政治经济的不稳定性和不确定性。

本章小结

自20世纪80年代回到国际市场，中国逐渐成为主要的制成品出口国，与其他国家的经济交往越来越紧密。

一个共识是自由化的国际贸易让双方都获益，然而人们仍然提出了诸多限制贸易的政策。原因在于贸易限制虽然造成了许多人的少量损失，但是由于分散并不会造成太大的抵抗，而保护带来的少量利益集中在少数人手中，因此总能找到支持者。

国际金融市场越来越活跃，了解一些汇率的基本知识是必要的。理解汇率长期变动趋势的简单理论是购买力平价。由于金融危机的影响，人们对外汇市场投入了前所未有的关注，很容易理解汇率并不只是通货之间的交换比例，还受到很多其他因素的影响。政府的政策将对汇率产生明显的作用，各国都采取各种手段或多或少地干预外汇市场和汇率的波动。

经济全球化是世界经济发展的重大趋势，我们应当了解经济全球化的表现和带来的影响，在全球化浪潮中抓住机遇，争取实现追赶式发展。

资料延伸

金融危机引发新一轮贸易保护

2009年，国际金融危机不仅让人们意识到金融风险规制的必要性，而且引发了新一轮的贸易保护高潮：

①“意大利人吃意大利食品”运动已从小城卢卡蔓延到了米兰等大城市；

②俄罗斯自2008年11月至2009年2月上旬已推出近30项保护主义性质措施，从提高汽车等多种商品进口关税到补贴本国出口，不一而足；

③继提高部分种类豆油进口关税之后，印度又于近期没有任何理由地宣布限制进口中国玩具；

④美国各地政府机构销售的“中国制造”纪念品和国旗已被指为“不爱美国”之举，美国众议院通过的《2009美国复苏与再投资议案》设立“购买美国货”（Buy American）条款，要求这项议案计划的900亿美元基建投资受益项目不得使用美国之外生产的钢铁材料。

参考文献

1. 曼昆. 经济学原理［M］. 3版. 梁小民，译. 北京：生活·读书·新知三联书店，北京大学出版社，1999.

2. 梁小民. 西方经济学基础教程［M］. 2版. 北京：北京大学出版社，2008.

3. 高鸿业. 西方经济学（微观、宏观部分）［M］. 3版. 北京：中国人民大学出版社，2007.

4. 约翰·B. 泰勒. 微观经济学［M］. 5版. 北京：中国市场出版社，2006.

5. 多恩·布什. 宏观经济学［M］. 8版. 北京：中国财政经济出版社，2003.

6. 冷兆松. 快读大师［M］. 北京：中国经济出版社，2005.

7. 高鸿业. 西方经济学［M］. 4版. 北京：中国人民大学出版社，2004.

8. 平狄克，鲁宾菲尔德. 微观经济学［M］. 5版. 北京：中国人民大学出版社，1999.

9. 杨伯华，缪一德. 西方经济学原理［M］. 3版. 成都：西南财经大学出版社，2004.

10. 张五常. 经济解释［M］. 香港：花千树出版有限公司，2001.